삶의 길 흰구름의 길

The Empty Boat
by OSHO
Original copyright ⓒ 1974 OSHO International Foundation, Switzerland.
www.osho.com/copyrights. All rights reserved.
Originally English title: Books I Have Loved, by Osho

OSHO is a registered trademark of OSHO International Foundation, used with permission/license.

오쇼가 몇몇 제자들에게 강의한 다양한 내용을 한 권의 책으로 엮은 것이다.
오쇼의 모든 강의는 책으로 출간되었으며, 오디오 강의로도 접해볼 수 있다.
오디오 강의와 원고는 www.osho.com의 Osho Library에서 만나볼 수 있다.

Korean translation copyright ⓒ 2015 Chung-A Publishing Co.
This Korean edition was arranged with Osho International Foundation, Switzerland through Best Literary & Rights Agency, Korea
All rights reserved.

이 책의 한국어판 저작권은 베스트에이전시를 통한
원저작권자와의 독점계약으로 도서출판 청아출판사에 있습니다.
신저작권법에 의해 한국 내에서 보호를 받는 저작물이므로 무단전재와 무단복제를 금합니다.

오쇼의 장자 강의 ■ 1
삶의 길 흰구름의 길

오쇼

류시화 옮김

청아출판사

옮긴이의 글 6

첫째날 아침
빈 배
9

둘째날 아침
도의 사람
59

셋째날 아침
장자, 불사조를 말하다
109

넷째날 아침
관계로부터의 자유
143

다섯째날 아침
아침에 세 개
183

여섯째날 아침
대자유의 길
225

일곱째날 아침
세 명의 벗
263

여덟째날 아침
쓸모없음과 쓸모있음
301

아홉째날 아침
그물과 물고기
337

열째날 아침
현자는 도 속에 숨는다
379

세상을 살되 세상에 소속되지 말라

스무 해 전, 내가 처음으로 번역 소개했던
오쇼의 장자 강론 〈삶의 길 흰구름의 길〉을
이번에 다시 세상에 내놓게 되었습니다.
젊은 시절, 내 마음속 열기와 불면의 밤들을
일순간에 치유해 준 한 권의 책이 바로
〈삶의 길 흰구름의 길〉입니다.
문이 내 앞에 있었지만 문고리가 없던 시기,
이 책은 바로 그 문고리가 되어 주었습니다.
그 문을 열고 나는 오지 않는 잠을 떨치고
세상 밖으로 나갈 수 있었습니다. 은둔과
사념의 동굴을 헤치고 걸어나온 허약한 구도자처럼.
하지만 그 구도자는 세상의 빛에 곧 건강해졌습니다.
그리고 그 길 위에서 많은 삶과 사람들을 만났습니다.
그들 모두가 내게는 스승이었습니다.
삶을 살아 보기도 전에 이미 삶의 비밀을 전부
들여다본 것 같았던 그 무렵,
다른 어떤 것도 나를 매혹시키지 못했고,
떨어지는 꽃잎처럼 많은 것들이 내 안에서
붙잡을 겨를도 없이 흘러가 버리곤 했습니다.
나는 다만 시들지 않는 무엇으로 나 자신을
채우고 싶었습니다. 세상의 기준과 정해진 길이 아닌,
세상 밖의 영원함으로 머물고 싶었습니다.

그때 한 가르침이 나를 일깨웠습니다.
세상 속에서 살되 세상에 소속되지 말라고.
신에게로 가는 길을 춤추며 가라고.
영문으로 된 원서 〈The Empty Boat〉를 읽고서
존재가 떨리고 알 수 없는 환희로 가슴 벅차하던 그 순간,
불면의 밤은 의식의 뿌리까지 깨어 있는 밤으로 바뀌었습니다.
그때 나는 고뇌하는 대신 삶을 경험하기로,
그리고 흰구름처럼 살아가기로 마음을 정했습니다.
때로 흔들리고, 여전히 방황의 습은 나를
이 길 저 길로 데리고 다니지만,
나는 서서히 나를 알아갔고,
그 앎의 종착점은 비움이었습니다.
이제 다시 읽어 보니, 처음의 번역이 온통 서툴고,
거친 문장으로 채워져 있음을 발견하게 되었습니다.
이해해 주시기 바랍니다.
그때는 내가 열정으로 발걸음이 비틀거린 적이 많았음을.
세상을 알 수 없어 내 자신의 것에 대한 집착이 지나쳤음을.
그 무렵의 열정과 지금의 깨달음으로
이 책을 다시 번역했으니,
읽어 주시기 바랍니다.

2005년 여름 류시화

세상의 강을 건너는 그대 자신의 배를 빈 배로 만들 수 있다면, 아무도 그대와 맞서지 않을 것이다. 아무도 그대를 상처 입히려 하지 않을 것이다.

첫째날 아침 **빈 배**

다른 사람을 다스리는 자는 혼란 속에 산다.
다른 사람의 다스림을 받는 자는 슬픔 속에 산다.
그러므로 요 임금은 다른 이에게 영향을 주거나
다른 이로부터 영향받는 것을 원하지 않았다.
혼란으로부터 맑음을 얻고
슬픔으로부터 자유를 얻는 길은
도와 함께 사는 길이다.
비어 있는 그 나라에서.

한 사람이 배를 타고 강을 건너다가
빈 배가 그의 작은 배와 부딪치면
그가 비록 나쁜 기질의 사람일지라도
그는 화내지 않을 것이다.
그러나 배 안에 사람이 있으면
그는 그에게 피하라고 소리칠 것이다.
그래도 듣지 못하면 다시 소리칠 것이고
마침내는 욕설을 퍼붓기 시작할 것이다.
이 모든 일은 그 배 안에 누군가 있기 때문에 일어난다.
그러나 그 배가 비어 있다면
그는 소리치지 않을 것이고 화내지 않을 것이다.

세상의 강을 건너는 그대 자신의 배를
그대가 빈 배로 만들 수 있다면
아무도 그대와 맞서지 않을 것이다.
아무도 그대를 상처 입히려 하지 않을 것이다.

곧은 나무는 맨 먼저 잘려진다.
맑은 샘물은 맨 먼저 길어져 바닥날 것이다.
만일 그대가 자신의 지혜를 내세우고 무지를 부끄러워한다면
자신의 특별함을 드러내고 다른 이들보다 돋보이기를 원한다면
빛이 그대 둘레에 내리비칠 것이다.
마치 그대가 태양과 달을 삼킨 것처럼.
그렇게 되면 그대는 재난을 피할 길이 없다.

현자는 말했다.
'스스로에게 만족하는 자는
쓸모없는 일을 한다.
구하고자 하는 마음은 잃음의 시작이고
이름 얻고자 하는 마음은 이름 잃음의 시작이다.'

구함과 이름 얻음으로부터 자유를 얻어
사람의 무리 속으로 내려와 사라질 수 있는 자는 누구인가.
그는 도와 함께 흘러다닌다. 눈에 띄지 않은 채.
그는 삶 그 자체가 되어 걸어간다.
집도 없고 이름도 없이.
아무 구별함 없이 그는 단순하다.
겉으로 보기에는 그는 어리석다.
그의 발걸음은 아무런 자취를 남기지 않는다.
그는 아무 힘이 없다.
무엇을 이룸도 없다.
그는 이름을 얻지도 않는다.
또한 누구를 판단함이 없기에
아무도 그를 판단하지 않는다.

그러한 이가 완전한 이다.
그의 배는 비어 있다.

—〈빈 배〉

그대는 나에게로 왔다. 그대는 위험한 발걸음을 내디뎠다. 이것은 하나의 모험이다. 나와 가까이 있으면 그대는 영원히 사라져 버릴지도 모른다. 누군가에게 가까이 다가간다는 것은 곧 죽음을 의미한다. 그것 외에 다른 의미일 수가 없다. 나는 끝이 없는 하나의 심연, 내게 가까이 오라. 그러면 그대는 내 안으로 떨어져 내릴 것이다. 그것을 위해 지금 그대는 이곳에 초대받았다. 그대는 그 부름을 들었고, 그래서 이곳으로 왔다.

나를 통해 그대는 무엇을 얻고자 함이 아니라는 사실을 깨달으라. 나를 통해서는 다만 잃을 수 있을 뿐이다. 왜냐하면 그대 자신이 사라지지 않고서는 신은 찾아오지 않기 때문이다. 그대가 완전히 사라지지 않는 한, 진리는 나타나지 않는다. '그대'가 바로 하나의 장애물이다. 그대가 그토록 많고 그토록 고집스럽게 자기 자신으로 채워져 있기 때문에 그대 안으로는 더 이상 아무것도 스며들 수가 없다. 지금 그대의 문은 닫혀 있다. 그대가 사라졌을 때, 더 이상 그대가 존재하지 않을 때, 그때 문은 열린다. 그 순간 그대는 끝없이 펼쳐진 텅 빈 하늘이 된다. 그리고 그 하늘이 바로 그대의 본성이다. 그것이 바로 진정한 도의 세계, 진리의 세계다.

장자의 아름다운 비유 '빈 배'로 들어가기 전에, 먼저 그대에게 우화 하나를 들려주고 싶다.

어느 먼 옛날, 우리가 잘 알지 못하는 나라에서 일어난 일이다. 어느 날 갑자기 그 나라의 왕자가 미쳐 버렸다. 왕은 깊은 절망에 빠졌다. 그 왕자는 왕국을 이어받을 유일한 아들이었기 때문이다. 모든 마법사들과 기적을 행하는 자들과 궁중 의사들이 소집되었다. 그들이 온갖 노력을 다했음에도 불구하고 치료는 허사로 돌아갔다. 아무도 젊은 왕자를 도울 수가 없었다. 왕자는 여전히 미쳐 있었다.

미쳐 버리던 날, 왕자는 돌연 옷을 벗어던지고 벌거숭이가 되었다. 그리고는 커다란 탁자 밑으로 기어들어가 그곳에서 살기 시작했다. 그는 자신이 수탉이 되었다고 믿고 있었다. 마침내 왕은 왕자의 정신이 다시는 되돌아오지 않으리라는 슬픈 사실을 받아들여야만 했다. 왕자는 끝까지 미친 채로 살아가야만 했다. 모든 의술의 명인들이 실패했기 때문이다. 그러던 어느 날 새로운 희망의 빛이 비쳐 왔다. 한 사람의 현자, 신비가가 왕궁의 문을 두드렸다. 그리고는 말했다.

"내게 왕자를 치료할 기회를 달라."

왕은 의심했다. 그 자 스스로가 미친 사람처럼 보였기 때문이다. 그는 왕자보다도 더 온전한 정신이 아닌 듯했다. 하지만 그 신비가는 말했다.

"오직 나만이 왕자를 고칠 수 있다. 미친 자를 치료하려면 더 미친 자가 필요하다. 그대의 잘난 척하는 사람들, 기적을 행하는 마법사들, 그대가 아는 의술의 명인들은 모두 실패했다. 왜인가? 그들은 미친 자에 대해서는 ABC도 모르기 때문이다. 그들은 미친 자의 길을 한 번도 여행해 보지 않은 자들이다."

그 말이 꽤 논리적으로 들렸기 때문에 왕은 생각했다. 해롭지 않은 일이라면 거절할 이유가 없다고. 그리하여 그 신비가에게 기회가 주어졌다. 왕의 허락이 떨어지기 무섭게 신비가는 옷을 모두 벗어던지고 탁자 밑으로 뛰어들어갔다. 그리고는 수탉처럼 홰를 치며 마구 울어 제쳤다.

탁자 밑에 있던 왕자는 깜짝 놀랐다. 왕자는 이해할 수가 없어 의아한 얼굴로 물었다.

"당신은 누구인가? 당신은 지금 자신이 어떤 행동을 하고 있는지나 아는가?"

늙은 신비가가 대답했다.

"난 수탉이다. 난 그대보다 훨씬 경험이 많은 수탉이다. 그대는 나에 비하면 아무것도 아니다. 그대는 초보자에 지나지 않는다. 기껏해야 이제 막 이 분야에 입문한 자에 불과하다."

그러자 왕자가 말했다.

"오, 당신 또한 한 마리 수탉이라면 좋다. 그런데 이상하게도 당신은 꼭 인간처럼 보인다."

신비가가 말했다.

"나의 겉모습을 보고 판단하지 말라. 나의 정신, 나의 영혼을 진정 자세히 들여다보라. 나 또한 그대처럼 한 마리 수탉이다."

그래서 그들은 서로 친구가 되었다. 두 사람은 앞으로도 영원히 함께 살아갈 것을 약속하고, 이 세상 전체가 자신들을 적대시하고 있다는 사실을 함께 결론내렸다.

그렇게 며칠이 흘러갔다. 어느 날 돌연 늙은 신비가는 옷을 입기 시작했다. 그는 먼저 윗옷을 입었다. 왕자가 놀라서 물었다.

"무슨 짓을 하는가? 수탉이 인간의 옷을 입으려 하다니, 제정신으로 하는 짓인가?"

신비가가 대답했다.

"아니다. 난 다만 저 바보들, 저 인간들을 속이려고 하는 것일 뿐이다. 이것을 기억하라. 설령 내가 인간의 옷을 입고 있다 해도 변하는 건 아무것도 없다. 수탉의 본성은 내 안에 여전히 남아 있다. 아무도 그것을 바꿀 수 없다. 인간의 옷을 입었다고 해서 그대는 내가 인간으로 바뀌었다고 생각하는가?"

왕자는 인정할 수밖에 없었다. 며칠이 더 흐른 뒤 늙은 신비가는 왕자를 설득해 옷을 입게 했다. 겨울이 점차 다가오고 있었고, 날이 몹시 추워졌기 때문이다.

그러던 어느 날 돌연 신비가는 궁중으로부터 음식을 배달시켰다. 왕자는 매우 경계하면서 말했다.

"비열하게시리, 도대체 무슨 짓을 하고 있는가? 당신은 지금 저자들처럼 먹으려 하는 것인가? 저 인간들처럼? 우린 수탉이고, 그러므로 어디까지나 수탉처럼 먹어야 한다."

신비가가 조용히 말했다.

"그대 자신이 수탉의 본성을 버리지 않는 한 아무런 변함이 없다. 그대는 무엇이든 먹을 수 있고 무엇이든 즐길 수 있다. 한 사람의 인간처럼 살아갈 수도 있다. 그러면서도 그대 수탉의 본성은 여전히 진실되게 남아 있다."

그렇게 해서 늙은 신비가가 서서히 왕자를 설득해 인간 세계로 돌아오게 만들었다. 마침내 왕자는 온전하게 정상을 되찾았다.

그대와 나의 경우도 이와 같다. 그리고 기억하라. 그대는 이제 막 입문한 자, 단지 초보자에 불과하다는 것을. 그대는 자신이 한 마리 수탉이라고 여길지 모르지만, 지금 다만 ABC를 배우고 있는 것에 불과하다는 것을. 나는 경험 많은 자이며, 그대를 도울 수 있다. 모든 전문가들이 실패했다. 그래서 그대는 나를 찾아온 것이다. 그대는 수많은 문들을 두드렸다. 여러 생을 거치는 동안 수없이 찾아 헤맸다. 그러나 도움이 되어 준 것은 많지 않았다.

하지만 나는 말한다. 나는 그대를 도울 수 있다. 나는 전문가가 아니기 때문이다. 나는 낯선 자가 아니기 때문이다. 나 또한 그대와 같은 길을 여행해 왔기 때문이다. 그렇다, 같은 미치광이, 같은 정신 착란의 길을 나는 걸어왔다. 똑같은 슬픔과 번뇌의 날들을, 똑같은 악몽과 가위 눌림의 날들을 지나왔다. 그리고 이제 내가 하는 모든 것은 단지 그대를 유혹하기 위한 것이다. 그대를 유혹해 그 정신 착란으로부터 빠져나오게 하기 위한 것이다.

자신이 한 마리 수탉이라고 생각하는 것은 미친 짓이다. 자신이 하나의 인간 육체라고 생각하는 것도 똑같이 미친 짓, 더 심하게 미친 믿음이다. 자신을 한 마리 수탉이라고 생각하는 것은 일종의 정신 착란이다. 하지만 자신을 하나의 인간 존재라고 생각하는 것은 더욱 심각한 정신 착란이다. 그대의 진정한 존재는 그 어떤 형태에도 속해 있지 않기 때문이다. 그 형태가 수탉이든 인간이든 상관없다. 그대는 '형태 없음'에 속해 있다. 전체와 완전에 속해 있다. 그러므로 그대가 자신을 어떤 형태로 생각하든 그것은 정신 착란이다. 그대는 무형의 존재이며, 어떤 육체에도 속해 있지 않다. 어떤 계급, 종교, 어떤 교리에도 속하지 않는다. 어떤 이름에도 구속되어 있지 않다. 형태가 사라진 상태, 이름이 사라진 상태로 되지 않는다면 그대는 결코 온전한 정신이 아니다.

온전한 정신이라는 것은 본래의 자연스런 상태로 돌아오는 것이다. 그대 안에 있는 궁극적인 것, 그대 뒤에 가려져 있는 그것에게로 돌아오는 것을 의미한다. 그리고 거기에는 많은 노력이 필요하다. 겉으로 보이는 모습을 떨쳐 버리는 일, 그것을 제거하고 잘라 버리는 일은 매우 어렵기 때문이다. 그대는 그 모습에 너무 집착하고 있고, 그것과 하나가 되어 버렸다.

나의 모든 노력은 다만 그대를 일깨워 무형의 존재로 데려가기 위한 것이다. 그대가 어떤 형태에도 머물지 않는 방법을 일깨워 주기 위한 것이다. 모든 형태는 에고를 의미한다. 수탉조차도 그 자체의 에고를 갖고 있고, 인간도 자신의 에고를 갖고 있다. 모든 형태는 에고 속에 중심을 두고 있다. 형태를 초월했다는 것은 에고가 사라졌음을 의미한다. 그때 그대는 더 이상 에고 속에 중심을 두고 있지 않다. 그때 그대의 중심은 어디에나 있고, 동시에 그 어디에도 없다. 그런 일이 가능하다. 거의 불가능한 일로 보이는 것이 가능해진다.

그런 일이 내게도 일어났다. 나는 지금 내 경험을 통해 말하고 있는 것이다. 그대가 지금 있는 자리마다 이전에 내가 있었다. 그리고 내가 지금 있는 자리에 그대 역시 도달할 수 있다. 가능한 한 깊이 나를 들여다보라. 가능한 한 깊이 나를 느끼라. 나는 그대의 미래이고, 그대 존재의 가능성이니까. 그러므로 나에게 그대를 열라는 말은 이 가능성에 자신을 열라는 의미다. 그대는 치유될 수 있다. 그대의 병은 단지 하나의 관념에 불과한 것이기 때문이다. 왕자는 단지 자신이 수탉이라는 믿음과 자신을 동일시했기 때문에 미치광이가 되었다. 자신이 어떤 모습과도 하나가 아니라는 사실을 이해하지 못한다면 누구든 미친 사람이다. 그 깨달음이 올 때에만, 오직 그때에만 온전한 사람일 수 있다.

온전한 정신을 가진 사람은 결코 특정한 무엇이 아니다. 그는 그 무엇일 수가 없다. 온전하지 못한 자만이 특정한 무엇일 수가 있다. 수탉이든 인간이든 대통령이든, 아니면 그 무엇이든. 하지만 온전한 이는 자신이 그 누구도 아님을 안다. 그리고 이것은 실로 위험한 일이다. 그대는 '어느 누구'로서 내게 왔다. 그러나 그대가 허락만 한다면, 내게 그 기회를 주기만 한다면, 그 '어느 누구'는 사라질 수 있다. 그대는 어느 누구도 아닌 이가 될 수 있다. 그대를 어느 누구도 아닌 이로 만드는 것, 그것이 내 노력의 전부다. 그러나 왜? 왜 그런 노력이 필요한가? 어느 누구도 아니지 않고서는 존재의 환희를 경험할 수 없기 때문이다. 삶의 축복을 느낄 수 없기 때문이다. 어느 누구도 아닌 이가 되지 않고서는 완전한 행복은 결코 그대의 것이 아니다. 그대는 계속해서 삶을 놓쳐 버릴 뿐이다.

그대는 진정으로 살아 있는 것이 아니다. 다만 자신을 무거운 짐처럼 짊어지고 힘들게 끌고 가고 있을 뿐이다. 그러므로 많은 고통이 일어나고, 숱한 절망과 슬픔이 그대를 찾아온다. 단 한줄기의 축복도 내려오지 않는다. 그것은 불가능한 일이다. 그대가 어느 누구로 있으면, 그때 그대는 단단한 돌로 된 벽과 같다. 아무것도 그대를 뚫고 스며들 수가 없다. 그대가 어느 누구도 아닐 때, 그때 비로소 침투가 가능하다. 그 어느 누구도 아닐 때, 그때 진실로 그대는 비어 있음이고, 투명함이고, 모든 것이 그대를 통과할 수 있다. 그때 더 이상 장애물은 없다. 더 이상 저항이 없고, 어떤 걸림도 없다. 그대는 완전한 받아들임이 되고, 하나의 문이 된다.

지금 그대는 하나의 벽과 같다. 벽이라는 것은 곧 그대가 '어느 누구'임을 뜻한다. 하나의 문이 될 때 그 어느 누구도 아닌 자가 될 수 있다. 문은 하나의 텅 빈 공간, 누구라도 지나갈 수 있다. 거기 더 이상 저항도 없고 장애물도 없다. '어느 누구'일 때 그대는 미친 것이다. '어느 누구'도 아닐 때, 그때 그대는 처음으로 온전한 정신으로 되돌아오는 것이다. 하지만 사회 전체가, 교육, 문명, 문화 모든 것이 그대를 어떤 존재로 만들기 위해 노력하고 있다. 그렇기 때문에 나는 진정한 종교는 문명에 반대되는 것이라고 말하는 것이다. 종교는 교육에도 반대되고, 문화에도 반대된다. 종교는 자연 그대로의 것, 본래 상태의 것, 곧 도를 위한 것이기 때문이다. 모든 문명이 자연 그대로인 것에 반대한다. 그들은 그대가 특별한 누군가로 되기를 원한다. 하지만 그대가 어느 누구로 더 많이 굳어질수록 신은 더욱더 그대 안으로 스며들기가 불가능해진다.

그대는 사원으로 간다. 교회로 가고 성직자를 찾는다. 그러나 그곳에서 그대는 역시 내세에서 누군가가 되기 위한 길을 찾는다. 무엇인가를 얻고 성공하기 위한 길을 찾는다. 이루고자 하는 마음이 그림자처럼 그대를 따라다닌다. 어디를 가든 이익과 성취, 성공과 이름의 욕망을 갖고 간다. 만일 그런 욕망과 더불어 나를 찾아온 사람이라면 가능한 한 서둘러 떠나야 한다. 가능한 한 빨리 나로부터 멀어지라. 나는 그대가 어느 누구로 되기 위한 도움을 전혀 줄 수 없기 때문이다.

나는 그대의 적이 아니다. 나는 다만 그대가 '아무도 아닌 자'로 되기 위한 도움만을 줄 수 있다. 다만 그대를 심연으로 밀어 던질 수 있을 뿐이다. 저 밑바닥 없는 심연으로……. 나와 함께라면 그대는 결코 어느 곳에도 이르지 않을 것이다. 그냥 사라져 버릴 것이다. 계속해서 떨어져 내려 사라질 것이다. 그대가 완전히 사라지는 순간, 이 우주의 존재 전체가 깊은 환희를 느낀다. 전 존재가 그 일이 일어나는 것을 축복한다.

붓다가 바로 그 경지를 얻었다. 언어이기 때문에 나는 '얻었다'고 표현하는 것이다. 그러나 그 말은 추한 것이다. 거기 더 이상 얻은 것은 없다. 붓다는 이 공의 세계—비어 있음, 무의 세계—아무것도 아님을 얻었다. 그는 보름 동안 줄곧 침묵 속에 앉아 있었다. 말없이, 아무런 움직임도 행함도 없이 앉아 있었다. 하늘의 신들은 혼란에 빠졌다고 한다. 누군가가 그렇게 완전히 무로 되는 일은 매우 드문 일이다. 삼라만상의 존재 전체가 깊은 환희를 느꼈다. 그래서 천상의 신들이 붓다에게로 내려왔다. 그들은 붓다 앞에 엎드려 절하며 말했다.

"그대는 무엇인가를 말해야 한다. 그대가 성취한 바를 세상에 말해야 한다."

그러자 붓다는 웃으며 말했다.

"난 아무것도 얻지 않았다. 오히려 그 마음 때문에, 언제나 무엇인가를 얻으려고 하는 마음 때문에 모든 것을 잃고 있었다. 난 아무것도 얻지 않았다. 오히려 그 반대로, 얻고자 하는 사람이 사라졌다. 나는 더 이상 존재하지 않는다. 그리고 나는 그것의 아름다움을 본다. 내가 있었을 때 난 불행했다. 그리고 이제 더 이상 내가 없을 때, 모든 것은 환희에 차 있다. 이제 더 이상 고통은 없다."

붓다는 전에 말했다. '삶은 비참한 것이다. 탄생은 고통이고, 죽음도 고통이다. 모든 것 일체가 고통이다.' 하지만 '나'라는 존재가 그곳에 있었기 때문에 그는 불행했던 것이다. 그 배가 비어 있지 않았었다. 그러나 이제 그 배는 비었다. 이제 거기 고통은 없다. 슬픔도 없고 번뇌도 없다. 존재는 하나의 축제가 되었다. 언제까지나 영원히 이어지는 축제가 되었다.

그렇기 때문에 나는 내게로 오는 것은 위험한 일이라고 말하는 것이다. 그대는 실로 위험한 발걸음을 내디뎠다. 용기가 있다면 저 깊은 심연으로 뛰어내릴 준비를 하라. 내 모든 노력은 그대를 철저히 제거하기 위한 것이다. 내 온 노력은 그대를 파괴하기 위한 것이다. 일단 그대가 부서지면, 그때 더 이상 부술 수 없는 불멸함이 찾아올 것이다. 그것이 거기에 숨겨져 있다. 일단 비본질적인 것이 모두 제거되면 본질이 불꽃처럼 타오를 것이다. 생명력 넘치고 완전한 빛 속에서.

장자의 이 비유는 실로 아름답다. 그는 말한다. 지혜로운 자는 빈 배와 같다고.

그러한 이가 완전한 이다.
그의 배는 비어 있다.

거기 그 안에는 아무도 없다. 만일 그대가 장자를 만난다면, 노자를 만난다면, 그들의 배는 그곳에 존재하되 그 안은 비어 있다. 그 안에는 아무도 없다. 단순히 겉만을 본다면 그때 그곳에는 누군가가 있다. 그러나 그 안으로 깊이 들어간다면, 그 육체, 그 배를 잊어버린다면, 그때 그대는 하나의 무와 만날 것이다. 장자는 매우 드문 꽃이다. '어느 누구도 아닌 자'로 되는 것은 실로 어렵고 거의 불가능한 일이기 때문이다. 그것은 세상에서 가장 특별한 일이다.

평범한 마음은 특별함을 원한다. 그것이 곧 평범함의 일부다. 평범한 사람은 특별한 누군가가 되기를 갈망한다. 그것이 바로 평범한 사람의 특징이다. 그대가 알렉산더 대왕이 되더라도 그대는 여전히 평범한 사람에 불과하다. 진정한 특별함은 특별함을 원하지 않을 때 일어난다. 그때 비로소 여행이 시작된다. 그때 비로소 새로운 씨앗이 싹튼다.

이것이 곧 장자가 '완전한 이는 빈 배와 같다'고 말할 때의 의미다. 많은 뜻이 그 속에 깃들어 있다. 먼저, 하나의 빈 배는 어느 곳으로 가고 있지 않다. 거기 더 이상 방향을 지시하는 사람이 없기 때문이다. 그 배를 조종할 사람이 없고, 어느 곳으론가 몰고 갈 사람이 없다. 빈 배는 바로 지금 이 순간 속에 존재한다. 그것은 어디로도 가고 있지 않다. 물결에 움직여 나가도 어느 곳으론가 가고 있는 것이 아니다. 에고가 그곳에 없을 때, 그때 삶은 움직여 나가고 있지만 조종하는 사람이 없다. 그대는 움직일 것이다. 변화할 것이고, 강물처럼 흘러갈 것이다. 그러나 어느 곳으로도 향해 가고 있지 않다. 원하는 목적지도 없다. 완전한 이는 목적 없이 살고, 동기 없이 움직인다. 완전한 이에게, 지금 무얼 하고 있는가 물으면 그는 말할 것이다.

"나는 모른다. 다만 나에게 이 일이 일어나고 있을 뿐이다."

만일 왜 내가 그대에게 말하고 있는가를 물으면 나는 대답할 것이다. 꽃들에게 왜 피어나는가 물어보라고. 이 일이 일어나고 있지만, 이 일은 조작된 것이 아니다. 더 이상 그것을 조종하는 사람이 없다. 배는 비어 있다.

목적지가 있을 때 인간은 불행해진다. 왜인가? 한번은 어떤 사람이 구두쇠에게 물었다. 그는 소문난 구두쇠였다.

"어떻게 그 많은 재산을 모았는가?"

구두쇠가 말했다.

"이것이 나의 좌우명이다. 내일 할 일은 모두 오늘 하자. 그리고 오늘 즐길 일은 모두 내일로 미루자. 이것이 나의 좌우명이었다."

그는 재산을 모으는 데 성공했다. 그리고 이것이야말로 사람들이 터무니없는 것을 쌓아 올리는 데 성공하는 방법이다. 그 구두쇠 역시 불행했다. 그는 재산을 모으는 데 성공했지만 다른 한편으론 불행을 축적하는 데도 성공했다. 돈을 모으는 데 적용된 똑같은 좌우명이 불행을 모으는 데도 적용된 것이다. '내일 할 일은 오늘 당장 하자. 그것을 미루지 말자. 그리고 지금 즐길 수 있는 것은 절대로 지금 즐기지 말고 내일로 미루자.' 이것이 곧 지옥으로 가는 방법이다. 그렇게 하면 반드시 성공한다. 실패는 없다. 한번 해보라. 틀림없이 성공할 것이다. 아니면 그대는 이미 성공했는지도 모른다. 알지 못하는 사이에 그렇게 노력해 왔는지도 모른다. 즐길 수 있는 것은 모두 다음날로 미루고, 오직 내일에 대해 생각하자고.

바로 그 이유 때문에 예수는 유태인들에 의해 십자가에 못박혔다. 다른 이유는 없다. 그들이 예수에게 반대했기 때문이 아니다. 예수는 온전한 정신을 가진 사람이었다. 아름다운 사람이었다. 왜 유태인들이 그에게 반대했겠는가? 오히려 유태인들은 이 사람을 오랫동안 기다려 왔다. 수 세기 동안 기도하면서 기다려 왔다. 언제 메시아가 올 것인가?

그런데 그때 갑자기 예수가 선언했다. '내가 바로 그대들이 기다려 온 메시아다. 이제 내가 왔다. 자, 나를 보라.' 그들은 혼란에 빠졌다. 마음은 기다릴 수 있고, 또 기다리는 것을 언제나 즐길 수 있지만, 사실과 얼굴을 마주하기란 어렵기 때문이다. 마음은 지금 순간과 만날 수가 없다. 마음은 언제나 미룰 수 있을 뿐이다. 뒤로 미루는 것은 쉬운 일이었다. '메시아는 올 것이다. 그는 나타날 것이다……' 수 세기 동안 유태인들은 생각해 왔고 뒤로 미루어 왔다. 그런데 갑자기 이 사람이 그 모든 희망을 부숴 버렸다. 그가 이렇게 말한 것이다. '내가 여기에 있다.' 사람들의 마음은 혼란에 빠졌다. 그들은 이 사람을 죽일 수밖에 없었다. 그렇지 않으면 내일의 희망 없이 살아가야 하기 때문이었다.

예수뿐 아니라 다른 많은 이들도 선언해 왔다. '내가 여기에 있다. 나를 보라. 나는 메시아다.' 그럴 때마다 유태인들은 그들을 거부했다. 거부하지 않으면 어떻게 희망을 가질 수 있을 것이며, 어떻게 뒤로 미룰 수 있겠는가? 그들은 그 희망과 더불어, 바로 그 열정으로, 그 소망과 함께 살아왔다. 믿기 어렵겠지만 사실이 그렇다. 밤마다 유태인들은 잠자리에 들면서, 오늘은 이제 어제가 되기를, 그래서 내일이면 메시아가 문 앞에 있기를 희망하며 기도를 올려왔다.

나는 한 랍비(유태교 목사)에 대해 들은 적이 있다. 그는 자신의 아내에게 늘 말하곤 했다.

"만일 메시아가 밤 깊어 찾아온다면 한 순간이라도 지체하지 말고 나를 깨우라. 그는 점점 가까이 오고 있다. 그는 어느 순간 나타날지도 모른다."

나는 또 다른 랍비에 대해서도 들었다. 아들이 결혼할 때가 되어 그는 친구들에게 초청장을 보냈다. 그는 이렇게 썼다.

'내 아들은 몇월 몇일에 예루살렘에서 결혼할 것이다. 그러나 만일 그때까지 메시아가 오지 않으면 내 아들은 이 마을 코르츠에서 결혼할 것이다.'

누가 아는가, 결혼 당일 메시아가 올지? 그럼 난 여기에 있지 않을 것이다. 찬양하면서 예루살렘에 있을 것이다. 하지만 만일 메시아가 결혼식 당일까지 오지 않으면 그때는 이 마을에서 결혼식을 치를 것이다……. 그들은 오랫동안 기다리며 꿈꾸어 왔다. 모든 유태인들의 마음이 메시아가 오리라는 믿음에 사로잡혀 있다. 그러나 그 메시아가 언제 오더라도 그들은 즉각적으로 그를 배척했다. 이것을 이해해야 한다. 이것이 곧 마음의 작용이다. 사람들은 행복을, 더없는 환희를 기다린다. 그리고 그것이 오기만 하면 그것을 거부한다. 즉시 그것으로부터 등을 돌린다.

마음은 미래에는 살 수 있지만 현재에는 살 수 없다. 현재의 그대는 다만 희망하고 꿈꿀 수 있을 뿐이다. 그리고 그것이 곧 그대가 불행을 창조하는 방법이다. 만일 지금 이 순간에, 지금 이곳에 살기 시작한다면 고통은 사라진다.

그럼 그것이 에고와는 어떤 관계인가? 에고는 과거가 쌓여 온 것이다. 과거에 알고 경험하고 읽은 것, 과거에 그대에게 일어난 모든 것이 그곳에 쌓여 있다. 그 과거 전체가 에고이고, 그것이 곧 그대 자신이다. 그 과거가 미래 속으로 투영된다. 미래는 다만 과거의 연장에 불과하다. 그러나 과거는 현재와 얼굴을 맞댈 수가 없다. 현재는 완전히 다른 것이다. 현재는 지금 여기에 존재하는 특징을 갖고 있다. 과거는 언제나 죽은 것이지만, 현재는 살아 있다. 현재는 모든 살아 있는 것들의 근원 바로 그 자체다.

과거는 현재와 대면할 수 없기 때문에 미래 속으로 움직여 간다. 그러나 그 둘은 죽은 것이다. 둘 다 존재하지 않는 것이다. 현재는 곧 살아 있음이다. 미래는 현재를 만날 수 없고, 과거 역시 그렇다. 그대의 에고, 그대의 그 '어느 누구', 이것들은 전부 그대의 과거다.

비어 있지 않고서는 그대는 지금 이 순간 속에 존재할 수 없다.

지금 이 순간 속에 존재하지 않고서는 살아 있는 것이 아니다. 어떻게 그대가 생의 환희를 알 수 있겠는가? 매 순간 그것이 그대에게 쏟아져 내리고 있지만, 그대는 그것을 피해 우회해 가고 있다.

장자는 말한다.

그러한 이가 완전한 이다.
그의 배는 비어 있다.

무엇의 비어 있음인가? '나'의 비어 있음, '에고'의 비어 있음, 배 안에 있는 '누군가'의 비어 있음이다.

다른 사람을 다스리는 자는 혼란 속에 산다.
다른 사람의 다스림을 받는 자는 슬픔 속에 산다.

다스리려는 욕망은 에고에서 나온다. 소유하려는 욕망, 권력을 가지려는 욕망, 지배하려는 욕망은 에고에서 나온다. 지배할 수 있는 영역이 커질수록 더 큰 에고를 얻을 수 있다. 재산의 크기와 더불어 그대 안의 그 누군가는 더 커지고 점점 부풀어간다. 때로 배는 아주 작아진다. 배 안에 타고 있는 에고가 너무 커졌기 때문이다.

그것이 정치인들에게 늘 일어나는 현상이다. 재산, 명성, 권력에 휘말려들어간 사람들에게 일어나는 일이다. 그들의 에고가 너무도 커졌기 때문에 배에 더 이상 실을 수가 없다. 매 순간 그들은 침몰할 지경에 와 있고, 죽음에 대한 두려움과 공포로 시달리고 있다. 두려움이 커질수록 더 많은 것을 가지려고 한다. 그 소유물들을 통해 어쨌든 안전이 보장된다고 믿기 때문이다. 두려움이 클수록 자신의 왕국이 조금만 커지면 더 안전할 것이라고 믿는다.

다른 사람을 다스리는 자는 혼란 속에 산다.

사실, 다스리고자 하는 욕망은 혼란스런 마음에서 나온다. 지배자가 되고자 하는 바람은 내면의 혼란스러움으로부터 일어난다. 실제로 다른 이들을 이끌기 시작하면 자신의 혼란스러움을 잊는다. 그것은 도피이며 일종의 속임수다. 그대는 병이 들었다. 하지만 다른 누군가가 병들어 있으면 그 사람을 치료하는 데 관심을 갖게 되고, 그럼으로써 자신의 병을 잊는다.

한번은 조지 버나드 쇼가 의사에게 전화를 걸었다.

"난 지금 몹시 아프다. 심장이 멈출 것 같은 통증을 느낀다. 급히 와달라."

의사가 달려왔다. 그는 너무 정신없이 달려왔다. 층계를 세 계단씩 뛰어오르고, 비 오듯 땀을 흘렸다. 그는 숨을 헐떡이며 버나드 쇼의 집 안으로 달려들어왔고, 그래서 급기야는 아무 말도 못한 채 의자에 쓰러졌다. 버나드 쇼가 침대에서 뛰쳐나오며 외쳤다.

"무슨 일인가?"

의사가 말했다.

"아무 말도 하지 말라. 난 지금 죽을 것만 같다. 심장마비다."

버나드 쇼는 당장에 의사를 간호하기 시작했다. 차를 가져오고, 아스피린을 찾아오는가 하면 할 수 있는 응급 치료를 다 했다. 반 시간 뒤 의사는 겨우 회복되었다. 그리고 나서 말했다.

"자, 이제 난 가야겠다. 진료비를 달라."

버나드 쇼가 말했다.

"이것 참 기가 막히는 일이군. 오히려 당신이 나한테 지불해야 할 걸! 난 거의 반 시간이나 당신을 살리기 위해 뛰어다녔다. 그런데 당신은 아직 내 병세에 대해선 한 마디도 물어보지 않았다."

그러자 의사가 말했다.

"어쨌든 난 당신을 치료했지 않은가. 이것이 내 치료법이었다. 당신은 내게 치료비를 지불해야 한다."

다른 이의 병에 관심을 가지면 자신의 병을 잊는다. 그래서 세상에는 그토록 많은 지도자들, 구루(영적인 스승)들, 그토록 많은 도인들이 있는 것이다. 다른 이들에 대한 관심은 그대에게 하나의 일거리를 준다. 다른 사람들을 위한 일꾼, 사회 사업가, 자선 사업가가 되면 자신의 혼란, 자기 내부의 혼돈을 잊는다. 그 일에 그토록 열중해 있기 때문이다.

정신과 의사들은 미치지 않는다. 면역이 되어서가 아니라, 다른 이들의 정신병을 치료하는 데 너무 몰두하고 있기 때문에 자신 역시 미칠 수 있다는 사실을 완전히 잊고 있는 것이다. 나는 많은 사회 사업가, 지도자, 정치인, 도인들을 만났다. 그들이 미치지 않은 것은 단지 다른 사람들의 일에 열중해 있기 때문이다. 그러나 만일 자신의 혼란에서 빠져나오기 위해 다른 이들을 이끌고 지배한다면, 결과적으로 그들의 삶 속에 더 많은 혼란을 만들어 낼 뿐이다. 자기 자신을 위해서는 좋은 치료 방법일 수 있고 좋은 도피일 수 있지만, 그것은 병을 전염시키는 일이다.

다른 사람을 다스리는 자는 혼란 속에 산다.

그는 혼란 속에서 살 뿐 아니라 자신의 혼란을 다른 사람들에게 전염시키고 있다. 혼란으로부터는 오직 혼란만이 태어난다. 그러므로 만일 그대가 혼란 가운데 있다면, 기억하라, 다른 사람을 도우려고 하지 말라. 그대의 도움은 독약과 같은 것이기 때문이다. 만일 그대가 혼란 속에 있다면, 다른 사람들 일에 관여하지 말라. 그대는 단지 싸움을 만들 뿐이고, 자신의 병을 전염시킬 뿐이다. 다른 이에게 충고하지 말라. 그리고 그대가 조금이라도 분명한 사고를 갖고 있다면 혼란 속에 있는 다른 이로부터 조언을 듣지 말라. 이것을 경계하라. 혼란 속에 있는 사람들은 언제나 조언을 주고자 하기 때문이다. 게다가 그들은 무료로, 매우 자비롭게 조언을 준다. 하지만 조심하라. 혼란으로부터는 오직 혼란만이 태어난다.

다른 사람의 다스림을 받는 자는 슬픔 속에 산다.

만일 다른 이를 지배하고자 한다면 그대는 혼란 속에 살 것이다. 그리고 만일 다른 이로 하여금 그대를 지배하도록 내버려둔다면 그대는 슬픔 속에서 살아갈 것이다. 노예는 결코 환희에 차 있을 수 없기 때문이다.

그러므로 요 임금은 다른 이에게 영향을 주거나
다른 이로부터 영향받는 것을 원하지 않았다.

다른 이에게 영향을 주려고 해서도 안 되고, 다른 이로부터 영향을 받아서도 안 된다는 사실에 깨어 있어야 한다. 에고는 그 둘 다 할 수 있지만 중간에 머물지는 못한다. 에고는 다른 사람에게 영향을 주려고 노력하며, 그때 비로소 즐거움과 지배감을 느낀다. 그러나 잊지 말라. 에고는 남의 지배 아래 있는 것 역시 좋아한다는 것을. 주인은 많은 노예들을 지배하기 때문에 즐거워하고, 노예들 역시 지배받는 것을 즐거워하는 것이다.

세상에는 두 가지 형태의 마음이 있다. 지배하려는 마음, 곧 남성적인 마음과 지배받기를 좋아하는 마음, 곧 여성적인 마음이다. 여성적인 마음이라고 해서 꼭 여성을 가리키는 것은 아니다. 남성적인 마음 역시 마찬가지다. 남성적인 마음을 가진 여성이 있고, 여성적인 마음을 가진 남성들이 있다. 언제나 같은 것은 아니다.

여기 인간에게는 두 가지 형태의 마음이 있다. 지배하기를 원하는 마음과 지배받기를 원하는 마음. 이 두 가지 방법으로 에고는 만족을 느낀다. 지배하든 지배를 받든 중요한 인물이 되기 때문이다. 누군가 그대를 지배하면 그대 역시 중요한 인물이 된다. 그의 지배는 그대에게 의존하고 있기 때문이다. 그대가 없다면 그의 존재가 도대체 무엇인가? 그대가 없다면 그의 왕국이 어떻게 존재할 것인가? 그의 지배력과 소유물들은? 그대 없이는 그는 아무 존재도 아니다.

에고는 극단의 방식 둘 다에서 채워진다. 오직 중간에서만 에고는 죽는다. 누구에게도 지배당하지 말고, 누구도 지배하지 말라. 그때 어떤 일이 일어날 것인가를 생각해 보라. 그때 그대는 어떤 식으로도 중요한 인물이 아니다. 주인도 노예도 아니다. 어느 쪽으로도 의미 있는 인물이 아니다. 주인은 노예 없이는 살 수 없고, 노예는 주인 없이 살 수 없다. 그들은 서로를 필요로 한다. 남자와 여자처럼 상호 보완적이다. 서로의 만족을 위해 상대방이 필요하다.

그 어느 쪽도 되지 말라. 그때 그대는 누구인가? 그때 갑자기 그대는 사라진다. 더 이상 중요한 인물이 아니기 때문이다. 아무도 그대에게 의존하지 않고, 그대는 더 이상 필요한 사람이 아니다. 인간에게는 누군가에게 필요한 사람이 되고자 하는 욕구가 있다.

기억하라. 누군가 그대를 필요로 할 때 그대는 만족감을 느낀다. 때로 그것이 비참함을 안겨 주더라도 그대는 필요한 인물이 되는 것을 좋아한다. 장애아가 침대에 누워 있고, 아이의 어머니는 어떻게 할 것인가를 끝없이 고민한다. '난 이 아이를 돌봐야만 하고, 나의 삶 전부가 소모되고 있다.' 그러나 아이가 죽는다면 어머니는 깊은 상실감을 느낄 것이다. 적어도 아이는 그녀를 절실히 필요로 했기 때문에 그녀는 중요한 인물이 될 수 있었다.

그대를 원하는 이가 없다면 그대가 누구란 말인가? 인간은 자꾸만 누군가에게 필요한 인물이 될 이유를 만들어 나간다. 비록 노예가 되더라도 그것은 필요하다.

> 그러므로 요 임금은 다른 이에게 영향을 주거나
> 다른 이로부터 영향받는 것을 원하지 않았다.
> 혼란으로부터 맑음을 얻고
> 슬픔으로부터 자유를 얻는 길은
> 도와 함께 사는 길이다.
> 비어 있는 그 나라에서.

그 중간 지점이 바로 비어 있는 나라, 또는 그 나라로 들어가는 문이다. 아무도 그대를 필요로 하지 않고 그대가 필요로 하는 사람도 없을 때, 그때 그대는 존재하지 않는 것처럼 존재한다. 그대가 더 이상 중요하지 않다면 에고는 지속될 수가 없다. 그렇기 때문에 그대는 어떤 방법으로든 중요한 인물이 되려고 노력하는 것이다.

누군가 그대를 필요로 할 때 그대는 기분이 좋아진다. 그러나 그것은 불행과 혼란의 길이며, 지옥으로 가는 첫걸음이다. 그때 어떻게 자유로울 수 있는가? 그 두 극단을 자세히 관찰하라. 붓다는 자신의 종교를 마즈힘 니카야, '중도'라고 불렀다. 마음은 양 극단에 살기 때문에 붓다는 그것을 '중간의 길'이라 불렀다. 일단 중간에 머무는 순간 사념이 사라진다. 중간에서는 더 이상 생각이 존재하지 않는다.

줄타는 광대를 본 적이 있는가? 기회가 있으면 잘 관찰해 보라. 줄타는 광대는 왼쪽으로 기우는 순간 균형을 이루기 위해 재빨리 오른쪽으로 움직여야만 한다. 그리고 오른쪽으로 너무 기울고 있다고 느끼는 순간, 즉시 왼쪽으로 옮겨가야 한다. 균형을 이루기 위해서는 그 반대편으로 가야만 한다. 그래서 때로 주인은 노예가 되고, 노예는 주인이 된다. 소유자는 누군가에게 소유되고, 소유된 자는 소유자가 된다. 그것은 계속 반복된다. 끝없는 균형이다.

인간 관계 속에서도 그것을 지켜본 적이 있는가? 그대가 남편이라면 스물네 시간 동안 내내 진실로 남편으로 있는가? 스물네 시간 동안 적어도 스물네 번의 변화가 일어난다. 때로 아내가 남편이 되고, 남편이 아내가 된다. 때로 남편은 다시 남편이 되고, 아내는 다시 아내가 된다. 그것은 마치 줄타기와 같다. 균형을 유지해야 하는 것이다. 스물네 시간 동안 지배만 하지는 못한다. 그때는 균형을 잃기 때문이다. 그렇게 되면 관계가 끝나 버릴 것이다.

직접 줄타기 광대가 되지 않고서는 오른쪽으로도 왼쪽으로도 기울지 않고 중간에 머무는 법을 알기는 어렵다. 줄타기는 티베트에서 명상의 한 방법으로 이용되어 왔다. 가운데 있으면 사념이 사라지기 때문이다. 오른쪽으로 기울고 있을 때 마음이 다시 실체를 갖는다. 그때 마음은 다시 존재를 갖고 말한다. '균형을 취하라, 왼쪽으로 기울라.' 문제가 일어나면, 그것에 따라서 마음이 일어난다. 아무 문제가 없을 때 어떻게 생각이 일어날 수 있겠는가? 한가운데 있을 때, 완전한 균형을 이루고 있을 때, 더 이상 사념이 존재하지 않는다. 평형이라는 것은 사념이 사라진 상태를 의미한다.

어떤 어머니가 아들 때문에 몹시 근심하고 있었다. 아이는 열 살이나 되었는데도 아직 말을 못하고 있었다. 원인을 찾으려고 온갖 노력을 다했지만 의사들은 이렇게 말할 뿐이었다.

"아무것도 잘못된 것이 없다. 뇌 기능은 정상이다. 몸도 정상이고, 아이는 건강하다. 아무것도 해줄 것이 없다. 무엇인가 잘못되었다면 치료라도 해줄 것이다."

그러나 아이는 여전히 말을 하지 못했다. 그러던 어느 날 아침 갑자기 아이가 소리를 질렀다. 아이는 말했다.

"이 토스트는 너무 탔어!"

어머니는 믿을 수가 없었다. 그녀는 너무 놀라서 소리쳤다.

"네가 말을 하다니, 그것도 이렇게 완벽하게! 그런데 왜 그동안 한 마디도 하지 않았니? 우리가 그토록 달랬는데도 넌 아무 말도 하지 않았어."

아이가 말했다.

"아무것도 잘못된 것이 없었기 때문이지. 그런데 처음으로 이 식빵이 너무 오래 구워져서 탔어."

아무 잘못된 것이 없다면 왜 말을 하겠는가. 사람들은 내게 와서 말한다.

"당신은 날마다 많은 말을 하고 있다."

나는 말한다.

"그렇다, 무엇인가 잘못된 사람들이 이토록 끝없이 찾아와서 내 말을 듣고 있기 때문이다. 너무 많은 잘못된 것들이 있기 때문에 난 말해야만 하는 것이다. 만일 잘못된 것이 없다면 더 이상 말할 필요가 없을 것이다. 난 그대 때문에 말하고 있는 것이다. 즉, 식빵이 너무 구워져서 타버렸다."

한가운데 있을 때, 어떤 극단이나 반대되는 것의 중간에 있을 때, 그때 사념은 사라진다. 한번 해보라. 줄타기는 아름다운 경험이며, 매우 특별한 명상법이다. 다른 것은 필요가 없다. 줄타는 광대인 그대 자신을, 그대 안에서 무엇이 일어나는가를 관찰할 수 있다. 그리고 기억하라. 줄 위에서는 사념이 멈춘다. 그토록 위험 속에 있기 때문에 그 위에서는 생각을 진행시킬 수가 없다. 생각을 하는 순간 아래로 추락할 것이다.

줄타는 사람은 생각을 할 수가 없으며, 그는 매 순간 깨어 있는 의식으로 있어야 한다. 균형이 매 순간 유지되지 않으면 안 된다. 그는 안정감을 느낄 수가 없다. 그는 안전하지 않다. 거기 언제나 위험이 도사리고 있다. 매 순간 조그만 균형의 변화라도 있으면 그는 떨어질 것이다. 죽음이 기다리고 있을 것이다.

줄 위를 걷고 있다면 그대는 두 가지를 느낄 것이다. 즉 너무나 위험하기 때문에 사념이 멈춘다는 것이다. 다른 하나는 오른쪽도 왼쪽도 아닌 한가운데로 올 때, 그 중간 지점에 머물 때, 거대한 침묵이 그대에게로 내려온다는 것이다. 그 침묵은 그대가 지금까지 경험한 적이 없는 침묵이다.

그리고 그것은 어느 길에서나 일어난다. 그대 전생애가 하나의 줄타기와 같다. 그러므로 요 임금은 한가운데 머물러 있고자 했다. 다스리는 것도 아니고 다스림 받는 것도 아니고, 남편도 아니고 아내도 아니고, 주인도 아니고 노예도 아닌 상태에…….

> 혼란으로부터 맑음을 얻고
> 슬픔으로부터 자유를 얻는 길은
> 도와 함께 사는 길이다.
> 비어 있는 그 나라에서.

한가운데서 문은 열린다. 비어 있는 나라의 문이.

그대가 없을 때 세계 전체가 사라진다. 세계는 그대에게 의존하고 있기 때문이다. 그대가 자신의 주위에 창조해 놓은 전세계는 그대를 꽉 붙들고 있다. 그대가 없으면 그 세계도 사라진다. 존재가 비존재로 되는 것이 아니다. 그것이 아니다. 세계는 사라지고 비로소 존재가 나타나는 것이다. 그 세계는 마음이 창조한 세계이기 때문이다.

존재가 곧 진리다. 집이 그곳에 있다. 그러나 그 집은 그대의 것이 아니게 될 것이다. 꽃이 그곳에 있다. 그러나 꽃은 이름을 잃어 버릴 것이다. 그것은 아름답지도 추하지도 않게 될 것이다. 그것이 다만 그곳에 존재할 뿐, 아무런 관념도 마음속에서 일어나지 않을 것이다. 순수하고, 아무 장식도 없고, 이름도 없으며, 실체 그대로인 것이 있는 그대로의 존재로 머물러 있을 것이다. 그리고 그 비어 있는 나라에서 모든 관념과 상상, 모든 꿈들은 사라질 것이다.

> 한 사람이 배를 타고 강을 건너다가
> 빈 배가 그의 작은 배와 부딪치면
> 그가 비록 나쁜 기질의 사람일지라도

그는 화내지 않을 것이다.
그러나 배 안에 사람이 있으면
그는 그에게 피하라고 소리칠 것이다.
그래도 듣지 못하면 다시 소리칠 것이고
마침내는 욕설을 퍼붓기 시작할 것이다.
이 모든 일은 그 배 안에 누군가 있기 때문에 일어난다.
그러나 그 배가 비어 있다면
그는 소리치지 않을 것이고 화내지 않을 것이다.

만일 사람들이 그대와 충돌한다면, 사람들이 그대에게 화를 낸다면, 기억하라, 그들에게는 잘못이 없다. 오직 그대의 배가 비어 있지 않기 때문에 일어난 일이다. 그대가 그곳에 있기 때문에 그들은 화를 내는 것이다. 만일 그 배가 비어 있는데도 그들이 화를 낸다면 그들이 어리석은 것이다. 배가 비어 있다면 그대는 다른 이들이 화내는 것을 즐길 수 있다. 함께 화를 낼 사람이 그곳에 없기 때문이다. 그러므로 기억하라, 만일 사람들이 그대와 충돌한다면, 그대 또한 너무 단단한 벽인 것이다. 하나의 문이 되라. 텅 빈 공간이 되라. 그들이 지나가게 하라.

때때로 사람들은 화를 낼 것이다. 그들은 붓다와 함께 있어도 화를 낸다. 어리석음 때문이다. 그들은 자신들의 배가 빈 배와 부딪쳐도 그 안에 사람이 있나 없나를 보려고 하지 않을 것이다. 그들은 자신들 속이 너무도 복잡해져 있기 때문에 그 안에 누가 있나 없나를 볼 수가 없다. 그러나 그때도 빈 배는 그 화를 즐길 수가 있다. 왜냐하면 그 화가 그대에게 닿지 않기 때문이다. 그대가 그곳에 없는데 화가 누구에게 미치겠는가?

장자의 이 '빈 배'의 비유는 진실로 아름답다. 그대가 너무 많기 때문에, 그대가 너무 완강하게 그곳에 있기 때문에, 너무 단단해서 뚫고 지나갈 수 없기 때문에 사람들은 화를 낸다. 삶은 모든 사람이 함께 얽혀 있는 것이다. 그대가 너무 많이 있다면 어느 곳에서나 충돌이 일어날 것이다. 싸움과 다툼, 논쟁과 폭력이 일어난다. 갈등은 계속된다.

누군가 그대에게 화를 낼 때, 누군가 그대와 부딪칠 때, 그대는 언제나 그것이 그 사람 탓이라고 생각한다. 무지가 결론을 내리고 해석하는 방식이 그것이다. 무지는 언제나 속삭인다. 저 사람 탓이라고. 하지만 지혜는 말한다. 만일 누군가의 탓이라면 그것은 곧 나의 탓이라고. 충돌하지 않는 유일한 길은 그곳에 내가 없는 것이다. '나의 탓'이라는 것은 '내가 무엇인가 했기 때문에 그들이 화를 내는 것'이라는 뜻이 아니다. 그것은 문제가 안 된다. 그대는 아무것도 하지 않았을지도 모른다. 그러나 그대의 존재가 그곳에 있기 때문에 사람들은 화를 내는 것이다. 문제는 그대가 선한 일, 악한 일을 하고 있는가가 아니다. 문제는 그대가 그곳에 있는 것이다. 이것이 도의 세계와 다른 종교들의 차이점이다. 다른 종교들은 말한다.

"선하라. 선하게 행동하면 아무도 그대에게 화를 내지 않는다."

도는 말한다.

"존재하지 말라. 사라져라."

그대가 올바로 행동하고 있는가 아닌가의 문제가 아니기 때문이다. 그것은 문제가 아니다. 선한 사람이라 할지라도, 위대한 성인일지라도 분노를 만들어 낸다. 그가 그곳에 있기 때문이다. 때로 선한 자는 악한 자보다 더 많은 분노를 만들어 낸다. 선한 자는 어떤 의미에서는 매우 미묘한 이기주의자이기 때문이다. 악한 자는 죄의식을 느낀다. 그의 배는 차 있지만 그는 죄를 느낀다. 그는 진실로 배 위에 모두 실려 있지는 않다. 그의 죄가 그를 움츠러들게 한다. 선한 자는 자신이 매우 선하다고 느끼기 때문에, 그의 배는 넘칠 만큼 가득 차 있다. 선한 이에게 다가가면 그대는 언제나 괴로울 것이다. 그가 그대를 괴롭히는 것이 아니라, 그의 존재 자체가 괴롭게 한다. 소위 선하다고 하는 사람들과 함께 있으면 그대는 언제나 슬픔을 느낀다. 그리고 그들을 피하고 싶어진다. 선하다고 하는 이들은 실제로 매우 무겁다. 그들과 만나면 그들은 언제나 그대를 슬프게 한다. 그대를 절망하게 한다. 그래서 가능한 빨리 그들을 떠나고 싶어진다.

도덕군자들, 청교도들, 어진 자들, 그들은 모두 무겁다. 그들은 주위에 무거운 짐을, 어두운 그림자를 이끌고 다닌다. 아무도 그들을 좋아하지 않는다. 그들은 좋은 동행이 되지 못한다. 좋은 친구가 되지 못한다. 선한 자와 함께는 우정이 불가능하다. 거의 불가능하다. 그의 눈은 언제나 그대를 비난하고 있기 때문이다. 그에게 가까이 가는 순간, 그대는 악하고 그는 선한 자가 된다. 그가 어떤 특별한 행위를 했기 때문이 아니다. 바로 그의 존재가 무엇을 일으키고, 그래서 그대는 화를 낼 것이다.

도는 완전히 다르다. 도는 다른 성질을 지니고 있다. 그리고 나에게 도야말로 지상에 존재한 가장 심오한 종교다. 그것에 비교할 만한 종교는 이 세상에 없다. 예수 그리스도의 가르침 속에, 고타마 붓다 속에, 크리쉬나(힌두교의 신) 속에는 진리의 반짝임이 있다. 그러나 그것들은 단지 반짝임일 뿐이다. 노자와 장자의 메시지는 가장 순수한 것이다. 그것은 완전한 순수함이고, 어떤 것도 그것을 더럽히지 못했다. 그리고 이것이 그 메시지다. '모든 것은 그 배 안에 누군가 있기 때문이다.' 이 모든 지옥은 그 배 안에 누군가 있기 때문이다.

> 그러나 그 배가 비어 있다면
> 그는 소리치지 않을 것이고 화내지 않을 것이다.
>
> 세상의 강을 건너는 그대 자신의 배를
> 그대가 빈 배로 만들 수 있다면
> 아무도 그대와 맞서지 않을 것이다.
> 아무도 그대를 상처 입히려 하지 않을 것이다.
>
> 곧은 나무는 맨 먼저 잘려진다.
> 맑은 샘물은 맨 먼저 길어져 바닥날 것이다.
> 만일 그대가 자신의 지혜를 내세우고 무지를 부끄러워한다면
> 자신의 특별함을 드러내고 다른 이들보다 돋보이기를 원한다면
> 빛이 그대 둘레에 내리비칠 것이다.
> 마치 그대가 태양과 달을 삼킨 것처럼.
> 그렇게 되면 그대는 재난을 피할 길이 없다.

실로 독특한 가르침이다. 장자는 말하고 있다. 그대 둘레의 성스러운 후광은 그대가 아직 그곳에 있음을 나타낸다. 그대 선함의 후광은 그대에게 틀림없이 재난을 불러일으키고 다른 이들에게도 역시 재난을 가져다줄 것이다.

노자와 장자, 이 스승과 제자는 다른 성인들과는 달리 그들 둘레에 후광이나 신령한 기운과 함께 그려진 적이 없다. 그들은 예수,

조로아스터(페르시아에서 시작된 배화교의 창시자), 크리쉬나, 붓다, 마하비라(자이나교 창시자)와 같지 않다. 그들은 결코 머리 둘레에 후광이 그려진 적이 없다. 오히려 그들은 이렇게 말한다. 만일 그대가 진실로 선하다면, 머리 둘레에 후광은 나타나지 않는다. 오히려 그 반대로 그 머리가 사라진다. 어디에 후광이 그려지겠는가, 머리가 사라졌는데?

모든 후광은 어떤 식으로든 에고와 관련되어 있다. 초상화를 그린 이는 크리쉬나가 아니라 그의 제자들이었다. 제자들은 붓다의 머리 둘레에 후광을 그려 넣지 않고서는 붓다를 생각할 수가 없었다. 그렇게 해야만 그가 특별하게 보이기 때문이다. 그러나 장자는 말한다. 평범하게 되는 것, 그것이 곧 지혜로운 자가 되는 길이라고. 아무도 그대를 알아보지 못하고, 아무도 그대가 특별한 사람이라고 느끼지 않는다. 장자는 말한다. 군중 속으로 들어가서 그대를 그 속에 파묻으라. 하지만 아무도 하나의 붓다가 자기들 속으로 들어왔다는 것을 알지 못한다. 아무도 누군가가 다르다는 것을 느끼지 못한다. 누군가 그것을 깨달으면 분노와 재난이 다가오기 때문이다. 누군가 그대가 어떤 특별한 사람이라고 느낄 때, 그의 에고는 상처 입는다. 그는 그것에 반작용하기 시작하고, 그대를 튕겨 내기 시작할 것이다.

그래서 장자는 말한다. 개성을 키워서는 안 된다. 그것 역시 재난의 일부이기 때문이다. 반면에 소위 종교적인 사람들은 가르치고 있다. 개성을 키우라. 도덕성을 기르라. 덕 있는 자가 되라. 그러나 왜? 왜 덕 있는 자가 되는가? 아무리 그렇게 해도 마음은 여전히 하나의 행위자, 무엇인가 되려는 욕망으로 채워져 있다. 만일 천국에 간다면 그곳에서 그대는 죄인들이 하느님 둘레에 앉아 있는 것을 보고 매우 상처 입을 것이다. 그대의 전생애가 낭비되었기 때문이다. 이 사람들이 자신을 즐기고 비난받는 짓들을 하는 동안 그대는 덕을 키웠다. 인격을 키웠다. 그런데 여기 신 둘레에 그 죄인들이 앉아 있는 것이다. 천국에서 성자와 죄인들을 함께 본다면 그대는 몹시 자존심 상할 것이다. 매우 슬프고 비참해질 것이다. 그대가 쌓은 공덕은 또한 에고의 한쪽이었기 때문이다.

그대는 남보다 우월해지기 위해 성스러움을 키운다. 그러나 마음은 여전히 같은 상태다. 이렇게 또는 저렇게 해서 보다 우월해지는 것, 다른 이들보다 높은 위치에 오르는 것, 이것이 그대의 좌우명이다. 그대가 많은 재산을 모을 수 있으면, 그때 다른 사람들은 가난한 것이고 그대는 부유하다. 그대가 알렉산더가 될 수 있으면, 그때 그대는 거대한 왕국을 갖는 것이고 그들은 걸인들이다. 위대한 학자가 될 수 있으면, 그때 그대는 박식한 사람이고 그들은 무식한 문맹들이다. 덕을 갖고 더 종교적이 되고 존경받을 만하고 도덕적이 될 수 있으면, 그때 그들은 비난받고 죄인이 된다. 이 이원론적인 구분은 계속된다. 그대는 다른 이들과 경쟁하고 있고, 더 우월해지기 위해 부단히 애쓰고 있다.

장자는 말한다. 개성을 키우고 다른 이들 위에서 빛난다면 그대는 재난을 피할 길이 없다. 다른 이들 위에서 빛나려고 하지 말라. 이기주의적인 목적을 위해 그대 자신을 키우려고 하지 말라. 그러므로 여기 장자가 가리키는 단 하나의 가치 있는 길은 '내가 없는' 길이다. 무아가 그것이다. 모든 다른 것은 그것을 뒤따른다. 그것 없이는 가치 있는 것은 아무것도 없다. 그대는 인격을 쌓아 신처럼 될지는 모른다. 그러나 에고가 여전히 그 안에 있다면, 그대의 모든 신성함은 곧 악마를 돕고 있는 것이다. 그대의 모든 덕은 단지 얼굴일 뿐이고, 죄인이 그 뒤에 감추어져 있다. 그리고 그 죄인은 덕이나 어떤 형태의 개선으로도 탈바꿈될 수가 없다. 그대가 그곳에 없을 때만 그것은 사라진다.

현자는 말했다.
'스스로에게 만족하는 자는
쓸모없는 일을 한다.
구하고자 하는 마음은 잃음의 시작이고
이름 얻고자 하는 마음은 이름 잃음의 시작이다.'

매우 역설적인 말이다. 이 말을 이해하기 위해서는 깨어 있어야 할 것이다. 그렇지 않으면 이해할 수 없다.

현자는 말했다.
'스스로에게 만족하는 자는
쓸모없는 일을 한다.'

종교적인 사람들은 가르쳐 오고 있다. 자기 자신에게 만족하라고. 그러나 만족해야 하는 그대 자신은 여전히 남아 있다. 장자는 말한다. 존재하지 말라. 그러면 거기 더 이상 만족하거나 만족하지 못하는 문제는 없다. 이것이 진정한 만족이다. 그대 자신이 사라진 것이다. 하지만 만일 그대 자신이 만족을 느낀다면, 그것은 거짓된 것이다. 왜냐하면 그것은 아직 그대가 그곳에 있다는 뜻이고, 그렇다면 그것은 단지 에고의 채워짐에 불과하기 때문이다. 그대는 얻었다고 느낀다. 그대는 이르렀다고 느낀다.

도는 말한다. 얻었다고 느끼는 사람은 이미 놓친 것이라고. 도달했다고 느끼는 사람은 이미 멀어진 것이라고. 이룸은 잃음의 시작이기 때문이다. 이룸과 잃음은 한 원의 양쪽, 한 바퀴의 두 부분이다. 이룸이 그 절정에 이르렀을 때 잃음이 이미 시작되고 있다. 바퀴는 언제나 아래로 돌아가고 있다.

우리의 생은 원 위에서 움직인다. 그대가 구했다고 느끼는 순간, 그 바퀴는 움직이고 그대는 이미 잃고 있는 것이다. 이것을 인정하는 데는 시간이 걸릴지도 모른다. 그대의 마음이 둔하기 때문이다. 그 일이 일어나는 걸 보기 위해선 많은 지혜와 분명한 시각이 필요하다. 그 일이 그대에게 일어나고 있다. 그대가 그것을 깨닫기 위해서는 여러 날이 걸린다. 때로 몇 달, 아니 몇 년이 걸린다. 때로 그대가 일어나는 일을 깨닫기까지는 수많은 생이 걸리기도 한다. 그러나 그대의 과거를 생각해 보라. 얻었다고 느꼈을 때마다 즉시 상황이 바뀌어 그대는 잃기 시작한다. 왜냐하면 에고가 그 바퀴의 한 부분이기 때문이다. 잃을 수 있기 때문에 얻는다. 잃을 수 없다면 얻을 가능성은 더 이상 없다. 잃음과 얻음은 같은 동전의 양면이다. 장자는 말한다.

현자는 말했다.
'스스로에게 만족하는 자는
쓸모없는 일을 한다.'

아직 그 자신이 존재하기 때문이다. 빈 배가 아직 그의 존재 속으로 오지 않았기 때문이다. 그 배가 아직 차 있기 때문이다. 에고가 아직 그곳에 앉아 있다. 에고가 아직 왕좌를 차지하고 있다.

'구하고자 하는 마음은 잃음의 시작이고
이름 얻고자 하는 마음은 이름 잃음의 시작이다.'

깨어 있는 마음으로 잘 들으라.

구함과 이름 얻음으로부터 자유를 얻어
사람의 무리 속으로 내려와 사라질 수 있는 자는 누구인가.
그는 도와 함께 흘러다닌다. 눈에 띄지 않은 채.
그는 삶 그 자체가 되어 걸어간다.
집도 없고 이름도 없이.
아무 구별함 없이 그는 단순하다.
겉으로 보기에는 그는 어리석다.
그의 발걸음은 아무런 자취를 남기지 않는다.
그는 아무 힘이 없다.
무엇을 이룸도 없다.
그는 이름을 얻지도 않는다.
또한 누구를 판단함이 없기에
아무도 그를 판단하지 않는다.

그러한 이가 완전한 이다.
그의 배는 비어 있다.

에고는 강처럼 흘러갈 수 없다. 어떻게 얼어붙은 강물이 흘러갈 수 있는가? 얼음이 녹아야 한다. 오직 그때만이 흐름이 시작될 수 있다. 얼어붙을 때, 그대는 하나의 형태를 갖는다. 녹아 버리면 그 형태는 사라진다. 얼어붙을 때, 그대는 누군가로 존재한다. 어딘가에 이름이 있다. 녹아 없어지면, 그 이름도 사라진다. 그 '누구'라는 것이 사라진다. 그때 그대는 무가 되고, 형태 없음이 된다. 얼어 있지 않을 때만이 흐를 수 있다. 그리고 흘러갈 때만이 그대는 삶 자체와 하나가 될 수 있다. 삶은 하나의 운동이기 때문이다. 죽음만이 움직이지 않는다. 오직 죽음만이 그곳에 머물러 있다. 삶은 계속해서 움직이고 또 움직인다. 그것은 끝없는 흐름이다.

성공을 하면 그대는 얼어 버린다. 녹는 것이 두렵기 때문이다. 녹아 버리면 모든 내용물이 사라질 것이다. 그대가 가진 내용물이라는 것은 사실 얼어붙음의 일부다. 명성을 얻으면 얼어붙는다. 죽어 버리고 딱딱하게 굳어져서 이제는 녹을 수가 없다. 그대는 그대 자신을, 명성을, 사람들로부터 받는 존경을 보호해 왔다. 이제는 미지의 미래로 나아갈 수 없다. 누가 아는가? 그 미지의 미래가 그대를 모든 명성과 이름을 한 순간에 잃는 곳으로 데려갈지. 따라서 그대는 지금까지 밟아온 길만을 걸을 수밖에 없다. 지도에 그려져 있고, 잘 아는 길을 걸을 수밖에 없다. 그대는 기억 속에 있는 원, 기억의 바퀴 안에서만 움직일 것이다.

하지만 삶은 결코 같은 길을 반복하지 않는다. 삶은 언제나 미지의 길을 향해 나아간다. 매 순간 삶은 미지의 세계 속으로 움직여 간다. 따라서 만일 그 미지의 길을 두려워한다면 그대는 얼어붙을 것이고 죽을 것이다. 삶은 그대를 기다려 주지 않을 것이다. 그대가 녹아야만 한다. 그리고 보호해야 할 아무런 이름도, 지켜야 할 아무런 명성도 없는 사람만이 그 미지의 길로 움직여 갈 수 있다. 그는 행복하게 나아갈 수 있다. 잃을 것이 아무것도 없기 때문이다. 그래서 붓다들은 걸인들이다. 이름이 없고 집이 없다. 싸워 지켜야 할 아무런 것도 없다. 보호해야 할 아무런 것도 없다. 그들은 어느 곳으로든 갈 수 있다. 저 하늘의 흰구름들처럼 집도 없고, 어느 곳에 뿌리내림도 없다. 다만 흘러갈 뿐이다. 이루어야 할 아무런 것도 없고, 이르러야 할 아무런 곳도 없이, 에고도 없이.

    그는 도와 함께 흘러다닌다. 눈에 띄지 않은 채.
    그는 삶 그 자체가 되어 걸어간다.
    집도 없고 이름도 없이.

이것이 곧 산야신(구도자)의 의미다. 그대를 산야신으로 맞이할 때, 나는 그대에게 이름 없음, 집 없음의 이 죽음의 비법을 전수하는 것이다. 나는 성공의 비밀 열쇠를 주고 있는 것이 아니다. 성공의 공식을 주고 있는 것이 아니다. 내가 그대에게 무엇인가를 주고 있다면, 그것은 다름 아닌 성공하지 않기 위한 열쇠다. 실패하는 문, 그래서 고민하지 않게 되는 문의 열쇠다. 걸인이 되는 비법, 곧 예수가 '마음의 가난함'이라고 부른 그것이다. 마음이 가난한 자는 에고가 없다. 그는 하나의 빈 배다.

    아무 구별함 없이 그는 단순하다.

그대는 누구를 단순하다고 부르는가. 그대는 그대 안에 단순함을 키울 수 있는가. 하루에 한 끼만 먹는 사람이 있다. 그는 옷도 몇 벌 없고, 거의 헐벗은 채로 살아간다. 그는 궁전에 살지 않고, 한 그루 나무 아래 산다. 그대는 그런 사람을 단순하다고 말한다. 그것이 단순함인가? 한 그루의 나무 아래서 살 수 있다. 그리고 그런 그대의 삶은 하나의 노력일지도 모른다. 그대는 삶을 단순한 것으로 만들었다. 그렇다, 삶을 단순하게 키워 온 것이다. 그대는 하루 한 끼만 먹을 수 있다. 그러나 그대는 계산하고 있고, 그것은 조작된 마음일 뿐이다. 벌거숭이로 지낼 수도 있다. 그러나 그런 노력들이 그대를 단순하게 해주지는 않는다. 단순함은 스스로 일어나는 것이다.

아무 구별함 없이 그는 단순하다.

나무 아래 산다고 해서, 하루 한 끼만을 먹는다고 해서, 채식주의자라고 해서, 돈을 갖고 있지 않다고 해서, 그대는 자신을 성자라고 느낀다. 남루하게 산다고 해서 자신을 성자라고 여긴다. 그리고 그때 돈을 많이 가진 이가 지나가면 그대 안에서 비난이 일어난다. 그대는 생각한다. 저 죄인에게 무슨 일이 닥칠 것인가? 그는 벌 받아 지옥으로 떨어질 것이다. 그대는 그 죄인에게 연민을 느낀다. 그렇다면 그대는 이미 단순한 사람이 아니다. 그대 스스로 남과 자신을 구분하고 있기 때문이다. 그대는 이미 특별한 사람이다.

그 구분이 어떻게 일어나는가는 중요하지 않다. 왕은 궁전에 산다. 따라서 그는 오두막에 사는 사람들과 구별된다. 왕은 그대가 입을 수 없는 옷을 입는다. 그 옷들은 매우 값진 것이며, 따라서 그는 그대와 구분된다. 어떤 사람은 거리에서 벌거벗은 탁발승으로 산다. 하지만 그대는 거리에서 벌거벗을 수 없다. 따라서 그는 특별한 사람이다. 구분이 존재할 때 에고가 존재한다. 아무런 구분이 없을 때 에고는 사라진다. 에고 없음이 곧 진정한 단순함이다.

아무 구별함 없이 그는 단순하다.

이것이 장자가 말한 가장 깊은 의미다. 이것은 매우 이해하기 어렵다. 우리는 늘 깨달음을 얻은 사람, 완벽한 사람이 지혜로운 사람이라고 생각하기 때문이다. 그러나 장자는 말한다.

겉으로 보기에는 그는 어리석다.

그럴 수밖에 없다. 그렇지 않고서는 그토록 많은 바보들 속에서 어떻게 현명한 자가 될 수 있겠는가? 어느 겉모습으로 보나 그는 어리석은 자일 것이다. 그리고 그것이 유일한 방법이다. 그렇지 않고서는 어떻게 이 어리석은 세상과 그토록 많은 바보들을 온전한 정신으로 만들 것인가? 그는 옷을 벗어던질 것이고 탁자 밑으로 기어 들어가 수탉처럼 울어댈 것이다. 오직 그때에만 그가 그대를 바꿀 수가 있다. 그는 그대처럼 미쳐야만 한다. 바보가 되어야만 하고, 그대가 그를 비웃도록 추락해야만 한다. 그러면 그대는 질투를 느끼지 않을 것이다. 자존심 상하지 않을 것이다. 그때 그대는 그를 받아들일 수 있고, 용서할 수 있고, 잊을 수 있다. 그를 홀로 남겨 두고 떠날 수 있다.

많은 위대한 신비가들이 바보처럼 행동해 왔다. 그들의 동시대인들은 그들의 삶으로부터 무엇을 배워야 할지 어쩔 줄 몰라 했다. 하지만 가장 큰 지혜가 그들 속에 있었다. 사람들 속에서 지혜로워지려는 것은 실로 어리석은 일이다. 그리고 그렇게 할 수가 없다. 그것은 결국 많은 혼란을 일으킬 것이다.

소크라테스는 장자를 몰랐기 때문에 독약을 마셔야만 했다. 만일 그가 장자를 알았다면 사약을 받아야 할 필요가 없었을 것이다. 그는 바보들 속에서 현명한 사람처럼 행동하려고 했다. 지혜로워지려고 노력한 것이다. 장자는 말한다. 지혜로운 사람은 겉으로는 어리석은 자와 같다고.

장자 자신은 바보처럼 웃으며 살았다. 노래하고 춤추면서, 농담과 기상천외한 말들을 쏟아 내면서. 아무도 그를 진지하다고 여기지 않았다. 지금 그대는 장자보다 더 진실하고 진지한 사람을 찾을 수 없다. 그러나 당시는 아무도 그를 진지하다고 여기지 않았다. 사람들은 그를 즐겼다. 그를 사랑했다. 그리고 그 사랑을 통해 장자는 지혜의 씨앗을 뿌렸다. 그는 많은 사람을 변화시켰고 많은 사람을 탈바꿈시켰다.

미친 자를 치유하기 위해서는 미친 자의 언어를 배우지 않으면 안 된다. 그의 언어를 사용해야만 한다. 미친 자처럼 되어야 한다. 바닥으로 내려오지 않으면 안 된다.

그대가 그대의 자리에만 서 있으면 의사 전달은 불가능하다. 소크라테스에게 일어난 일이 그것이다. 그리고 그럴 수밖에 없었다. 그리스 인들의 마음은 세계에서 가장 합리적인 마음이었기 때문이다. 합리적인 마음은 어리석지 않으려고 언제나 애를 쓴다. 소크라테스는 모든 이들을 화나게 만들었다. 그가 끊임없이 곤란한 질문만을 퍼붓고 모든 이로 하여금 스스로 어리석음을 느끼게 만들었기 때문에 사람들은 정말로 그를 죽일 수밖에 없었다. 그는 모든 사람들을 구석으로 몰아갔다.

사람은 누군가 계속 고집해 들어오면 평범한 질문에도 대답할 수 없다. 만일 그대가 신의 존재를 믿는다면 소크라테스는 신에 대해 무엇인가를 물을 것이다. 그대는 대답할 수가 없다. 아직 신을 본 적이 없기 때문이다. 신을 증명할 수 있는 것이 어디에 있는가? 신은 멀리 떨어져 있다. 하다못해 평범한 것들까지도 증명할 수가 없다. 그대는 아내를 집에 두고 떠나왔다. 그러나 어떻게 참으로 아내를 집에 두고 떠났음을 증명할 수 있는가? 아니면 그대가 아내를 얻었다는 사실을? 그것은 그대 기억 속에만 있을지도 모른다. 그대는 꿈을 꾼 것일지도 모른다. 그리고 집으로 돌아갔을 때 그곳에 집도 아내도 없을지도 모른다.

소크라테스는 이렇게 모든 것을 꿰뚫어 보고 분석하면서 계속 질문을 퍼부었다. 그래서 마침내 아테네의 전체 시민들이 화가 났다. 이 사람은 그들 모두가 어리석다는 것을 증명하려고 애쓰고 있었던 것이다. 그래서 그들은 그를 죽였다. 만일 소크라테스가 장자를 만났다면—그리고 바로 그 시대에 장자는 중국에서 살고 있었다. 그들은 동시대인이었다—장자는 그에게 비밀을 말했을 것이다. 어떤 사람이 어리석다는 것을 증명하려고 애쓰지 말라고. 어리석은 사람은 그것을 좋아하지 않기 때문이다. 미친 사람에게 그가 미쳤다는 것을 증명하려고 애쓰지 말라. 그것을 좋아하는 미친 자는 세상에 없다. 그는 화를 낼 것이다. 공격적이 되고 호전적이 될 것이다. 그럼에도 만일 그대가 너무 많이 밝혀 낸다면, 그는 그대를 죽일 것이다. 그대가 완전히 증명할 수 있는 지경까지 오면 그는 반드시 복수할 것이다.

장자는 틀림없이 이렇게 말했을 것이다.

"그대 자신이 어리석게 되는 것이 더 좋다. 사람들은 그대를 즐길 것이고, 그렇게 되면 아주 미묘한 방법론에 의해서 그대는 그들이 변화하는 데 도움을 줄 수 있을 것이다. 그럼 그들은 그대에게 반대하지 않을 것이다."

동양에서는, 특히 인도와 중국과 한국, 일본에서는 소크라테스가 독살되어 죽임을 당한 그리스에서처럼 그렇게 추한 일이 한 번도 일어나지 않았다. 그런 일은 예루살렘에서 일어났다. 예수는 처형되었고, 십자가에 못박혔다. 또 이집트에서, 이란에서, 그 밖의 다른 나라에서 그런 일들이 일어났다. 많은 현자들이 살해되고 처형당했다.

그러나 중국에서는, 인도와 한국과 일본에서는 일어난 적이 없다. 이들 세 나라에서는 사람들이 현자처럼 행동하는 것이 곧 재난을 초래한다는 사실을 깨닫고 있었기 때문이다. 어리석은 자처럼, 미친 자처럼 행동하라. 미치광이가 되라. 그것이 곧 지혜로운 자의 첫 번째 발걸음이다. 사람들이 그대를 마음 편히 생각하고, 그대를 두려움 없이 바라보도록 하기 위해.

그래서 나는 그대에게 처음의 이야기를 한 것이다. 왕자는 그 신비가와는 가까워졌다. 하지만 다른 의사들, 박학다식한 명의들을 두려워했다. 그들이 그를 변화시키고 치료하려고 노력했기 때문이다. 그리고 그는 미치지 않았다. 그는 자신이 미쳤다고 생각하지 않았다. 어떤 미치광이든 자신이 미쳤다고 생각하지 않는다. 만일 미친 사람이 자신이 미쳤다는 사실을 깨닫는다면, 그 순간 미친 증세는 사라진다. 그는 더 이상 미치광이가 아니다.

그래서 왕자를 치료하려고 애썼던 모든 현명한 사람들은 어리석었고, 이 늙은 신비가만이 진실로 현명했다. 그는 어리석게 행동했다. 궁중 사람들은 웃었다. 왕은 웃었다. 왕비도 웃었다. 그들 모두 웃으면서 말했다. 뭐라고? 바로 이 자가 왕자를 고칠 수 있다고? 자신이 더 미친 것 같은데? 왕자보다도 더 심하게 미친 것 같은데? 왕자까지도 충격을 받았다. 왕자는 말했다.

"도대체 무슨 짓을 하고 있는가? 대체 당신은 누군가?"

그러나 이 사람이야말로 깨달음을 얻은 현자였음에 틀림없다. 장자는 바로 그 놀라운 현상에 대해 말하고 있는 것이다. 그 비상한 사람에 대해.

겉으로 보기에는 그는 어리석다.
그의 발걸음은 아무런 자취를 남기지 않는다.

그대는 그를 뒤따를 수 없다. 깨달은 사람은 뒤따를 수가 없다. 결코 안 된다. 그는 아무 자취도 남기지 않기 때문이다. 거기 아무런 발자국도 없다. 그는 하늘을 나는 새와 같다. 그는 움직여 가지만 어떤 흔적도 뒤에 남지 않는다. 왜 지혜로운 자는 자취를 남기지 않는가? 그대가 뒤따를 수 없게 하기 위해서다.

어떤 지혜로운 자라도 그대가 그를 뒤따르는 것을 좋아하지 않는다. 그대가 그를 뒤따를 때는 모방하는 사람이 되기 때문이다. 그는 언제나 이리저리 움직이기 때문에 뒤따를 수가 없다. 만일 그를 뒤따르려 한다면 놓쳐 버릴 것이다. 그대가 나를 뒤따를 수 있는가? 그것은 불가능한 일이다. 그대는 내일 내가 무엇으로 있을지 모르기 때문이다. 그대는 짐작할 수가 없다. 예측할 수 있으면 계획을 세울 수 있다. 그러면 그대는 내가 어디로 가고 있는지 안다. 그 방향을 알고 나의 발걸음을 안다. 그대는 내 과거를 알고, 내 미래를 추측할 수도 있다. 그러나 나는 비논리적이다.

만일 내가 논리적이라면 그대는 내일 내가 무엇을 말할 것인지 미리 알 것이다. 어제 내가 말한 것을 살펴봄으로써 내일 무엇을 말할지 추측할 수 있다. 그러나 그것은 불가능한 일이다. 내일 나는 내가 지금까지 한 말을 완전히 부정할지도 모른다. 나 자신을 송두리째 부정할지도 모른다. 나의 모든 내일은 나의 모든 어제와 모순

될 것이다. 그러니 어떻게 나를 뒤따르겠는가? 뒤따르려고 노력한다면 그대는 미칠 것이다. 조만간 그대는 그대 자신이 되어야만 한다는 것을 깨달을 것이다. 모방은 불가능하다.

그의 발걸음은 아무런 자취를 남기지 않는다.

그는 일관되지 않다. 그는 논리적이지 않다. 그는 비논리적이다. 그는 미친 자와 같다.

그는 아무 힘이 없다.

이것을 이해하기는 매우 어려울 것이다. 우리는 늘 현자는 힘을 갖고 있다고, 현자는 가장 강한 사람이라고 생각하기 때문이다. 그가 그대의 눈먼 눈에 손을 댈 것이고, 그러면 그대의 눈이 열리고 그대는 볼 수 있게 될 것이다. 그대는 죽어 있다. 그런데 그가 그대를 만질 것이고 그대는 부활할 것이다. 우리에게 현자는 기적을 행하는 사람이다.

그러나 장자는 말한다. 그는 아무 힘을 갖고 있지 않다고. 우리에게 있어서 힘은 언제나 에고의 한 면이기 때문이다. 에고는 힘이 세지기를 바란다. 그대는 현자를 설득해 그의 힘을 쓰게 할 수가 없다. 그것은 불가능하다. 그대가 할 수 있다면 설득되어질 어떤 에고가 아직 남아 있다는 것을 의미한다. 그는 결코 그의 힘을 쓰지 않는다. 그곳에 더 이상 그 힘을 쓰거나 조종할 사람이 없기 때문이다. 그 에고, 그 조종자가 없다. 그 배는 비어 있다.

현자는 힘이다. 그러나 그는 힘을 갖고 있지 않다. 현자는 강하다. 그러나 그는 힘을 사용하고 있지 않다. 거기 그것을 조종하는 사람이 없기 때문이다. 그는 에너지 자체다. 넘쳐흐르고, 머무는 곳이 없고, 방향이 없다. 그것을 지시하는 사람이 없다. 그의 존재 앞에서 그대가 치유되고, 그대의 눈먼 눈이 열릴지도 모른다. 그러나 그는 그대의 눈을 열지 않았다. 그는 그대의 눈을 만지지 않았고, 그대를 고쳐 주지 않았다. 만일 그가 그대를 고쳤다고 그 자신이 생각한다면, 그는 이미 병든 것이다. 이 '나'라는 생각, '내가 너를 고쳤다'는 생각은 훨씬 큰 병이고, 훨씬 심각하게 눈먼 것이다.

그는 아무 힘이 없다.
무엇을 이룸도 없다.
그는 이름을 얻지도 않는다.
또한 누구를 판단함이 없기에
아무도 그를 판단하지 않는다.

그러한 이가 완전한 이다.
그의 배는 비어 있다.

이것이 그대의 길이어야 한다. 그대가 타고 있는 배를 비우라. 그 배 안에서 무엇을 발견하더라도 물속에 집어던지라. 모두 던져져서 아무것도 남지 않을 때까지. 그대 자신까지 던져지고 아무도 남지 않을 때까지. 전 존재가 비어 있음 그 자체가 될 때까지. 가장 중요한 것은 비워지는 일이다. 일단 비워지면 그대는 채워질 것이다. 비어 있을 때 존재 전체가 그대에게로 내릴 것이다. 비어 있음만이 전체를 받을 수 있다. 그때 그대는 아무것도 잃지 않게 될 것이다. 전

빈 배 | 55

체를 받기 위해서는 비어 있어야 한다. 무한히 비어 있어야 한다. 오직 그때만이 전체를 받을 수 있다. 그대의 마음은 너무 작은 그릇이기 때문에 신을 받을 수가 없다. 방이 너무 비좁기 때문에 신을 초대할 수가 없다. 그 집을 완전히 부수라. 오직 그때에만 저 하늘, 저 공간, 저 전 우주를 받을 수 있다.

비어 있음이 모든 길, 목적, 모든 것이 될 것이다. 내일 날이 밝으면 그때부터 그대 마음속에서 찾아내는 것은 무엇이든 비워 버리라. 그대의 비참함, 분노, 에고, 질투, 고통, 즐거움들까지도. 어떤 구분도 없이, 선택도 없이 그대를 비우라. 완전히 비게 되는 그 순간, 갑자기 그대는 전체를, 전부를 볼 것이다. 비어 있음을 통해 전체가 얻어진다. 명상은 단지 비우는 것, 그 어느 누구도 아닌 사람으로 되는 것이다. 이 명상 캠프에서 그대는 그 어느 누구도 아닌 자로 움직이라. 그리고 만일 그대가 누군가에게 화가 나거나 충돌하면, 기억하라, 그대가 배 안에 있기 때문에 그 일이 일어나는 것임을.

그대의 배가 비어 있을 때, 그대는 부딪치지 않을 것이다. 더 이상 싸움과 성냄과 갈등은 없을 것이다. 아무것도 없을 것이다. 이 텅 빔은 축복이다. 이 없음은 은총이다. 이 없음을 위해서 그대는 오랫동안 찾아헤매 왔다. 하지만 '찾는 자'가 사라지지 않는 한 그것은 이루어질 수 없다. 이제 더 이상 그대 자신으로 그대를 채우려 하지 말라. 비워 버리라. 하나의 빈 배가 되어 저 넓은 세상으로 나아가라. 그때 삶의 모든 축복과, 존재계 안에서 가능한 모든 은총이 그대의 것이 될 것이다. 그것들을 가지라. 하지만 그대가 그곳에 존재하지 않을 때만이 그것을 가질 수 있다. 그것이 문제다. 어떻게 하면 존재하지 않을 것인가?

그대는 그 문제를 풀 수 있다. 나는 그대를 치유하는 힘을 갖고 있지 않다. 이곳에선 어떤 기적도 일어나지 않는다. 왜냐하면 나는 평범한 사람이 되는 궁극의 기적에만 관심을 갖고 있기 때문이다. 그것에 대해 명상하라.

그리고 오직 이 한 가지 사실만을 기억하라.

그대는 빈 배가 되어야만 한다.

도의 사람은 다른 이에게 의존함 없이 자신의 길을 간다. 홀로 걸을 때 그대는 세상의 한 부분이 아닌 채로 세상 속에서 움직일 수 있다. 소유물에 소유되지 않을 수 있다.

둘째날 아침 　도의 사람

도의 사람은 장애물이 없이 행한다.
그는 자신의 행동으로 남을 상처 주지 않는다.
그럼에도 그는 자신의 부드러움과 따뜻함을 알지 못한다.

그는 재물을 모으고자 애쓰지 않으며
그렇다고 청빈의 덕을 내세우지도 않는다.

그는 남에게 의존함 없이 자신의 길을 걸어가며
또한 홀로 걸어감을 자랑하지도 않는다.

도의 사람은 알려짐 없이 머물러 있다.
완전한 덕은 아무것도 만들어 내지 않는다.
자아가 사라진 것이 진정한 자아.
가장 위대한 자는 아무도 아닌 자다.

―〈도의 사람〉

　마음에 있어서 가장 어려운 일, 거의 불가능한 일은 중간에 머무는 일이다. 균형을 이루는 일이다. 이쪽 끝에서 저쪽 끝으로 움직여 가기는 쉽다. 언제나 하나의 극단에서 반대편 극단으로 이동해 가는 것이 마음의 본성이다. 이것을 깊이 이해해야 한다. 이것을 이해하지 않고서는 결코 명상 속으로 들어갈 수가 없다. 마음의 본성은 한 극에서 반대편 극으로 움직여 가는 것이다. 마음은 불균형에 의존한다. 그대가 균형을 이루면, 그때 생각도 사라진다. 생각은 병과 같다. 그대가 불균형일 때 생각이 그곳에 있다. 균형을 이룰 때 그곳에 생각은 없다.

　그래서 과식하는 사람은 금식을 하기 쉽다. 이것은 얼핏 비논리적으로 보인다. 우리는 음식을 탐하는 사람은 금식을 하기가 어렵다고 생각한다. 그러나 그렇지 않다. 음식을 탐하는 사람만이 금식을 행할 수 있다. 금식을 행하는 것은 곧 반대편에서 음식을 탐하는 것이기 때문이다. 그것은 진정으로 변화한 것이 아니다. 그대는 여전히 음식을 탐하고 있다. 전에 그대는 탐식했었다. 이제 그대는 배가 고프다. 그러나 마음은 여전히 그 반대편 극에서 음식에 탐닉하고 있는 것이다.

　성에 탐닉하는 사람은 쉽게 금욕주의자가 될 수 있다. 그것은 문제가 아니다. 마음은 올바른 양의 식사를 하기가 어렵다. 마음은 한가운데 머물기가 어렵다. 왜 중간에 머무는 것이 그토록 어려운가? 그것은 곧 시계추와 같다. 시계는 오른쪽과 왼쪽으로 반복 운동을 하고 있는 추에 의존한다. 시계추가 한가운데 머물면 그때 시계도 멈춘다. 시계추가 오른쪽으로 이동할 때 그대는 단순히 그것만을 보지만, 실제로 시계추는 왼쪽으로 이동하기 위한 반동력을 모으고 있는 것이다. 오른쪽으로 점점 움직여 갈수록 시계추는 왼쪽으로, 반대쪽으로 움직여 가기 위한 더 많은 에너지를 모으는 것이다. 과식하는 것은 곧 금식하기 위한 반동력을 모으고 있는 것이다. 성에 탐닉할 때마다 브라마차리야, 곧 성을 초월한 존재가 마음에 끌릴 것이다. 마음에 있어서 첫 번째 기능은 이것이다. 한 곳으로 움직여 갈 때마다 그대는 또한 그 반대편으로 움직여 가고 있는 것이다. 그 반대는 숨겨져 있고 나타나지 않을 뿐이다.

　누군가를 사랑할 때 그대는 곧 그를 미워하기 위한 반동력을 모으고 있는 것이다. 그래서 오직 친구만이 적이 될 수 있다. 먼저 친구가 되지 않으면 갑자기 적으로 될 수가 없다. 사랑하는 이들만이 말다툼을 할 수 있고 싸울 수 있다. 사랑하지 않고서 어떻게 미워할 수 있는가? 왼쪽 끝까지 이동하지 않고서 어떻게 오른쪽 끝으로 이동할 수 있는가? 오늘날의 연구는 말한다. 사랑이라는 것은 친밀한 적대 관계라고. 이 말은 모순되고 비논리적으로 들린다. 그러나 논리는 피상적이고, 삶은 더 심오하다. 삶 속에서는 온갖 반대되는 것들이 하나로 합쳐진다.. 그것들은 함께 존재한다. 이것을 기억하라. 그때 비로소 명상이 균형을 이루기 때문이다.

붓다는 여덟 가지 계율을 가르쳤다. 그리고 각 계율마다 '바름'이라는 단어를 사용했다. 예를 들어 그는 '바른 노력'을 말했다. 행위에서 행위 없음으로, 깨어 있음에서 잠자는 것으로 옮겨가기는 쉽기 때문이다. 그러나 중간에 머무는 것은 어렵다. 붓다가 '바름'이라는 단어를 사용한 것은 곧 이렇게 말하고 있는 것이다. 반대편으로 움직여 가지 말라. 중간에 머물라. 중간에 서 있을 때 그대는 어떤 반동력도 모으고 있는 것이 아니다.

그것은 매우 아름다운 일이다. 어느 곳으론가 움직여 가기 위한 반동력을 모으고 있지 않은 사람은 스스로 마음이 안정되어 있다. 그대는 지금 마음이 편안하지 않다. 무엇을 하든 균형을 이루기 위해 그 반대의 행위를 해야 하기 때문이다. 그리고 그 반대의 행위는 결코 균형이 아니다. 그것은 단지 그대에게 균형을 이루어야 한다는 강박 관념을 줄 뿐이다. 그리고 그대는 또다시 반대편으로 움직여 가야만 한다.

하시드(유태교 신비가)의 한 사람, 무즈히드에 대한 이야기가 있다. 그가 깨달음을 얻었을 때 갑자기 벽에 걸린 시계가 멈췄다고 한다. 이것은 충분히 가능한 이야기다. 시계는 하나의 상징이다. 생각이 정지할 때 시간은 멈춘다. 시계추가 멈췄을 때 그 시계도 멈춘다. 시간은 바로 시계추의 운동처럼 마음의 운동에 의해서 생겨난다. 마음이 움직인다. 그때 그대는 시간을 느낀다. 마음이 움직이지 않을 때 더 이상 시간이 느껴지지 않는다. 과학자들과 신비가들은 이 점에 동의한다. 운동은 시간이라는 현상을 만든다. 그대가 움직이지 않고 정지해 있으면, 그때 시간은 사라지고 영원성이 존재 속으로 찾아온다.

마음에 대해 이해해야 할 두 번째 것은 마음은 늘 거리를 갈망한다는 것이다. 결코 가까워지기를 바라지 않는다. 가까워지면 권태로워지고 싫증을 느낀다. 거리를 가지면 꿈과 희망들을, 즐거움의 가능성들을 품을 수 있다. 그래서 마음은 늘 거리를 두려고 하는 것이다. 매력적이고 아름다워 보이는 것은 언제나 남의 아내다. 그대의 마음을 사로잡는 것은 매번 다른 사람의 집이다. 그대의 눈길을 끄는 것은 다른 누군가의 자동차다. 멀리 떨어진 것이 언제나 그대를 유혹한다. 가까이 있는 것에 대해선 그대는 장님이나 마찬가지다. 마음은 가까이 있는 것을 볼 수 없다. 오직 멀리 떨어져 있는 것만을 볼 수 있다.

그렇다면 가장 멀리 있는 것, 가장 먼 거리에 있는 것은 무엇인가? 완전히 반대편에 있는 것이 가장 멀다. 그대는 누군가를 사랑한다. 그러면 증오가 가장 멀리 있는 현상이다. 과식한다, 그러면 금식이 가장 멀리 있다. 독신 생활자다, 그러면 이성이 가장 먼 거리다. 그대는 왕이다, 그러면 수도승이 되는 길이 멀리 있는 현상이다. 가장 멀리 있는 것이 가장 많은 꿈을 불러일으킨다. 그것은 마음을 잡아당기고, 유혹하고, 줄곧 그대를 부르며 초대하고 있다. 그리고 이번에는 그대가 떠나온 저 곳이 다시금 아름다운 곳으로 변한다.

어떤 여배우가 나를 찾아왔다. 그녀는 15년 전에 남편과 이혼을 했다. 이제 그녀는 늙었고 남편과 헤어졌던 시절보다 아름다움을 많이 잃었다. 그들의 아들이 지난해 결혼을 했다. 그래서 그 결혼식에서 그녀는 남편과 다시 만나 함께 여행을 해야만 했다. 남편은 그만 그녀와 사랑에 빠졌다. 그래서 그녀는 내게로 와서 물었다.

"어떻게 하면 좋을까요? 남편이 다시 청혼을 하고 있습니다. 그는 나와 재혼하기를 바라고 있어요."

그녀 또한 매혹되어 있었다. 그녀는 내가 긍정적인 대답을 해주길 바라고 있었다. 내가 말했다.

"그대들이 함께 살았을 때, 그곳엔 늘 싸움과 갈등밖에 없었다. 난 그 모든 내막을 알고 있다. 그대들이 어떻게 싸우고 말다툼하고, 어떻게 그대들이 서로에게 지옥과 비참함을 만들어 주었는지. 그런데 그 모두를 또다시 하겠다고?"

마음은 반대되는 것에 자력을 느낀다. 진정한 이해를 통해 그것을 초월하지 않고서는 마음은 언제나 한 극에서 다른 극으로 계속 이동한다. 또다시 멀리 있는 것이 마음을 끌면, 그대는 다시금 순례의 길을 떠난다. 목적지에 도달하는 순간, 전에 알고 있었던 것이 이제는 반대편에 있다. 그래서 이제 그것이 다시 그대의 마음을 잡아끈다. 그것은 반짝이는 별들처럼 보이고, 가치 있는 그 무엇처럼 보인다.

한 비행사에 대해 읽은 적이 있다. 그는 친구와 함께 캘리포니아 상공을 날고 있었다. 그가 친구에게 말했다.

"저 아래를 보라. 저 아름다운 호수를 보라. 난 저 호수 근처에서 태어났다. 바로 저곳이 내가 자라난 마을이다."

그는 언덕 아래 호수 가까이 자리잡은 작은 마을을 가리켰다.

"난 저곳에서 자랐다. 아직 어린아이였을 때 저 호숫가에 앉아서 물고기를 잡곤 했다. 낚시가 나의 취미였다. 그런데 그 시절에, 호숫가에서 물고기를 잡고 있던 어린아이였을 때, 비행기들이 내 머리 위를 지나 하늘로 날아가곤 했었다. 그래서 난 언젠가 내가 좀더 나이 먹었을 때 반드시 비행사가 되리라는 꿈을 키우게 되었다. 그것이 나의 유일한 꿈이었다. 그리고 이제 그 꿈은 실현되었다. 하지만 난 얼마나 불행한가. 이제 난 언제나 저 호수를 내려다보고, 호숫가에서 물고기를 잡다가 내 비행기를 올려다보곤 하는 어린아이를 마음 아프게 내려다보면서 생각한다. 언제쯤 은퇴해서 다시 저 호숫가에서 낚시를 하게 될 것인가 하고. 저 호수는 정말 아름답지 않은가?"

모든 일이 이와 같다. 그대에게 일어나는 일이 전부 이와 같다. 어린 시절에 그대는 빨리 자라기를 바란다. 나이 많은 사람들이 더 강해 보이기 때문이다. 어린아이는 쑥쑥 자라기를 바란다. 나이 먹은 이들은 현명한데 자신은 무슨 일을 하든지 서툴다고 어린아이는 느낀다. 그러나 노인들에게 물어보라. 그들은 언제나 이렇게 말한다. 어린 시절이 가버리면 모든 것이 가버린다고. 낙원은 어린 시절에 있었다고. 모든 늙은 사람들은 어린 시절을 그리워하면서 죽어간다. 그 순진성과 아름다움과 꿈의 동산을.

그대가 소유하고 있는 것은 무엇이든 무가치해 보이고, 소유하고 있지 않은 것은 가치 있어 보인다. 이것을 기억하라. 그렇지 않으면 명상이 일어날 수 없다. 명상은 마음의 이런 특성, 바로 이 과정을 이해하는 일이기 때문이다. 마음은 변증법적이다. 마음은 언제나 되풀이해서 그대를 반대편으로 움직여 가게 한다. 그 끝없는 과정을 되풀이한다. 그대가 그것을 떨쳐 버리지 않으면 그것은 결코 끝나지 않는다. 그대가 문득 마음의 속임수를 깨달을 때, 그래서 한가운데에서 정지할 때, 그 과정은 끝이 난다. 한가운데에 머무는 것이 곧 명상이다.

그리고 이해해야 할 세 번째의 것은, 마음은 양극단을 고집하기 때문에 결코 전체가 될 수 없다는 사실이다. 마음은 전체가 될 수 없다. 그것은 언제나 절반이다. 그대가 누군가를 사랑할 때, 그때 그대는 미움을 억누르고 있다는 사실을 관찰해 본 적이 있는가? 그 사랑은 전체가 아니다. 완전하지 않다. 그 뒤편에는 어두운 힘이 감춰져 있다. 그리고 그 힘은 어느 순간에 터져 나올지 모른다. 그대는 화산 위에 앉아 있는 것이다.

누군가를 사랑할 때, 그대는 자신이 분노와 질투와 미움을 갖고 있다는 것을 단순하게 잊어버린다. 그것들이 결코 존재하지 않는 것처럼 단순히 버려 둔다. 그러나 어떻게 그것들을 없애 버릴 수 있는가? 단지 무의식 속에 그것들을 감춰 두고 표면에서는 사랑을 할 수가 있지만, 그 깊이에는 혼란이 숨겨져 있다. 조만간 그대는 싫증이 날 것이고 사랑하는 이에게 익숙해질 것이다. 사람들은 익숙함이 무시를 낳는다고 말한다. 하지만 익숙함이 서로에 대한 무시를 낳는 것은 아니다. 익숙함은 그대를 지루하게 만들 뿐이며, 상대방에 대한 무시와 경멸은 언제나 그곳에 숨겨져 있었다. 그것이 밖으로 나온 것일 뿐이다. 그것은 그 순간을 기다리고 있었다. 그 씨앗이 처음부터 그곳에 있었다.

마음은 언제나 그 안에 반대되는 것들을 지니고 있다. 그리고 그 반대되는 것은 무의식 속에 묻혀 있으면서 솟아나올 순간만을 기다리고 있다. 자세히 관찰하면 매 순간 그것을 느낄 수 있을 것이다. 누군가에게 사랑한다고 말할 때, 그때 그대의 눈을 감고 명상하면서 지켜보라. 그곳에 숨겨진 미움이 있는가? 그대는 그것을 느낄 것이다. 그러나 자신을 속이기를 바라기 때문에, 사실은 그토록 추하기 때문에, 그대는 그것과 대면하기를 바라지 않는다. 사실 그대는 사랑하는 이를 미워하고 있다. 그 사실로부터 달아나기 위해 그것을 감추는 것이다. 그러나 감추는 것은 도움이 되지 않는다. 누군가를 속이는 것이기 때문이다.

그러므로 무엇을 느낄 때마다 눈을 감고 자신 속으로 들어가 그 반대되는 것이 어디에 있는가 찾아보라. 그것이 그대에게 균형을 가져다줄 것이다. 그러면 '난 당신을 사랑한다'고 말하지 않을 것이다. 그대가 진실하다면 이렇게 말할 것이다. '그대와 나와의 관계는 사랑과 미움의 관계다.'

모든 관계는 사랑과 미움의 관계다. 순수한 사랑의 관계는 없다. 순수한 미움의 관계도 없다. 사랑과 미움 둘 다이다. 그대가 정직하다면 곤란에 빠질 것이다. 만일 한 여성에게 '그대와 나와의 관계는 사랑과 미움이다. 난 지금까지 누구도 이렇게 사랑한 적이 없고, 누구도 이렇게 미워한 적이 없다'고 말한다면, 본질을 이해할 만큼 명상적인 여성을 발견하지 않고서는 결혼에 성공하기 힘들 것이다. 마음의 복잡 미묘함을 이해할 수 있는 사람을 발견하지 않고서는.

마음은 단순한 구조가 아니다. 그것은 매우 복잡하며, 마음을 통해서는 결코 단순해질 수가 없다. 마음은 계속해서 속임수를 만들어 내기 때문이다. 명상을 한다는 것은 마음이 그대로부터 숨기고 있는 무엇인가를 자각한다는 것이다. 그대는 마음속에서 혼란을 일으키고 있는 몇 가지 사실들에 대해 외면하고 있다. 조만간 그 사실들이 밖으로 뚫고 나와 그대를 압도할 것이고, 그대는 반대편으로 옮겨갈 것이다. 그 반대편은 멀리 떨어진 다른 별처럼 먼 곳에 있는 것이 아니다. 그 반대편은 바로 그대 뒤에, 그대 안에, 마음속에, 마음의 기능 그 자체에 숨어 있다. 이것을 이해할 수 있다면, 그대는 중간에서 정지할 것이다.

사랑하는 마음과 미워하는 마음 둘 다를 볼 수 있다면 돌연 그 둘은 사라진다. 이 둘은 의식 속에서는 함께 존재할 수 없기 때문이다. 당연히 그대는 방어벽을 만들어야 한다. 하나는 무의식 속에 존재해야 하고 하나는 의식 속에 존재해야 한다. 의식 속에서는 둘은 함께 존재할 수 없다. 그것들은 서로를 부정할 것이다. 사랑은 미움을 파괴할 것이고, 미움은 사랑을 부술 것이다. 그것들은 서로 균형을 이룰 것이고, 그래서 그것들은 간단히 사라져 갈 것이다. 같은 양의 미움과 같은 양의 사랑은 서로 부정할 것이다. 문득 그것들은 증발해 버릴 것이다. 그대는 그곳에 있다. 하지만 사랑과 미움은 없을 것이다. 그때 그대는 균형을 이룬다. 균형을 이룰 때, 사념은 더 이상 존재하지 않는다. 그때 그대는 전체가 된다. 전체일 때 그대는 성스런 존재가 된다. 그러나 그곳에 사념은 없다. 따라서 명상은 무념무상의 상태다. 생각을 통해서는 그 상태를 이룰 수 없다. 생각을 통해서는 무엇을 하든 명상적인 상태에 이를 수가 없다.

그렇다면 명상을 할 때 그대는 무엇을 하고 있는 것인가? 살아오면서 너무나 긴장해 있었기 때문에 이제 명상을 하고 있는 것이다. 그러나 그것은 긴장의 반대편이지 진정한 명상이 아니다. 너무 긴장해 있기 때문에 명상에 매혹되는 것이다. 그래서 명상은 동양에서보다 서양에서 더 마음을 잡아당긴다. 더 많은 긴장이 있기 때문이다. 동양은 아직도 느슨하다. 사람들은 그다지 긴장해 있지 않기 때문에 그렇게 쉽게 미치지는 않는다. 그렇게 쉽게 자살하지도 않는다. 그렇게 폭력적이거나 공격적이지도 않고, 겁을 먹거나 두려움에 차 있지도 않다. 그토록 많이 긴장해 있지 않은 것이다.

그래서 마하리쉬 마헤시 요기(긴장에서 해방되는 초월 명상의 창시자)가 인도에 오면 아무도 귀 기울이지 않는다. 그러나 미국에서 사람들은 그에게 거의 미친다. 긴장이 많을 때 명상에 마음이 끌린다. 그것은 진정한 명상이 아니다. 그것은 또 다른 속임수다. 며칠 동안 그대는 명상하고 마음의 휴식을 취한다. 일정 기간 마음이 휴식을 취하고 나면 다시 활동할 필요성이 일어난다. 마음은 또다시 무슨 일인가를 꾸미기 시작한다. 지루해진 것이다.

사람들은 내게 와서 말한다.

"우리는 며칠 동안 열심히 명상을 했다. 그런데 이제는 지루하고 더 이상 재미가 없다."

바로 어제도 한 여자가 와서 말했다.

"이제 더 이상 명상이 즐겁지 않다. 그러니 어떻게 하면 좋은가?"

이제 마음은 또 다른 무엇을 찾고 있다. 충분히 명상을 한 것이다. 이제 그녀는 편안해졌기 때문에 마음이 더 많은 긴장을 요구한다. 무엇인가 혼란한 것을 바란다. 명상이 이제 더 이상 즐겁지 않다고 말했을 때, 그것은 곧 긴장이 더 이상 그곳에 없다는 의미다. 그러니 어떻게 명상이 즐거울 수 있겠는가? 그녀는 다시 긴장 속으로 이동해 가야만 할 것이다. 그리고 나면 또다시 명상이 가치 있게 여겨질 것이다. 마음의 이 터무니없음을 지켜보라. 그대는 가까이 오기 위해 멀리 가야만 한다. 명상하기 위해 긴장해야만 한다. 그러나 그것은 명상이 아니다. 그것은 마음의 또 다른 속임수다. 또 하나의 새로운 차원에서 같은 게임이 계속되는 것이다.

내가 명상을 말할 때, 그것은 바로 이 반대되는 두 극단의 게임을 초월하는 것을 의미한다. 그 게임 전부를 떨쳐 버리는 것을 뜻한다. 그것의 어리석음을 보고 그것을 초월하는 것이다. 그 이해가 곧 초월이다. 마음은 그대에게 반대편 극단으로 옮겨가도록 강요할 것이다. 반대편으로 옮겨가지 말라. 중간에 멈춰 서서, 이것이 줄곧 마음의 속임수였음을 보라. 그것이 마음이 그대를 지배하는 방식이었다. 반대편을 통해서 그대를 지배한 것이다. 그대는 그것을 느낀 적이 있는가?

여자와 잠자리를 하고 나면 갑자기 그대는 금욕주의자가 떠오른다. 더 이상 이룰 것이 없다고 느끼는 순간, 금욕주의자가 매력적으로 다가온다. 여자와 자는 것에서 더 이상 얻을 것이 아무것도 없다고 느끼는 순간, 그대는 좌절하고 허무에 빠진다. 그 순간 금욕주의자만이 행복한 사람처럼 여겨진다. 하지만 스물네 시간만 지나도 다시 여자와 자는 것에 이끌리고, 또다시 그것을 향해 움직여 간다. 마음이 무엇을 하고 있는 것인가? 여자와 자고 난 뒤 마음은 그 반대편으로 이동하는 것이다. 그리고 그 반대편에서 바라보면 여자와 자는 것이 또다시 매력적으로 보인다.

폭력적인 사람은 비폭력을 생각하기 시작한다. 그리고 그는 또다시 쉽게 폭력적이 될 수 있다. 자주 화를 내는 사람은 언제나 화내지 않는 세상을 꿈꾼다. 다시는 화내지 말아야 하고 늘 결심한다. 그 결심이 그로 하여금 다시 화내도록 돕는 것이다. 만일 진정으로 다시 화내지 않게 되기를 바란다면 화내지 않겠다고 결심하지 말라. 다만 화내는 자신을 들여다보고, 그 화의 그림자를 들여다보라. 그대는 화의 그림자를 화내지 않는 것이라고 생각하는 것이다. 성욕과, 그 성욕의 그림자를 들여다보라. 그 그림자가 그대가 생각하는 금욕주의다. 그것은 단지 화가 없는 상태, 성욕이 사라진 상태일 뿐이다. 과식과 그것의 그림자인 금식을 지켜보라. 과식 뒤에는 언제나 금식이 뒤따른다. 방탕한 생활 뒤에는 언제나 금욕의 맹세가 따른다. 긴장 뒤에는 몇 가지 명상법이 뒤따른다. 그것들을 함께 관찰하라. 그것들이 서로 연결되어 있음을, 한 과정의 양면으로 이어져 있음을 자각하라.

만일 이것을 이해한다면 명상이 그대에게 일어날 것이다. 실제로 그것은 무엇을 하는 것이 아니다. 그것은 이해의 중심이다. 그것은 노력이 아니다. 그것은 갈고 닦아야 할 무엇이 아니다. 깊이 이해해야 할 그 무엇이다. 이해는 자유를 준다. 마음의 전체 구조를 알면 진정한 변화가 일어난다. 그러면 갑자기 시계가 멈춘다. 시간이 사라진다. 그리고 시간의 멈춤과 함께 그대는 그 어느 곳에도 없다. 배는 비어 있다.

이제 장자의 경전으로 들어가자.

> 도의 사람은 장애물이 없이 행한다.
> 그는 자신의 행동으로 남에게 상처 주지 않는다.
> 그럼에도 그는 자신의 부드러움과 따뜻함을 알지 못한다.

도의 사람은 장애물 없이 행한다. 그대는 언제나 장애물과 함께 행동한다. 반대편이 언제나 장애물을 만들고 있다. 그대는 자연스런 흐름이 아니다. 그대가 사랑을 하면 미움이 언제나 그곳에 장애물로 서 있다. 그대가 움직일 때 무엇인가가 그것을 붙들고 있다. 그대는 완전하게 움직일 수가 없다. 무엇인가가 늘 남겨져 있고, 그 움직임은 완전하지 않다. 한 다리로는 움직이지만 다른 다리는 움직이지 않고 있다. 어떻게 그대가 움직일 수 있겠는가. 장애물이 그곳에 있는데.

그리고 이 장애물, 이 끝없는 절반만의 움직임과 다른 절반의 움직이지 않음이 바로 그대 삶의 고통이고, 불안이다. 왜 그대는 그토록 많은 번민 속에 있는가? 무엇이 그대 속에 그토록 많은 불안을 만드는가? 그대가 무엇을 하든, 왜 환희가 그 일을 통해 일어나지 않는가? 환희는 오직 전체적일 때만 일어난다. 부분에서는 결코 일어나지 않는다. 아무 장애물 없이 전체가 움직일 때 바로 그 순간이 행복이고 축복이다. 행복은 바깥에서 오는 그 무엇이 아니다. 그것은 그대 전 존재가 움직일 때 찾아오는 감정이다. 바로 그 전체의 움직임이 행복이다. 그것은 그대에게 일어나는 무엇이 아니다. 그것은 그대로부터 일어난다. 그것은 존재의 조화로움이다.

마음이 분리되어 있으면 그대 안에는 끊임없는 갈등이 있다. 그리고 그대는 언제나 분리되어 있다. 절반의 움직임, 절반의 억제, 절반의 찬성, 절반의 반대, 절반의 사랑과 절반의 미움. 그대는 분단된 국가다. 그대는 무엇을 말하지만 결코 그 자체의 의미는 아니다. 왜냐하면 반대쪽이 방해하면서, 장애물을 만들면서 그곳에 있기 때문이다.

바알 셈 토브(유태교 신비주의인 하시디즘의 창시자)의 제자들은 그가 말하는 것을 받아쓰곤 했다. 바알 셈은 늘 말했다.

"그대들이 무엇을 쓰든지 그것은 내가 한 말이 아니다. 그대는 어떤 것을 들었지만 난 다른 것을 말했다. 그리고 그대는 또 다른 무엇을 종이에 쓰고 있다. 만일 그대가 그 의미를 살펴본다면 그것은 다시 또 다른 무엇이 된다. 그대는 그대가 쓴 것을 결코 행할 수가 없다. 그대는 또 다른 어떤 것을 행할 것이기 때문이다."

조각들, 합쳐지지 않은 존재, 왜 이 조각들이 여기에 있는가?

지네에 대한 이야기를 들은 적이 있는가? 한 마리 지네가 백 개나 되는 다리로 걸어가고 있었다. 백 개의 다리로 걸어가는 것은 하나의 기적이다. 두 다리를 다스리는 것도 이토록 어려운데, 백 개나 되는 다리를 다스리는 것은 실제로 거의 불가능하다. 그러나 지네는 언제나 잘 통제해 왔다.

한 여우가 호기심에 사로잡혔다. 여우라는 동물은 언제나 호기심을 갖는 동물이다. 여우는 우화 속 하나의 상징이다. 여우는 우화에 나오는 마음, 지성, 논리의 상징이다. 여우들은 대단한 논리가들이다. 여우는 지네를 보고, 관찰하고, 분석했다. 그리고 도저히 믿을 수가 없었다. 여우가 말했다.

"잠깐, 의문나는 점이 있다. 넌 어떻게 그 많은 발들을 다루는가? 한 발 다음에 어느 발이 뒤따라야 하는가를 어떻게 아는가? 백 개의 다리라니? 그런데도 넌 매우 자연스럽게 걷고 있으니 놀라운 일이다. 과연 어떻게 이런 조화가 일어날 수 있는가?"

지네가 말했다.

"난 나의 온 생애 동안 걸어다녔다. 그러나 한 번도 그것에 대해 생각해 보지 않았다. 내게 생각할 시간을 달라."

지네는 눈을 감고 생각에 잠겼다. 그래서 처음으로 지네는 분리되었다. 관찰자로서의 마음과 관찰되는 자로서의 그 자신으로. 처음으로 지네는 둘이 되었다. 지네는 언제나 살고, 걷고, 또 그것을 되풀이해 왔었다. 그의 삶은 전체로서 하나였다. 그 자신을 서서 바라보는 관찰자가 없었다. 그는 전혀 분리되지 않았었다. 그는 하나로 통합된 존재였다.

이제, 처음으로 분리가 일어났다. 그는 자신을 바라보면서 생각했다. 그는 주체이면서 객체가 되었다. 그는 둘이 되었다. 그리고 그는 걷기 시작했다. 그러나 이제 그것은 어려웠고, 거의 불가능했다. 지네는 비틀거리며 넘어졌다. 백 개의 다리를 어떻게 다루는가 하는 질문 때문이었다.

여우가 웃으면서 말했다.

"네가 걷는 것이 무척 어려울 것임에 틀림없다고 난 생각해 왔다. 난 그것을 이전부터 알고 있었다."

지네는 눈물을 흘리기 시작했다. 눈물을 머금은 채로 지네는 말했다.

"전에는 결코 어렵지 않았었다. 그런데 네가 문제를 일으켰다. 이제 난 다시는 자연스럽게 걸을 수 없을 것이다."

마음이 개입한 것이다. 마음은 그대가 분리될 때 나타난다. 마음은 분리를 먹고 살찐다. 그것이 곧 지두 크리슈나무르티(인도 출신의 영적 스승)가 되풀이해서 말하는 것이다. '관찰자가 관찰되는 대상이 될 때 그대는 비로소 명상을 하고 있는 것이다.' 그 반대 현상이 지네에게 일어난 것이다. 지네는 전체성을 잃어버렸다. 그는 둘이 되었다. 관찰자와 관찰되는 대상이 분리되었다. 주체와 객체로, 생각하는 자와 생각으로. 그래서 모든 것이 혼란에 빠졌다. 행복은 사라지고 흐름은 멈추었다. 얼어붙어 버린 것이다. 생각이 일어날 때마다 그것은 조종하는 힘으로, 관리자로서 온다. 그것은 주인이 아니다. 그것은 관리자다. 이 관리자를 넘어서지 않으면 그대는 주인이 될 수 없다. 관리자는 그대가 주인이 되도록 허락하지 않을 것이다. 관리자는 관리하면서 항상 문간에 서 있을 것이다. 그리고 모든 관리자는 다만 실패할 뿐이다. 생각은 언제나 잘못 관리해 왔다. 생각은 잘못 관리하는 데는 탁월한 재능을 갖고 있다.

불쌍한 지네! 그는 언제나 행복했었다. 전혀 아무런 문제도 없었다. 그는 살았고, 움직였고, 모든 것을 사랑했다. 전혀 문제가 없었다. 왜냐하면 마음이 없었으니까. 마음은 문제와 함께, 의문과 함께, 질문과 함께 나타난다. 그들을 경계하라. 철학자들, 이론가들, 논리가들, 교수들, 그들은 여우들이다. 주의하라, 그대 주위에 있는 모든 여우들을. 그들은 질문을 던지고, 그대를 혼란에 빠뜨린다.

장자의 스승, 노자는 말했다. 세상에 철학자가 한 명도 없을 때 모든 것은 잘 해결되었다고. 의문도 없었고, 모든 대답들이 주어졌다고. 철학자가 나타났을 때 질문이 생겨났고, 답은 사라졌다. 질문이 있는 곳에는 언제나 답은 멀리에 있다. 질문할 때는 결코 답을 얻을 수 없다. 질문하기를 멈췄을 때, 답이 언제나 그곳에 존재해 왔다는 것을 그대는 비로소 깨달을 것이다.

그 후 그 지네에게 무슨 일이 일어났는지는 모른다. 만일 그가 인간처럼 어리석었다면 그는 지금 어딘가 정신 병원에 있을 것이다. 절름거리면서, 영원히 불구가 된 채로. 그러나 나는 지네가 그렇게 어리석다고는 생각하지 않는다. 지네는 그 질문을 멀리 던져 버렸음에 틀림없다. 그는 분명 여우에게 말했을 것이다. '질문은 네 자신에게나 하라. 그리고 나를 걸어가도록 내버려두라.' 지네는 알게 되었음에 틀림없다. 분리되면 더 이상 살아갈 수 없다는 것을. 분리되지 않으면 살고, 분리되면 죽는다. 더 많이 분리될수록 더 많이 죽는다.

행복이란 무엇인가? 행복이란 관찰자가 관찰 대상이 되었을 때, 그 둘이 하나가 되었을 때, 그대에게 다가오는 느낌이다. 그대가 조각나거나 분리되지 않고 하나로서 조화를 이룰 때 찾아오는 느낌이다. 느낌은 외부로부터 일어나는 무엇이 아니다. 느낌은 그대 내부의 조화로움으로부터 생겨나는 선율이다.

장자는 말한다.

도의 사람은 장애물이 없이 행한다.

그는 분리되어 있지 않기 때문이다. 그러니 누가 방해하겠는가? 그는 혼자다. 그는 전체성 속에서 움직인다. 전체성 속에서의 이 움직임이 가장 큰 아름다움이다. 때로 그대는 그 아름다움의 불꽃을 본다. 때로 그대가 갑자기 전체가 될 때, 마음이 그 기능을 하지 않을 때, 그것은 찾아온다. 태양이 떠오른다. 문득 그대는 그것을 바라본다. 관찰자는 그때 그곳에 없다. 태양도 그곳에 없고, 그대 또한 그곳에 없다. 더 이상 관찰자도 대상도 없다. 단순히 태양이 떠오르고 있고, 그대의 마음은 관여하지 않는다. 그대는 그것을 보고 말한다. '태양이 아름답군!' 그대가 그렇게 말하는 순간, 기쁨은 사라진다. 그곳에 더 이상 기쁨은 존재하지 않는다. 그것은 이미 과거가 되었다. 이미 떠나가 버렸다. 문득 그대는 떠오르는 태양을 보고 있고, 어디에도 보는 자는 없다. 아직 보는 자는 생겨나지 않았다. 그것은 생각이 되지 않았다. 그대는 바라보지 않았고, 분석하지 않았고, 관찰하지 않았다. 태양이 떠오르고 있고, 그곳에는 아무도 없다. 배는 비어 있다. 그곳에는 존재의 축복이 있다. 잠깐의 불꽃이 있다. 그러나 곧 마음이 개입해서 말한다. 태양이 아름답다고. 이 해돋이는 매우 아름답다고. 그때 비교가 생겨나고, 아름다움은 사라진다.

그대가 누군가에게 사랑한다고 말할 때, 그럴 때마다 언제나 사랑은 사라진다. 사랑은 이미 자취를 감추었다. 왜냐하면 사랑하는 자가 나타났기 때문이다. 분리가 생겨나고, 그 관리자가 나타났는데 어떻게 사랑이 존재할 수 있겠는가? 사랑한다고 말하는 것은 마음이다. 왜냐하면 진실로 사랑 속에 있다면, 그곳에는 '나'도 '너'도 없기 때문이다. 사랑 속에는 개인이 없다. 사랑은 서로 녹아 들어가는 것이며, 몰입해 들어가는 것. 그것은 둘이 아니다. 사랑이 존재하는 것이지, 사랑하는 자가 존재하는 것이 아니다. 사랑 속에는 사랑이 존재할 뿐 사랑하는 자는 존재하지 않는다. 그러나 마음이 나타나 말한다. '난 사랑하고 있다. 난 당신을 사랑한다.' '나'가 들어설 때는 의심도 함께 들어선다. 분리가 생겨나고, 더 이상 사랑은 존재하지 않는다.

명상 중에 그런 깨달음의 순간을 많이 만나게 될 것이다. 이것을 기억하라. 그런 순간을 경험할 때마다 '얼마나 아름다운가!' 하고 말하지 말라. '얼마나 사랑스러운가!' 하고 말하지 말라. 그것은 놓쳐 버리는 길이기 때문이다. 깨달음의 순간이 올 때마다 그 순간으로 하여금 다만 그곳에 있게 하라. 지네와 같은 일을 행하지 말라. 어떤 의문도 떠올리지 말고, 어떤 관찰도 하지 말라. 분석하지 말라. 생각이 일어나도록 허용하지 말라. 백 개의 다리를 갖고 걸으라. 그러나 어떻게 걷고 있는가에 대해선 생각하지 말라.

명상하는 중에 어떤 환희의 순간을 경험할 것이다. 그것이 일어나도록 내버려두라. 깊어지게 두라. 그대 자신을 분리하지 말라. 그렇지 않으면 그 만남은 사라진다. 때때로 그대는 깨달음의 순간을 경험하지만 그 접촉을 잃는 데 매우 익숙해져 있기 때문에 그것이 어떻게 그대에게로 왔으며 그것을 어떻게 다시 잃어버리고 말았는가를 이해하지 못한다. 그대가 그곳에 있을 때, 그것들은 사라진다. 배가 비어 있을 때는 축복은 언제나 찾아온다. 그것은 사건이 아니다. 그것은 존재의 고유한 본질이다. 그것은 어떤 것에도 의존하지 않는다. 그것은 쏟아 부어질 뿐이며, 그것이 바로 삶의 숨결이다.

어디에서나 환희의, 축복의 비가 내리고 있는데 어떻게 해서 그대는 그토록 불행하고 목마르게 되었는가? 그것은 실로 기적에 가까운 일이다. 그대는 정말 불가능한 일을 해왔다. 빛은 어디에나 있는데, 그대는 어둠 속에 살고 있다. 죽음은 어디에도 없는데 그대는 계속 죽어가고 있다. 삶은 축복인데, 그대는 지옥에 있다. 그대는 어떻게 그렇게 해왔는가? 분리를 통해, 생각을 통해 그렇게 해왔다. 생각은 분리와 분석에 의존한다. 분석과 구분이 없을 때 명상이 시작된다. 모든 것이 종합되고 하나가 되었을 때.

장자는 말한다.

> 도의 사람은 장애물이 없이 행한다.
> 그는 자신의 행동으로 남을 상처 주지 않는다.
> 그럼에도 그는 자신의 부드러움과 따뜻함을 알지 못한다.

그대가 이미 그대 자신을 해쳤을 때만 다른 사람을 해칠 수 있다. 이것을 기억하라. 이것은 중요한 비밀이다. 자기 자신을 해친다면, 그대는 다른 사람을 해치게 될 것이다. 나아가 다른 사람들에게 선행을 하고 있다고 생각할 때조차도 그대는 해를 끼치는 결과를 낳을 것이다. 그대를 통해서는 해치는 일 외에 다른 어떤 일도 일어날 수가 없다. 상처를 갖고 사는 사람, 번민과 고통 속에서 사는 사람은 무엇을 하든 다른 이들에게 많은 비참함과 번민만을 안겨 줄 것이기 때문이다. 그대는 오직 그대가 갖고 있는 것만을 줄 수 있다.

한 걸인이 유태교 회당으로 와서 랍비에게 말했다.

"난 훌륭한 음악가다. 이 회당에 소속되어 있던 음악가가 세상을 떠나서 당신들이 다른 음악가를 찾고 있다는 말을 들었다. 난 나를 추천한다."

랍비와 모인 회중은 기뻐했다. 그들은 진정으로 음악을 그리워하고 있었기 때문이다. 그래서 그 사람은 모두의 앞에서 연주를 시작했다. 그것은 정말 끔찍했다. 차라리 그의 음악이 없으면 조용한 것이 음악이 될 정도였다. 그는 지옥을 만들었다. 그날 아침 그 회당에서 고요를 느끼기는 불가능했다. 사람들은 그를 제지할 수밖에 없었다. 모인 사람들 대부분이 떠나기 시작했기 때문이다. 사람들은 서둘러 달아났다. 그의 음악은 너무 무질서했고, 아주 미친 것 같았으며, 그것이 사람들에게 영향을 미쳤던 것이다. 모든 이들이 자리를 뜨고 있다는 말을 듣고 랍비가 그에게로 가서 연주를 중지시켰다. 그러자 그가 말했다.

"내 음악을 원하지 않는다면 좋다. 오늘 아침 연주한 것에 대한 보수를 지불하면 난 떠나겠다."

랍비가 말했다.

"당신에겐 보수를 줄 수가 없다. 우린 지금까지 이토록 끔찍한 음악은 들어본 적이 없다."

그러자 음악가가 말했다.

"좋다, 그렇다면 내가 이 회당에 음악을 기부한 것으로 치자."

랍비가 말했다.

"그대 자신이 갖고 있지 않은 것을 어떻게 기부할 수 있는가? 그대는 어떤 음악도 소유하지 못했다. 그런데 어떻게 그것을 기부할 수 있는가? 그대가 가졌을 때만 줄 수 있다. 그대의 음악은 음악이 아니라 오히려 반음악과도 같다. 제발 그것을 가져가라. 그것을 우리들에게 기증하지 말라. 그렇지 않으면 그 끔찍한 소리들이 우리를 계속 따라다닐 것이다."

그렇다, 단지 그대가 소유한 것만을 줄 수 있다. 그대는 언제나 진실로 그대의 존재를 준다. 그대가 죽어 있다면 삶에 대해서는 도움을 줄 수가 없다. 어디를 가나 죽일 것이다. 의식적이든 무의식적이든, 그것은 중요하지 않다. 그대는 자신이 다른 사람들의 삶을 도와주고 있다고 생각할지도 모른다. 그러나 그대는 여전히 죽일 것이다.

어린이들의 문제를 연구하고 있던 한 훌륭한 정신분석학자 빌헬름 라이히는 언젠가 질문을 받았다.

"어린아이들에게 있어서 가장 근본적인 문제는 무엇인가? 당신은 모든 불행과 문제, 비정상의 근원에서 무엇을 발견하는가?"

그는 말했다.

"어머니다."

어떤 어머니도 이 말에 동의할 수 없을 것이다. 모든 어머니들은 자신들이 어떤 이기적인 욕심도 없이 자식들을 도와주고 있다고 생각한다. 어머니들은 아이들을 위해서 살고 죽는다. 그런데 정신분석가는 어머니가 문제라고 말했다. 의식적으로는 그들은 사랑하고 있다고 믿지만, 무의식적으로는 죽이고 불구로 만들고 있는 것이다. 만일 그대의 내면이 불구라면 그대는 그대의 아이를 불구로 만들 것이다. 그 밖에 아무것도 할 수가 없다. 그것을 피할 방법이 없다. 왜냐하면 그대는 오직 그대의 존재에서 나오는 것만을 줄 수 있기 때문이다. 다른 길이란 존재하지 않는다.

장자는 말한다. 도의 사람은 그의 행동으로 인해 다른 존재를 상처 입히지 않는다. 그가 비폭력 정신을 키우고 있다는 의미가 아니다. 그가 동정심을 갖고 있다는 뜻이 아니다. 그가 선한 삶을 살려고 노력한다는 뜻이 아니다. 성자다운 방식으로 행동한다는 뜻이 아니다. 그런 의미가 아니다. 그는 그 자신을 상처 입히는 일을 멈추었기 때문에 남을 상처 입힐 수가 없다. 그는 상처를 갖고 있지 않다. 그는 그토록 기쁨에 넘쳐 있다. 그러므로 그의 행위에서나 비행위에서나 오직 기쁨만이 흘러나온다. 때로 그가 잘못된 일을 하는 것처럼 보일지라도, 그는 그럴 수가 없다.

 그대는 그것과 정반대다. 때로 그대는 선을 행하는 것처럼 보이기도 한다. 그러나 그대는 그렇게 할 수 없다. 도의 사람은 누구를 해칠 수가 없다. 그것은 불가능하다. 그렇게 할 길이 없다. 상상도 되지 않는 일인 것이다. 그는 분리되어 있거나 조각나 있지 않기 때문이다. 그는 복잡하지 않다. 그의 내면에는 군중이 들끓고 있지 않다. 그는 복합적인 심리 상태가 아니다. 그는 이제 하나의 우주다. 조화로운 선율 이외에는 어떤 것도 그의 내면에서 일어나지 않는다. 오직 그 음악만이 울려 퍼진다.

 도의 사람은 많은 행동을 하는 사람이 아니다. 그는 행동가가 아니다. 최소한의 행위만이 그를 통해 일어난다. 그는 진실로 무위의 사람이다. 그는 행위에 사로잡혀 있지 않다. 그대는 자기 자신으로부터 도피하기 위해 행동에 사로잡혀 있다. 자기 자신을 견딜 수가 없는 것이다. 자기 자신이라는 그 동반자를 견딜 수가 없다. 그래서 계속 도피처로서의 무엇을 찾는다. 그대를 잊을 수 있는 어떤 일, 그대가 소속될 수 있는 어떤 것을 찾고 있다. 자신에게 싫증이 나 있는 것이다.

 도의 사람, 내면의 본성을 깨달은 사람, 진정으로 종교인인 그는 많은 행동을 하는 사람이 아니다. 오직 필요한 것만이 일어나며 불필요한 것은 완전히 제거된다. 그는 행함이 없이도 평화롭고, 행함이 없이도 편안하다. 그는 그 자신과 동반자가 될 수 있고, 그 자신으로서 존재할 수 있다. 그대는 자기 자신과 함께 있을 수가 없다. 그러므로 친구를 찾으려는 끊임없는 충동이 생겨난다. 클럽에 가고, 모임에 참석하고, 파티에 가고, 군중 속으로 들어간다. 그곳에선 홀로 있지 않아도 된다. 그대는 자기 자신을 두려워한다. 그래서 홀로 남겨지면 미칠 것만 같다. 단 3주일 동안만 아무 행동도 하지 않은 채 홀로 남겨진다면 그대는 미칠 것이다.

이것은 종교적인 사람들이 한 말이 아니다. 심리학자들이 그것에 동의한다. 단지 3주일 동안만 모든 행동과 친구들이 제거된다면, 그래서 방에 홀로 남겨진다면, 3주일 안에 미쳐 버릴 것이다. 그대가 하는 행동이 그대의 광기를 떨쳐 주기 때문에 그것이 해소되는 것이다.

홀로 남겨진다면 그대는 무엇을 할 것인가? 맨 처음 3, 4일 동안은 꿈꾸고, 중얼거리고, 속으로 이야기를 해댈 것이다. 그리고는 그것도 싫증이 난다. 첫 주일이 지나고 난 뒤에는 큰 소리로 말하기 시작할 것이다. 왜냐하면 적어도 자신의 목소리를 들을 수 있기 때문이다. 그대는 밤에 어두운 거리를 따라 걸어갈 때 휘파람을 불기 시작한다. 왜인가? 휘파람이 어떻게 용기를 주는가? 휘파람이 어떻게 그대를 도와주는가? 단지 그것을 듣는 것만으로도 자신이 홀로 있지 않으며 누군가 휘파람을 불고 있다고 느낄 것이다. 둘이라는 환상이 창조되는 것이다. 첫 주일이 지나면 큰 소리로 말하기 시작할 것이다. 그대가 그것을 들을 수 있기 때문이다. 그러면 홀로 있지 않게 된다. 그대는 말하고 있고, 듣고 있다. 마치 누군가가 그대에게 말하고 있는 것처럼. 그리고 2주일 뒤에는 스스로에게 대답하기 시작할 것이다. 말을 할 뿐만 아니라 대답도 할 것이다. 그대는 분리된다. 이제 그대는 둘이다. 질문하는 자와 대답하는 자. 이제 그곳에 오가는 대화가 있다. 그렇게 완전히 미쳐간다.

한 사람이 정신과 의사를 찾아와 말했다.

"난 내가 나 자신에게 말하는 것 때문에 매우 걱정하고 있다."

도의 사람 | 83

정신과 의사가 말했다.

"걱정할 필요 없다. 모든 사람이 자기 자신에게 말을 한다. 그것은 큰 문제가 아니다. 다만 당신이 스스로에게 대답하기 시작할 때는 내게로 오라. 그럼 내가 도움이 돼 줄 수 있다."

자기 자신에게 말하기 시작한다면 머지않아 또한 대답도 하기 시작할 것이다. 사람이 어떻게 단순히 말하기만 할 수 있는가? 그곳에는 대답이 필요하다. 그렇지 않으면 어리석게 느껴질 것이다. 셋째 주에는 그대는 스스로 대답하기 시작한다. 서서히 미쳐가고 있는 것이다. 이 세계, 행동과 사업과 일의 세계가 그대를 정신 병원으로부터 구출해 주고 있다. 매우 바쁘면 그때 에너지는 밖으로 나간다. 그러면 내부에 대해, 내면 세계에 대해 걱정할 필요가 없다. 그것을 잊을 수 있다.

도의 사람은 많은 행동을 하지 않는다. 오직 본질적인 것만을 행한다. 장자는 서 있을 수 있으면 걷지 않았고, 앉아 있을 수 있으면 서 있지 않았고, 잠들 수 있으면 앉아 있지 않았다고 전해진다. 본질적인 것, 가장 본질적인 것, 그가 꼭 해야 하는 것만을 행했다고 한다. 그의 내면에는 정신병이 없었기 때문이다. 그대는 비본질적인 것들을 행한다. 계속해서 본질과 거리가 먼 것들만을 행하고 있다. 자신의 행동을 보라. 99퍼센트는 사실 비본질적인 것이다. 그대는 그것들을 떨쳐 버릴 수가 있고, 많은 에너지와 시간을 절약할 수 있다. 그러나 그대는 그것들을 떨쳐 버릴 수가 없다. 두렵기 때문이다. 그대는 자기 자신에 대해 겁을 먹고 있다.

세상을 떠난 어느 성직자에 대한 이야기다. 물론 그는 낙원으로, 천국으로 갈 것이라고 기대했다. 그가 그곳에 이르렀다. 모든 것이 아름다웠다. 그가 들어간 집은 상상할 수 있는 가장 훌륭한 집들 중 하나, 궁전 같은 집이었다. 어떤 욕망이 일어나는 순간, 즉시 하인이 나타났다. 배가 고프다고 생각되면 그 순간 그가 맛본 것 중 가장 맛있는 음식을 든 하인이 그곳에 있었다. 목이 마르면 그 욕구를 채 떠올리기도 전에, 그것이 느낌으로만 있는 동안에, 마실 것을 들고 하인이 나타났다.

이런 식으로 계속되었고, 그는 2, 3일 동안은 무척 행복했다. 그러다가 그는 불안해지기 시작했다. 사람은 무엇인가를 해야만 하기 때문이다. 가만히 의자에만 앉아 있을 순 없는 노릇이었다. 오직 도의 사람만이 가만히 의자에 앉아 있고, 언제까지나 앉아 있을 수가 있다. 그대는 그렇게 할 수가 없다. 성직자는 불안해졌다. 2, 3일 동안은 좋았다. 마치 주일이고 휴일처럼 모든 것이 쾌적했다. 과거에 그는 매우 활동적이었다. 매우 많은 공적인 봉사와 전도, 교회 일, 설교로 생활이 채워져 있었다. 그는 사회와 여러 공동체와 많은 연관을 맺고 있었다. 그래서 이제 그는 쉬었다. 그러나 얼마나 많이 쉴 수 있겠는가. 그대의 존재가 휴식하지 않고는 조만간 공휴일은 끝나고 만다. 그리고 세상으로 돌아와야만 한다. 불편함이 생겨났다. 그는 서서히 불쾌감을 느끼기 시작했다. 그때 갑자기 하인이 나타나 물었다.

"무엇을 원하는가? 지금 당신의 그 느낌은 어떤 결핍의 느낌이 아니다. 당신은 목마르지도 배고프지도 불편하지도 않다. 그러니 내가 무엇을 해야 하는가?"

성직자가 말했다.

"난 이곳에 영원토록 앉아 있을 수만은 없다. 무한히 앉아 있을 수만은 없다. 난 어떤 활동을 원한다."

하인이 말했다.

"그건 불가능한 일이다. 당신의 욕망은 여기에서 우리들에 의해 충족될 것이다."

성직자가 불안해져서 물었다.

"이곳은 어떤 종류의 천국인가?"

하인이 대답했다.

"누가 이곳을 천국이라고 말했는가? 이곳은 지옥이다! 누가 당신에게 이곳이 천국이라고 말했지?"

그곳은 정말 지옥이었다. 이제 그는 이해하게 되었다. 활동이 없으니, 그곳은 지옥이다. 그는 머지않아 미쳐 버릴 것이다. 어떤 만남이나 말, 행해야 할 사회 봉사도, 기독교로 개종시켜야 할 이교도들도, 지혜롭게 만들어야 할 어리석은 자들도 그곳에는 없었다. 그러니 그가 무엇을 할 수 있을까?

오직 도의 사람만이 지옥을 천국으로 바꿀 수 있다. 그는 어디에 있더라도 평화롭고 편안하다. 오직 본질적인 것만이 행해진다. 만일 그대가 그를 위해 그 본질적인 것들을 해줄 수 있다면 그는 행복해 할 것이다. 비본질적인 것은 사라진다. 그대는 비본질적인 것을 떨쳐 버릴 수가 없다. 그대 에너지의 99퍼센트가 비본질적인 것에 소비되고 있다. 본질적인 것이 채워지지 않고 있는데도 마음은 언제나 비본질적인 것을 동경한다. 본질적인 것은 매우 적고 작아서, 쉽게 충족될 수 있기 때문이다.

인간은 좋은 음식을 갖는 데는 크게 관심을 기울이지 않는다. 오히려 커다란 차를 갖는 데 더 큰 관심을 쏟는다. 좋은 음식은 쉽게 얻어지기 때문이다. 쉽게 얻어질 수 있는 것이 아닌, 그들이 쉽게 얻지 못하는 무엇에 더 많은 관심을 갖는다. 불가능한 무엇에. 그리고 비본질적인 것은 언제나 불가능한 것이다. 거기 언제나 더 큰 집, 더 큰 차들이 있다. 그것들은 계속해서 더욱더 커져 간다. 그대는 결코 쉴 수가 없다.

　세상 전체가 비본질적인 것들을 충족시키려고 애를 쓰고 있다. 90퍼센트의 산업은 비본질적인 것들을 생산하는 일에 속해 있다. 인간 노동의 50퍼센트는 여성의 마음이나 여성의 육체에 바쳐지고 있다. 3개월마다 새로운 드레스가 디자인되고, 새로운 집, 옷과 비누, 얼굴에 바르는 로션들이 디자인된다. 산업의 50퍼센트가 이렇게 엉뚱한 것에 바쳐진다. 인류는 굶주리고 있으며 식량이 없어 죽어가고 있다. 그런데 인류의 절반은 절대적으로 비본질적인 것에 관심을 쏟고 있다. 달에 도착하는 것은 절대적으로 비본질적인 것이다. 우리가 조금만 더 현명하다면 우리는 그것에 대해 생각조차 하지 않을 것이다. 그런 일에 지구 전체를 먹여 살릴 수 있을 만큼 많은 돈을 소비한다는 것은 절대적으로 어리석은 일이다. 전쟁은 불필요하다. 그러나 인류는 미쳐 있고 그들은 식량보다 더 전쟁을 필요로 한다. 본질적인 것들이 충분하지 못한데도 인간은 식량보다도, 본질적인 것들보다도 달에 갈 필요를 더 느낀다.

　과학은 이제 가장 큰 공포를 만들어 냈다. 그 공포는, 이제는 본질적인 것들이 매우 쉽게 충족될 수 있게 되었다는 것이다. 앞으로 10년 안에, 모든 인류의 욕구는 충족될 것이다. 필수품에 관한 한 지구 전체가 만족할 수 있게 될 것이다. 그렇게 되면 사람들은 무엇을 할 것인가? 그대는 그 성직자와 같은 입장이 될 것이다. 그는 자신이 천국에 와 있다고 생각했는데 결국 지옥에 와 있음을 알아차렸다. 비본질적인 것들은 사람들의 정신병을 해결하기 위해서 필요하다. 달만으로는 충분하지 않다. 사람들은 더 멀리 나가야 한다. 계속해서 무익한 것들을 만들어 내야 한다. 무엇엔가 몰두해야 할 필요가 있는 것이다.

도의 사람은 많은 행동을 하는 사람이 아니다. 그의 행동은 가장 본질적인 것들, 하지 않으면 안 되는 것들이다. 하지 않아도 되는 것이면 그는 하지 않는다. 그는 그 자신으로서 더없이 만족하기 때문에 행동으로 움직여 갈 필요가 없다. 그의 행위는 마치 행위하지 않는 것과 같다. 그는 행동하지만 행하는 누군가가 없다. 그는 빈 배, 바다 위를 움직여 가는, 어디로도 향해 가지 않는 빈 배다.

그럼에도 그는 자신의 부드러움과 따뜻함을 알지 못한다.

이 핵심이 그대의 가슴을 깊이 꿰뚫게 하라. '그럼에도 그는 자신의 부드러움과 따뜻함을 알지 못한다.' 만일 그대가 알고 있다면 그대는 이미 과녁에서 빗나간 것이다. 자신이 단순한 사람이라는 것을 안다면 이미 단순한 사람이 아니다. 그 앎이 그대를 복잡하게 만든다. 자신이 종교적인 사람이라는 것을 안다면 이미 종교적이지 않다. 왜냐하면 그것을 아는 교묘한 마음이 아직도 남아 있기 때문이다. 그대가 진정으로 부드러울 때, 그대는 그것을 모른다. 진정으로 단순할 때, 그대 자신은 그것을 자각하지 않는다. 그것은 그대의 본성 그 자체가 된다. 어떤 것이 진실로 자연스러울 때는 그것을 깨닫지 못한다. 인위적인 것일 때, 그대는 그것을 의식하게 된다.

누군가 새롭게 부자가 되면 그는 자신의 집과 부에 대해 의식한다. 그리고 그대는 그가 진정한 부자가 아니라는 사실을 곧 깨닫는다. 그는 과시하는 데 관심을 쏟기 때문이다. 새로 부자가 된 사람이 자신의 정원에 세 개의 수영장을 만들었다. 그것들이 다 만들어져서 그는 친구에게 보여 주고 있었다. 친구는 좀 당황했다.

"세 개의 수영장이라니, 무엇 때문이지? 한 개라도 충분할 텐데."
부자가 된 사람이 말했다.
"아냐, 하나 갖고 어떻게 충분한가? 하나는 뜨거운 물, 다른 하나는 찬 물."
그러자 친구가 물었다.
"세 번째는?"
그가 대답했다.
"수영을 못하는 사람들을 위해서지. 그래서 그 수영장은 빈 채로 두려고 하네."

어떤 사람이 자신의 종교성을 과시한다면 그는 진실로 종교적이지 않다. 아직 그 종교는 가시와도 같은 것이다. 그것은 자연스럽지 못하다. 그것은 상처를 낸다. 그는 그것을 몹시 보여 주고 싶어하는 것이다. 그대가 자신의 단순성을 보여 주려고 한다면 그것은 어떤 형태의 단순성인가? 만일 그대의 다정함을 과시한다면 그때 그것은 단순히 교활한 것이며, 어떤 다정함도 그 속에는 없다. 도의 사람은 내면 세계의 귀족이다. 그는 조화를 이루고 있고, 어떤 전시 효과도 없다. 그대에게 뿐만이 아니라 그 자신도 그것을 깨닫지 못한다. 그는 자신이 현명하다는 것을 알지 못한다. 그는 자신이 순수하다는 사실을 모른다.

하즈라트 모하메드(이슬람교의 성자)의 한 추종자가 이른 아침 기도를 드리기 위해 그와 함께 모스크(회교 사원)로 가고 있었다. 때는 여름이었다. 그리고 돌아오는 길에 그들은 많은 사람들이 아직도 여전히 집이나 길거리에서 잠들어 있는 것을 보았다. 이른 아침, 여름날 아침이었다. 많은 사람이 잠들어 있었다. 그 추종자는 매우 거만하게 하즈라트 모하메드에게 말했다.

"이들 죄인들에게 대체 무슨 일이 일어날까요? 이들은 아침 기도에 참석해 본 적이 한 번도 없습니다."

그렇게 말하는 자신도 그날이 처음으로 아침 기도에 나간 날이었다. 어제는 그 역시 이 죄인들처럼 잠들어 있었다. 새로 부자가 된 이 사람은 모하메드에게 과시하고 싶어진 것이다.

"하즈라트 모하메드, 무슨 일이 일어날까요? 저들은 아침 기도에도 나가 본 적이 없고, 게을러서 아직 잠들어 있으니 말예요."

모하메드가 그를 세우고 말했다.

"그대는 집으로 가라. 난 모스크로 되돌아갈 것이다."

그는 놀랐다.

"왜요?"

모하메드가 대답했다.

"나의 아침 기도는 그대 때문에 쓸모없는 것이 돼 버렸다. 그대와 함께했기 때문에 모든 것이 무너졌다. 난 기도를 다시 해야만 한다. 그리고 그대는 기억하라. 다신 오지 말라. 그대는 다른 사람들처럼 잠들어 있는 게 낫다. 적어도 그때 그들은 죄인이 아니었다. 그대의 기도는 오직 한 가지만을 이루었다. 그것은 그대에게 다른 사람들을 경멸하는 열쇠만을 주었다."

이른바 종교적인 사람들은 경멸하는 눈으로 그대를 바라볼 때만 종교적이다. 그들은 그대를 죄인이라고 말한다. 성자라고 불리는 사람들에게 가서 그들의 눈을 들여다보라. 그곳에 있어야 할 순수성을 발견하지 못할 것이다. 그대는 그의 눈 속에서 그대를 바라보면서 지옥에 대해 생각하는 계산된 마음을 발견할 것이다. '넌 지옥에 떨어질 것이고 난 천국으로 갈 것이다. 왜냐하면 난 하루에 다섯 번씩 기도를 해왔으며 무척 많은 금식 수행을 해왔기 때문이다.' 마치 그들은 천국을 구매하는 것과 같다. 금식이나 기도, 이것들은 동전과 마찬가지다. 이 동전들로 사람들은 천국을 구입하려고 애쓴다. 성자의 눈 속에서 비난을 발견한다면, 그는 이제 막 부자가 된 사람이고 아직 내면 세계의 귀족이 아니라는 사실을 잘 알아 두라.

이것을 기억해야 한다. 자기 자신을 안다는 것은 불가능하다. 그대는 자신을 알 수가 없다. 자신을 알 때마다, 그 자신은 이미 그대가 아니다. 그것은 다른 어떤 것, 그대와 분리된 무엇이다. 자신은 언제나 아는 사람이지 결코 앎의 대상이 아니다. 그런데 어떻게 그대가 자신을 알겠는가? 그대는 자신을 하나의 대상으로 끌어내릴 수가 없다. 나는 그대를 볼 수 있다. 그러나 내가 어떻게 나 자신을 볼 수 있겠는가? 누가 보는 자가 되며 누가 보여지는 대상이 될 것인가? 아니다. 자기 자신은 다른 것들을 아는 그런 방식으로써 알 수 있는 것이 아니다. 자기 자신을 아는 것은 보통의 감각으로는 불가능하다. 아는 자는 항상 초월하고 비약하기 때문이다. 우파니샤드(고대 인도의 경전)는 말한다. 네티, 네티. 그것이 아니다, 이것이 아니다. 그대가 무엇을 알든 그대는 그것이 아니다. 그대가 모르는 것이 무엇이든, 그대는 그것 또한 아니다. 그대는 아는 자이며, 이 아는 자는 앎의 대상이 될 수 없다.

자신을 아는 것은 불가능하다. 만일 순수함이 그대 내부의 본성에서 나온다면 그대는 그것을 알 수가 없다. 만일 그것이 외부로부터 강요된 것이라면 그대는 그것을 알 수 있다. 만일 그것이 그대가 입고 있는 옷과 같은 것이라면 그대는 알 것이다. 그러나 그것은 그대 삶의 진정한 호흡이 아니다. 그 순수함은 키워진 것이며 키워진 순수함은 추한 것이다.

도의 사람은 자기가 친절하고 다정하다는 것을 모른다. 그는 친절하다. 그러나 그는 모른다. 그는 다정하다. 그러나 그는 모른다. 그는 사랑이지만, 그 자신은 그것을 모른다. 사랑하는 자와 아는 자는 둘이 아니기 때문이다. 그렇다, 그것들은 아는 자와 아는 대상으로 나뉘어질 수 없다. 이것이 바로 내면의 귀족성이다. 그대가 정말로 부자라면 그것을 의식하지 않는다. 정말로 부자라면, 굳이 그것을 과시할 필요가 없기 때문이다.

자동차왕 헨리 포드가 영국에 왔을 때의 일이다. 공항 안내소에서 그는 그 도시에서 가장 싼 호텔을 물었다. 안내원이 그를 바라보았다. 유명한 얼굴이었다. 헨리 포드는 전세계에 널리 알려진 인물이었다. 바로 전날 그가 온다는 기사와 함께 신문에 그의 사진이 크게 실렸었다. 그런데 그가 무척 낡은 것처럼 보이는 코트를 입고 가장 값싼 호텔을 묻고 있는 것이었다. 그래서 안내원이 물었다.

"혹 실수가 아니라면 당신은 헨리 포드가 아닌가? 난 잘 기억하고 있다. 당신의 사진을 보았다."

그가 말했다.

"맞다. 내가 바로 헨리 포드다."

그 말을 듣고 안내원은 몹시 놀랐다. 그래서 다시 말했다.

"당신은 매우 낡아 보이는 코트를 입고 가장 값싼 호텔을 찾고 있다. 난 당신의 아들이 이곳에 온 것도 보았지만, 그는 항상 가장 좋은 호텔을 찾았고 최고급의 옷을 입고 온다."

헨리 포드가 말했다.

"맞다. 내 아들의 행동은 과시적이다. 그는 아직 익숙해지지 않았기 때문이다. 내게는 값비싼 호텔에 묵어야 할 이유가 없다. 난 어디에 머물든 헨리 포드이다. 가장 값싼 호텔에서도 난 헨리 포드이며, 그런 것이 어떤 차이를 만들어 내진 않는다. 내 아들은 아직 신

참이다. 그래서 그는 사람들이 값싼 호텔에 묵는다고 생각할까봐 두려워한다. 그리고 이 코트, 이건 나의 아버지로부터 물려받은 것이다. 그것은 어떤 차이도 만들어 내지 않으며 난 새로운 옷이 필요 없다. 그 옷이 어떤 것이든 난 헨리 포드이다. 내가 벌거벗고 서 있다 해도 난 헨리 포드이다. 그것은 전혀 어떤 차이도 만들어 내지 않는다."

진정으로 하나가 되면, 내면 세계가 진정으로 풍요롭다면 그대는 과시하는 것에 관심이 없다. 처음으로 사원에 갈 때는 그대의 기도 소리는 다른 사람들보다 조금 더 클 것이다. 그것을 자랑하고 싶은 것이다. 자기 과시는 에고의 일부다. 무엇을 드러내는가 하는 것은 문제가 아니다. 어쨌든 그대는 보여 주고 전시한다. 그러면 그곳에 에고가 있고, 배는 비어 있지 않다. 도의 사람은 빈 배다. 그는 다정하지만 그것을 알지 못하고, 순수하지만 그 순수함을 알지 못한다. 그는 지혜로우며, 그것이 그가 왜 바보처럼 움직이면서도 근심하지 않는가 하는 이유다. 그가 하는 것은 무엇이나 차이가 없다. 그의 지혜는 때묻지 않았으며, 어리석은 것처럼 보일 수 있다. 하지만 그대는 그것이 불가능하다.

그대는 늘 누군가가 자신을 바보라고 생각할지도 모른다고 두려워한다. 다른 사람들이 그대를 바보라고 생각하면 그대는 스스로를 의심하기 시작할 것이다. 더 많은 사람이 그대를 바보라고 생각하면 그때는 자기 확신이 사라진다. 그리고 모든 사람이 그대를 바보라고 계속해서 말하면 조만간 그대는 그것을 믿게 될 것이다.

오직 지혜로운 자만이 속지 않는다. 그는 바보처럼 보일 수도 있다. 나는 미치광이로 알려진 한 지혜로운 이에 대해 들은 적이 있다. 누구도 그에 대해 아는 것이 없었다. 그의 이름도, 그 어떤 것도. 그는 다만 광인이라고만 불렸다. 그는 유태인이었다. 유태 민족은 소수의 진정한 현자를 키워 냈다. 그들은 어떤 내적인 원천을 갖고 있다. 그래서 예수가 그들 사이에서 태어난 것이다. 이 광인은 너무도 어리석게 행동했기 때문에 사회 전체가 혼란스러워졌다. 왜냐하면 누구도 그 다음에 그가 무슨 행동을 할지 예측할 수 없었기 때문이다. 종교적인 밤, 이스라엘의 축제날인 욤 키푸르나 그 밖의 다른 축제날이 되면 유태인 사회 전체가 두려워했다. 이 미친 랍비가 어떻게 할지, 그가 그곳에 나타나서 어떻게 행동할지 아무도 알 수 없었다. 그의 기도 역시 미친 그것이었다.

한번은 그가 재판관들을 불렀다. 열 명의 배심원들과 함께 유태인 재판관을 소집했다. 랍비가 불렀기 때문에 재판관이 왔다. 그러자 그가 말했다.

"난 신의 잘못을 알고 있다. 그러니 이 친구, 신을 벌줄 방법을 결정하도록 하라. 신이 불공평하고 죄를 지었다는 것을 증명하는 모든 논거를 내가 제시하겠다."

재판관들은 매우 두려웠지만, 그의 말을 들어야만 했다. 그는 회당의 지도자인 랍비였기 때문이다. 랍비는 법정의 법관처럼 고소문을 작성했다. 그는 말했다.

"신이여, 당신은 세상을 창조했다. 그리고 이제 당신은 우리에게 이 세상을 포기하는 방법을 알리는 전령을 보냈다. 얼마나 어리석은가! 당신은 우리에게 욕망을 주었다. 그런데 당신의 교사들은 계속 와서 말한다. 욕망을 버리라고. 당신이 하고 있는 일에 대해 어떻게 생각하는가? 그리고 만일 우리가 죄를 범한다면 그것은 곧 당신이 욕망을 만들어 보냈기 때문이며 진정 죄인은 당신이다."

재판관들은 어떻게 결정을 내렸는가? 그는 옳았다. 그러나 법정은 이 사람이 이제 완전히 미쳤으며 회당에서 쫓아내야 한다고 결정을 내렸다. 그러나 이 사람이 말한 것은 진실이었다. 그는 신을 그토록 사랑했기 때문에 '당신과 나'의 관계를 갖고 있었다. 그토록 그는 신과 가까웠다. 그는 신에게 물었다. 당신은 지금 무엇을 하고 있는가? 이제 충분하다. 그만 멈추라. 더 이상 바보짓을 하지 말라. 그는 신을 그토록 사랑했음에 틀림이 없다. 그래서 그는 그렇게 행동한 것이다. 그리고 그가 불렀을 때 신은 즉시 멈추었다고 한다. 신은 이 사람의 말에 귀를 기울여야만 했던 것이다.

그러자 한 천사가 신에게 물었다.

"왜 갑자기 멈추십니까? 무슨 일이 일어났습니까?"

신이 말했다.

"저 광인이 기도하고 있다. 난 들어야만 한다. 그가 말하는 것은 모두 진실이기 때문이다. 그는 나를 너무나 사랑하기 때문에 어떤 형식도 필요하지 않다."

사랑 속에서, 미움 속에서는 모든 것이 허락되고, 모든 것이 허용된다. 이 광인이 지나가고 있는데 어느 날 한 여자가 그에게로 왔다. 그녀가 물었다.

"전 지금까지 4년 동안 아이를 갖기를 갈망해 왔습니다. 만일 3, 4년 안에 아이가 생기지 않으면 그때는 어떤 가능성도 없습니다. 절 도와주십시오."

광인이 말했다.

"내가 도와줄 수 있다. 나의 어머니도 같은 곤란을 겪었기 때문이다. 나의 어머니는 40년 동안을 기다리고 기다렸는데도 아이가 생기지 않았다. 그래서 어머니는 신비가 바알 셈 토브에게로 가서 말했다. 그러자 그가 중재를 해주었다. 나의 어머니가 아름다운 모자를 그에게 주었고, 바알 셈은 그 모자를 쓰고 신을 쳐다보며 말했다. '당신은 무엇을 하고 있는가? 이것은 부당하다. 이 여인의 요구에는 잘못된 점이 없다. 그러니 이 여인에게 아이를 하나 주라.' 그리고 아홉 달 후에 내가 태어났다."

그 말을 듣고 환한 웃음을 띠며 여자가 행복하게 말했다.

"집에 가서 당신이 여태껏 본 것 중에 가장 아름다운 모자를 갖다 드리겠습니다. 그럼 저에게서 아이가 태어날까요?"

그때 이 광인이 말했다.

"그대는 핵심을 놓쳤다. 나의 어머니는 이런 이야기를 전혀 모르고 있었다. 그러니 이제 그대의 모자는 효과가 없을 것이다. 그대는 이미 놓쳐 버렸다."

종교를 모방할 수는 없다. 기도를 모방할 수는 없다. 일단 모방을 하면, 그때는 핵심을 놓치고 만다. 사람들이 이 광인에게 올 때마다 그는 말하곤 했다.

"경전을 모방하지 말라. 모든 경전을 내던지라."

임종의 자리에서 이 광인은 자신에 대해 씌어진 모든 책들을 불태우도록 했다. 그리고 그가 마지막으로 한 일은 제자들에게 이렇게 말한 것이었다.

"집 주위를 돌아보고 한번 살펴보라. 그리고 내게 아무것도 남지 않았다고 말해 달라. 그럼 난 편히 죽을 수 있을 것이다. 내가 쓴 단 한 통의 편지일지라도 남아 있게 하지 말라. 그렇지 않으면 내가 죽은 뒤 사람들이 나를 추종하기 시작할 것이다. 추종할 때 그대들은 놓쳐 버린다."

그래서 모든 것이 모아져서 불태워졌다. 그러자 그가 말했다.

"이제 난 편히 죽을 수 있다. 난 내 뒤에 아무런 흔적도 남기지 않왔다."

이런 현자는 두려움이 없다. 현자가 어떤 사람을 두려워하겠는가? 그는 어떤 것에 대해서도 바보일 수 있다. 그는 그의 지혜를 나타내 보일 필요가 없는 것이다.

> 그는 재물을 모으고자 애쓰지 않으며
> 그렇다고 청빈의 덕을 내세우지도 않는다.

이것을 기억하라. 돈을 벌기는 매우 쉽다. 청빈의 덕을 쌓는 것도 역시 매우 쉽다. 그 두 형태는 다른 것이 아니다. 어떤 사람이 돈을 모은다. 그리고 갑자기 그는 좌절한다. 그는 성취했지만 아무것도 얻지 못했다. 그러면 그는 포기한다. 그때는 가난이 덕이 된다. 그는 가난한 생활을 하며 이렇게 말한다. 이것이 유일한 삶이고, 종교적인 삶이라고.

그러나 마찬가지다. 이 사람은 아무것도 변하지 않았다. 시계추가 왼쪽으로 움직였을 뿐이다. 이제 그 반대편 극으로 움직여 간 것이다.

> 그는 재물을 모으고자 애쓰지 않으며……

이 부분은 쉽게 이해가 될 것이다. 하지만 그 다음 구절은 이해하기 어렵다.

> 그렇다고 청빈의 덕을 내세우지도 않는다.

그는 가난하지도 부유하지도 않다. 그는 돈을 벌 어떤 노력도 하지 않으며, 동시에 가난해지려고 노력하지도 않는다. 일어나는 대로 받아들일 뿐이다. 왕궁이 찾아오면 그는 왕궁에 머물 것이다. 만일 그 왕궁이 사라진다면, 그는 그것을 찾아다니지 않을 것이다. 일이 일어나는 대로 그것과 함께 존재할 것이고, 어떤 것도 그의 행복을 흔들 수 없다. 돈을 위해 투쟁하지도 않으며, 가난하려고 노력하지도 않는다.

그는 남에게 의존함 없이 자신의 길을 걸어가며
또한 홀로 걸어감을 자랑하지도 않는다.

그는 반대편으로 움직여 가지 않는다. 그대는 다른 사람들에게, 남편과 아내, 부모와 아이들에게 의존하고 있다. 사회에 의존하고 있다. 그래서 갑자기 그 모든 것을 떨쳐 버리고 히말라야로 달아난다. 그때 그대는 자신을 자랑스럽게 여기기 시작할 것이다. 난 홀로 산다. 난 아무도 필요하지 않다. 난 이 세계로부터 자유롭다고. 그러나 그때조차도 그대는 여전히 홀로 있지 않다. 왜냐하면 그대의 홀로 있음은 여전히 세계에 의존하고 있기 때문이다. 만일 떠나올 세계가 없었다면 어떻게 홀로일 수 있는가? 그대의 홀로 있음은 그들에게 의존하고 있다.

그러나 완전한 사람, 진정한 현자, 도의 사람은 다른 이에게 의존함이 없이 그의 길을 간다. 홀로 걸으라. 그러나 그 일에 자부심을 갖지 말라. 그때 그대는 세상의 한 부분이 아닌 채로 세상 속에서 움직일 수 있다. 소유물에 소유되지 않으면서 그것들을 소유할 수 있다. 그때 세상은 밖에 있고 안에 있지 않다. 그때 그대는 그곳에 있으나 세상에 의해 물들지 않는다. 이것이 진정한 홀로 있음이다. 세상에 의해 방해받지 않으면서 세상 속에서 움직이는 것. 그러나 그것을 자랑스러워한다면 그대는 핵심을 놓치고 만다. 만일 '난 어느 누구인가가 되었다. 난 이루었다.'라고 생각한다면 그대의 배는 비어 있지 않은 것이다. 그리고 다시금 에고의 희생자로 추락하고 만다.

> 도의 사람은 알려짐 없이 머물러 있다.
> 완전한 덕은 아무것도 만들어 내지 않는다.
> 자아가 사라진 것이 진정한 자아.
> 가장 위대한 자는 아무도 아닌 자다.

들으라. 도의 사람은 알려지지 않은 채로 남아 있다. 아무도 그를 모르기 때문이 아니라 그대가 그를 발견하기 어렵다는 뜻이다. 그는 알려지기 위한 어떤 노력도 하지 않는다. 알려지려는 노력은 에고로부터 나온다. 에고는 그대가 알려지지 않았을 때는 존재할 수가 없으며, 그대가 알려졌을 때만 존재하기 때문이다. 사람들이 그대를 바라볼 때, 그대에게 관심을 보일 때, 그대가 중요한 사람, 의미 있는 사람일 때, 에고는 존재하고 자란다.

아무도 그대를 알지 못한다면 어떻게 중요한 인물이 될 수 있는가? 전세계가 그대를 알 때, 그때 그대는 중요한 사람이다. 사람들이 그토록 명성을 추구하는 이유가 여기에 있다. 명성을 얻는 데 실패하면 악명 높은 사람이라도 되기를 원한다. 단, 무명의 존재로 남기를 원치 않는 것이다. 사람들이 그대를 찬양하지 않으면 비난이라도 할 수 있게 해야 한다. 무관심을 견딜 수가 없다.

나는 한때 많은 추종자들을 가졌던 정치가에 대해 들은 적이 있다. 그가 힘 있는 자가 되기 전까지는 많은 사람들이 그를 존경했다. 힘 있는 자가 아닐 때는 순수해 보인다. 힘이 없는데 무엇을 할 수 있으며, 어떻게 남에게 피해를 줄 수 있겠는가? 힘을 얻었을 때만 진정한 본성이 드러난다. 독립 이전의 인도의 간디 추종자들을 보라. 그들은 매우 성자다웠다. 그리고 이제는 모든 것이 그 반대편 극단으로 움직여 갔다. 이제 그들은 가장 타락한 자들이다. 어떤 일이 일어났는가? 아주 간단한 법칙이다. 힘이 없을 때는 그들은 비둘기 같고 순수하기만 했다. 그러나 권력이 생기자 뱀 같아지고, 교활해지고, 타락하고, 교묘해졌다. 본성은 힘을 가졌을 때만 나타난다. 남을 해칠 수 있을 때에야 비로소 과연 해칠 것인지 아닌지를 알 수 있다.

액톤 경은 말했다. 힘은 부패한다고. 힘은 절대적으로 부패한다고. 아니다, 그것은 옳지 않다. 힘은 결코 부패하지 않는다. 어떻게 힘이 부패할 수 있는가? 힘이 부패를 일깨울 뿐이다. 그대는 이미 타락해 있었다. 그러나 그곳에 출구가 없었다. 그대는 이미 타락해 있었다. 그리고 어둠 속에 서 있었다. 이제 그대는 빛 속에 서 있다. 그러니 빛이 그대를 추하게 만든다고 말할 것인가? 아니다. 빛은 다만 본래의 모습을 드러내 줄 뿐이다.

그 정치가는 매우 존경받고 사랑받았었다. 그러나 그는 독재적인 성품을 갖고 있었다. 그래서 권력을 갖게 되자 사람들이 그를 적대시했다. 그는 내몰려졌고, 그의 이름은 악명 높았으며, 어디에서나 그를 비난했다. 사람들은 그를 도시에서 추방했고 그는 떠나야만 했다. 그는 그토록 많은 해를 끼쳤던 것이다. 그래서 그는 아내와 함께 이 도시 저 도시로 떠돌면서 새로운 거처를 찾고 있었다. 머물

만한 장소를 찾아서 그들은 오랫동안 여행을 했다. 그러자 한 도시에서 사람들이 그에게 돌을 던지기 시작했다. 그가 말했다.
"이곳이 좋겠다. 우린 이 도시를 택해야 한다."
아내가 말했다.
"미쳤어요? 사람들이 돌을 던지고 있어요."
그러자 정치가는 말했다.
"적어도 이들은 무관심하지는 않다."

무관심은 에고를 가장 크게 상처 입힌다. 에고는 무관심 속에서는 존재할 수 없기 때문이다. '나를 위해' 또는 '나에게 반대해', 이것들과 함께만 에고는 존재할 수 있다. 그러나 무관심은 안 된다. 도의 사람은 알려짐 없이 존재한다. 그는 사람들이 자신을 알아주기를 바라지 않는다. 그를 알려면 사람들이 그를 찾아 나서야 한다.

  완전한 덕은 아무것도 만들어 내지 않는다.

이것이 도인적인 삶의 근본이다. 완전한 덕은 아무것도 생산하지 않는다. 완전한 덕을 갖추고 있을 때 아무것도 필요하지 않기 때문이다. 완전한 덕을 갖추고 있을 때 어떤 욕구도, 동기도 없다. 그 자체로 이미 완전하기 때문이다. 오직 불완전만이 무엇인가를 생산하기를 원한다. 그래서 완전한 예술가는 전혀 그림을 그리지 않는다. 그리고 완전한 음악가는 그의 악기, 시타르(인도의 대표적인 현악기)를 던져 버린다. 그리고 완전한 궁수는 활을 꺾어서 내던진다. 붓다와 같은 완전한 사람은 절대적으로 쓸모없다. 붓다가 무엇을 만들어 냈는가? 시를, 조각을, 그림을, 사회를? 그는 전혀 아무것도 생산하지 않은 것처럼 보인다. 그는 아무것도 하지 않았다.

완전한 덕은 아무것도 창조하지 않는다. 무엇인가를 만들어 내는 것은 욕망에서 나온다. 그대가 불완전하기 때문에 그것들을 만드는 것이다. 채워져 있지 않기 때문에 그것을 메꿀 무엇인가를 창조하는 것이다. 완전히 채워져 있다면, 무엇 때문에 창조하며, 또 무슨 수로 창조할 것인가? 그때 그대 자신이 곧 창조의 영광 그 자체이며, 그대의 내적 존재는 너무도 완벽하기 때문에 아무것도 필요하지 않다. 완벽한 덕은 아무것도 만들어 내지 않는다. 만일 세상이 덕을 갖추고 있다면 그때 모든 실용주의자들의 목표는 사라질 것이다. 세상이 진실로 덕을 갖추고 있다면 놀이만이 있고 아무런 생산도 없을 것이다. 모든 것이 단지 하나의 놀이가 될 것이다. 그대는 그것을 즐길 뿐, 그것을 필요로 하지는 않는다. 완전한 현자는 절대적으로 무용하다.

자아가 사라진 것이 진정한 자아.

그대가 없다고 느낄 때, 그대는 처음으로 있다. 자아라는 것은 에고의 동의어에 지나지 않기 때문이다. 그 때문에 붓다, 노자, 장자는 무자아, 아트마(영혼)가 없음을 이야기한다. 개인의 자아나 영혼이 없다고 말한다. 에고는 매우 교활하기 때문에 뒤에 숨어 있을 수가 있다. 그대는 말한다. '아함 브라흐마스미.' 나는 브라만(신)이다. '아날 하크.' 나는 신이다. 그러면서 에고는 그 뒤에 숨는다.

붓다는 그곳에 그렇게 주장할 누군가가 없다고 말한다. 그대 속에는 자아란 없다. 붓다는 말한다. 그대는 양파와 같다고. 그대는 껍질을 벗긴다. 계속해서 층층이 껍질을 벗긴다. 그것이 명상이다. 계속 껍질을 벗기고, 벗겨 나간다. 그리고는 아무것도 남지 않는 순간이 온다. 그 아무것도 없음이 그대의 진실한 자아다. 나 없음이 진정한 나다. 배가 비었을 때, 그때 비로소 그대는 배 안에 있다.

가장 위대한 자는 아무도 아닌 자다.

붓다가 왕국을 포기했을 때 일어난 일이 그것이다. 그리고 그는 이 숲에서 저 숲으로 추구해 나갔다. 한 아쉬람(명상 센터)에서 다른 아쉬람으로, 한 스승에게서 다른 스승에게로 걸어서 다녔다. 전에 그는 신을 신지 않고는 결코 걷지 않았었다. 그러나 이제 그는 맨발의 걸인이 되었다. 강둑을 지나쳐 갔고, 모래 위를 걸어갔으며, 뒤로는 그의 발자국이 남았다.

어느 나무 그늘에서 쉬고 있을 때 한 점성가가 그를 보았다. 그 점성가는 바라나시(힌두교의 성지인 북인도 도시)로부터, 배움의 장소로부터 돌아오고 있는 중이었다. 그는 점성학에 있어서 매우 뛰어난 자가 되었고 그것에 관한 한 완벽해졌다. 그래서 이제 점성술의 대가가 되어 그것을 사용하기 위해 고향으로 돌아오고 있는 중이었다. 그는 젖은 모래 위에서 발자국을 보고는 당황했다. 이처럼 더운 여름날에, 이제 달이 떠오르는 시각에, 신을 신지 않고 걸어간 이 발자국은 평범한 이의 발자국일 수가 없었다. 이 발자국은 위대한 황제 차크라바틴의 것이다. 차크라바틴은 전세계를 다스리는 황제다. 이 사람이 차크라바틴이라는 것을, 여섯 개 대륙의 전세계를 다스리는 황제라는 것을 보여 주는 모든 상징이 그곳에 있었다. 그런데 왜 차크라바틴이 이 더운 여름날 오후에 모래 위를 맨발로 걸어야만 했는가? 도저히 그럴 수가 없었다.

그 점성가는 가장 가치 있는 책들을 지니고 있었다. 그는 생각했다. 만일 이런 일이 가능하다면 나는 이 책들을 강으로 던져 버려야 한다. 그리고 영원히 점성학을 잊어야 한다. 이것은 도대체 터무니없는 일이기 때문이다. 차크라바틴의 발을 가진 사람을 찾기란 여간 어려운 일이 아니다. 백만 년에 한 번 사람은 차크라바틴이 된다. 그런데 여기 이 차크라바틴은 무엇을 하고 있는 것일까?

그래서 점성가는 발자국의 주인을 찾아 그 발자국들을 뒤따라갔다. 그리고는 마침내 눈을 감고 나무 밑에 앉아 있는 붓다를 보았다. 그는 더욱더 혼란에 빠졌다. 붓다의 얼굴 역시 차크라바틴의 것이었기 때문이다. 그러나 그는 걸인처럼 보였다. 그의 옆에는 탁발 그릇이 있었고, 다 해진 옷을 입고 있었다. 그러나 얼굴은 바로 차크라바틴의 얼굴이었다. 그런데 도대체 무엇을 하고 있는 걸까?

점성가는 말했다.

"난 매우 혼란스럽습니다. 나의 마음을 편하게 해주십시오. 난 당신의 발자국을 보고 연구했습니다. 그것은 차크라바틴, 전세계를 다스리는 위대한 황제의 발자국임에 틀림이 없습니다. 차크라바틴, 지구 전체가 그의 왕국입니다. 그런데 당신은 걸인입니다. 난 어찌해야 합니까? 내 점성학 책들을 모두 멀리 집어던져야 합니까? 바라나시에서의 나의 12년간의 노력은 모두 헛된 것이었고, 그곳에 있는 사람들은 바보입니다. 난 내 생애의 가장 중요한 시기를 헛되이 흘려보냈습니다. 나를 도와주십시오. 뭐라고 말 좀 해주십시오. 난 어찌해야 합니까?"

붓다가 말했다.

"걱정할 필요가 없다. 이런 일은 다시는 일어나지 않을 것이다. 그대는 책을 갖고 마을로 가서 그대의 일을 시작하라. 그리고 나로 인해 고민하지 말라. 나는 차크라바틴으로 태어났다. 이 발자국들은 나의 과거를 말해 주고 있다."

모든 발자국들은 그대의 과거를 말해 주고 있다. 그대의 손과 손바닥의 선들은 과거를 옮겨 놓고 있다. 그것이 점성학이나 수상학이 언제나 과거에 대해서만 진실한 이유다. 그것들은 미래에 대해선 진실하지 않다. 그리고 붓다에 대해선 전혀 옳지 않다. 자신의 전 과거를 내던지고 알려지지 않은 미지의 세계로 움직여 가는 사람은 그의 미래를 아무도 예측할 수 없기 때문이다.

붓다는 말했다.

"그대는 이처럼 곤란한 사람을 다시는 만나지 않을 것이다. 걱정하지 말라. 이런 일은 다시 일어나지 않을 것이다. 이것을 하나의 예외로 취급하라."

그러나 점성가가 말했다.

"조금만 더 묻겠습니다. 난 당신이 누구인지 알고 싶습니다. 난 진정 꿈을 보고 있는 겁니까? 차크라바틴이 걸인처럼 앉아 있다니요? 당신은 누구입니까? 당신은 변장한 황제입니까?"

붓다가 말했다.

"아니다."

점성가가 다시 물었다.

"그러나 당신의 얼굴은 매우 아름답고, 고요하며, 내면의 침묵으로 충만해 있습니다. 당신은 누구입니까? 당신은 천국에서 온 천사입니까?"

붓다가 말했다.

"아니다."

점성가는 한 번 더 질문하면서 말했다.

"당신에게 질문하는 것이 불손하게 보이지만 당신은 질문하고픈 욕망과 충동을 불러일으킵니다. 당신은 인간인가요? 당신이 황제 차크라바틴이 아니라면, 낙원으로부터 강림한 신이 아니라면, 당신은 인간이란 말입니까?"

붓다가 말했다.

"아니다. 난 그 어느 누구도 아니다."

점성가는 말했다.

"당신은 나를 더욱 혼란에 빠뜨렸습니다. 당신이 의미하는 바가 무엇입니까?"

붓다가 의미한 것은 바로 이것이다.

가장 위대한 자는 아무도 아닌 자다.

그대는 누군가가 될 수 있다. 그러나 가장 위대한 자가 될 순 없다. 어딘가에는 언제나 좀더 위대한 자가 있게 마련이다. 그러나 그는 누구인가? 그대가 바로 그 기준이다. 그대는 말한다. 이 사람은 위대하다고. 그러나 누가 그것을 측량하는가? 바로 그대이다. 숟가락이 바다를 재는 기준인 것이다. 그대는 계속 말한다. 이 사람은 정말 위대하다고. 그리고 그는 그대로 인해 더욱 위대해진다.

아니다. 이 세상에서는 그가 누구든, 가장 위대한 자가 될 수 없다. 바다는 숟가락으로 잴 수 있는 것이 아니다. 그것은 불가능하다. 그대는 바다를 재는 찻숟가락이다. 진실로 가장 위대한 이는 그대들 가운데 아무도 아닌 자이다. '가장 위대한 자는 아무도 아닌 자이다.' 장자가 이렇게 말할 때 그것은 무슨 의미인가? 그것은 이렇다. '그는 측량할 수가 없다.' 표지를 붙일 수도 없고, 범주를 정할 수도 없다. '이 사람은 누구인가?' 하고 말할 수도 없다. 그는 측량을 넘어선다. 그는 저 너머, 저 멀리 너머, 언제나 저 너머에 있다. 그대의 찻숟가락은 땅에 떨어진다. 측량이 불가능한 것이다.

신은 그 누구도 아닌 존재다. 그는 어떤 존재로도 될 수가 없다. 누가 그를 어떤 한정된 존재로 만들 것인가? 그대가? 그대가 신을 측량할 수 있다면, 그때 그대는 신보다 더 위대한 존재가 되는 것이다. 찻숟가락이 바다보다 더 커진 것이다. 아니다, 신은 측량할 길이 없다. 그는 언제까지나 아무도 아닌 존재로 남아 있을 것이다.

아까 말한 그 광인, 그 유태인 랍비가 다시 생각난다. 그는 기도 중에 신에게 말하곤 했다.

"신이여, 당신과 나는 이 세상에서 두 사람의 이방인입니다."

하루는 제자가 그의 기도를 듣고 물었다.

"그것이 무슨 의미인가요? 신과 당신이 이방인이라니요?"

랍비가 말했다.

"신은 아무도 아닌 분이고, 나 역시 아무도 아닌 사람이다. 존재는 측량할 길이 없다. 그대는 그분을 측량할 수 없고, 나를 측량할 수도 없다."

누군가로 존재한다는 것은 그대가 측정되어질 수 있다는 의미다. 꼬리표를 붙일 수 있고, 범주에 넣을 수 있다는 뜻이다. 그대의 존재는 알려져 있다. 하지만 어느 누구로도 존재하지 않는다는 것은 알 수 없는 채로 머물러 있다는 뜻이다. 그대가 그에 대해 무엇을 알고 있든, 그것으로 그를 한정시킬 수 없다. 그는 그런 울타리에 갇혀 있지 않다. 그대가 가까이 다가갈수록 그는 더 커지고, 더 측량할 수 없다. 그리하여 그대가 찻숟가락을 바닥에 내려놓는 순간이 온다. 그대는 측량하려는 노력을 중단하는 것이다. 그리고 오직 그때만이 그대는 도의 사람과 친해질 수 있다.

내면의 불사조가 자신을 주장하게 하라. 그 목소리를 들으라. 그것은 조용하고 작은 목소리다. 침묵해야만 그대는 그 소리를 들을 수가 있다. 그 불사조는 영혼이다.

셋째날 아침 장자, 불사조를 말하다

혜자는 양나라의 재상이었다.
그는 장자가 자신의 지위를 탐내 그를 몰아내고
대신 들어앉을 음모를 꾸미고 있다는
비밀 정보를 믿게 되었다.

장자가 양나라를 방문하러 왔을 때
혜자는 경찰을 풀어 그를 체포하도록 명령했다.
그러나 사흘 낮과 밤을 수소문했음에도 불구하고
그들은 장자를 찾을 수 없었다.
그 기간이 지난 뒤 장자는 스스로의 뜻에 따라
혜자 앞에 모습을 나타내 말했다.

"그대는 저 남쪽 나라에 사는
한 마리 신비로운 새, 영원히 늙지 않는
불사조에 대해 들어본 적이 있는가?"

이 불멸의 불사조는
남쪽 바다에서 날아올라 저 북쪽 바다로 날아가는데
신성한 나무 위가 아니면 내려앉지 않고
가장 고결하고 희귀한 열매가 아니면 입 대지 않으며
오로지 가장 정결한 샘에서만 물을 마신다.

한번은 부엉이 한 마리가
이미 반쯤 썩은 죽은 쥐를 뜯어먹고 있다가
비상해 가는 이 불사조를 보았다.
부엉이는 그를 올려다보고는 놀라서 비명을 질렀다.
그리고는 두려워하고 당황하며
죽은 쥐를 꽉 움켜잡았다.

재상이여, 그대는 왜 그토록 광적으로
그대의 재상직에 매달리며
나를 보고는 놀라 비명을 지르는가.

―〈불사조와 올빼미〉

종교적인 마음은 근본적으로 욕망이 없는 마음이다. 조금이라도 욕망이 있다면 종교적으로 되는 일은 불가능하다. 내적으로 우월한 자만이 종교적으로 될 수 있기 때문이다. 욕망은 곧 그 안에 열등감을 담고 있다. 이것을 이해하라. 이것이 가장 기본적인 법칙 중 하나다. 이것을 이해하지 않아도 사원으로 갈 수 있고, 히말라야로 갈 수 있다. 기도하고 명상할 수 있다. 하지만 그 모든 것은 헛된 일이 될 것이다. 마음의 본성이 욕망으로 가득 차 있는가 아닌가를 이해하지 못한다면, 단순히 삶을 낭비하고 마는 결과가 될 것이다. 그때 모든 탐구는 헛된 것이 된다. 욕망은 결코 신에게로 인도할 수 없다. 오직 욕망이 없는 마음만이 문이 될 수 있다.

현대 심리학도 열등감이 욕망을 만들어 낸다는 점에서 장자나 노자, 붓다에게 동의한다. 정치인은 인간성의 가장 나쁜 본성에서 생겨난다. 모든 정치인은 수드라, 곧 불촉천민들이다. 그렇지 않을 수가 없다. 인간의 마음은 열등의식을 느낄 때마다 남보다 우월해지려고 하기 때문이다. 그 반대쪽이 태어나는 것이다. 추하다고 느끼는 순간, 그대는 아름다워지려고 노력한다. 아름답다면, 굳이 아름다워지려고 노력할 필요가 없다. 추한 여자를 보면 정치인들의 본성을 이해할 수 있다. 추한 여자는 언제나 자신의 추한 면을 감추려고, 늘 아름다워지려고 노력한다. 적어도 화장품으로, 옷으로, 장신구로 추함을 가리려고 한다. 어떻게든 못생긴 면을 가리고, 그것으로부터 달아나기 위해 반대의 것을 만들어야 한다. 진정으로 아름다운 여인은 걱정하지 않는다. 자신의 아름다움을 의식하지도 않는다. 그리고 의식하지 않는 아름다움만이 진정한 아름다움이다. 의식하는 순간 추해진다. 자신이 열등하다고 느낄 때, 자신을 다른 사람들과 비교하고 그래서 그들이 자신보다 우월하다는 것을 느낄 때, 그대는 무엇을 하는가? 에고가 상처 입는다. 그대는 열등한 것이다. 그대는 그 사실을 그대로 받아들일 수가 없다. 그래서 자신을 속이고 다른 사람을 속이게 된다.

어떻게 속이는가? 두 가지 길이 있다. 하나는 정신병자가 되는 길이다. 그대는 자신이 알렉산더라고, 히틀러라고 선언할 수 있다. 그러면 쉽다. 다른 사람들이 뭐라고 말하든 그것에 의해 고통받지 않으니까. 전세계의 정신 병원에 가보라. 그곳에서 그대는 역사상의 위대한 인물들이 여전히 살아 있음을 발견하게 될 것이다. 인도 수상 네루가 살아 있을 때 적어도 인도에서 열 명이 넘는 사람들이 자기가 네루라고 믿었다. 한번은 네루 수상이 새로 지은 병동의 낙성식을 하기 위해 한 정신 병원에 갔었다. 정신 병원 원장은 그가 몇 명의 환자를 퇴원시켜 주도록 자리를 마련했다. 그들은 나란히 서 있었다. 그들은 이제 건강하고 아주 정상적이었다. 첫 번째 사람이 네루에게 소개되었다. 그래서 네루 또한 이제는 정상인이 된 그 미친 사람에게 자기를 소개했다. 자신은 인도의 수상 판디트 자와할랄 네루라고.

그러자 그 미친 사람이 웃음을 터뜨리며 말했다.

"걱정하지 말라. 한 3년만 이곳에 있으면 당신도 나처럼 정상인으로 돌아올 것이다. 3년 전 내가 처음으로 이 정신 병원에 왔을 때는 나 역시 인도의 수상 판디트 자와할랄 네루였다. 하지만 이곳에서 온전히 치료되었다. 그러니 걱정할 것 없다."

이런 일은 흔하다. 로이드 조지는 영국의 수상이었다. 전쟁 중이었을 때 저녁 6시면 등화관제가 실시되었고 아무도 집 밖으로 나와서는 안 되었다. 모든 교통이 차단되었으며 불을 켜서도 안 되었다. 사람들은 모두 일종의 대피소로 들어가 있어야만 했다. 로이드 조지는 평소 습관대로 저녁 산책을 하다가 그만 그것을 잊고 말았다. 갑자기 경보 사이렌이 울렸다. 6시였던 것이다. 그리고 그의 집은 적어도 1킬로미터가 넘는 곳에 있었다. 그래서 그는 가장 가까운 집의 문을 두드렸고, 문을 열어 준 사람에게 말했다.

"오늘 밤 여기서 쉬게 해주시오. 그렇지 않으면 경찰들이 나를 잡아갈 것이오. 난 로이드 조지 수상이오."

그러자 그 사람이 갑자기 그를 낚아채며 말했다.

"어서 들어오라. 이곳은 당신에게 아주 적당한 곳이다. 이곳엔 이미 세 명의 로이드 조지가 있다."

그곳은 정신 병원이었다. 로이드 조지는 자기가 진짜라는 것을 납득시키려고 노력했다. 그러나 그 사람은 말했다.

"저들도 마찬가지였다. 일부러 귀찮게 하지 말라. 안으로 들어오라. 아니면 두들겨 팰 것이다."

그래서 로이드 조지는 한밤내 잠자코 있을 수밖에 없었다. 그렇지 않으면 그는 정말로 얻어맞았을 것이다. 그들을 어떻게 납득시킬 것인가? 그곳에는 이미 세 명의 로이드 조지가 있었고, 그들 모두 그 사실을 증명하려 애쓰고 있었다.

하나의 길은 정신병자가 되는 길이다. 자신이 갑자기 우월한, 가장 위대한 인간이라고 선언하는 것이다. 그리고 다른 하나의 길은 정치인이 되는 길이다. 정신병자가 되거나 정치인이 되라. 정치를 통해서는 갑자기 선언할 수가 없다. 다만 서서히 자신이 진짜 수상이거나 대통령이라는 사실을 증명하는 것이다. 그것은 아주 멀리 우회해서 가는 길이다. 미치는 일은 중요한 인물이 되는 지름길이고, 정치는 우회로다. 그러나 둘 다 같은 목적지에 이르기 위한 것이다. 세계가 온전하고 정상적으로 되기 위해서는 이 두 유형의 사람들, 미친 사람과 정치인들이 다 치료되어야 한다. 둘 다 병들어 있긴 마찬가지다. 한 사람은 멀리 돌아가는 길을 택한 것이고, 한 사람은 지름길을 택한 것일 뿐이다.

그리고 이것을 기억하라. 미친 사람이 정치인보다는 덜 해롭다. 그는 단순히 자신의 우월함을 주장할 뿐이기 때문이다. 그는 그것을 증명하려고 남을 괴롭히지 않는다. 그러나 정치인은 그것을 증명하려고 애를 쓴다. 그리고 그 증명의 대가는 매우 크다. 히틀러는 무엇을 증명하려고 했는가? 그것은 그가 가장 우월한, 지고의 아리안 족이라는 것이었다. 만일 그가 정신병자가 되었고 지름길을 택했다면 세상은 훨씬 더 좋았을 것이다. 그러면 2차 세계 대전은 없었을 것이다. 정치인들은 더욱 위험하다. 왜냐하면 그들은 증거를 갖고 있는 정신병자들이기 때문이다. 그들 속에 있는 열등감을 숨기기 위해 노력하고, 목표에 도달하고, 그것을 성취시키는 정신병자들이다.

열등하다고 느낄 때마다 인간은 자기가 열등하지 않다는 것을 증명하거나, 단순히 그것을 믿도록 자신에게 최면을 걸어야 한다. 미쳤다면 그대는 종교적이 될 수 없다. 그것은 성 프란치스코가 미친 것과 같은 그런 이유 때문에 미친 것이 아니다. 성 프란치스코가 미친 것은 존재의 환희로부터 비롯된 것이고, 다른 미치광이들은 열등감이 그 원인이다. 성 프란치스코나 장자의 미치광이 짓은 진정한 우월함으로부터, 가슴속으로부터, 그 고유한 본성으로부터 나온다. 그러나 다른 미치광이들은 에고가 원인이다. 영혼은 언제나 우월하며, 에고는 언제나 열등하다.

이기주의자는 무슨 수를 써서든 정치인이 될 것이다. 그들이 어떤 직업을 선택하든 그 직업을 통해 그들은 정치인이 될 것이다. 정치라고 말할 때 내가 의미하는 것은 에고 간의 싸움, 살아남기 위한 투쟁이다. 나의 에고와 그대의 에고가 싸움을 하게 되면 그때 우리는 정치적이 된다. 내가 누구의 에고와도 싸우지 않을 때 나는 종교적인 사람이다. 내가 우월해지려고 애쓰지 않을 때 나는 진정으로 우월하다. 그러나 이 우월함은 열등함에 반대되는 것이 아니다. 그것은 열등하다는 느낌 자체가 존재하지 않는 것이다.

우월함에는 두 가지 종류가 있음을 기억하라. 하나는, 열등감을 숨기고 뒤로 감추는 것, 가면을 쓰는 것이다. 그 가면 뒤에는 열등감이 있다. 그 우월감은 표면적일 뿐, 깊이 들어가면 열등한 채로 남아 있다. 그리고 계속 열등감을 느끼기 때문에 그 우월감과 아름다움의 가면을 언제나 갖고 다녀야 한다. 자신이 추하다는 것을 의식하기 때문에 아름다워지는 것을 연구해야 한다. 거짓 얼굴을 전시하고 보여 줘야 한다. 이것이 우월감의 한 형태다. 그것은 진실하지 않다.

우월함의 다른 종류가 있다. 이 우월함은 열등감에 반대되는 것이 아니다. 열등감의 부재다. 비교하지 않는 것이다. 비교하지 않을 때, 그때 어떻게 열등할 수 있는가? 비교할 만한 아무도 없다면, 그대가 지상에서 유일한 사람이라면, 과연 자신이 열등하다고 느낄 것인가? 그때 그대는 열등할 수 없다. 그대 위에 아무도 없으므로 우월하다고 선언할 수도 없다. 그대 아래에도 아무도 없으므로, 우월하지도 열등하지도 않을 것이다. 나는 말한다. 이것이 곧 영혼의 우월함이다. 그것은 결코 비교하지 않는다. 비교하라, 그러면 열등감이 생겨난다. 비교하지 말라, 그러면 그대는 단순히 존재할 뿐이다. 본래의 고유함을 지니고 존재할 뿐이다.

종교적인 사람은 그 열등감이 사라졌다는 의미에서의 우월함이다. 하지만 정치적인 사람은 그 열등감을 감춘다는 의미에서의 우월감이다. 그 반대가 여전히 내부에 숨겨져 있다. 그는 다만 우월한 사람의 복장과, 얼굴과, 가면을 사용하고 있을 뿐이다. 비교할 때 그대는 과녁에서 빗나간다. 그대는 늘 다른 사람을 지켜볼 것이다. 어떤 두 사람도 똑같을 수가 없다. 모든 개인은 고유하고, 저마다 우월하다. 그러나 이 우월성은 비교될 수 있는 것이 아니다. 그대는 우월하다. 왜냐하면 그대는 다른 무엇이 될 수 없기 때문이다. 우월성이 그대의 본성이다.

저 나무가 우월하고 저 바위 또한 우월하다. 모든 존재가 신성하다. 이곳에서 무엇이 열등할 수 있겠는가? 그것들은 신이다. 수백만 가지로 넘쳐나는 신이다. 어떤 곳에서 신은 나무가 되었고, 돌이 되었다. 어느 곳에서는 새가 되었으며, 또 어떤 곳에서는 바로 그대가 되었다. 오직 신만이 존재한다. 그곳에 비교는 있을 수 없다. 신은 우월하다. 그러나 무엇에 비교해서 우월하지는 않다. 신만이 유일하게 존재하기 때문이며 그곳에 열등함은 있을 수 없다. 종교적인 사람은 자신의 고유함을 경험한다. 자신의 신성을 경험한다. 그리고 자신의 신성에 대한 경험을 통해 다른 모든 것의 신성을 경험한다. 이것은 비정치적이다. 어떤 야심도, 자신을 증명해야 할 것도 없기 때문이다. 그대는 이미 선언되었다. 그대의 존재 자체가 그 증거다. 그대는 존재한다. 그것으로 이미 충분하다. 다른 어떤 것도 필요하지 않다.

그러므로 이 근본 법칙을 기억하라. 그대가 종교 안에서 계속 비교를 한다면 그대는 곧 정치 속에 있는 것이다. 그때 그대는 종교 속에 있지 않다. 이것이 곧 왜 세상의 종교들이 정치적으로 되는가 하는 이유다. 그들은 종교 용어를 쓴다. 그러나 뒤에 감춰진 것은 정치다. 무엇이 회교인가? 무엇이 힌두교이고, 무엇이 기독교인가? 그들은 모두 종교라는 이름으로 정치를 하는 정치 집단, 정치 조직이다. 기도하러 사원에 갈 때 그대는 단지 기도하는가, 또는 비교하는가? 그곳에 다른 사람이 기도하고 있으면 마음속에 비교하는 마음이 일어나지 않는가? 그가 그대보다 더 잘하고 있는지, 또는 그대가 더 잘하고 있는지 의문을 품지 않는가? 그때 사원은 더 이상 없다. 사원은 사라졌다. 그것은 정치가 되었다. 진정한 종교 안에서는 비교가 불가능하다. 그대는 단순히 기도할 뿐이다. 그리고 기도는 그대의 내적 존재가 된다. 그것은 비교될 수 있는 외적인 무엇이 아니다. 비교할 수 없는 기도, 비교할 수 없는 명상은 모든 존재가 가진 고유한 우월함으로 그대 자신을 이끌어 갈 것이다.

붓다는 말한다. 욕망을 갖지 말라. 왜냐하면 욕망을 통해서는 언제나 열등한 채로 남아 있게 될 것이기 때문이다. 야망과 야심을 버리라. 그래서 그대 고유의 우월성을 되찾으라. 그것은 본질적인 것이다. 그것은 증명하거나 성취할 필요가 없다. 그대는 이미 그것을 소유하고 있고, 그것을 타고났다. 그것은 이미 그곳에 있다. 그것은 늘 그대와 함께 있으며, 언제나 그대와 함께 머물러 있을 것이다. 그대 존재가 바로 우월함이다. 그러나 그대는 그곳에 무엇이 있는지 모르고 있다. 자신이 누구인지 모르고 있다. 그래서 자신의 고유성을 찾는데, 그 자신이 다른 이보다 우월하다는 점을 찾고 증명하는데 그토록 많은 노력이 드는 것이다. 그대는 자신이 누구인지 모르고 있다. 일단 그것을 알기만 하면 그때 더 이상 문제가 없다. 그대는 이미 우월하다. 그리고 우월한 것은 그대뿐만이 아니다. 다른 모든 것이 우월하다. 모든 존재가 우월하다. 왜냐하면 신은 하나이고, 존재는 하나이기 때문이다. 그곳에 더 이상 열등한 것도, 우월한 것도 존재하지 않는다.

이제 장자의 이야기로 들어가자. 이 아름다운 사건은 실제로 일어났었다. 장자는 수도로 들어가는 길이었고, 그곳의 수상은 두려움을 느꼈다. 그는 비밀 경찰을 통해 장자가 오고 있다는 전갈을 들었음에 틀림이 없다. 정치가는 항상 두려워한다. 모든 사람이 적이고, 친구까지도 적이다. 친구로부터도 자신을 보호해야 한다. 그들은 항상 서로를 끌어내리려고 하기 때문이다. 기억하라, 아무도 친구가 아니다. 정치에서는 모두가 적이다. 우정이란 다만 겉모습일 뿐이다. 종교에서는 적이 없다. 종교 안에서는 적이 있을 수 없다. 그러나 정치 세계에서는 어떤 친구도 있을 수 없다.

수상은 두려워졌다. 장자가 오고 있었기 때문이다. 장자의 우월성은 수상으로 하여금 장자가 수상이 되려고 한다는 의심을 갖게 만들었다. 그것은 매우 불안한 상황이었다. 물론 장자는 우월했다. 그러나 그것은 다른 누구에 비해 우월한 것이 아니라 단순히 우월한 것이었다. 그것은 본질적인 것이었다. 장자와 같은 사람이 걸어갈 때 그는 곧 왕이다. 그가 걸인처럼 살든 아니든 차이가 없다. 어느 곳으로 움직여 가든 그는 왕이다. 그에게 있어서 왕권은 외부에 있는 무엇이 아니다. 내면적인 무엇이다.

금세기 초에 인도의 한 탁발승이 미국으로 건너갔다. 그의 이름은 람티르쓰였다. 그는 자신을 황제라고 부르곤 했다. 그래서 미국의 대통령이 그를 만나러 왔다. 그리고 그를 보고는 놀랐다. 그는 다만 걸인에 불과할 뿐이었다. 대통령이 물었다.

"난 이해할 수 없다. 당신은 왜 자신을 황제라고 칭하는가? 당신은 걸인처럼 보인다. 당신은 〈황제 람의 여섯 가지 계명〉이라는 책까지 썼다. 왜인가?"

람티르쓰가 웃으며 말했다.

"나의 내면을 보라. 나의 왕국은 내면 세계에 속해 있다. 나를 들여다보라. 난 황제다. 나의 왕국은 이 세상이 아니다."

바로 이런 이유 때문에 예수는 십자가에 못박혀 처형되었다. 그는 언제나 왕국에 대해 말하고 있었던 것이다. 그는 늘 말했다. 나는 왕이라고. 그는 오해를 받았다. 왕이었던 헤롯은 즉각적으로 경계를 취하게 되었다. 총독 본디오 빌라도는 예수를 위험한 자라고 생각했다. 예수가 왕국과 왕에 대해 이야기하면서 '나는 유태인의 왕이다'라고 선언했기 때문이다. 그는 오해를 받았다. 그는 이 세상의 왕국이 아닌 다른 종류의 왕국을 말한 것이다. 그가 십자가에 못박혔을 때, 병사들은 그를 놀렸다. 그에게 돌과 신발을 던지면서 그를 조롱했다. 유태인의 왕이라는 팻말과 함께, 그의 머리에 가시관을 씌워 주었다. 그리고는 말했다.

"자, 이제 우리에게 그대의 왕국에 대해 말하라. 무엇인가 말해 보라, 그대 유태인의 왕이여."

그는 다른 어떤 왕국, 현세의 것이 아닌 왕국을 이야기했다. 그 왕국은 바깥에 있는 것이 아니었다. 그 왕국은 내적인 것이었다. 예수와 같은 사람이 걸어갈 때는 그는 언제나 황제다. 그렇지 않을 수가 없다. 그는 누구와도 경쟁하지 않는다. 그는 세상의 어떤 왕관도 동경하지 않는다. 그러나 그가 가는 곳마다 야심적인 사람들은 두려움을 느꼈다. 정치인들은 두려워한다. 이 자는 위험하다고. 왜냐하면 그의 얼굴, 눈, 그의 걸어가는 모습이 곧 그가 황제라는 것을 보여 주기 때문이다. 그는 증명할 필요가 없다. 그의 존재가 곧 그 증거다. 그는 드러낼 필요가 없다. 말로 할 필요가 없다.

비밀 경찰을 통해 장자가 오고 있다는 소식을 들었을 때 수상은 장자가 자신을 밀어내기 위해 수도로 들어오고 있음에 틀림없다고 생각했다. 그렇지 않으면 왜 오는가? 사람들은 오직 그런 이유 때문에 수도로 온다. 다른 어떤 것을 위해 델리(인도의 수도)로 가지 않는다. 사람들은 언제나 욕망 때문에, 에고를 구하고 신분을 획득하기 위해 수도로 온다. 장자는 왜 오고 있는가? 탁발승, 한 사람의 걸인이? 그에게 있어 수도로 올 무슨 필요가 있는가? 그는 수상 자리를 쟁탈하기 위해 오고 있음에 틀림없다. 그는 왕에게 이렇게 말하러 오고 있는 것임에 틀림이 없다.

"내가 적임자다. 나에게 수상직을 달라. 그럼 내가 모든 잘못을 시정할 것이다. 모든 시행착오를 바로잡을 것이다."

그리고 그 사람은 주위에 빛을 갖고 있다. 많은 이들의 존경을 받는 권위를 갖고 있다. 수상은 언제나 열등감을 느끼고 있었다. 그의 깊은 내면, 그곳엔 열등 의식이 있었다. 마치 질병과 같이, 심장을 갉아먹는 벌레와 같이, 언제나 우월한 이들을 두려워하면서.

    혜자는 양나라의 재상이었다.
    그는 장자가 자신의 지위를 탐내 그를 몰아내고
    대신 들어앉을 음모를 꾸미고 있다는
    비밀 정보를 믿게 되었다.

  정치인은 다르게는 생각할 수가 없다. 첫 번째로 이해해야 할 것은, 자신의 모습대로 다른 사람에 대해서도 생각한다는 것이다. 그대의 욕망, 그대가 가진 욕망이 그 기준이다. 그대가 부를 추구한다면 그대는 다른 이들도 부를 추구한다고 생각한다. 도둑은 자신의 주머니를 조심한다. 그것이 곧 그가 도둑이라는 사실을 말해 준다. 그대 안의 욕망이 곧 그대가 세상을 이해하는 언어다. 정치가는 언제나 음모와 계략의 관점에서만 생각한다. '누군가가 나를 축출하려 하고 있다. 누군가가 나를 제거하려 한다.' 왜냐하면 그것이 곧 그들이 해온 일, 그들이 전생애를 통해 해온 일이고 음모이기 때문이다. 정치인은 모략꾼이다. 그것이 곧 그들의 언어다.
  그대는 자신의 마음을 통해 다른 이들을 본다. 내부에 은밀히 감추어져 있는 것을 다른 이들에게도 투영한다. 혜자는 생각했다. 장자가 나를 축출하려고 음모를 꾸미고 있다고.

    장자가 양나라를 방문하러 왔을 때
    혜자는 경찰을 풀어 그를 체포하도록 명령했다.
    그러나 사흘 낮과 밤을 수소문했음에도 불구하고

그들은 장자를 찾을 수 없었다.

이것은 아름다운 이야기다.
경찰은 도둑을 잡을 수 있을 뿐이다. 그들은 서로를 이해한다. 경찰의 마음과 도둑의 마음, 그것들은 서로 다르지 않다. 그들의 마음, 그들의 사고방식은 똑같다. 단지 그들의 주인만이 다를 뿐이다. 도둑은 그 자신에게 종사하고 경찰은 국가에 종사한다. 그러나 둘 다 도둑이다. 그것이 경찰이 도둑을 잡을 수 있는 이유다. 만일 도둑을 잡으라고 성자를 보낸다면, 그는 결코 도둑을 찾지 못할 것이다. 그는 그의 마음을 통해 다른 이들을 볼 것이기 때문이다.

어느 종교 축제일에 한 랍비가 젊은이 곁을 지나치게 되었다. 젊은이는 담배를 피우고 있었다. 그날은 흡연이 금지되어 있었다. 그래서 랍비는 멈춰 서서 그에게 물었다.

"젊은이, 그대는 오늘이 담배를 피워서는 안 되는 종교적 축제일이라는 걸 모르는가?"

젊은이가 대답했다.

"네, 오늘이 종교적인 날이라는 사실을 알고 있어요."

그러면서 그는 여전히 담배를 피웠다. 뿐만 아니라 랍비의 얼굴에 연기를 뿜어 대기까지 했다. 랍비가 물었다.

"이 날은 흡연이 금지돼 있다는 사실을 모르는가?"

그러자 젊은이는 거만하게 대답했다.

"네, 알고 있어요."

그러고도 그는 계속 담배를 피웠다. 랍비는 하늘을 올려다보며 말했다.

"주여, 이 젊은이는 실로 아름답습니다. 그는 계율을 깨뜨렸을지는 모르지만, 아무도 그에게 거짓말을 하도록 강요할 순 없습니다. 그는 참으로 진실한 사람입니다. 그는 말했습니다. '네, 난 오늘이 종교일이라는 사실을 알고 있어요. 네, 흡연이 금지되어 있다는 사실을 알고 있어요.' 주여, 심판의 날에 이 청년에게 거짓말을 강요할 수 없다는 것을 기억하십시오."

이 얼마나 아름다운 랍비인가! 이것이 곧 성자의 마음이다. 그는 잘못된 것을 볼 수가 없다. 언제나 옳은 쪽으로만 본다.

경찰은 장자를 찾을 수가 없었다. 그것은 불가능했다. 만일 장자가 야심가였다면, 음모를 꾸미고 있었다면, 정치적인 관점에서 야망을 품고 있었다면 그들은 장자를 발견했을 것이다. 그랬다면 장자는 체포되었을 것이다. 경찰은 그가 없는 곳만을 찾아다녔을 것임에 틀림이 없다. 그리고 그들의 길은 여러 번 엇갈렸음에 틀림없다. 장자는 걸인이었고, 아무런 야심이 없는 사람이었다. 그는 음모 따위는 갖고 있지도 않았다. 그는 계략을 꾸미는 마음을 갖고 있지 않았다. 그는 산들바람과 같았다. 오로지 그대 자신인 것만을 볼 수 있다. 그대는 다른 이들에게서 언제나 그대 자신을 발견한다. 다른 이들은 바로 그대의 거울이기 때문이다.

장자를 잡기 위해서는 노자가 필요하다. 그렇지 않고선 아무도 그를 잡을 수 없다. 그를 이해할 사람이 없기 때문이다. 붓다가 필요하다. 붓다라면 그가 어디에 있는가를 추측할 수 있을 것이다. 그러나 경찰은 불가능하다. 오직 그가 도둑일 때만 가능하다. 경찰을 보라. 그들의 방식을, 그들이 말하는 방식을, 그들이 사용하는 그 야비한 말투를. 도둑들의 언어보다 더 저속하다. 경찰은 도둑보다 더 야비해야 한다. 그렇지 않으면 도둑들한테 지기 때문이다.

한번은 어떤 사람이 경찰에 잡혀 왔다. 판사가 그에게 물었다.

"당신이 잡혔을 때 경찰이 뭐라고 말했는가?"

그러자 그 사람이 대답했다.

"이 신성한 법정에서 어떻게 그들이 사용한 그토록 저속한 말을 옮길 수 있겠는가? 당신은 불쾌감을 느낄 것이다. 그 말들을 들으면 큰 충격을 받을 것이다."

판사가 재차 요구했다.

"그 저속한 말은 빼고, 그들이 말한 것만 말해 달라."

그 사람은 잠시 생각에 잠기더니 말했다.

"그렇다면 경찰은 아무 말도 하지 않은 것과 같다."

경찰은 혜자에게로 돌아와, 장자를 찾지 못했다고 보고했다. 그런 사람은 어느 곳에도 없었다. 그들은 틀림없이 사진을 갖고 있었을 것이다. 그를 확인할 수 있는 어떤 방법을. 그를 찾는 방법, 체포하는 방법, 그런 유형의 사람을 발견하는 방법을 갖고 있었다. 그러나 장자는 어떤 신분도 갖지 않았고, 얼굴도 없었다. 매 순간마다 그는 흐름이고, 강물이다. 매 순간마다 그는 존재를 반영하고, 반응한다. 그는 고정된 거처가 없다. 집도 없고, 얼굴도 없다. 이름이 없다. 그는 과거가 아니다. 늘 현재다. 그리고 모든 사진은 과거에 속한 것이다.

이것은 아름답고 의미 있는 비유다. 비록 터무니없어 보이기는 하지만, 붓다 같은 이는 사진을 찍을 수가 없다고 한다. 그대가 사진을 찍을 수 없는 것이 아니라, 사진이 찍히는 순간, 붓다는 움직여 간다. 사진은 언제나 과거의 것이며, 현재의 것일 수가 없다. 붓다의 현재 얼굴은 찍을 수가 없다. 찍는 순간, 그것은 이미 과거로 흘러가 버린다. 붙잡는 순간, 그것은 이미 가버린다. 붓다의 이름 중 하나는 타다가타(여래)이다. 이 이름은 진정 아름답다. 그 의미는 이렇다. '마치 바람과도 같이 그는 오고, 그는 간다. 그렇게 바람처럼 왔다가 간다.' 그대는 바람을, 산들바람을 사진 찍을 수 없다. 그것을 붙잡기도 전에, 그것은 이미 가버린다. 더 이상 그것은 그곳에 존재하지 않는다.

장자는 발견될 수 없었다. 경찰은 그의 과거를 찾고 있었지만, 그는 현재에 살고 있기 때문이다. 그는 생각이 아니고, 존재다. 생각은 잡힐 수 있다. 그러나 존재는 붙잡을 수 없다. 생각은 아주 쉽게 사로잡힌다. 그리고 그대들은 이런저런 방법으로 모두 사로잡혀 있다. 마음을 갖고 있기 때문이다. 여자가, 남자가 그대를 사로잡을 것이다. 고급 비누가, 보석이, 지위가, 그 어떤 것이든 그대를 사로잡을 것이다. 그곳에는 그물이, 수백만의 그물이 있다. 마음으로부터 자유롭지 못하면, 그대는 자유로울 수가 없다. 언제까지나 그 그물에 걸릴 것이다. 마음은 언제나 속박되어 있다. 그것은 이미 잡혀 있다. 그 마음을 떨쳐 버릴 때 경찰은 그대를 잡을 수 없다.

장자는 마음이 없었다. 그는 마음이 없는 걸인, 또는 황제였다. 그것은 같은 것을 의미한다. 그는 잡힐 수가 없다.

> 장자가 양나라를 방문하러 왔을 때
> 혜자는 경찰을 풀어 그를 체포하도록 명령했다.
> 그러나 사흘 낮과 밤을 수소문했음에도 불구하고
> 그들은 장자를 찾을 수 없었다.
> 그 기간이 지난 뒤 장자는 스스로의 뜻에 따라
> 혜자 앞에 모습을 나타내 말했다.

셋째날이나 넷째날에 장자는 스스로의 뜻에 따라 혜자 앞에 나타나 말했다. 나, 장자 같은 유형의 사람은 결코 잡힐 수가 없다고. 장자와 같은 이, 그는 항상 스스로의 뜻에 따라서만 나타난다. 그는 자유로운 존재이기 때문이다. 누구도 그를 붙잡을 수 없다. 다만 초대할 수 있을 뿐이다. 그가 나타나든 나타나지 않든 그것은 전적으로 그의 자유다.

마음이 있을 때 그대는 항상 사로잡힌다. 마음은 그대에게 강요한다. 그대는 그 죄수다. 마음이 없을 때, 그때는 자유롭다. 그대는 스스로의 뜻에 따라 나타날 수도 사라질 수도 있다. 그것은 그대의 자유다. 내가 그대에게 말할 때, 그것은 그대가 질문을 했기 때문이 아니다. 내가 그대와 함께 일할 때, 그것은 그대 때문이 아니다. 오로지 내 자신의 뜻에 따라서다. 마음이 없을 때, 그곳에는 자유가 있다. 마음은 노예가 되는 근본 이유다. 장자는 그 자신의 뜻에 따라 모습을 나타냈고, 멋진 우화를 이야기했다. 가슴의 가장 깊은 핵심으로부터 이 우화를 들으라.

"그대는 저 남쪽 나라에 사는
한 마리 신비로운 새, 영원히 늙지 않는
불사조에 대해 들어본 적이 있는가?"

중국의 신화, 아름다운 신화다. 그 안에 깊은 의미가 담겨 있다. 신화는 진실이 아니다. 그러나 진실보다 더 진실하다. 신화는 하나의 비유다. 그것은 다른 방법으로는 가리킬 수 없는 그 무엇을 가리켜 보인다. 오직 비유를 통해서만, 시를 통해서만 그 무엇을 말할 수 있다. 신화는 시다. 그것은 설명이 아니다. 그것은 외부 세계의 실제 사건이 아니라 진리를 가리킨다. 그것은 내면에 속해 있다.

"그대는 저 남쪽 나라에 사는
한 마리 신비로운 새, 영원히 늙지 않는
불사조에 대해 들어본 적이 있는가?"

중국에 대해 인도는 남쪽에 있다. 그리고 그 새는 이곳 인도에 살았다. 노자가 사라졌을 때, 그는 남쪽으로 사라졌다고 한다. 사람들은 노자가 언제 죽었는지 모른다. 그는 결코 죽지 않았다. 그런 사람은 결코 죽지 않는다. 그들은 다만 남쪽으로 간다. 그들은 인도로 사라진다. 보리달마 역시 남쪽으로부터 왔다. 그는 인도를 떠나, 붓다의 비법을 전수할 제자를 찾아 중국으로 갔다. 9년을 기다린 뒤, 그는 비로소 그것을 전수해 줄 수 있었다. 그리고 다시 남쪽으로 사라졌다. 인도는 중국에 대해 남쪽에 있다.

진실로 인도는 신화의 원천이다. 이곳에서 태어나지 않은 신화는 전세계에 단 한 가지도 없다. 과학은 그리스적인 마음으로부터 생겨났다. 그리고 신화는 인도적인 마음에서 생겨났다. 세상을 보는 데는 두 가지 방법이 있다. 하나는 과학이고, 다른 하나는 종교다. 과학의 시각에서 세상을 본다면 분석을 통해, 수학과 논리를 통해 보는 것이다. 아테네, 그리스의 마음은 세상에 과학을 가져다주었다. 소크라테스적인 분석과 논리의 방법, 회의를 심어 주었다.

종교는 이와는 전적으로 다르게 세상을 보는 방식이다. 그것은 시를 통해, 신화를 통해, 사랑을 통해 세상을 본다. 물론 그것은 낭만적이다. 그것이 그대에게 사실을 주지는 못한다. 다만 허구를 줄 뿐이다. 그러나 그 허구는 사실보다 더 사실적이다. 그것들은 그대에게 가장 깊은 핵심을 보여 준다. 외부 세계에 대해선 관심이 없기 때문이다. 그래서 인도에는 역사라는 것이 없다. 그것은 오직 신화일 뿐, 역사가 아니다.

　인도의 라마 신은 역사적 인물이 아니다. 그는 존재했을 수도 있고, 존재하지 않았을 수도 있다. 그것은 증명할 수가 없다. 크리쉬나 신 역시 하나의 신화이며, 역사적 사실이 아니다. 존재했을 수도 있고, 존재하지 않았을 수도 있다. 그러나 인도인들은 크리쉬나와 라마가 실제로 역사적 인물인가에 대해서는 고민하지 않는다. 그 신들은 깊은 의미를 지니고 있고, 한 편의 위대한 서사시다. 인도인들에게 역사는 무의미하다. 역사는 단지 사실들만을 담고 있을 뿐, 가장 깊은 본질은 드러내 보이지 않기 때문이다. 인도인들은 가장 깊숙한 핵심에, 바퀴의 중심에 관심이 있다. 바퀴는 계속 움직인다. 그것이 역사다. 그러나 바퀴의 중심, 결코 움직이지 않는 그것, 그것이 신화다.

　장자는 말한다.

"그대는 저 남쪽 나라에 사는
한 마리 신비로운 새, 영원히 늙지 않는
불사조에 대해 들어본 적이 있는가?"

　모든 태어난 것은 늙는다. 역사는 이 새를 믿을 수가 없다. 역사는 처음과 끝을 의미하기 때문이다. 역사는 탄생과 죽음 사이의 기간을 의미하기 때문이다. 그리고 탄생도 없고 죽음도 없는 그 사이의 기간이 신화다. 라마 신은 결코 태어나지도 죽지도 않았다. 크리쉬나 신은 태어나지도 죽지도 않았다. 그들은 언제나 그곳에 있다. 신화는 시간에는 관심이 없다. 그것은 영원에 관심이 있다.

　역사는 시간과 함께 변한다. 그러나 신화는 변함이 없다. 신화는 결코 시대에 뒤떨어지지 않는다. 신문은 역사다. 어제의 신문은 이미 시대에 뒤떨어진 낡은 것이다. 라마 신은 신문의 일부분이 아니다. 그는 뉴스가 아니다. 그는 시대에 뒤떨어진 낡은 존재일 수가 없다. 그는 언제나 현재에 있다. 언제나 의미가 있고, 불변한다. 역사는 계속 변화한다. 그러나 라마 신은 바퀴의 중심에 움직이지 않고 머물러 있다.

장자는 말했다.

"저 남쪽 나라에 사는
영원히 늙지 않는 불사조……"

그대는 나이든 라마 신이나 크리쉬나 신의 초상화를 본 적이 있는가? 그들은 턱수염이나 콧수염이 없다. 그들은 언제나 젊은 모습 그대로다. 그들이 호르몬 결핍이 아니었다면 틀림없이 수염이 자랐을 것이다. 그들이 정말 인간이었다면, 그리고 정말로 인간이었기 때문에 수염이 자랐을 것임에 틀림없다. 라마가 역사적 인물이었다면 초상화 속에 턱수염이 자라 있었을 것이다. 그러나 인도인들은 그를 턱수염 없이 그렸다. 턱수염이 자라는 순간, 그대는 늙기 시작할 것이다. 조만간 그것은 희어질 것이다. 죽음이 다가올 것이다.

그러나 인도인들은 라마가 죽는다는 생각을 견딜 수가 없었다. 그래서 그들은 그의 얼굴에서 죽음의 표시를 완전히 지워 버렸다. 그리고 이것은 라마뿐만이 아니다. 스물네 명의 티르탕카라(자이나교의 위대한 스승들)들도 모두 턱수염과 콧수염이 없다. 붓다와 힌두의 모든 화신들도 턱수염과 콧수염이 없다. 그것은 바로 그들의 영원한 젊음, 그 영원성, 그 초월성, 그 무한을 가리킨다.

"영원히 늙지 않는 불사조……"

여기 시간이 존재한다. 시간 안에서는 모든 것이 변한다. 그리고 여기 영원이 있다. 영원 속에서는 아무것도 변하지 않는다. 역사는 시간에 속하고, 신화는 영원에 속한다. 과학은 시간에 속하고, 종교는 시간을 초월한 것, 영원성에 속한다. 그대에게는 시간성과 영원성, 두 가지가 다 존재한다. 그대의 표면에는 바퀴, 시간이 있다. 그대는 태어났고, 죽을 것이다. 그러나 그것은 표면에만 있을 뿐이다. 그대는 젊고, 곧 늙을 것이다. 건강하고, 곧 병들 것이다. 지금은 생명으로 가득 차 있다. 그러나 조만간 모든 것이 빠져나갈 것이다. 죽음이 그대를 파괴할 것이다. 그러나 그것은 다만 표면, 역사의 바퀴에서 일어나는 현상이다.

지금 곧 그대 내면으로 들어가 보라. 그곳에 영원이 존재한다. 시간을 초월한 것이 존재한다. 그곳에서는 아무것도 늙지 않는다. 불사조, 남쪽 나라, 인도, 영원이 그곳에 있다. 그곳에서는 아무것도 늙지 않고, 아무것도 변하지 않는다. 모든 것이 움직임 없이 존재한다. 그 남쪽 나라는 그대 안에 있다. 이것이 내가 줄곧, 인도는 지형의 일부가 아니라고 말하는 이유다. 인도는 역사의 일부가 아니다. 그것은 내면 지도의 일부다. 인도는 델리에 존재하는 것이 아니다. 그 나라는 그곳에는 결코 존재하지 않는다. 그것은 내면이다. 그것은 어디에나 존재한다. 인간은 자신 속으로 깊이 들어갈 때마다 결국 인도에 이른다. 그것이 곧 인도의 영원한 매력이며 사람들을 끌어당기는 이유다. 삶이 불안해질 때면, 인간은 인도로 향한다. 이것은 매우 상징적이다. 육체적 움직임을 통해서는 인도를 찾을 수 없다. 다른 움직임이 필요하다. 외부로부터 내면으로, 남쪽 나라로,

신화의 땅으로, 영원히 죽음이 없는, 나이가 없는 불사조에게로 움직이기 시작할 때 그것이 가능하다. 그 불사조는 결코 늙지 않는다.

> 이 불멸의 불사조는
> 남쪽 바다에서 날아올라 저 북쪽 바다로 날아가는데
> 신성한 나무 위가 아니면 내려앉지 않고
> 가장 고결하고 희귀한 열매가 아니면 입 대지 않으며
> 오로지 가장 정결한 샘에서만 물을 마신다.

이 영혼, 존재의 가장 깊숙한 본질은 어느 신성한 나무 위가 아니면 내려앉지 않는다. 이 내면의 새, 이 새가 바로 그대 존재다.

> 가장 고결하고 희귀한 열매가 아니면 입 대지 않으며
> 오로지 가장 정결한 샘에서만 물을 마신다.

> 한번은 부엉이 한 마리가
> 이미 반쯤 썩은 죽은 쥐를 뜯어먹고 있다가
> 비상해 가는 이 불사조를 보았다.
> 부엉이는 그를 올려다보고는 놀라서 비명을 질렀다.
> 그리고는 두려워하고 당황하며
> 죽은 쥐를 꽉 움켜잡았다.

장자는 말하고 있다. '나는 한 마리 불사조이고, 그대는 이미 죽은 쥐를 뜯어먹고 있는 부엉이다. 그대는 내가 그대를 밀어내기 위해 오고 있다고 놀란다. 그러나 그대의 지위와 권력은 내게는 아무

것도 아니다. 그것은 죽은 쥐에 불과하다. 그것은 나의 먹이가 아니다. 야망은 삶으로 가는 길이 아니다. 그것은 죽음으로 가고 있는 자들을 위한 것에 지나지 않는다. 나는 이미 야망의 정체를 보았다. 그리고 그것의 쓸데없음을 알았다.'

한번은 어떤 여인이 눈물을 흘리며 랍비에게로 왔다. 그러나 랍비는 기도 중이었다. 그래서 그녀는 사무관에게 말했다.

"들어가 봐요. 그의 기도를 방해하더라도 잠시 중지시켜 주세요. 내 남편이 날 버리고 떠났답니다. 내 남편이 돌아오도록 랍비님이 기도해 주기를 난 원해요."

사무관은 안으로 들어가 기도를 중단시켰다. 랍비가 말했다.

"그녀에게 말하라. 아무 걱정 말라고. 남편은 곧 돌아올 것이라고 전하라."

사무관이 돌아가서 여인에게 말했다.

"걱정 마시오. 슬퍼하지 않아도 됩니다. 랍비께서 말하기를, 당신의 남편이 곧 돌아올 것이라고 했습니다. 집으로 돌아가 마음을 편히 가지세요."

여인은 떠나면서 행복하게 외쳤다.

"하느님은 랍비님에게 백만 배 이상으로 보상할 겁니다. 참 친절하신 분이에요."

그러나 그 여인이 떠나고 나자 사무관은 슬퍼졌다. 그리고는 그곳에 있던 다른 사람에게 말했다.

"이것은 아무런 도움도 되지 않아요. 그녀의 남편은 돌아올 수가 없어요. 불쌍한 여인, 그토록 행복해 하며 떠났는데."

그러자 그 사람이 물었다.

"왜 그러죠? 당신은 랍비와 그의 기도를 믿지 않나요?"

사무관이 말했다.

"물론 난 랍비를 믿습니다. 그리고 그의 기도도 믿지요. 하지만 그는 단지 그 여인의 소원만을 알았을 뿐예요. 난 그녀의 얼굴을 보았어요. 그녀의 남편은 돌아올 수가 없어요."

야망의 얼굴을 본 사람, 욕망의 얼굴을 본 사람, 탐하는 마음의 얼굴을 본 사람은 결코 그것들에게로 돌아가지 않는다. 그것은 불가능한 일이다. 그 얼굴은 그토록 추한 것이다.

장자는 욕망의 얼굴을 보았다. 그래서 그는 이렇게 말했다. '그대의 지위, 권력, 그대의 수상직은 내게는 바로 죽은 쥐와 같다. 비명을 지르지 말라. 놀랄 필요가 없다.'

이 불멸의 불사조는
남쪽 바다에서 날아올라 저 북쪽 바다로 날아가는데
신성한 나무 위가 아니면 내려앉지 않고
가장 고결하고 희귀한 열매가 아니면 입 대지 않으며
오로지 가장 정결한 샘에서만 물을 마신다.

한번은 부엉이 한 마리가
이미 반쯤 썩은 죽은 쥐를 뜯어먹고 있다가
비상해 가는 이 불사조를 보았다.
부엉이는 그를 올려다보고는 놀라서 비명을 질렀다.
그리고는 두려워하고 당황하며
죽은 쥐를 꽉 움켜잡았다.

재상이여, 그대는 왜 그토록 광적으로

그대의 재상직에 매달리며
나를 보고는 놀라 비명을 지르는가.

이것이 사실이다. 일단 그것을 알기만 하면, 오직 그때만이, 그대
는 이해할 수 있다. 붓다의 말을, 예수의 말을, 또는 조로아스터의
말을 들어 보라. 그대는 늘 들어 왔다. 욕망을 버려라, 그러면 축복
이 너의 것이 되리라고. 그러나 그대는 그것을 버릴 수가 없다. 욕
망을 버렸을 때 어떻게 환희가 자신의 것이 되는지 그대는 이해할
수 없다. 오직 욕망만을 맛보았기 때문이다. 그것은 독 있는 음식인
지도 모른다. 그러나 그것이 지금까지 그대의 유일한 음식이었다.
그대는 독이 든 샘에서 물을 마셔 왔다. 그래서 누군가 끊어 버리라
고 말하면 그대는 목말라 죽을 것을 두려워한다. 그대는 순수하고
정결한 샘물이 있다는 것을 모른다. 고결한 열매가 열리는 나무가
있다는 것을 모른다. 욕망을 통해서만 봐 왔기 때문에 그 열매와 나
무를 볼 수가 없다. 눈이 욕망으로 가득 찼을 때, 그 눈은 죽은 쥐만
을 본다. 라마크리쉬나(인도 벵골 출신의 성자)는 말하곤 했다. 욕망의
대상 외에는 아무것도 볼 수 없는 사람들이 있다고.

이 부엉이는 키 큰 나무의 꼭대기에 앉을 수 있으나 오직 죽은 쥐
만을 찾고 있다. 죽은 쥐가 길에 보일 때마다 그 부엉이는 흥분한
다. 아름다운 열매를 던져 준다 해도 부엉이는 흥분하지도 않고 그
것을 쳐다보지도 않을 것이다. 그것을 알아차리는 일은 불가능하
다. 그 열매가 있다는 사실은 결코 부엉이에게 가 닿지 않는다. 욕
망이 하나의 차단막처럼 작용하기 때문이다. 단지 욕망이 허용하는
것만이 흘러들어온다. 욕망은 마치 문간에 서서 그대 존재를 지키
는 경비원과도 같다. 욕망은 자신에게 호소력 있는 것에게만 출입

을 허용한다.

그 경비원을 바꾸라. 그렇지 않으면 그대는 항상 죽은 쥐만을 먹고 살 것이다. 부엉이의 상태에 머물러 있을 것이다. 그것은 비참한 일이다. 슬픈 일이다. 왜냐하면 그대 깊숙한 곳에는 한 마리 불사조가 숨어 있는데, 그대는 여전히 부엉이처럼 행동하고 있기 때문이다. 삶에 만족하지 못하는 이유가 그것이다. 그래서 편안하지 않고, 행복하지 않다. 어떻게 불사조가 죽은 쥐로 환희를 느낄 수 있겠는가? 그래서 그대는 언제나 이방인이다. 그리고 죽은 쥐는 그대에게 적당한 먹이가 아니다.

그대는 여러 번 그런 느낌을 받았다. 삶에서 여러 차례, 이것은 그대를 위한 것이 아니라는 사실을 느꼈다. 불사조가 스스로 모습을 나타낸다. 그러나 부엉이는 더없이 소란스럽다. 따라서 불사조의 울음은 들리지 않는다. 그 목소리는 매우 미묘하고, 조용하며, 결코 공격적이지 않다. 평화의 순간에, 명상의 순간에 불사조는 말한다. '무엇을 하고 있는가? 그것은 그대를 위한 음식이 아니다. 무엇을 마시고 있는가? 그것은 그대를 위한 샘물이 아니다.'

그러나 부엉이는 더없이 소란스럽다. 그리고 그대는 그토록 오랫동안 부엉이를 믿어 왔기 때문에 마치 습관처럼 그것을 따른다. 그것은 죽은 습관이지만, 그대는 단순히 그것을 따른다. 바퀴 자국이 그곳에 있다. 어떤 것도 할 필요가 없다. 단순히 그 자국을 따라 달리기만 하면 되는 것이다. 그대는 계속 돌고 돌면서 달리고 있다. 같은 욕망, 같은 욕심, 같은 야망 위를. 그대가 번민과 악몽 속에 살고 있는 것은 당연하다.

내면의 장자로 하여금 자신을 주장하게 하라. 내면의 불사조로 하여금 자신을 주장하게 하라. 그 목소리를 들으라. 그것은 조용하고 작은 목소리다. 그대는 고요히 침묵해야만 할 것이다. 그 부엉이를 잠들게 해야만 할 것이다. 오직 그때만이 그대는 들을 수가 있다. 부엉이는 에고이며 마음이다. 불사조는 영혼이다. 그 새는 남쪽에서 태어난다. 그 새는 바다로부터 온다. 그것은 땅의 일부가 아니다. 흙으로부터 오지 않는다. 광대한 바다로부터 태어난다. 그것은 결코 늙지 않고 죽지 않는다. 오직 희귀하고 신성하고 거룩한 나무에만 내려앉으며, 오로지 고결하고 드문 열매만을 먹으며, 가장 정결한 샘에서만 물 마신다. 그 샘물이 그곳에 있다. 그 신성한 나무가 그곳에 있다. 그대는 부엉이 때문에 그것들을 놓치고 있다. 부엉이가 그대의 인도자가 된 것이다. 모든 명상은 곧 이 부엉이를 조용하게 해 그 내밀하게 속삭이는 목소리를 들으려고 하는 노력에 다름 아니다. 그때 그대는 자신이 행하고 있던 일, 다시 말해 죽은 쥐를 뜯어먹고 있던 일을 보게 될 것이다.

장자는 옳았다. 수상은 쓸데없이 놀랐다. 내부의 불사조가 그 삶을 살기 시작하면 그 부엉이, 수상은 처음엔 무척 놀랄 것이다. 마음은 명상에 대해 여러 가지 장애물을 만들어 낼 것이다. 마음은 두려워하기 때문이다. 그 수상이 두려워하기 때문이다. 이 장자, 이 명상이 자신을 밀어내려고 다가오고 있다고. 그대의 마음은 죽은 쥐를 꽉 움켜잡고는 비명을 지르고 겁을 먹는다. 마치 누군가가 그 먹이를 빼앗아 가기라도 하려는 듯이. 언제나 깨어 있어야 한다. 오직 깨어 있음만이 그대를 도와줄 것이다.

한 사람이 어린아이와 대화를 나누고 있었다. 어린아이는 숙제의 하나로 편지를 써서 아버지에게 보여 주었다. 그곳엔 단어 숫자만큼 틀린 철자들이 있었다. 아니, 그보다 더 많았다. 그래서 아버지가 말했다.

"너의 맞춤법은 순 엉터리다. 왜 사전을 찾아보지 않느냐? 의심이 갈 때는 사전을 찾아봐라."

아이가 말했다.

"하지만, 아버지, 전 조금도 의심이 가지 않아요."

그대의 마음도 이와 같다. 마음은 붓다에게 말한다. 하지만 난 조금도 의심이 가지 않는다고. 마음은 결코 스스로를 의심하지 않는다. 그것이 문제다. 마음은 모두를 의심한다. 붓다까지도 의심한다. 크리쉬나 신이 문을 두드린다 해도 마음은 그를 의심할 것이다. 예수가 온다 해도 의심할 것이다. 그대는 나를 의심한다. 그러나 결코 스스로를 의심하지는 않는다. 왜냐하면 마음이 한 번 자신을 의심하기 시작하면 그것은 이미 존재를 상실하기 때문이다. 그때 마음은 확신을 잃는다. 일단 마음을 의심하기 시작하면, 머지않아 그대는 명상의 심연 속으로 떨어질 것이다.

신비가 바알 셈 토브가 죽음을 맞이하고 있었다. 그의 아들 헤르츠는 매우 잠이 많고 의식이 없는 자였다. 죽기 전에 바알 셈은 아들에게 말했다.

"오늘밤이 내게는 마지막이다."

그러나 헤르츠는 생각했다.

'아무도 죽음이 오는 때를 알 수가 없다.'

그는 의심했다. 바알 셈은 그의 아버지였으며, 수천 명이 그를 메시아로 여기고, 수백만의 사람들을 구원으로 인도한 사람이라고 믿고 있었다. 그러나 그의 아들은 그를 의심하고 있었으며, 그날 밤 그는 잠들어 버렸다. 그가 한밤중에 깨어났을 때 아버지는 이미 세상을 떠난 상태였다. 그러자 그는 눈물을 흘리며 통곡하기 시작했다. 그는 커다란 기회를 놓쳤고, 이제는 살아 있는 아버지를 다시 볼 가능성이 전혀 없었다. 그는 결코 자신의 마음을 의심하지 않았고, 그 대신 바알 셈을 의심했던 것이다. 놀라움과 절망 속에서 그는 통곡하기 시작했다. 그는 눈을 감고 생애 최초로 아버지가 죽은 지금에야 비로소 아버지에게 말하기 시작했다. 그의 아버지는 언제나 그를 부르곤 했다.

"헤르츠, 내게로 오라."

그러면 그는 대답하곤 했다.

"네, 갈 겁니다. 하지만 지금은 좀더 중요한 할 일이 있어요."

그대의 마음도 이와 같다: 그대는 말한다. 지금은 좀더 중요한 다른 일이 있다고. 조금 있다 가겠다고. 기다리라고. 그러나 죽음은 다리를 끊어 버린다. 그래서 헤르츠는 울면서 자신의 아버지에게 말하기 시작했다.

"이제 난 무엇을 해야 합니까? 난 길을 잃었습니다. 지금 어둠 속에 있습니다. 어떻게 하면 그동안 나를 속여 온 이 마음을 떨쳐 버릴 수 있을까요? 난 결코 마음을 의심하지 않았고, 당신을 의심했습니다. 이제 그것 때문에 난 슬픕니다."

그때 바알 셈이 헤르츠의 내면에 나타나 말했다.

"나를 보라. 내가 하는 것과 똑같이 하라."

헤르츠는 꿈에서처럼 하나의 환영을 보았다. 바알 셈이 언덕 꼭대기로 올라가 심연 속으로 떨어져 내리면서 말하고 있었다. 내가 하는 것과 똑같이 하라고.

헤르츠가 말했다.

"전 이해할 수가 없습니다."

다시 의심이 생겨난 것이다. 아버지는 지금 무엇을 말하고 있는 것일까? 이것은 자살을 의미하는 것 같다.

그러자 바알 셈이 웃으며 말했다.

"넌 아직도 나를 의심하고 있다. 너 자신을 의심하지는 않는다. 그럼 이렇게 하라."

환영 속에서 헤르츠는, 커다란 산이 화산과도 같이 불타오르고, 불길이 넘쳐나는 것을 보았다. 바위들이 부서지고, 산 전체가 산산조각으로 흩어지는 것을 보았다. 바알 셈이 말했다.

"이렇게 하라. 마음을 심연으로 내던지라. 마음을 완전히 불태워 버리라."

헤르츠가 말했다.

"깊이 생각해 보겠습니다."

심사숙고해 보겠다고 말할 때, 그대는 사실 의심하고 있는 것이다. 그대가 아니라 의심하는 마음이 생각을 한다. 의심이 없을 때는, 그대가 아니라 믿음이 행동한다. 의심은 생각하고, 믿음은 행동한다. 의심을 통해 그대는 위대한 철학자가 될 수 있다. 믿음을 통해 그대는 장자가, 영원히 늙지 않는 불멸의 불사조가 될 것이다. 의심을 통해서는 시간의 신비를 통찰할 수 있다. 하지만 믿음을 통해서는 영원의 문으로 들어갈 것이다.

매우 어두운 밤 숲 속에서 길을 잃은 두 사람의 이야기가 있다. 그곳은 매우 위험한, 맹수들이 가득한 숲이었다. 밀림으로 뒤덮혀 있고, 주위가 온통 어둠뿐인 숲이었다. 그런데 한 사람은 철학자였고, 한 사람은 신비가였다. 한 사람은 의심의 사람, 또 한 사람은 믿음의 사람이었다. 그때 갑자기 폭풍이 몰려왔고, 구름이 둘로 갈라지면서 굉장한 번개가 쳤다. 그 순간 철학자는 하늘을 쳐다보았고, 신비가는 길을 내려다보았다. 번개가 치는 그 순간에 길이 그의 앞에 밝게 비추어져 있었다. 그러나 철학자는 번개치는 것을 쳐다보았고, 무슨 일이 일어나는가 의심을 갖기 시작했다. 그 결과 길을 잃어버렸다.

그대는 이 이야기에 나오는 숲보다 더 깊은 밀림에서 길을 잃었다. 밤은 칠흑 같다. 간혹 번개의 섬광이 온다. 그때 길을 보라. 장자는 번갯불이다. 붓다는 번갯불이다. 그들을 쳐다보지 말라. 길을 보라. 그들을 바라보면, 그대는 이미 잃어버린다. 번개는 계속 이어지지 않기 때문이다. 그것은 순간으로 끝나 버린다. 그리고 그런 순간은, 영원이 시간 속으로 스며들어가는 그런 순간은 매우 드물다. 그것은 한 순간에 사라지는 번개와 같다. 붓다는 아름답다. 얼굴이 매력적이고 눈은 매혹적인 힘을 갖고 있다. 그러나 붓다를 바라본다면 그대는 길을 잃는다. 길을 보라. 붓다를 잊으라. 길을 보라. 그러나 그 모든 것은, 오직 의심이 없고 믿음만이 있을 때, 생각이 없고 마음이 사라졌을 때만 일어난다.

장자에 대해 심사숙고할 필요가 없다. 그에 대해 생각하지 말라. 다만 이 이야기가 그대 내면으로 스며들게 하라. 그리고는 잊으라. 이 이야기를 통해 길이 밝게 빛난다. 길을 보라. 그리고 무엇인가를 하라. 길을 따라가고, 행동하라. 생각은 그대를 이끌어 주지 않을 것이다. 오직 행동만이 그대를 이끌어 준다. 생각은 머릿속에서 진행되는 것이며, 그것은 결코 전체가 될 수 없기 때문이다. 오직 그대가 행동할 때, 그것만이 전체다.

명상의 본질적인 부분은 '내가 존재하고 있음을 기억하는 일'이다. 걸을 때나 앉을 때나 먹거나 말할 때도 '내가 존재함'을 기억하라. 이 자각을 통해 진정한 깨달음이 찾아온다.

넷째날 아침　관계로부터의 자유

만일 어떤 이가 시장에서 낯선 사람의 발을 밟으면
공손하게 사과를 하고 설명을 덧붙인다.
'이곳이 너무 혼잡하군요.'

만일 형이 동생의 발을 밟으면
형은 간단히 '미안하다'고 말할 뿐이다.
그것으로 충분하다.

만일 부모가 자식의 발을 밟으면
아무 말도 할 필요가 없다.

가장 훌륭한 예의는 모든 형식으로부터 자유롭다.
완전한 행위는 관계로부터 자유롭다.
완전한 지혜는 계획함이 없다.
완전한 사랑은 증명함이 없다.
완전한 진실성은 보증함이 없다.

―〈변명〉

 위대한 모든 것, 아름다운 모든 것, 진실하고 참된 모든 것은 언제나 자연발생적이다. 계획적으로는 그것들을 할 수 없다. 계획을 짜는 순간, 그때 모든 것은 가짜가 된다. 그러나 인간은 언제나 그렇게 해왔다. 그대의 사랑, 진실성, 진리, 모든 것이 잘못되었다. 그대가 그것을 의도적으로 행해 왔기 때문이다. 자연발생적으로 하면 안 된다고 배워 왔기 때문이다. 계산하고, 통제하고, 자신을 잘 관리하라고, 절대로 자연적인 흐름에 따라서는 안 된다고 그대는 배웠다. 그리하여 굳어지고, 얼어붙고, 죽어 버렸다.

 삶은 계획을 모른다. 삶은 삶 자체로 충분하다. 나무가 어떻게 자라고, 성장하고, 어떻게 꽃피울 것인가를 계획하는가? 나무는 그냥 자랄 뿐이다. 그 자라남을 의식하지도 않으면서. 거기 스스로를 의심함이 없다. 나무는 분리되어 있지 않다.

 계획을 세우기 시작할 때, 그대는 자신을 나누는 것이다. 그때 그대는 둘이 된다. 통제하는 하나와, 통제당하는 다른 하나로. 그때 갈등이 일어나고, 결코 평화로울 수 없다. 자신을 통제하는 데 성공할지는 모르지만, 그곳에 평화는 없을 것이다. 성공하든 실패하든,

결국 그대는 깨닫게 될 것이다. 자신이 철저히 실패했음을. 실패도 실패로 끝나고, 성공도 실패가 될 것이다. 무엇을 하든, 그대의 삶은 불행해질 것이다. 분리는 추함을 만들어 낸다. 그대는 하나가 아닌 것이다. 아름다움은 하나인 것에 속한다. 아름다움은 조화로운 전체에 속한다. 모든 문화, 문명, 모든 사회가 그대를 추하게 만든다. 모든 도덕이 그대를 추하게 만든다. 그것들은 분리 위에, 통제 위에 서 있기 때문이다.

바알 셈 토브가 세 마리 말이 이끄는 아름다운 마차를 타고 여행하고 있었다. 그런데 그는 줄곧 하나의 의문에 사로잡혀 있었다. 그가 여행을 하는 3일 동안 세 마리 말 중 어느 말도 울지 않았기 때문이다. 말들에게 무슨 일이라도 일어난 것일까? 그는 의문에 사로잡혔다. 그런데 넷째날 길을 가던 농부가 갑자기 그에게 말의 고삐를 늦추라고 소리쳤다. 그는 급히 고삐를 늦추었다. 그러자 세 마리 말이 일제히 울기 시작했다. 말들은 겨우 살아난 것이다. 고삐를 너무 잡아당겼기 때문에 3일 동안 말들은 줄곧 죽어 있었고, 죽어가고 있었다.

그대에게, 인간 전체에게 그것과 똑같은 일이 일어나고 있다. 그대는 울 수가 없다. 말이 울지 않는다면 그 말은 죽은 것이다. 말이 우는 것은 즐겁다는 것을 의미하고, 에너지가 넘치고 있다는 뜻이다. 그러나 그대는 울 수가 없다. 죽어 있기 때문이다.

그대의 삶은 넘쳐나는 노래도 아니고, 에너지가 흘러넘쳐 일어나는 춤도 아니다.

꽃이 피어나는 것은 언제나 하나의 사치다. 그것은 필요가 아니다. 어떤 나무도 반드시 꽃을 피울 필요는 없다. 뿌리만으로도 충분하다. 꽃을 피우는 것은 사실 사치스런 일이다. 꽃이 피어남은 오직 나무가 가진 것이 너무 많을 때만 일어난다. 그것에게는 줄 필요가, 나눠 줄 필요가 있는 것이다. 그대가 넘치도록 많이 가졌을 때, 삶은 춤이 되고 축제가 된다. 그러나 사회는 춤과 축제를 허용하지 않는다. 사회는 그대가 필요 이상의 에너지를 갖지 않도록 감시해야 한다. 그대는 오로지 굶어 죽지 않을 정도로만 살아갈 수 있다. 넘쳐나는 것은 허용되지 않는다. 일단 넘쳐나면, 사회는 그대를 통제할 수 없기 때문이다. 사회는 그대를 통제하길 원한다. 그것은 교묘한 지배다.

모든 아이들은 넘쳐나는 에너지를 갖고 태어난다. 그런데 우리는 그 에너지의 원천을 잘라 내야만 한다. 아이의 여기저기를 가지쳐야만 한다. 아이를 통제하기 위해서다. 모든 통제의 기본은 아이의 내면을 둘로 나누는 것이다. 그렇게 되면 더 이상 신경 쓸 필요가 없다. 아이 스스로 자신을 통제할 것이기 때문이다. 그때 그대는 걱정할 필요가 없다. 아이 스스로 자신의 적이 될 것이다. 그래서 사람들은 끊임없이 아이에게 주입시킨다. 이렇게 하는 건 잘못이고, 저렇게 해선 안 된다고. 갑자기 아이는 둘로 나누어진다. 이제 아이는 무엇이 잘못인가를 안다. 자기 존재의 어떤 부분이 잘못인가를 알기 때문에 머리가 그 부분을 통제하기 시작한다. 분리를 통해 머리가 지배자, 주인이 된다. 분리되어 있지 않으면 그대는 머리를 갖지 않게 될 것이다. 머리가 없어지거나 바닥에 떨어진다는 뜻이 아니라, 더 이상 머리에 의존하는 사람이 아니게 될 것이다. 그대 전 존재가 그대 자신이 될 것이다.

지금 그대는 오직 머리일 뿐이다. 육체의 나머지는 다만 머리를 떠받치고 있을 뿐이다. 머리가 독재자가 되었다. 그리고 그것이 갈등을, 그대 안에 갈등을 창조했다. 그대는 이것은 좋고 저것은 나쁘다고 교육 받아 왔다. 머리가 그것을 배웠기 때문에, 머리는 계속해서 그대를 비난한다. 그리고 기억하라. 그대가 자신을 비난한다면 결국 모든 사람을 비난하게 될 것이다. 세상 전체를 비난할 것이다. 자기 자신을 비난하는 사람은 결코 타인을 사랑할 수가 없다. 자기 자신을 비난하는 사람은 기도할 수 없다. 자기 자신을 비난하는 사람에게는 신이 존재하지 않는다. 그곳에 신이 있을 수가 없다. 비난하는 마음은 결코 신의 사원으로 들어갈 수 없다.

오직 그대가 춤출 때, 환희에 젖어 있을 때, 비난하지 않을 때, 그대가 흘러넘칠 때, 아무도 곁에 앉아 통제하지 않고 아무도 관리하지 않을 때, 그때 비로소 삶은 하나의 자연스런 흐름이 된다. 그 삶은 형식적이지 않다. 그 삶은 더없이 자연스럽다. 그때 그대는 들어간다. 그때 어디에나 문이 있다. 그대는 어느 곳에서나 신의 사원에 들어갈 수 있다.

하지만 지금 그대는 일종의 정신 분열증에 걸려 있다. 정신과 의사가 진단을 내렸을 때만 정신 분열증 환자인 것은 아니다. 그대를 분석하기 위해서는 굳이 정신과 의사가 필요 없다. 사회가 정신 분열증을 창조한다. 분리가 곧 정신 분열이다. 그대는 본래 그렇지 않았다. 본래는 하나의 전체적인 존재로 태어났다. 그런데 사회가 즉각적으로 그대를 갖고 작업하기 시작하고, 대수술이 이루어진다. 여럿으로 나눠질 때까지 그 수술이 중단 없이 계속된다. 그렇게 되면 사회는 편해진다. 그대 스스로 내면에서 싸우고 있기 때문이다. 그 내면의 싸움을 통해 그대가 가진 에너지가 분산되며, 결코 밖으로 흘러넘치지 않는다. 그때 그대는 더 이상 위험한 존재가 아니다.

넘쳐나는 에너지는 반역이 된다. 넘쳐나는 에너지는 언제나 반역적이다. 넘쳐나는 에너지는 언제나 혁명을 시도한다. 그것은 홍수로 범람하는 강물과 같다. 그것은 강둑을, 규칙을, 법률을 인정하지 않는다. 그것은 다만 바다를 향해 넘쳐 흘러간다. 오직 하나의 목적지, 어떻게 바다에 이르는가, 어떻게 무한이 되는가, 그것만을 생각할 뿐이다. 넘쳐나는 에너지는 언제나 신을 향해 나아간다. 우리의 세계 속에서 신은 실종되었다. 과학 때문이 아니다. 무신론자 때문이 아니다. 소위 종교라고 하는 것들 때문이다. 종교는 그대를 너무도 많이 분리시켜 놓았다. 그래서 강은 그 자신과 줄곧 싸움을 하고 있는 것이다. 그곳에 아무런 운동도, 어떤 에너지도 남아 있지 않다. 그대는 자기 자신과 싸우는 데 지쳐 있다. 그러니 어떻게 바다를 향해 흘러가겠는가?

　노자와 장자가 말하는 도의 기본 원리 중 하나는, 자연스럽게 된다면 그것이 최상의 기도라는 것이다. 그때 그대는 신을 잃을 수가 없다는 것이다. 무엇을 하든 신에게 가 닿는다는 것이다. 그래서 장자는 신에 대해 단 한 번도 언급하지 않았다. 언어는 부적절한 것이다. 그것은 필요가 없다. 장자는 오로지 어떻게 하면 그대 안의 전체성을 드러낼 것인가에 대해서만 말했다. 전체로 될 때 그대는 성스러워진다. 그대의 조각들이 하나로 녹아들 때, 그때 삶은 기도가 된다. 노자와 장자는 결코 기도에 대해 말하지 않는다. 그것은 불필요하기 때문이다.

　자연스러운 삶, 하나의 전체로서 사는 삶……. 전체로서 살기를 바란다면 그대는 계획할 수 없다. 누가 계획을 할 것인가? 그대는 내일에 대해 결정을 내릴 수 없다. 다만 지금 이 순간 속에서만 살 수 있다. 그대가 미지의 것에 대해 계획한다면 그 계획은 과거로부터 올 것이다. 그것은 죽은 것이 산 것을 조종하는 것을 의미한다. 과거는 죽어 있다. 그 죽은 과거가 계속해서 미래를 조종하고 있다.

그래서 그대는 지루하다. 그럴 수밖에 없는 것이다. 지루함은 과거로부터 온다. 과거는 죽은 것이기 때문이다. 그리고 과거는 언제나 미래를 조종하려고 애쓴다.

미래는 언제나 하나의 모험이다. 하지만 그대는 미래가 모험이 되는 걸 허용하지 않는다. 그대가 그것을 계획한다. 일단 계획하는 순간, 삶은 정해진 궤도 위에서만 달리게 된다. 그것은 강물이 아니다. 궤도 위를 달릴 때 그대는 자신이 어디로 가고 있으며 무슨 일이 일어나고 있는지 안다. 모든 것은 단지 반복일 뿐이다. 삶은 계획될 수 없다. 계획을 통해서는 자살을 하는 것과 다름없이 되기 때문이다. 삶은 아무 계획도 없이 매 순간 미지의 세계를 향해 나아간다. 그런데 그대의 두려움의 정체가 무엇인가? 그대는 단순히 삶에 반응하기만 하면 된다. 상황이 어떻게 펼쳐지든 그곳에 있으면서 그것에 반응하면 된다. 그런데 왜 두려워하는가? 무엇 때문에? 두려움은 그대가 과연 그곳에 있게 될지 확신할 수 없기 때문에 일어난다. 너무도 무의식 속에서 살아가고 있기 때문에 그것이 불확실한 것이다. 깨어 있지 않은 것이다.

일자리를 얻기 위해 면접을 하러 가면서 그대는 마음속으로 어떻게 대답할지, 어떻게 사무실 문을 열고 들어갈지, 어떻게 서 있고 어떻게 앉을지를 끊임없이 계획한다. 하지만 그 이유가 무엇인가? 그대는 그 자리에 있을 것이고, 그 상황에 반응하면 되는 것이다. 하지만 그대는 자신에 대해 확신이 없다. 그대 자신이 너무 깨어 있지 않고, 너무 무의식 속에 파묻혀 있기 때문에 믿을 수 없는 것이다. 따라서 미리 계획하지 않으면 무엇인가 잘못될지도 모른다. 깨어 있다면, 그때는 아무 문제가 없다. 그대는 그곳에 있을 것이고, 상황이 요구하는 대로 반응하면 될 것이다.

그리고 기억하라. 계획을 세우고 있는 그 상황에서도 만일 의식이 깨어 있지 않다면, 아무리 사전에 계획을 해도 소용이 없다. 그 계획 역시 잠든 상태에서 만들어지는 것이나 마찬가지이기 때문이다. 그것을 수없이 반복해서 기계적이 될 수는 있다. 그렇게 되면 질문에 대답할 수 있을 것이다. 그 대답은 이미 만들어진 것이기 때문에 의식이 깨어 있을 필요는 없다. 정해진 형식에 따라 단순히 반복하면 된다. 그대는 녹음기처럼 되면 될 것이고, 그대의 존재가 그곳에 있을 필요조차 없다. 그 대답은 암기를 통해 오는 것이고, 그것을 외우면 외울수록 걱정이 덜해질 것이다. 계획하는 것을 통해 삶은 점점 더 무의식적인 것이 되어 간다. 그리고 무의식적으로 될수록 더욱더 계획이 필요해진다. 실제로 죽기 전에 이미 죽어 있는 것이다. 살아 있다는 것은 무슨 일이 일어나든 내가 그곳에 있으면서 반응하는 것이며, 그 반응은 나의 존재로부터 오는 것이지 기억으로부터 오는 것이 아니라는 의미다. 내가 어떤 해답을 준비해 갖고 있는 것이 아니다.

기독교의 목사나 신부, 전도사들이 설교를 준비할 때의 차이를 보라. 일전에 나는 한 신학 대학을 방문했다. 그들은 그곳에서 목사가 되기 위해 5년 동안 교육을 받고 있었다. 그래서 내가 물었다. 예수는 어느 곳에서 준비하고 훈련을 받았으며, 또 누가 그에게 설교하는 방법을 가르쳐 주었는가? 물론 이들 기독교 성직자들은 죽어 있다. 모든 것이 이미 준비되어 있고 만들어져 있다. 이렇게 말할 때는 이런 몸짓을 해야 한다고까지 그들은 교육 받는다. 몸짓조차도 자연발생적인 것이 되도록 허용되지 않는 것이다. 저것을 말할 때는 저런 시선을 가져야 한다. 시선조차도 자연스러운 것이 되도록 허락되지 않는다. 어떻게 서 있어야 하고 어떻게 소리쳐야 하는

가. 그리고 언제 소리쳐야 하는가. 어느 때 손으로 탁자를 내리쳐야 하는가, 그리고 어느 때 어떤 행동을 하면 안 되는가. 이 모든 것이 계획되어지는 것이다.

나는 그들에게 예수는 과연 어디서 훈련을 받았는가 물었다. 예수는 목사가 아니었다. 신부가 아니었다. 어떤 신학 대학도 다니지 않았다. 예수는 목수의 아들이었다. 2천 년 동안 기독교의 성직자들은 훈련을 거듭해 왔지만, 그들 속에서 단 한 명의 예수도 길러 내어지지 않았다. 그들은 결코 예수 같은 인물을 배출해 내지 못할 것이다. 왜냐하면 예수는 키워지는 것이 아니기 때문이다. 공장에서는 예수를 만들어 낼 수 없다. 이 신학 대학들은 공장이다. 그곳에서 그들은 성직자를 배출해 낸다. 그리고 만일 지금 이 성직자들이 지루하고 죽어 있는 사람들이라면, 앞으로도 계속 그럴 것임이 분명하다.

종교에는 두 가지 형태가 있다. 하나는 머리의 종교이며, 그것은 죽은 종교다. 그 종교는 신학이라고 알려져 있다. 그리고 또 다른 형태의 종교가 있는데 그것은 진실하고 자연발생적이다. 그것은 신학적이 아니라 신비적이다. 그리고 기억하라, 힌두교는 그들만의 신학을 갖고 있다. 회교도 그들만의 신학을, 기독교 역시 다른 신학을 갖고 있다. 그러나 종교는, 신비의 종교는 동일하다. 그것은 다를 수가 없다.

붓다와 예수, 장자와 노자, 이들은 동일하다. 그들은 모두 같다. 그들은 신학자가 아니기 때문이다. 그들은 머리로 말하지 않는다. 그들은 단순히 그들의 가슴으로부터 쏟아 낸다. 그들은 논리적이지 않다. 그들은 시인이다. 그들은 성경에 적힌 그 무엇을 말하지 않는다. 그들은 그것을 위해 훈련을 쌓지도 않았다. 그들은 단순히 그대들 내면의 필요에 따라 반응한다. 그들의 말은 기성품이 아니다. 그들의 태도는 고정적이지 않다. 그들의 행동은 계획된 것이 아니다.

이제 장자의 경전으로 들어가자. 장자는 발을 밟는 이야기를 하고 있다.

> 만일 어떤 이가 시장에서 낯선 사람의 발을 밟으면
> 공손하게 사과를 하고 설명을 덧붙인다.
> '이곳이 너무 혼잡하군요.'

사과는 그곳에 관계가 없기 때문에, 상대방이 낯선 사람이기 때문에 필요한 것이다. 사랑이 없기 때문에 설명이 필요하다. 사랑이 있다면 설명은 필요하지 않다. 그때 상대방은 설명 없이도 이해할 것이다. 사랑이 있으면 굳이 사과할 필요가 없다. 상대방은 이해할 테니까. 사랑은 언제나 이해한다. 사랑보다 높은 도덕률은 없다. 사랑보다 높은 것은 있을 수 없다. 사랑은 최고의 법률이다. 그러나 사랑이 없으면 그것을 대신할 것이 필요하다. 시장에서 낯선 이의 발을 밟으면 사과할 필요가 있다. 설명이 필요하다.

> '이곳이 너무 혼잡하군요.'

이것과 관련해 한 가지 이해해야 할 것이 있다. 서양에서는 남편이라 해도 아내에게 사과한다. 아내조차도 설명해야 한다. 그것은 사랑이 사라졌음을 의미한다. 모두가 서로에게 낯선 이방인이며, 진정한 가정이 사라졌음을 뜻한다. 모든 장소가 시장처럼 되었다. 동양에서는 그것을 이해하기 어렵지만, 서양인들은 동양인들의 그런 점을 매너 없는 행동이라고 여긴다. 동양에서는 남편이 아내에게 해명하지 않는다. 그럴 필요가 없다. 왜냐하면 우리는 서로 낯선 사람들이 아니며, 해명하지 않아도 이해할 수 있기 때문이다. 만일 상대방이 이해하지 못한다면 그때는 사과할 필요가 있다. 하지만 만일 사랑으로 이해할 수 없다면, 과연 사과한다고 해서 무슨 도움이 되겠는가?

세상이 하나의 가정이 된다면, 모든 해명과 사과가 사라질 것이다. 그대가 굳이 해명하는 것은 상대방에 대해 확신이 서지 않기 때문이다. 해명은 갈등을 피하기 위한 전략이다. 변명과 사과는 다툼을 피하기 위한 장치다. 하지만 어쨌든 갈등이 그곳에 있으며, 그대는 그것을 두려워하고 있는 것이다. 이것이 갈등으로부터 벗어나는 문명적인 방식이다. 그대가 낯선 이의 발을 밟았다. 그때 그대는 그의 눈에서 폭력성을 본다. 그는 공격적이 되고, 그대를 한 대 칠지도 모른다. 사과가 필요하다. 그렇게 해야 그의 화가 가라앉을 것이다. 그것은 교묘한 전략이다. 그 사과가 진심일 필요는 없다. 그것은 단지 사교적인 장치이고, 윤활유 역할을 할 뿐이다. 그대는 단지 이렇게 해명한다. '이건 내 책임이 아니다. 이 장소가 너무 복잡한 것이다. 시장이니까. 어쩔 수가 없었다. 이런 일이 일어나는 건 당연하다.' 그 설명을 통해 그대는 이렇게 말하고 있는 것이다. 나에겐 책임이 없다고.

사랑은 언제나 책임을 진다. 그 장소가 복잡하든 아니든, 사랑은 언제나 깨어 있고 자각하고 있기 때문이다. 그대는 책임을 상황에 돌릴 수 없다. 책임은 그대 자신에게 있다. 이 현상을 보라. 사과와 해명은 마치 윤활유처럼 싸움을 피하기 위한 하나의 장치다. 설명은 책임을 다른 어떤 것에게로 전가하는 하나의 대용물이다. '난 몰랐다. 깨어 있지 않았다. 그래서 그만 당신의 발을 밟고 말았다.' 그대는 그렇게 말하지 않는다. 다만 이렇게 말한다. '장소가 대단히 복잡하군!'

종교적인 사람은 그렇게 할 수 없다. 만일 그렇게 말한다면, 그대는 결코 종교적이 아니다. 종교란 모든 책임을 받아들이고, 피하지 않으며, 달아나지 않는 것을 의미하기 때문이다. 책임을 느끼면 느낄수록 의식은 더 많이 깨어 있게 될 것이다. 책임을 느끼지 않을수록 그대는 점점 깊은 잠 속으로 떨어져 내릴 것이다.

공산주의 사상을 보라. 그것은 모든 것이 사회에 책임이 있다고 말한다. 누군가 가난하다면 그것은 사회에 책임이 있다. 누군가 도둑이라면 그것 역시 사회 책임이다. 그대에게는 책임이 없다. 개인에게는 책임이 없다. 이것이 바로 공산주의가 반종교적인 이유다. 신을 부인하기 때문이 아니다. 영혼의 존재를 부인하기 때문이 아니다. 모든 책임을 사회로 돌리기 때문이다. 그대에게는 책임이 없다고 말하는 것이다.

이와는 전적으로 다른, 질적으로 차이가 있는 종교적인 태도가 있다. 진정으로 종교적인 사람은 자신에게 책임이 있다고 여긴다. 누군가 구걸을 하고 있으면, 그것은 나의 책임이다. 그 걸인이 지구의 반대편 끝에 있을 수도 있고, 내가 그 걸인을 모를 수도 있고, 나의 길이 그의 길과 만나지 않을 수도 있다. 그러나 만일 그곳에 걸인이 있다면 책임은 나에게 있다. 어느 곳에서든, 이스라엘이나 중동 지방이나 그 어느 곳에서나 전쟁이 계속되고 있다면 비록 내가 그곳에 직접적으로 참여하지 않아도 나에게 책임이 있다. 내가 여기에 있다. 나는 그 책임을 사회로 돌릴 수는 없다.

그대가 사회라고 말할 때 그것은 무엇을 의미하는가? 사회라는 것은 어디에 있는가? 그것은 훌륭한 핑계의 하나다. 단지 개인만이 존재한다. 그대는 사회를 만날 수가 없다. 이것이 사회라고 정확하게 지적할 수 없다. 어디나 개인만이 존재한다. 사회란 단어에 불과하다. 사회라는 것은 어디에 있는가? 고대 문명은 속임수를 썼다. 그들은 말했다. 신의 책임이다. 운명의 책임이다. 이제 공산주의가 똑같은 속임수를 쓴다. 사회에 책임이 있다는 것이다. 그러나 사회가 어디에 있는가? 신은 어디엔가 있을 수도 있다. 그러나 사회는 어디에도 없다. 오로지 개인만이 있을 뿐이다. 진정한 종교는 말한다. 그대에게, 나에게 책임이 있다. 이를 피하기 위해 어떤 설명도 필요하지 않다.

한 가지를 더 기억하라. 그대가 모든 추한 것들에 대해 책임을 느낄 때마다, 모든 혼란과 무질서, 전쟁과 폭력, 침략에 대해 책임을 느낄 때마다 그대는 문득 깨어 있게 된다. 책임감이 그대 가슴을 꿰뚫고, 그대를 깨어 있게 한다. 그대가 '이곳은 몹시 혼잡하다'라고 말할 때는 계속 졸음에 빠진 상태로 걸을 수 있다. 사실은 장소가 혼잡하기 때문이 아니라 그대가 깨어 있지 않기 때문에 낯선 이의 발을 밟는 것이다. 그대는 마치 몽유병자처럼 걷고 있다. 그러다가 다른 이의 발을 밟게 되면 갑자기 깨어난다. 이제 사태가 위험스럽기 때문이다. 그래서 그대는 사과를 하고, 다시 잠으로 떨어진다. 그러면서 말하는 것이다. '장소가 몹시 혼잡하군!' 그리고는 다시 걷기 시작한다. 다시금 몽유병자처럼 움직이기 시작한다.

처음으로 도시에 온 어느 단순한 시골 사람의 이야기가 있다. 역 개찰구에서 누군가 그의 발을 밟았다. 그리고는 미안하다고 말했다. 그 다음에 그는 호텔로 갔는데 출입구에서 누군가 그에게 부딪치고는 미안하다고 말했다. 그는 이제 영화관으로 갔다. 그러자 어떤 이가 거의 그를 때리다시피 하고는 미안하다고 말했다. 그래서 그 시골 사람은 생각했다.

'이거 멋있군. 이런 속임수는 예전에 미처 몰랐던 것인데. 자신이 하고 싶은 대로 하고는 미안하다고 말하면 되는군.'

그래서 그는 지나가는 사람을 힘껏 후려치고는 말했다.

"미안합니다."

미안하다고 말할 때, 실제로 그대는 무엇을 하고 있는가? 그대의 잠이 방해를 받았다. 그대는 꿈속에서 걷고 있었다. 꿈꾸고, 상상하고, 무엇인가 생각을 사로잡고 있었다. 그러다가 누군가의 발을 밟은 것이다. 장소가 복잡해서가 아니다. 만일 그곳에 아무도 없었다면 돌부리에라도 걸려 넘어졌을 것이다.

원인은 그대 자신에게 있다. 무의식 속에서 살아가는 그대 자신이 원인인 것이다. 붓다는 복잡한 시장일지라도 실수할 수가 없다. 그는 의식이 완전히 깨어서 움직이기 때문이다. 무엇을 행하든 그는 알고서 행한다. 그리고 만일 그가 그대의 발을 밟는다면, 그것은 그가 알면서 밟았음을 의미한다. 그것이 그대를 깨어 있도록 도와줄지도 모른다. 그는 그대를 깨우기 위해 발을 밟았는지도 모른다. 그러나 그는 장소가 혼잡하다고 말하지는 않을 것이다. 그는 어떤 설명도 하지 않을 것이다.

설명이란 언제나 거짓이다. 그것은 논리적으로 들리지만 현혹시키는 수단일 뿐이다. 그대는 무엇인가를 숨겨야 할 때만 설명을 한다. 그대 자신의 삶 속에서 그 사실을 보고 또 관찰할 수 있다. 이것은 하나의 이론이 아니다. 이것은 모든 사람이 경험하는 단순한 사실이다. 사람들은 무엇인가를 감추고 싶을 때만 설명을 한다. 진실은 어떤 설명도 필요로 하지 않는다. 거짓말을 할수록 더욱 많은 설명이 필요해진다. 많은 문서가 존재하는 것은 인간이 그토록 많은 거짓말을 해왔기 때문이다. 설명은 더 많은 설명을 필요로 하고, 또 그렇게 계속된다. 그것은 끝없는 순환이다. 마지막 설명으로조차도 아무것도 설명될 수 없다. 근본적인 거짓말은 거짓말로 남아 있다. 설명으로써 거짓을 진실로 바꿀 수는 없다. 설명에 의해서는 어떤 것도 설명되지 않는다. 그대가 그것이 가능하다고 생각할지라도, 그것은 결코 가능하지 않다.

언젠가 물라 나스루딘(원래 회교의 성자이지만, 이 책에서는 우화의 주인공으로 등장한다)이 처음으로 비행기를 타고 여행을 떠날 때였다. 그는 두려웠지만 다른 누군가 그것을 알아차리길 원하지 않았다. 누구나 처음 타보는 비행기 여행에서는 그렇기 마련이다. 아무도 그것이 첫 번째인 것을 다른 이가 알기를 바라지 않는다. 물라 나스루딘은 태연하게 행동하고자 했고, 그래서 매우 용감하게 걸었다. 그 용감함이란 곧 하나의 설명이다. '난 늘 비행기를 타고 여행을 한다'는 설명이다. 그는 자기 자리에 앉았다. 그리고 자신을 진정시키기 위해 무언가 말을 하고 싶었다. 말을 하기 시작하면 용감해지기 때문이다. 말하는 것을 통해 덜 두려워진다. 그래서 나스루딘은 옆자리에 앉은 승객에게 말을 걸었다. 나스루딘은 창밖을 내려다보며 말했다.

"보세요. 비행기가 굉장히 높이 날고 있어요. 사람들이 마치 개미처럼 보이는군요."

그러자 옆 사람이 툭툭 치며 말했다.

"선생, 우린 아직 이륙도 하지 않았습니다. 그것들은 진짜 개미올시다."

설명은 어떤 것을 숨길 수가 없다. 오히려 그것들은 반대로 드러내 보인다. 그대가 볼 수 있다면, 눈을 갖고 있다면, 그때 모든 설명들의 이유가 분명해진다. 그가 침묵을 지켰더라면 더욱 좋았을 것이다. 그러나 설명으로서의 침묵은 말라. 설명으로서의 침묵은 쓸모가 없다. 오히려 정직해지는 편이 좋다. 가장 쉬운 길은 정직하고 진실해지는 일이다. 두려워하고 있다면, '난 두렵다'고 솔직히 말하는 편이 좋다. 사실을 받아들이면 두려움은 사라질 것이다.

받아들이는 것은 그처럼 하나의 기적이다. 두려워하고 있다는 사실을 받아들이고, '이건 처음으로 타보는 비행기 여행이다' 하고 말하면, 문득 하나의 변화가 그대 안에 일어나는 것을 느낄 것이다. 왜냐하면 근본적인 두려움은 두려움이 아니기 때문이다. 근본적인 두려움은 두려움에 대한 두려움이다. 자신이 두려워하고 있다는 사실을 남이 알기를 바라지 않는 것이다. 그러나 누구나 새로운 상황에서는 겁쟁이다. 새로운 상황에서 용감하다는 것은 어리석은 일이다. 겁쟁이가 된다는 것은 상황이 새롭기 때문에 머리가 어떤 해답도 제공할 수가 없고, 과거가 어떤 답도 줄 수가 없음을 의미한다. 그대는 떨고 있다. 그러나 그것은 좋은 일이다. 왜 머리에서 해답을 구하려고 하는가. 떨고 있으라. 그리고 그대의 현재 의식에서 해답이 일어나게 하라. 그대는 예민하다. 그것이 전부다. 그 예민함을 설명을 통해 죽이려고 하지 말라.

새로 부자가 된 한 사람이 가장 비싸고 고급스런 해변으로 휴가를 갔다. 그리고는 주위 사람들에게 몹시 거드름을 피웠다. 다음날

관계로부터의 자유 | 159

수영을 하고 있는 사이, 그의 아내가 물에 빠졌다. 그녀는 해변으로 옮겨졌고 한 떼의 군중이 몰려들었다. 그가 와서 물었다.

"당신들 지금 무얼 하고 있는가?"

한 사람이 대답했다.

"우린 당신의 부인에게 인공호흡을 해주고 있다."

그러자 그 부자가 말했다.

"인공호흡이라니? 그런 짓은 말라. 내 아내에게 인공적인 것이 아닌 진짜를, 자연의 것을 주라. 내가 돈을 내겠다."

그대가 무엇을 하든 또는 무엇을 하지 않든, 무슨 말을 하든 또는 무슨 말을 하지 않든, 그것은 그대를 드러낸다. 그대 주위 어디에나 거울이 있다. 다른 모든 이들이 거울이며, 모든 상황이 거울이다. 그러니 누구를 속이고 있다고 생각하는가? 속이는 것이 습관이 되면, 결국 다른 누구가 아니라 그대 자신을 속이게 될 것이다. 그대가 속임수로써 헛되이 낭비하고 있는 것은 바로 그대의 삶이다. 장자는 말한다. 설명은 그대가 진실하지 않다는 것을 보여 준다고. 그대가 믿을 만하지 못하다는 사실을 드러낸다고.

만일 형이 동생의 발을 밟으면
형은 간단히 '미안하다'고 말할 뿐이다.
그것으로 충분하다.

형과 동생은 타인보다는 가까운 관계다. 가까운 사이일 때, 상대방은 낯선 이가 아니다. 그때는 설명이 필요 없다. 형은 단순히 '미안하다'고 말할 뿐이다. 그는 비난을 달게 받아들인다. 그는 말한다. 내가 무의식적으로 행동했다고. 그는 책임을 다른 누군가에게 떠넘기지 않는다. 그는 그것을 받아들이고, 그것으로 충분하다. 관계가 가깝기 때문이다.

> 만일 부모가 자식의 발을 밟으면
> 아무 말도 할 필요가 없다.

이제 그 관계가 훨씬 더 친밀하고 가깝기 때문에 미안하다는 말조차 필요 없다. 그곳엔 사랑이 있기 때문에, 사랑이 모든 것을 해결해 준다. 다른 대용품이 필요 없다. 설명이나 사과가 필요 없다.

> 가장 훌륭한 예의는 모든 형식으로부터 자유롭다.
> 완전한 행위는 관계로부터 자유롭다.
> 완전한 지혜는 계획함이 없다.
> 완전한 사랑은 증명함이 없다.
> 완전한 진실성은 보증함이 없다.

그러나 이 모든 완전함들은 한 가지 사실이 필요하다. 자연스런 깨어 있음이 그것이다. 그렇지 않으면 언제나 가짜 동전을 가질 것이다. 언제나 가짜 얼굴을 할 것이다. 그대는 진실할 수 있다. 그러나 그것을 위해 어떤 노력을 기울인다면 그 진실성은 다만 형식적인 것이다.

그대는 사랑을 할 수 있다. 하지만 그 사랑이 노력을 필요로 하는 것이라면 그것은 데일 카네기가 〈친구를 이기고 사람들에게 영향력을 행사하는 법〉이란 책에서 설명하고 있는 그런 형태의 사랑이다. 그런 사랑이 그곳에 있다면, 그것은 진실한 것이 아니다. 그대는 그것을 조작하고 있는 것일 뿐이다. 그때는 우정조차도 하나의 거래가 된다. 데일 카네기 같은 사람을 경계하라. 이런 사람들은 위험 인물들이다. 그들은 진실하고 솔직한 것들을 파괴한다. 그들은 어떻게 친구를 이길 것인가를 보여 준다. 속임수와 테크닉을 가르치고, 그대를 영리한 인간으로 만든다. 그 노하우를 가르친다.

하지만 사랑에는 노하우가 없다. 그럴 수가 없다. 사랑은 훈련이 필요 없다. 우정 역시 배워야만 하는 어떤 것이 아니다. 배워서 얻은 우정은 진정한 우정이 아니라 상대방을 이용하는 것에 지나지 않는다. 친구를 이용하고 속이는 것이다. 그때 그대는 진실하지 않다. 그것은 사업적인 관계일 뿐이다. 미국에서는 모든 것이 사업이 되었다. 우정과 사랑까지도 마찬가지다. 데일 카네기의 그 책은 백 쇄를 넘게 찍었고, 백만 부가 넘게 팔렸으며, 성경 다음으로 인기 있는 책이 되었다.

이제 아무도 친구가 되는 법을 모른다. 배워야만 알게 되었다. 조만간 대학에서 사랑 과목을 가르칠 것이고, 훈련 과정도 생겨날 것이다. 방송을 통해서도 그 과목을 들을 수 있게 될 것이다. 그런데 문제는 그렇게 해서 성공했을 때, 그대는 결국 모든 것을 잃고 만다는 것이다. 왜냐하면 진실한 것이 결코 일어나지 않을 것이기 때문이다. 문이 완전히 닫힐 것이다. 일단 그대가 어떤 것에 익숙해지면 마음이 저항을 느낄 것이다. 마음은 말할 것이다. 저기 지름길이 있다고. 그 길을 잘 알고 있는데, 왜 힘들게 돌아가려 하느냐고.

마음은 언제나 가장 저항이 없는 길을 선택한다. 영리한 사람들이 결코 사랑을 할 수 없는 이유가 여기에 있다. 그들은 너무 영리하기 때문에 사랑까지도 조작하기 시작한다. 그들은 마음속에 있는 것을 말하지 않을 것이다. 그 대신 멋있어 보이는 것을 말할 것이다. 상대방을 보면서 그가 어떤 말을 듣고 싶어하는가를 생각할 것이다. 그들은 결코 가슴에 있는 것을 말하지 않는다. 단지 상대방을 속일 수 있는 상황을 연출하기 위해 노력할 것이다.

남편은 아내를 속이고 있고, 아내는 남편을 속이고 있다. 친구는 친구를 속이고 있다. 세상 전체가 거대한 적들의 모임이 되어 가고 있다. 두 가지 종류의 적이 있다. 그대가 속일 수 있는 적과 속일 수 없는 적. 하지만 적이라는 점에서는 차이가 없다. 그러니 그대의 삶이 어떻게 환희에 차 있을 수 있겠는가? 따라서 그것은 배움의 과정이 아니다. 진실성은 배움을 통해 생겨날 수 없다. 진실성은 깨어 있는 의식으로부터 온다. 그대가 깨어 있다면, 그대가 깨어 있는 의식으로 살고 있다면, 그것은 저절로 그대를 찾아온다. 이 차이를 지켜보라. 깨어 있는 의식의 삶을 산다는 것은 문을 열고 산다는 의미다. 깨어 있다는 것은 상처 입기 쉬운 채로 있는 것, 무엇이 일어나든 그대로 일어나는 것을 뜻한다. 그것을 받아들일 순 없지만, 그렇다고 결코 타협할 순 없다. 그대의 의식을 포기함으로써 무엇을 사들일 수도 없다. 비록 그것이 그대가 완전히 홀로 남게 된다는 것을 의미한다 할지라도, 그 홀로 있음을 받아들일 것이다. 그러나 그대는 깨어 있을 것이고, 스스로를 자각하고 있을 것이다. 오직 이 깨어 있음을 통해서만 진정한 종교가 일어나기 시작한다.

여기 이야기가 하나 있다. 아주 오래 전, 고대에 일어났던 일이다. 점성가인 왕이 있었다. 그는 별들을 연구하는 데 깊은 관심이 있었다. 어느 날 별들을 관찰하다가 갑자기 그는 마음속에 돌연한 공포를 느꼈다. 다가오는 가을에 추수한 곡식을 먹는 것은 매우 위험하다는 사실을 깨달았기 때문이다. 그것을 먹는 사람이면 누구나 정신이 미쳐 버릴 것이었다. 왕은 조언자이며 자문위원인 수상을 불러 그런 일이 분명히 일어날 것이라고 말했다. 별들이 너무도 뚜렷이 증거를 보여 주고 있었다. 우주적인 선의 결합 때문에 올해에 추수한 곡식은 독성을 띠게 될 것이다. 이것은 매우 드문 일이다. 천 년에 한 번씩 일어난다. 어쨌든 그 일이 올해에 일어날 것이다. 올해 추수한 곡식을 먹는 사람이면 누구나 미칠 것이다. 그래서 왕은 조언자인 수상에게 말했다.

"우리는 어떻게 해야만 하는가?"

수상이 말했다.

"작년의 곡식을 모든 사람에게 배급하는 건 불가능합니다. 그러나 이 한 가지만은 가능합니다. 당신과 나, 둘은 작년의 곡식으로 살아갈 수 있습니다. 작년 추수의 나머지를 거둬들이고 징발할 수 있습니다. 그것엔 문제가 없습니다. 당신과 나를 위해선 충분할 것입니다."

왕이 말했다.

"아니다. 그건 마음이 내키지 않는 일이다. 나의 모든 충실한 백성들이 미쳐 버린다면, 여자들도, 성자와 현자들도, 충성스런 하인들도, 심지어는 아이들까지 미쳐 버린다면 나 혼자 이방인이 되는 것은 의미가 없다. 그대와 나를 구하는 건 가치가 없다. 그럴 순 없다. 난 차라리 다른 사람들과 함께 미치겠다. 그 대신 내가 다른 제안을 하나 하겠다. 난 그대의 이마에 미쳤다는 표시로 봉인을 하겠다. 그리고 그대는 나의 이마에 미쳤다는 봉인을 하라. 난 그것이 고대의 지혜의 열쇠라는 말을 들은 적이 있다. 그러니 그렇게 하도록 하자. 모든 사람이 미쳐 버리고 난 뒤, 그리고 우리마저도 미쳐 버리고 난 뒤, 그대의 이마를 볼 때마다 난 내가 미쳤다는 사실을 기억해 낼 것이다. 그리고 내 이마를 볼 때마다 그대는 자신이 미쳤다는 것을 기억하라. 언젠가 현자로부터 자신이 만일 미쳤다는 사실을 깨달을 수 있다면 더 이상 미친 것이 아니라는 말을 들은 적이 있다."

미친 자는 자신이 미쳤다는 사실을 기억할 수 없다. 무지한 자는 자신이 무지하다는 사실을 알 수 없다. 꿈속에 있는 자는 자신이 꿈속에 있음을 눈치 챌 수가 없다. 만일 꿈속에서 정신을 차린다면, 자신이 지금 꿈을 꾸고 있다는 사실을 안다면, 그 꿈은 멈춰지고, 그대는 잠에서 깨어날 것이다. 그래서 왕은 말했다.

"우리가 할 일이 바로 그것이다."

그 다음에 무슨 일이 일어났는지, 그 이야기가 여기서 끝난 것인지 나는 알지 못한다. 그러나 이 이야기는 매우 깊은 의미를 담고 있다. 세상이 모두 미쳤을 때는 오직 깨어 있는 의식만이 도움이 될 수 있다. 이방인으로 있는 것, 히말라야로 들어가는 것은 큰 도움이 되지 않을 것이다. 모든 사람이 미칠 때는 그대 또한 미칠 것이다. 그대는 모든 사람의 한 부분, 한 조각이기 때문이다. 그대라는 조각은 전체와 연결되어 있기 때문이다.

어떻게 세상과 그대 자신을 분리할 수 있겠는가? 어떻게 혼자만 히말라야로 갈 수 있는가? 깊이 들어가 보면 그대는 여전히 전체의 한 부분으로 남아 있다. 히말라야에서 산다 해도 그대는 친구들을 기억할 것이다. 그들은 그대의 꿈속을 노크할 것이다. 그들이 그대를 생각할까 그대는 의문을 가질 것이다. 그대는 그런 식으로 계속 연결되어 있다.

그대는 세상 밖으로 나갈 수 없다. 세상 밖이라는 것도 존재하지 않는다. 세상은 하나의 대륙이다. 누구도 섬이 될 수 없다. 섬은 깊은 바닥에서 대륙과 연결되어 있다. 그대는 다만 표면적으로 자신이 분리돼 있다고 생각할 것이다. 그러나 아무도 분리되어 있을 수 없다. 왕은 진실로 현명했다. 그는 말했다.

"그것은 아무런 도움도 안 된다. 난 아웃사이더가 되지 않을 것이다. 난 인사이더로 남아 있을 것이다. 이것이 내가 할 일이다. 난 내가 미쳤다는 사실을 기억하려고 애쓸 것이다. 왜냐하면 자신이 미쳐 있음을 잊으면 그때는 정말로 미친 것이 되기 때문이다."

그대가 어디에 있든 그대 자신을 기억하라. 자신에 대한 그 깨어 있음이 중단되어선 안 된다. 그대의 이름, 지위, 국적이 아니다. 그 것들은 헛되고 무가치한 것이다. 다만 '자신이 존재하고 있음'을 기억하라. 그것을 잊어서는 안 된다. 그것이 곧 힌두교인들이 '자각'이라고 부르는 것이다. 붓다가 '바른 생각'이라고 부르는 것이다. 구제프(러시아 출신의 신비가)가 '자기 기억'이라고 부른 것, 크리슈나무르티가 '깨어 있음'이라고 부른 것이다.

그것이 명상의 가장 본질적인 부분이다. 내가 존재하고 있음을 기억하는 것. 걸어갈 때나 앉을 때나 먹거나 말할 때도 '내가 존재함'을 기억하라. 그것을 잊지 말라. 물론 어렵고 매우 힘든 일일 것이다. 처음에는 자꾸만 잊어버릴 것이다. 그대가 밝아지는 단 한 순간이 있을 것이다. 그리고 그것은 금방 사라진다. 그러나 슬퍼하지 말라. 그 한 번의 순간조차도 사실은 많은 것이다. 포기하지 말고 계속하라. 그대가 다시 기억할 수 있을 때마다 다시금 실을 붙잡으라. 조금씩 조금씩 간격이 좁혀질 것이다. 그 간격이 사라지기 시작할 것이다. 하나의 연속성이 생겨날 것이다.

그리고 그 깨어 있음이 연속적이 될 때, 그때는 머리를 사용할 필요가 없다. 그때 그곳엔 아무 계획도 없다. 그때 그대는 머리가 아니라 의식으로부터 행동한다. 그때 그곳에 어떤 변명도, 설명도 필요 없다. 그때 그대는 있는 그대로의 모습으로 존재한다. 어떤 것도 숨길 필요가 없다. 그대가 어떤 모습이든지, 그대는 그 모습으로 존재한다. 다른 길은 있을 수 없다. 오직 끝없는 자각의 상태로 존재할 뿐이다. 이 깨어 있음, 이 자각을 통해 진정한 종교가 온다. 진실한 도덕성이 온다.

가장 훌륭한 예의는 모든 형식으로부터 자유롭다.

형식적이지 않으면, 그때 아무도 그대에게 낯선 사람이 아니다. 그대가 시장이나 복잡한 거리에서 움직일지라도 아무도 그대에게 이방인이 아니다. 모두가 친구다. 단지 친구일 뿐만 아니라, 진실로 모두가 그대 자신이다. 그러면 그때 형식은 필요 없다. 만일 내가 나의 발을 밟으면, 이것은 어려운 일이지만, 난 미안하다고 말하지 않을 것이다. 나는 나 자신에게 장소가 너무 혼잡하다고 해명하지 않을 것이다. 내가 그대의 발을 밟을 때, 나는 곧 나의 발을 밟고 있는 것이다.

완전히 깨어 있는 마음은 의식은 하나라는 것, 생명은 하나라는 것, 존재는 하나라는 것, 조각조각 나누어진 것이 아니라는 사실을 안다. 꽃을 피우고 있는 나무는 다른 모습으로 있는 나이며, 땅 위에 놓여 있는 돌은 다른 형태로 있는 나이다. 존재 전체는 서로 연결된 하나의 유기체다. 생명이 그 유기체 안을 통해 흐르고 있다. 존재는 결코 기계가 아니다. 기계적으로 연결되어 있는 것은 완전히 다른 것이다. 그것은 죽어 있다.

자동차는 기계적으로 연결된 완성품일 뿐이다. 그 안에는 생명이 없다. 그렇기 때문에 그중 한 부품을 다른 부품으로 교환할 수 있는 것이다. 모든 부품을 다 교체할 수 있다. 하지만 인간을 교체할 수 있는가? 그것은 불가능하다. 인간이 죽음을 맞이하면 하나의 독특한 현상이 사라지는 것이다. 그것도 완전히 사라진다. 어떤 것도 그것을 대체할 수 없다. 아내나 남편이 죽었을 때, 그대가 무슨 수로 그들을 대체하겠는가? 다른 아내를 얻을 수 있을지 모르지만, 그녀는 단지 다른 아내일 뿐이지 대용품이 아니다. 그리고 첫 번째 아내의 그림자가 늘 그곳에 있을 것이다. 첫 번째는 잊혀지지 않는다. 언제나 그곳에 있을 것이다. 그림자일지라도 사랑의 그림자는 매우 실제적이다.

사람을 대체할 순 없다. 그것은 불가능하다. 만일 기계적인 조립이라면 아내 역시 다른 것으로 바꿀 수 있는 부품일 것이다. 심지어 여분의 아내를 갖고 있을 수도 있을 것이다. 창고에 저장해 두었다가 아내가 죽으면 그것으로 교체하는 것이다. 서양에서 일어나고 있는 일이 그것이다. 그들은 모든 것을 기계적인 관점에서 생각하고 있다. 그래서 이제 어떤 것도 문제가 되지 않는다. 아내가 죽으면 다른 아내를 얻고, 남편이 죽어도 다른 남자를 맞이한다. 서양에서는 결혼이 기계적인 결합에 불과하며, 이혼이 가능한 이유가 그것이다. 동양은 이혼을 거부해 왔다. 결혼은 유기체적인 결합이기 때문이다. 어떻게 살아 있는 사람을 교체할 수 있는가? 그것은 결코 일어나지 않을 것이다. 그 사람은 단순히 궁극의 신비 속으로 사라져 갈 뿐이다.

삶은 하나의 유기체적인 결합이다. 모든 풀은 고유하기 때문에 다른 것으로 바꿔 놓을 수가 없다. 어디서도 똑같은 것을 찾을 수가 없다. 생명은 독특하고 고유한 것이다. 조그만 돌조차도 고유하다. 비슷한 돌을 찾아 온 세계를 돌아다닐 수는 있다. 그러나 찾을 수 없을 것이다. 어떻게 그것을 대체할 수 있는가? 이것이 유기체적인 조화와 기계적인 결합의 차이다. 기계적인 결합은 부분들에 의존한다. 부분들은 대체가 가능하며, 그것들은 고유하지 않다. 반면에 유기체적인 조화는 전체에 의존하며, 부분들에 의존하지 않는다. 부분들은 사실 부분이 아니다. 그것들은 결코 전체로부터 분리될 수가 없다. 그것들은 하나이며 대체될 수 없다.

내면 존재의 불꽃을 깨닫는 순간, 그때 그대는 문득 자신이 섬이 아니라는 것, 광활한 대륙, 무한한 대지라는 사실을 알아차리게 된다. 그대를 그것으로부터 분리시키는 경계선은 없다. 모든 경계선은 마음속에 있는 것이다. 사실 경계선이란 존재하지 않는다. 누가 이방인이 될 수 있는가? 그대가 누군가의 발을 밟았을 때, 그는 바로 그대 자신이다. 자기가 자신의 발을 밟았을 때 아무런 사과도 필요하지 않다. 어떤 설명도 필요하지 않다. 그곳에 다른 누구도 없다. 오직 한 사람, 그대만이 존재할 뿐이다. 그때 그대의 삶은 진실하고, 믿을 만하고, 자연스러움 그 자체가 된다. 그때 그것은 형식적이지 않으며, 그대는 어떤 법칙에도 얽매이지 않는다. 그대는 궁극적인 법칙을 알게 된 것이다. 이제 아무런 법칙도 필요 없다. 그대 자신이 법칙이 되었기 때문이다.

가장 훌륭한 예의는 모든 형식으로부터 자유롭다.

예의 바른 사람들을 관찰한 적이 있는가? 아마도 그들보다 더 이기적인 사람들을 발견하기는 어려울 것이다. 공손한 사람을 지켜보라. 그들이 서 있는 방식, 말하는 태도, 바라보는 자세, 걷는 모습을 관찰해 보라. 그는 모든 것을 공손하게 행동한다. 하지만 그 내면에서는 에고가 조종하고 있는 것이다. 이른바 겸손하다는 사람들을 지켜보라. 그들은 자신들이 아주 보잘것없는 사람이라고 말한다. 하지만 그들이 그렇게 말할 때 그들의 눈을 들여다보라. 에고가 그곳에 있다.

그것은 매우 영리한 에고다. 만일 그대가 '난 특별한 인간이다' 하고 말하면 모두가 그대에게 적이 될 것이고, 그대를 낮은 위치로 끌어내리기 위해 노력할 것이다. 만일 그대가 '전 아주 하찮은 사람이에요' 하고 말하면 모두가 당신 편이 될 것이다. 누구도 그대에게 적이 되지 않을 것이다. 겸손한 사람은 매우 영리하다. 그는 어떻게 말하고, 어떻게 행동해야 할지를 알고 있는 것이다. 만일 그가 '난 특별하다'라고 말하면 모두가 그를 아니꼽게 쳐다볼 것이다. 그때 다툼이 일어난다. 모두가 그를 자기 중심적인 사람이라고 비난할 것이다. 그렇게 되면 사람들을 이용하기가 어려워질 것이다. 모두가 그에게 등을 돌리기 때문이다. 하지만 만일 그가 '전 아무것도 아닌 사람이에요. 전 당신의 발끝에도 못 미칩니다' 하고 말하면 문이 활짝 열릴 것이다. 그리고 그는 그것을 이용할 수 있다. 모든 에티켓, 모든 문화는 사실 교묘한 속임수이고, 그대는 그것을 이용하고 있는 것이다.

가장 훌륭한 예의는 모든 형식으로부터 자유롭다.

한번은 공자가 장자의 스승인 노자를 만나러 왔다. 공자는 형식적인 예절의 상징이었다. 그는 세상에서 가장 위대한 형식주의자였다. 세상은 아직까지 공자보다 더 뛰어난 형식주의자를 알지 못했다. 그는 형식과 문명과 예의범절, 바로 그 자체였다. 그런 그가 정반대의 극, 노자를 만나러 온 것이다. 공자는 나이가 많았다. 노자는 그처럼 나이가 많지는 않았다. 형식적으로는 공자가 왔을 때, 노자는 그를 맞이하기 위해 자리에서 일어나야만 했다. 그러나 노자는 그대로 앉아 있었다. 공자는 믿을 수가 없었다. 이렇게 위대한 스승이, 온 나라에 겸손한 인물로 알려진 사람이 이토록 불손하게 행동하는 것이 공자는 믿어지지 않았다. 그는 그것을 지적해야만 했다. 곧바로 그는 말했다.

"그대의 행동은 옳지 않다. 난 그대보다 나이가 많다."

노자가 크게 웃으며 말했다.

"아무도 나보다 나이가 많지 않다. 난 모든 것이 존재하기 전부터 존재해 왔다. 공자여, 우리는 나이가 같다. 모든 존재가 나이가 같다. 영원으로부터 우리는 존재해 왔다. 그러니 나이 많음의 짐을 지고 다니지 말라. 이곳에 와서 앉으라."

공자는 몇 가지 질문을 했다.

"종교적인 사람은 어떻게 행동해야 하는가?"

노자가 말했다.

"어떻게가 있을 때 그곳에 종교는 없다. 어떻게는 종교적인 사람에 대한 물음이 아니다. 어떻게는 그대가 종교적이지 않다는 것을, 다만 종교적인 사람처럼 행동하고 싶어한다는 것을 보여 줄 뿐이다. 사랑하는 사람은 어떻게 사랑해야 하느냐고 묻지 않는다. 그는 다만 사랑할 뿐이다. 나중에서야 그는 자신이 사랑하고 있었다는 것을 깨닫는다. 그리고 그가 사랑하고 있었다는 사실을 깨닫는 것은 오로지 사랑이 가버렸을 때뿐이다. 그는 그냥 사랑할 뿐이다. 그 일이 일어날 뿐이다. 일어나는 것이지 행하는 것이 아니다."

공자가 무엇을 묻든 노자가 이런 식으로 대답했기 때문에 공자는

매우 혼란에 빠졌다. '이 사람은 위험하다!'
　그가 돌아갔을 때, 제자들이 물었다.
　"무슨 일이 있었습니까? 노자는 어떤 사람인가요?"
　공자는 말했다.
　"그에게 가까이 가지 말라. 그대들은 위험한 뱀을 볼 것이다. 그러나 아무것도 이 사람에 비교될 수가 없다. 그대들은 사나운 사자에 대해 들었을 것이다. 그러나 그 짐승도 이 사람 앞에서는 아무것도 아니다. 이 사람은 용이다. 그는 땅 위를 걸을 수도 있고, 바다를 헤엄칠 수도 있고, 하늘 끝까지라도 날아갈 수 있다. 그는 매우 위험한 인물이다. 그는 우리들 소인들에게는 이롭지 않다. 우린 너무 작다. 그는 위험하고, 심연처럼 광활하다. 그에게 가까이 가지 말라. 그대들은 현기증을 느낄 것이고 끝없는 바닥으로 떨어져 내릴 것이다. 나조차도 어지러움을 느꼈다. 그리고 난 그가 말하는 것을 이해할 수가 없었다. 그는 이해를 초월해 있다."
　만일 그대가 형식을 통해 노자를 이해하려 한다면, 노자는 이해의 영역을 넘어서 있다. 그렇지 않으면 그는 단순하다. 그러나 공자에게는 어렵다. 거의 이해하기가 불가능하다. 왜냐하면 공자는 형식을 통해서 보고 있으며, 노자는 어떤 형태도, 형식도 갖고 있지 않기 때문이다. 이름 없이, 어떤 형식도 없이 무한 속에서 그는 살고 있다.

　　가장 훌륭한 예의는 모든 형식으로부터 자유롭다.

　노자는 앉아 있었다. 공자는 그가 일어서기를 기다리고 있었다. 누가 진정으로 공손한 것일까? 공자가 자신이 나이가 많다는 이유로 노자가 일어서서 그를 환영하고 맞아들이기를 기다리고 있었던 것은 이기적이다. 그러나 공자는 노자의 눈을 똑바로 바라볼 수가 없었다. 노자가 옳았기 때문이었다. 노자는 말하고 있었다. '우린 나이가 같다. 진실로 우린 같다. 나에게서 흘러나오는 것과 똑같은 생명이 그대에게서도 흘러나오고 있다. 그대는 나보다 우월하지 않고, 나도 그대보다 우월하지 않다. 그곳에 우월함과 열등함에 대한 문제는 없다. 연장자와 연하자에 대한 의문도 없다. 그곳에는 아무런 문제도 없다. 우린 하나다.'

만일 공자가 노자의 눈을 들여다볼 수 있었다면 그 눈이 곧 신의 눈동자라는 것을 그는 깨달았을 것이다. 그러나 법칙과 규칙, 규율, 형식으로 가득 찬 눈을 가진 자는 거의 장님에 가깝다. 그는 볼 수가 없다.

완전한 행위는 관계로부터 자유롭다.

그대는 관계 속에 있기 때문에 잘 행동할 수 있다. 그저께 한 사람이 내게 와서 말했다.

"난 영적으로 큰 성장을 이루고 싶다. 난 구도자가 되고 싶다. 하지만 내겐 가족이 있고 대학에 다니는 아이들이 있다. 난 그들에게 큰 책임이 있다."

그는 관계지워져 있다. 그는 사랑이 아니라 이행해야 할 의무를 갖고 있는 것이다. 의무는 관계다. 그것은 사람들이 기대하고 있기 때문에 행해야 한다는 관점에서 생각한다. 나는 결코 누구에게도 집을 떠나라고 말하지 않는다. 결코 누구에게도 포기하라고 말하지 않는다. 그러나 나는 사람은 의무 때문에 어떤 관계를 유지해선 안 된다고 말한다. 그때 모든 관계는 추해지기 때문이다. 사람은 사랑 때문에 관계를 맺어야 한다. 그러면 이 사람은 '난 이행해야 할 의무가 있다'고 말하지 않을 것이다. 그는 말할 것이다. '난 지금은 올 수가 없다. 내 아이들이 자라고 있고, 난 그들을 사랑한다. 난 그들을 위해 일하는 것이 행복하다.'

그러면 그것은 행복이 될 것이다. 사랑을 짐으로 바꿔 놓으면 결코 행복할 수가 없다. 사랑을 짐으로 바꿔 놓으면 그대의 기도 또한 하나의 짐이 될 것이다. 명상 또한 하나의 짐이 될 것이다. 그때 그대는 말할 것이다. '이 구루(영적인 스승) 때문에, 스승 때문에, 난 지금 붙잡혀 있다. 그리고 난 그렇게 해야만 한다.' 그것은 그대로부터, 그대의 전체성으로부터 나오는 것이 아니다. 그러면 그것은 흘러넘치지 않을 것이다.

왜 걱정하는가? 사랑이 있다면, 어디로 가든 그것은 짐이 되지 않는다. 그리고 만일 아이들을 진정으로 사랑한다면, 그대가 떠난다 해도 그들은 이해할 것이다. 그대가 그대의 아이들을 사랑하지 않는다면, 그대가 집에 남아서 뒷바라지를 해준다 해도 그들은 그것이 거짓된 것임을 알 것이다. 그것이 세상에서 일어나고 있는 일이다. 사람들은 내게로 와서 말한다.

"난 평생을 바쳐 일해 왔는데, 아무도 내게 감사하게 생각하지 않는다."

어떻게 누군가가 그대에게 감사하다고 여길 것인가? 그대는 그들을 짐처럼 짊어지고 다녔다. 사랑이 그곳에 있으면 어린아이조차도 그것을 느낀다. 그대가 단지 의무를 다하고 있을 때도 아이들은 안다. 의무는 추하다. 의무는 폭력적이다. 그것은 그대가 관계 속에 있음을 보여 줄 뿐, 그대의 자연스러움을 보여 주진 않는다.

장자는 말한다.

완전한 행위는 관계로부터 자유롭다.

그때 모든 행동은 사랑에서 나온다. 그때 그대는 정직성이 보상을 해주기 때문에 정직한 것이 아니라, 정직성을 사랑하기 때문에 정직하다. 정직이 보상을 받는다면 어떤 사업가든 정직하게 일할 것이다. 사람들은 말한다. 정직이 곧 최선의 정책이라고. 어떻게 정직처럼 아름다운 것을 부숴뜨려 그것을 최선의 정책으로 돌릴 수가 있는가? 정책은 정치적이다. 그리고 정직은 종교인 것이다.

어떤 노인이 임종의 자리에 있었다. 그가 아들을 불러 말했다.
"이제 내가 너에게 비밀을 말하겠다. 난 이제 죽는다. 언제나 두 가지를 기억하거라. 이것이 성공하는 비법이다. 첫째로, 약속을 했을 때는 언제나 그것을 지켜라. 어떤 대가를 치르더라도 정직하게 약속을 이행하라. 이것이 나의 기본이었고, 내가 성공한 이유다. 그리고 두 번째는 이것이다. 절대로 약속을 하지 말라."

사업가에게는 종교조차도 하나의 정책이다. 정치가에게도 마찬가지다. 모든 것이 정책이며, 사랑까지도 하나의 정책이다. 왕과 여왕들은 결코 평범하고 보통인 사람과는 결혼하지 않는다. 왜인가? 그것은 정책의 일부이기 때문이다. 그들의 관심은 왕국에 가장 이익이 되어 줄 관계에 있다. 두 개의 왕국이 관계를 맺으면, 그들은 우방국이 되고 적대시하지 않게 될 것이다. 고대 인도에서는 한 왕이 수백 수천의 여자들과 결혼했다. 그것은 정책의 일부였다. 권력을 가진 사람의 딸과 결혼해 권력관계의 연결 고리를 만드는 것이다. 그 사람의 딸과 결혼하면 그가 친구가 되어 도와줄 것이다.

관계로부터의 자유 | 175

붓다가 살아 있던 시대에 인도에는 2천 개의 왕국이 있었다. 그래서 가장 성공적인 왕은, 모든 왕국으로부터 아내를 얻어 2천 명의 아내를 거느리고 있었다. 이제 그에게는 적이 없어졌으므로 평화롭게 살 수 있었다. 이제 모든 나라들이 가족처럼 되었다. 하지만 그런 관계 속에 어떻게 사랑이 존재할 수 있겠는가? 사랑은 결코 결과를 생각하지 않으며, 결과에 연연해 하지 않는다. 그것은 사랑 그 자체로 충분하다.

완전한 행위는 관계로부터 자유롭다.
완전한 지혜는 계획함이 없다.

현자는 순간순간을 산다. 그는 결코 계획하지 않는다. 오직 무지한 사람들만이 계획한다. 무지한 사람이 계획을 세울 때, 과연 그가 어떤 계획을 세울 수 있겠는가? 그들은 무지를 바탕으로 계획을 세운다. 차라리 계획을 세우지 않았다면 더 나았을 것이다. 무지로부터는 무지와 혼란밖에 일어나지 않기 때문이다. 더 큰 혼란이 탄생할 수밖에 없다. 현자는 순간순간을 산다. 그는 아무 계획도 하지 않는다. 그의 삶은 하늘에 떠가는 흰구름과 같이 자유롭다. 어떤 목적을 향해 가지도 않고, 결정을 내리지도 않는다. 미래에 대한 어떤 지도도 갖고 있지 않다. 그는 지도 없이 살고, 지도 없이 움직인다. 진정한 것은 목적지에 있는 것이 아니기 때문이다. 진정한 것은 그 과정의 아름다움이기 때문이다. 진정한 것은 어디에 이르지 않는다. 그것은 여행 그 자체다.

기억하라. 진정한 것은 여행이며, 바로 여행의 과정에 있다. 그것은 실로 아름답다. 왜 목적에 대해 고민하는가? 그대가 목적지에 대해 너무 고민한다면 결국 여행을 잃어버리고 말 것이다. 여행은 삶이다. 목적지는 다만 죽음일 뿐이다. 이것을 잊지 말라. 진정한 것은 여행이다. 여행이 삶이고, 삶은 끝없는 여행이다. 그대는 태초로부터 여행을 해오고 있는 것이다. 만일 태초가 있다면 말이다. 현자들은 말한다. 그곳에 어떤 시작도 없다고. 그러므로 그대는 시작도 없는 곳에서 움직여 오고 있고, 끝도 없는 곳으로 움직여 가고 있다. 만일 그대가 목표 지향적이라면 결국 길을 잃을 것이다.

모든 것은 여행이며 길이다. 끝없는 길, 시작도 없고 끝도 없는 길이다. 그곳에 목적지는 없다. 존재 전체가 움직여 가고 있는 곳은 어딘가? 그곳은 어딘가? 어느 곳으로도 가고 있지 않다. 그것은 단순히 가고 있을 뿐이며, 가고 있는 것은 아름답다. 그것이 곧 존재가 짐이 아닌 이유다. 어떤 계획도, 이루어야 할 것도, 이르러야 할 곳도 없다. 그것은 일이 아니다. 그것은 릴라, 곧 하나의 놀이다. 모든 순간이 곧 목적지다.

완전한 지혜는 계획함이 없다.
완전한 사랑은 증명함이 없다.

증명은 사랑이 없기 때문에 필요하다. 그리고 사랑이 적을수록 더 많이 증명한다. 사랑이 있을 때는 증명하지 않는다. 남편이 선물을 갖고 집으로 돌아오면 아내는 뭔가 잘못되고 있다고 느낄 것이다. 그는 뭔가 빗나간 행동을 한 것이 틀림없다. 어쩌면 다른 여자를 만나고 있는지도 모른다. 그래서 이제 설명이, 대용물이 필요한 것이다. 그렇지 않다면 사랑 자체가 이미 크나큰 선물이기 때문에 다른 선물은 필요치 않다. 사랑은 선물을 하지 않는다는 것이 아니라 사랑 그 자체가 선물이라는 것이다. 다른 무엇을 그대가 줄 수 있겠는가? 과연 다른 무엇이 가능하겠는가?

하지만 뭔가 잘못되었다고 느낄 때마다 남편은 그것을 바로잡을 필요가 있다. 모든 것을 재정리하고 균형을 되찾아야 한다. 그런데 이것이 문제다. 여자들은 너무도 직감이 빠르기 때문에 모든 것을 금방 알아차린다는 것이다. 선물로 여자를 속일 수는 없다. 그것은 불가능하다. 왜냐하면 여성은 그들만의 직감, 그들만의 논리적인 마음을 갖고 있기 때문이다. 그들은 금방 알아차린다. 그리고 뭔가 일이 잘못되었음을 눈치 챌 것이다. 그렇지 않다면 난데없이 왜 선물을 들고 오겠는가?

증명을 할 때마다 자신의 내적 빈곤을 증명하는 것이 된다. 만일 자신이 구도자임을 증명한다면 그대는 구도자가 아니다. 만일 그대가 하는 명상이 무엇을 증명하기 위한 것이라면 그대는 명상하고 있지 않은 것이다. 왜냐하면 진정한 것이 존재할 때는 그것은 하나의 빛과 같아서 굳이 증명할 필요가 없기 때문이다. 집에 불이 밝혀져 있다면, 그곳에 불빛이 있다면, 이웃에게 말할 필요가 없다. '보라, 우리 집은 불이 켜져 있다.' 불빛이 그곳에 있기 때문에 그럴 필요가 없는 것이다. 그러나 그대의 집이 어둠 속에 있을 때, 그대는 자신의 집에 불이 켜져 있음을 이웃에게 증명하려고 애쓸 것이다. 다른 사람을 확신시킴으로써 자신을 확신시키려고 노력하는 것이다. 증명하려고 애쓰는 이유가 여기에 있다. 다른 사람이 확신을 하면, 그의 확신이 이번에는 그대에게 확신을 불어넣어 줄 것이다.

나는 언젠가 물라 나스루딘이 아름다운 집을 샀다는 이야기를 들었다. 그러나 모든 것이 싫증나는 것처럼, 그도 싫증이 났다. 집이 아름답든 아니든 차이는 없다. 매일 같은 집에 산다는 것에 그는 싫증이 난 것이다. 그 집은 아름다웠고, 큰 정원과, 넓은 풀밭, 수영장과 모든 시설을 갖추고 있었다. 그러나 그는 싫증이 났다. 그래서 그는 부동산업자를 불러서 말했다.

"난 이 집을 팔고 싶다. 난 질려 버렸다. 이 집은 지옥이 되었다."

다음날 아침 신문에 광고가 났다. 그 부동산업자가 멋진 광고를 낸 것이다. 나스루딘은 그것을 거듭거듭 읽었다. 그리고는 뭔가를 깨닫고 부동산업자에게 전화를 걸었다.

"기다리라. 난 이 집을 팔고 싶지 않다. 당신의 광고가 나를 깨닫게 해주었다. 이제 난 내가 전생애 동안 이 집을 원하고 있었고, 바로 이런 집을 찾고 있었음을 알았다."

상대방에게 그대의 사랑을 확신시킬 수 있을 때, 그대 자신도 확신을 갖게 된다. 그러나 진정으로 사랑한다면 그럴 필요가 없다. 그대는 이미 알고 있는 것이다. 지혜가 있을 때 굳이 그것을 증명할 필요는 없다. 그러나 다만 지식을 갖고 있을 때는, 그대는 그것을 증명하기 위해 노력하고 다른 사람들에게 확인시킨다. 다른 이들이 확인하게 되면, 그대 역시 자신이 지식인이라는 사실을 확인하게 되는 것이다. 그대에게 지혜가 있을 때 그런 것은 필요치 않다. 비록 단 한 명에게조차 확인되지 않았을지라도, 그대 혼자만으로도 충분하다.

완전한 진실성은 보증함이 없다.

모든 보증은 진실하지 않기 때문이다. 그대는 보증을 하고 약속하며 말한다. '난 내 말이 진실임을 보증한다. 난 반드시 이렇게 할 것이다.' 보증을 내세울 때, 바로 그때 거짓이 그곳에 있다. 완전한 진실성은 보증하지 않는다. 진실성은 깨어 있음에 다름 아니기 때문이다. 첫째로, 미래는 미지의 세계다. 어떻게 그대가 그것을 보증할 수 있겠는가? 삶은 매 순간 변한다. 어떻게 그대가 약속할 수 있는가? 모든 보증, 모든 약속은 이 순간을 위해서만 가능하다. 다음 순간에는 해당되지 않는다. 다음 순간이 오면 아무것도 할 수 없게 될지도 모른다. 그대는 기다려야 할 것이다. 그대가 진실하고, 진정으로 한 여인을 사랑한다면, 이렇게 말할 수 없다. '난 온 생애 동안 당신을 사랑할 것이다.' 그렇게 말한다면, 그대는 거짓말쟁이다. 그 보증은 거짓이다.

진정으로 사랑한다면 이 순간으로 충분하다. 상대방은 그대의 온 생애를 요구하지 않을 것이다. 이 순간, 사랑이 그곳에 있다면, 그것으로 충분하다. 그 한 순간이 수많은 생보다 더 값지다. 사랑의 한 순간은 곧 영원과 맞먹는다. 그녀는 묻지 않을 것이다. 하지만 이 순간 사랑이 없다면 그녀는 물을 것이다. '무엇으로 당신이 한 말을 보증할 것인가? 날 언제까지나 사랑할 것인가?' 이 순간 사랑이 없다면 그녀는 보증서를 요구할 것이다. 이 순간 사랑이 없다면 그대는 미래를 보증하려고 노력할 것이다. 보증을 통해서만 이 순간을 속일 수 있기 때문이다. 아름다운 미래의 그림을 그려 보임으로써 현재의 추한 그림을 감출 수 있다. 그대는 말한다. '물론이다. 난 영원히 당신을 사랑할 것이다. 죽음이 우리를 갈라놓을지라도.'

얼마나 말도 안 되는 소린가! 얼마나 거짓된 맹세인가! 어떻게 그런 말을 할 수 있는가? 그렇게 말할 수 있는 것은 그대가 지금 이 순간 깨어 있지 않기 때문이다. 자신이 무슨 말을 하고 있는지 자각하고 있지 않기 때문이다. 다음 순간에 대해선 누구도 알지 못한다. 그것이 우리를 어디로 데려갈지, 무슨 일이 일어날지 아무도 알 수 없다. 알 수 없음이 곧 미래의 놀이다. 어떻게 그것을 보증할 수 있는가? 기껏해야 그대는 이렇게 말할 수 있을 뿐이다.

"난 당신을 사랑한다. 그리고 지금 이 순간 난 느낀다. 죽음조차도 우리를 갈라놓을 수 없으리라고. 하지만 이것은 지금 이 순간의 느낌일 뿐이다. 이것은 보증할 수 있는 것이 아니다. 이 순간 난 내가 당신을 영원히 사랑할 것이라고 느낀다. 하지만 그것은 지금 이 순간의 느낌이다. 이것은 보증할 수 없다. 미래에 어떤 일이 일어날지는 누구도 모른다. 우리는 지금 이 순간에 대해서조차 잘 모르는데, 어떻게 다른 순간들에 대해 알겠는가? 우린 기다려야 할 것이다. 그 일이 일어나도록 기도해야 할 것이다. 내가 당신을 언제까지나 사랑할 수 있도록. 하지만 이것은 보증이 아니다."

완전한 진실성은 보증을 내놓지 않는다. 완전한 진실성은 약속이 아니기 때문에 진실한 것이다. 그것은 지금 이 순간에 줄 수 있는 것이면 무엇이든 다 준다. 완전한 진실성은 현재에 사는 것이지, 미래에 대한 생각이 아니다. 마음은 미래에서 움직인다. 존재는 지금 이곳에서 산다. 완전한 진실성은 머리가 아니라 존재에 속한다. 사랑, 진리, 명상, 진실성, 소박함, 순수함, 이 모든 것은 존재에 속한다. 그 반대의 것들은 머리에 속한다. 그리고 그 반대를 숨기기 위해 가짜 동전을 만들어 낸다. 거짓된 진실성이 그것이다. 그것은 보증하고 약속한다. 거짓된 사랑이 그것이다. 그것은 의무의 다른 말에 불과하다. 거짓된 아름다움이 그것이다. 그것은 내면의 추함을 감추고 있는 얼굴이다. 마음은 가짜 동전을 만들어 낸다. 하지만 기억하라. 그것은 그대 자신 외에는 누구도 속일 수 없음을.

열정적으로 사는 사람은 열정적으로 죽는다. 죽음이 열정적일 때 그것은 그 자체로 아름답다. 죽음이 추한 것은 죽음 때문이 아니라 한 번도 제대로 살지 않았기 때문이다.

다섯째날 아침 아침에 세 개

아침에 세 개란 무엇인가.

그것은 한 원숭이 조련사에 관한 이야기다.
하루는 그가 원숭이들에게 가서 말했다.
"너희들의 먹이인 밤에 대해 말하겠는데
너희들은 그것을 아침에 세 개,
저녁에 네 개 받게 될 것이다."

그 말을 듣고 모든 원숭이들이 화를 냈다.
그래서 조련사는 말했다.
"좋다, 그러면 바꾸기로 하겠다.
아침에 네 개,
저녁에 세 개로 한다."
그러자 원숭이들은 이 배열에 만족했다.

사실 그 두 배열은 같았다.
밤의 숫자는 달라지지 않았다.
그러나 원숭이들은 한 경우에는 불쾌해 하고
다른 경우에는 만족해 했다.

조련사는 기꺼이
그 객관적인 상황에 맞추기 위해
자신의 개인적인 배열을 바꾸었다.
그로 인해 그는 아무것도 잃지 않았다.

진실로 지혜로운 이는
치우침 없이 문제의 양쪽을 고려해
올바른 도의 빛 안에서 그 둘 다를 본다.
이것을 동시에 두 길을 따르는 것이라고 칭한다.

―〈아침에 세 개〉

조삼모사. 아침에 세 개, 저녁에 네 개. 장자는 이 이야기를 매우 사랑했다. 그는 자주 이 이야기를 하곤 했다. 실로 아름다운 이야기다. 그리고 깊은 의미를 담고 있다. 단순하지만 또한 매우 심오하게 인간의 의식을 암시한다. 이해해야 할 첫 번째 것은 인간의 마음은 원숭이와 같다는 것이다. 인간이 원숭이로부터 진화해 왔다는 사실을 발견한 사람은 다윈이 아니었다. 인간의 마음이 원숭이의 마음과 같은 방식으로 움직인다는 사실은 오랫동안 관찰되어 온 결과다. 오직 아주 드물게만, 그대 안의 원숭이를 초월하는 일이 일어난다. 마음이 고요할 때, 마음이 침묵할 때, 진실로 사념이 완전히 사라졌을 때, 그때 그대는 그 원숭이를 초월한다.

무엇이 원숭이인가? 첫째로, 그것은 결코 고요할 줄을 모른다는 것이다. 고요하지 않으면 진리를 볼 수 없다. 그대는 그토록 흔들리고 오락가락하기 때문에 아무것도 볼 수가 없다. 명확한 인식이 불가능하다. 명상을 하면서 그대는 무엇을 하고 있는가? 원숭이를 고요한 상태로 몰아넣고 있는 것이다. 여기에 명상의 어려움이 있다. 원숭이는 고요하게 잠재우려 할수록 더욱 반항한다. 더욱더 시끄러워지고, 더 많은 혼란을 일으킨다. 원숭이가 고요하게 앉아 있는 것을 본 적이 있는가? 그것은 불가능하다. 원숭이는 항상 무엇인가를 먹고 있고, 무엇인가를 하고 있고, 흔들어 대고, 떠들어 댄다. 그대 역시 원숭이와 같다. 인간은 많은 할 일을 스스로 만들어 낸다. 할 일이 없으면 껌이라도 씹을 것이다. 담배를 피울 것이다. 실로 어리석은 일, 원숭이와 다를 바 없는 일이다. 인간은 끊임없이 무엇인가를 해야만 한다. 그래서 언제나 무엇인가에 사로잡힌 채 살아가는 것이다.

그대는 너무도 불안하다. 그 불안감 때문에 무엇이든 바쁘게 움직이는 일이 필요하다. 흡연이 건강에 나쁘다고 아무리 설명해도 사람들이 계속해서 담배를 피우는 이유가 여기에 있다. 오직 명상의 세상에서만 담배 끊는 일이 가능하다. 그렇지 않으면 불가능하다. 아무리 암과 결핵과 사망의 위험이 있을지라도 그것은 중단되지 않는다. 단지 담배의 문제가 아니라, 어떻게 내면의 불안감을 해결하는가의 문제이기 때문이다. 만트라(반복해서 외면 특별한 힘을 갖는다고 여겨지는 단어나 문장)를 외는 사람들은 담배를 끊을 수 있다. 담배를 대신할 수 있는 것을 발견했기 때문이다. 그들은 '람, 람, 람' 하고 왼다. 그것은 일종의 흡연과 같다. 입술이 작동하고 입이 움직이고 있다. 그럼으로써 불안이 가라앉는다. 그래서 자파, 곧 염불은 일종의 흡연, 좀더 나은 종류의, 건강에 덜 해로운 흡연이 될 수 있다.

그러나 근본적으로는 그 둘은 같다. 마음이 휴식하지 못하는 것이다. 마음은 무엇인가를 해야만 한다. 그렇지 않으면 불안하다. 깨어 있을 때만이 아니라 잠들어 있을 때조차도 뭔가를 해야만 한다. 그대의 아내나 남편이 잠자는 모습을 한번 보라. 한두 시간 곁에 조용히 앉아 그 얼굴을 지켜보라. 그대는 사람이 아니라 원숭이를 볼 것이다. 심지어 잠 속에서까지도 수많은 일이 진행되고 있다. 인간은 항상 무엇인가에 사로잡혀 있다. 그 잠은 깊을 수가 없다. 그것은 진정한 휴식일 수가 없다. 일이 계속 진행되고 있기 때문이다. 낮이 계속되고 있다. 잠시도 끊어짐이 없다. 마음의 기능도 마찬가지다. 그대는 마음속으로 끊임없이 뭔가를 떠들고 있다. 거기 중단 없는 내적 독백이 있다. 따라서 그대가 삶에 지루해 하는 것은 조금도 놀라운 일이 아니다. 그대는 그대 자신이 지겹고, 모든 사람이 지겹다.

어느 날 물라 나스루딘이 제자들에게 이야기를 하고 있는데 갑자기 비가 쏟아졌다. 지나가던 여행자가 비를 피하기 위해 나스루딘이 제자들에게 이야기를 하고 있는 천막 속으로 들어왔다. 그는 다만 비가 그치기를 기다리고 있었다. 하지만 그는 나스루딘의 얘기를 듣지 않을 수가 없었다. 나스루딘은 매우 과장된 이야기를 하고 있었다. 그 여행자는 여러 번이나 이야기를 중단시키고 싶은 충동을 느꼈다. 너무도 터무니없는 이야기를 하고 있었기 때문이다. 그러나 그는 다시 생각한 끝에 자신에게 말했다.

'이건 내가 나설 일이 아니다. 난 다만 비를 긋기 위해 여기 있는 것이다. 비가 멎으면 떠날 것이다. 그러니 참견한 필요가 없다.'

그러나 어떤 대목에서 그는 더 이상 참을 수가 없었다. 도저히 억제할 수가 없었다. 그는 뛰어들어 이야기를 중단시키며 말했다.

"그것으로 충분하다. 용서하라, 내가 참견할 일은 아니지만, 지금 당신은 지나치게 과장을 하고 있다."

먼저 그 사람이 참을 수 없었던 대목부터 말해야겠다. 나스루딘은 말하고 있었다.

"언젠가 내가 아직 젊었던 시절에 난 검은 대륙 아프리카의 밀림 속을 여행하고 있었다. 그런데 어느 날 갑자기 사자 한 마리가 15미터나 높이 뛰어 나한테 덤벼들었다. 난 아무 무기도, 방어할 도구도 없이 홀로 숲 속에 있었다. 그 사자는 나를 뚫어지게 바라보고는 내게 접근해 오기 시작했다."

제자들은 가슴 졸이며 그 얘기를 듣고 있었다. 나스루딘은 잠깐 멈추고는 그들의 얼굴을 둘러보았다. 한 제자가 말했다.

"우릴 기다리게 하지 마십시오. 그래서 그 다음에 무슨 일이 일어났습니까?"

나스루딘이 말했다.

"사자는 단지 5미터 거리밖에 안 남을 때까지 점점 가까이 다가왔다. 아아, 난……"

다른 제자가 말했다.

"더 이상 기다리지 못하겠습니다. 그 다음에 무슨 일이 일어났는지 어서 말씀해 주십시오."

나스루딘이 말했다.

"아주 간단하다. 아주 논리적이다. 그대들 스스로 생각해 보라. 그 사자는 나를 덮쳤고, 나를 죽였다. 나를 먹었다."

이 대목은 그 여행자가 듣기에는 너무 지나친 것이었다. 그는 말했다.

"사자가 당신을 죽이고 먹어치웠는데, 지금 여기에 당신이 살아 있는 건 또 뭡니까?"

나스루딘은 그 사람을 똑바로 쳐다보며 말했다.

"하하, 그대는 이것을 지금 살아 있다고 하는 것인가?"

사람들의 얼굴을 보라. 그러면 그대는 나스루딘이 말한 의미를 이해할 것이다. 그대는 이것을 살아 있다고 할 수 있는가? 죽도록 지겨워하면서, 질질 끌려가고 있는 이것을?

한번은 어떤 사람이 나스루딘에게 말했다.

"난 매우 가난합니다. 이제는 생존이 불가능합니다. 우린 자살을 해야 할까요? 내게는 여섯 명의 아이들과 아내, 그리고 과부가 된 누이, 늙은 아버지와 어머니가 있습니다. 점점 더 어렵기만 합니다. 무슨 방법이 있을까요?"

나스루딘이 말했다.

"그대는 두 가지 일을 할 수 있다. 둘 다 그대에게 도움이 될 것이다. 하나는 빵 굽는 일을 하는 것이다. 사람들은 어쨌든 먹어야만 사니까 빵은 계속 팔려 나갈 것이다. 다른 하나는 죽은 이를 위한 수의를 만들기 시작하는 것이다. 사람들은 살아 있지만 언젠가는 죽을 것이기 때문이다. 이것 역시 좋은 직업이다. 두 가지 직업이 다 좋다. 빵과 수의를 만드는 직업 말이다."

한 달 후에 그 사람이 다시 찾아왔다. 그는 훨씬 절망적이고 슬픈 듯 보였다. 그는 말했다.

"아무 할 일이 없는 것 같습니다. 당신이 제안한 대로 두 가지 일을 다 해봤습니다. 그러나 모든 일이 내게 맞지 않아 보입니다."

나스루딘이 말했다.

"어떻게 그런 일이 일어날 수 있지? 사람들은 살아 있는 동안 평생 빵을 먹어야 하고, 죽으면 그들의 친척들이 수의를 사야만 하는데."

그 사람이 말했다.

"당신은 이해하지 못합니다. 이 마을에선 누구도 살아 있지 않고, 누구도 죽지 않습니다. 그들은 다만 질질 끌려가고 있을 뿐입니다."

사람들은 다만 질질 끌려가고 있다. 다른 사람의 얼굴을 쳐다볼 필요가 없다. 거울을 들여다보기만 하면 그대는 질질 끌려가는 삶이라는 것이 무엇을 의미하는지 알 것이다. 살아 있지도 죽어 있지도 않는 것. 그것을 알게 될 것이다. 삶은 아름답다. 죽음 역시 아름답다. 그러나 끌려가는 것은 한없이 추하다. 그대는 왜 그토록 지쳐 보이는가? 마음이 끊임없이 지껄이면 에너지가 낭비된다. 마음이 끊임없이 소란하면 존재의 에너지가 끊임없이 새어 나간다. 그대는 자신이 살아 있고, 젊고, 신선하다고 느낄 만큼 충분한 에너지를 가진 적이 없다. 그리고 살아 있을 때 젊고 신선하고 활기 있지 못하다면 죽음 역시 매우 활기 없는 죽음이 될 것이다.

열정적으로 사는 사람은 열정적으로 죽는다. 죽음이 열정적일 때 그것은 그 자체로 아름답다. 전체적으로 사는 사람은 전체적으로 죽는다. 전체성이 있을 때 그곳에 아름다움이 있다. 죽음이 추한 것은 죽음 때문이 아니라 한 번도 제대로 살지 않았기 때문이다. 전혀 살아 있지 않았다면 아름다운 죽음 또한 얻을 수 없다. 인간은 전체적으로, 총체적으로 살아야 한다. 그러면 단편적이 아니라 전체적으로 죽을 수 있다. 그대는 부분적으로 살고, 부분적으로 죽는다. 한 부분이 죽고, 다른 부분이 죽고, 또 다른 부분이 죽는다. 그래서 죽는 데 여러 해가 걸린다. 그러면 그 전체는 추한 것이 된다. 진정으로 살아 있었다면, 그때 죽음은 아름다울 것이다. 이 내면의 원숭이는 그대가 살아 있도록 허용하지 않는다. 이 내면의 원숭이는 나아가 그대가 아름답게 죽는 것도 허락하지 않을 것이다.

그 끊임없는 지껄임이 멈춰져야 한다. 무엇이 끊임없이 지껄이는가? 그 주된 문제가 무엇인가? 문제는 마음속에서 계속되는 '조삼모사'이다. 마음속에서 그대는 무엇을 하고 있는가? 끊임없이 배열을 정하고 있다. 이것은 하라, 저것은 하지 말라. 이 집을 세우고, 저 집을 부수라. 이 일에서 다른 일로 옮기라. 그래야 이익이 더 많으니까. 그대는 무엇을 하고 있는가? 배열을 바꾸고 있을 뿐이다.

장자는 말한다. 만일 전체를 바라볼 수 있다면, 합은 언제나 같다고. 그것은 일곱이다. 밤을 아침에 세 개 받고 저녁에 네 개 받든, 또는 다른 방식으로 아침에 네 개 저녁에 세 개를 받든, 합계는 일곱이다. 이것은 가장 심오한 비밀 중의 하나다. 합은 언제나 같다. 그대는 아마도 그것을 이해할 수 없을 것이다. 걸인이나 황제가 죽을 때, 그들의 합은 똑같다. 걸인은 길거리에서 살았고 황제는 궁전에서 살았다. 그러나 합은 같다. 부자와 가난한 자, 성공한 자와 실패한 자. 합은 모두 같다. 만일 삶의 전체를 조망할 수 있다면, 그때 그대는 장자가 '아침에 세 개'를 통해 말하고자 하는 의미를 깨닫게 될 것이다.

무엇이 일어나는가? 삶은 공평하지도 않고 불공평하지도 않다. 삶은 그대가 좋아하는 배열에 대해선 전적으로 무관심하다. 삶은 그대가 정해 놓는 순서에 대해 신경 쓰지 않는다. 삶은 하나의 선물이다. 그대가 배열을 바꾼다 해도, 전체는 바뀌지 않는다. 부자는 좋은 음식을 먹었지만, 배고픔이 뭔가를 잊어버렸다. 그는 배고픔 끝에 맛보는 음식의 진정한 맛을 느껴 본 적이 오래다. 비율은 언제나 같다. 그는 멋진 침대를 가졌다. 하지만 그 침대와 더불어 불면증이 왔다. 그는 편안한 잠을 위해 좀더 좋은 배열을 마련했다. 그는 이제 잠 속으로, 힌두교가 말하는 무의식의 사마디(삼매경)로 빨려들어가야 한다. 그러나 그런 일은 일어나지 않는다. 그는 잠들 수가 없다. 그는 단지 배열을 바꾸었을 뿐이다. 걸인은 바깥에서, 길거리에서도 잘 잔다. 교통이 혼잡해도 걸인은 아랑곳하지 않고 잠든다. 그는 아무 침대도 없다. 그가 잠자고 있는 곳은 평평하지도 않고, 딱딱하고 불편하지만, 그는 잘도 잔다. 걸인은 좋은 음식을 얻을 수 없다. 그것은 불가능하다. 왜냐하면 구걸을 해야 하기 때문이다. 그러나 그는 왕성한 식욕을 갖고 있다. 전체적 합은 같다. 전체 합은 언제나 일곱이다.

성공한 사람은 단순히 성공할 뿐만이 아니라 많은 재난이 함께 따라온다. 실패는 단순히 실패일 뿐만이 아니라 많은 축복이 함께 따라온다. 전체는 언제나 같다. 그 전체를 꿰뚫어 보고, 내려다볼 수 있어야 한다. 그러기 위해선 분명한 시각이 필요하다. 전체를 보기 위한 눈이 필요하다. 마음은 단지 부분만을 볼 수 있다. 마음은 아침을 바라보면서 저녁을 바라보진 못한다. 저녁을 바라볼 때는 아침을 잊는다. 마음은 하루 전체를 바라볼 수 없다. 마음은 언제나 부분에 집착해 있기 때문이다. 오직 명상적인 의식만이 탄생에서 죽음까지 전체를 조망할 수 있다. 합은 언제나 일곱이다. 그러므로 현자는 그 배열을 바꾸지 않는다. 동양에서 혁명이 일어나지 않았던 이유가 바로 이 때문이다. 혁명은 단지 배열을 바꾸는 것을 의미하기 때문이다.

러시아에서 일어난 일을 보라. 1917년에 위대한 혁명이 일어났다. 배열이 바뀐 것이다. 레닌이나 스탈린, 트로츠키는 '조삼모사'의 이야기를 들은 적이 없다고 나는 생각한다. 그들은 장자로부터 많은 것을 배울 수가 없었다. 그랬다면 혁명은 없었을 것이다. 무슨 일이 일어났는가? 자본주의자들은 사라졌다. 이제 아무도 부자가 아니고 아무도 가난하지 않았다. 과거의 계급은 더 이상 존재하지 않았다. 그러나 단지 이름만이 바뀌었을 뿐이다. 새로운 계급이 등장한 것이다. 전에는 그것은 부자와 가난한 자였고, 자본가와 노동자였다. 이제 그것은 관리자와 피고용인이 되었을 뿐이다. 그 구별과 간격은 여전히 남아 있다. 아무것도 바뀌지 않았다. 이제는 다만 자본가를 관리인이라고 부를 뿐이다. 러시아 혁명을 연구한 사람들은 그것이 사회주의 혁명이 아니라 관리자 혁명이라고 말한다. 두 계급 사이에 똑같은 간격, 똑같은 빈부차가 남아 있었다. 계급 없는 사회는 이루어지지 않았다.

장자는 웃었을 것이다. 그는 그들에게 이 원숭이 이야기를 해주었을 것이다. 힌두교에서는 어떤 사람은 항상 관리자이고 어떤 사람은 항상 피고용인일 것이라고 말한다. 수드라, 노동자와 크샤트리아, 귀족과 무사 계급이 있으며, 이것은 분류 표시가 아니라 인간의 유형이다. 힌두교는 사회를 네 계급으로 나누었다. 그들은 사회에는 결코 계급이 있을 수 없다고 말한다. 그것은 사회적 배열에 대한 문제가 아니다. 다만 네 가지 유형의 사람들이 존재한다는 것이다. 그대가 그 유형을 바꾸지 않으면 아무런 혁명도 도움이 되지 않는다.

힌두교는 먼저 노동자인 수드라, 언제나 피고용인인 유형이 있다고 말한다. 누군가 그들을 관리하지 않으면, 그들은 어쩔 줄 모를 것이다. 행복할 수 없을 것이다. 명령을 해줄 누군가가 필요하다. 그들이 복종할 누군가가 필요하다. 그들에 대해 책임을 져줄 수 있는 누군가가 필요하다. 자기 자신이 책임을 질 준비가 되어 있지 않은 것이다. 그것은 하나의 인간의 유형이다. 관리자가 주위에 있으면, 그때에만 그 유형의 사람은 일을 할 것이다. 관리자가 그곳에 없으면, 그는 단순히 앉아 있기만 할 것이다. 관리자는 반드시 사람이 아니더라도 하나의 미묘한 현상, 눈에 잘 보이지도 않는 어떤 현상일 수도 있다. 예를 들어, 자본주의 사회에서는 이익을 얻고자 하는 동기가 관리를 한다. 수드라는 일을 사랑하기 때문이 아니라, 일이 그의 취미이기 때문이 아니라, 그가 창조적이기 때문이 아니라, 단지 자신과 가족을 부양해야 하기 때문에 일한다. 그가 일하지 않으면 누가 그와 그의 식구를 먹여 살리겠는가? 그를 관리하는 것은 이익을 얻고자 하는 동기, 배고픔, 육체, 허기진 배다. 공산주의 국가에서는 이 동기가 관리자가 아니다. 그들은 눈에 보이는 관리자를 둬야 한다. 스탈린 시대의 러시아에서는 각각의 시민마다 한 명씩의 경찰이 있었다고 한다. 그렇지 않으면 관리하는 것이 불가능하다. 그곳에 더 이상 이윤을 얻고자 하는 동기가 없기 때문이다. 그때 사람은 강요해야만 하고, 명령해야 하고, 끊임없이 괴롭혀야 한다. 그래야만 수드라는 일할 것이다.

어디에나 항상 돈과, 부와, 재산 축적을 즐기는 사업가의 유형이 있다. 그는 그것을 위해서라면 무슨 일이든 할 것이다. 어떻게 하는가에는 차이가 없다. 만일 돈이 가치 있어 보인다면 돈을 모을 것이고, 돈이 쓸모없다고 여겨지면 우표를 모을 것이다. 그리고 만일 우표가 무가치하다고 여겨지면 추종자들을 끌어모을 것이다. 그는 숫자로써 무엇인가를 해야만 한다. 그는 수만 명의 추종자를 가질 것이다. 그것은 곧 그가 백만 루피를 모았다고 말하는 것과 조금도 다를 바 없다.

성자라고 불리는 사람들에게 가보라. 추종자 숫자가 많아질수록 그들은 더 위대해진다. 추종자들은 다만 은행 예금 액수에 지나지 않는다. 만일 아무도 그대를 따르지 않는다면 그대는 아무런 존재도 아니다. 그때 그대는 가난한 구루, 가난한 스승이다. 만일 많은 사람들이 따른다면, 그때 그대는 부유한 구루다. 그것이 어떤 종류의 일이든 사업가 유형인 사람은 더 많이 모을 것이다. 그는 끝없이

아침에 세 개 | 195

계산할 것이다. 물질적인 것이든 정신적인 것이든 차이가 없다.

싸움을 일삼는, 그 어떤 것도 용납하지 않는 무사의 유형이 있다. 그는 언제나 싸울 것이다. 싸움이 그의 피 속에 있고, 골수 속에 있다. 이런 유형의 사람들 때문에 세계는 평화로울 수가 없다. 그것은 불가능하다. 십 년마다 꼭 큰 전쟁이 있다. 큰 전쟁을 피하면 그때는 많은 작은 전쟁들이 일어난다. 그러나 합계는 그대로다. 원자 폭탄과 수소 폭탄 때문에 이제 큰 전쟁은 거의 불가능하게 되었다. 그래서 전세계에 걸쳐 그토록 많은 작은 전쟁들이 있는 것이다. 캐시미르에서, 방글라데시에서, 이스라엘에서 많은 소전쟁들이 일어난다. 그러나 합은 그대로다.

지난 5천 년 동안 인류는 1만 5천 번의 전쟁을 치러 왔다. 일 년에 세 번 꼴이다. 언제나 싸워야만 하는 유형이 존재한다. 그대는 이 유형의 사람들을 변화시킬 수 있다. 그러나 그 변화는 일시적이다. 이 무사들은 전쟁터에서 싸우게끔 허용되지 않으면 다른 방식으로 싸울 것이다. 선거로 싸울 것이고, 또는 운동 선수가 될지도 모른다. 권투나 축구로 싸울지도 모른다. 어쨌든 계속 싸우고 경쟁할 것이다. 그는 도전할 누군가가 필요하다. 어느 곳에서든 그를 만족시키기 위해 싸움을 해야만 한다.

문명이 발달함에 따라 사람들에게 더욱 많은 스포츠를 제공해야만 하는 이유가 그것이다. 만일 그 무사 유형의 사람들에게 스포츠가 주어지지 않는다면, 그들은 무엇을 할 것인가? 운동 경기가 열리고 있을 때 그곳에 가서 보라. 사람들은 마치 매우 진지한 무엇이 진행되고 있는 것처럼, 마치 진짜 전쟁이 일어나고 있는 것처럼 미쳐간다. 선수들도 진지하고 그들 주위의 관중들도 미쳐간다. 싸움이 일어나고 폭동이 발생한다. 경기장은 언제나 위험하다. 그곳에 모이는 유형들이 무사 유형이기 때문이다. 어느 순간에든 잘못될 가능성은 있게 마련이다.

또한 언제나 말과 경전 속에서 사는 바라문, 학자, 곧 지식 계급의 유형이 있다. 서양에는 이런 바라문과 같은 계급이 없다. 그러나 그 명칭은 중요하지 않다. 바라문은 세상 어디에나 존재한다. 과학자, 전문가, 교수, 학자……. 대학들은 그런 사람들로 가득 차 있다. 그들은 말과 상징들을 갖고 일하며, 이론을 창조하고, 논쟁을 일삼는다. 때로는 과학의 이름으로, 때로는 종교의 이름으로, 문학의 이름으로. 그 이름은 바뀌지만 바라문은 계속된다.

이들 네 가지 유형이 있다. 그대는 결코 계급 없는 사회를 만들 수가 없다. 이들 네 계급은 끝없이 계속될 것이고, 전체 배열은 똑같을 것이다. 부분은 바꿀 수 있다. 아침에는 어떤 일을 할 수 있고, 저녁에는 또 다른 일을 할 수 있다. 그러나 전체로서의 하루는 똑같은 채로 남아 있다.

한 젊은 과학자가 있었다. 그의 아버지는 아들의 과학적 연구에 반대하고 있었다. 그것이 쓸모없는 일이라고 생각하고 있었다. 아버지는 아들에게 말했다.

"시간을 낭비하지 마라. 의사가 되는 것이 더 낫다. 그것이 더 실질적이고, 사람들에게 도움이 될 것이다."

결국 아버지는 아들을 설득했고, 그는 의사가 되었다. 첫 번째로 온 환자는 심한 폐렴을 앓고 있었다. 의사는 책을 뒤져 보았다. 그는 추상적인 사색가, 바라문이었기 때문이다. 그는 찾고 또 찾았다. 환자는 더 이상 참을 수가 없어서 말했다.

"얼마나 오래 기다려야 하는가?"

이제 의사가 된 과학자는 말했다.

"난 희망이 없다고 생각한다. 당신은 죽을 수밖에 없다. 이 병엔 치료법이 없다."

그 환자는 양복 재단사였고, 그냥 집으로 돌아갔다. 두 주일 뒤 의사는 양복점 앞을 지나가다가 그 재단사가 건강하고 활기에 가득 차서 일하고 있는 것을 보았다. 그래서 그는 물었다.

"어찌된 일인가, 당신이 아직 살아 있다니? 당신은 오래전에 죽었어야 한다. 난 책들을 찾아보았고, 이런 일은 불가능하다. 당신은 어떻게 해서 살아났는가?"

그 재단사가 말했다.

"당신은 내가 일주일 안에 죽을 거라고 말했다. 그래서 난 생각했다. 그런데 왜 난 인생을 즐기지 않는가? 이제 일주일밖에 남지 않았다. 감자 팬케이크는 내가 가장 좋아하는 것이다. 그래서 난 당신의 진찰실을 나오자마자 곧장 식당으로 가서 서른두 개의 감자 팬케이크를 먹었다. 그리고는 즉시 내 몸에서 격렬한 기를 느꼈다. 이제 난 완전히 회복되었다."

그 즉시 의사는 노트에다 적었다. '서른두 개의 감자 팬케이크는 심한 폐렴에 확실한 치료제다.' 공교롭게도 다음 환자 역시 폐렴이었다. 그는 신발 만드는 사람이었다. 의사가 말했다.

"걱정하지 말라. 이제 치료법이 발견되었다. 지금 당장 가서 서른두 개의 감자 팬케이크를 먹으라. 서른두 개 이상만 먹으면 당신은 완치될 것이다. 그렇지 않으면 일주일 안에 죽을 것이다."

일주일 뒤 의사는 신발 만드는 사람의 집을 방문했다. 문은 굳게 잠겨 있었다. 이웃이 말했다.

"그 사람은 죽었다. 당신이 처방한 감자 팬케이크가 그를 죽게 만들었다."

즉시 의사는 노트에다 적었다. '서른두 개의 감자 팬케이크는 재단사에게는 효과가 있지만, 제화공은 죽게 한다.'

이것이 추상적인 마음이다. 학자인 그는 실질적일 수가 없는 것이다. 표면을 바꾸고 얼굴을 칠할 수는 있지만, 내적인 유형은 그대로 남는다. 그래서 인도는 혁명으로 고통을 겪은 적이 없다. 인도의 현자는 서양을 보면서 그들이 장난감을 갖고 놀고 있다는 것을 안다. 모든 혁명은 일종의 장난감인 것이다. 오래지 않아 그대는 조삼모사의 법칙을 깨닫게 될 것이다. 조삼모사란 무엇인가? 한 제자가 장자에게 물었음이 틀림없다. 누군가 혁명이나 변화를 언급할 때마다 장자는 웃으며 조삼모사의 법칙을 말하곤 했기 때문이다. 그래서 한 제자가 물었음에 틀림이 없다. '당신이 늘 말하는 조삼모사란 무엇입니까?'

장자는 말했다. 아침에 세 개란 무엇인가?

그것은 한 원숭이 조련사에 관한 이야기다.
하루는 그가 원숭이들에게 가서 말했다.
"너희들의 먹이인 밤에 대해 말하겠는데
너희들은 그것을 아침에는 세 개,
저녁에 네 개 받게 될 것이다."

그 말을 듣고 모든 원숭이들이 화를 냈다.

왜냐하면 전에 그들은 아침에 네 개, 저녁에 세 개를 받았었기 때문이다. 분명히 그들은 화가 났다. '당신은 무슨 말을 하는 건가? 우린 항상 아침에 네 개의 밤을 받았었다. 그런데 이제 당신은 세 개라고 말한다. 우린 받아들일 수 없다!'

그래서 조련사는 말했다.
"좋다, 그러면 바꾸기로 하겠다.
아침에 네 개,
저녁에 세 개로 한다."
그러자 원숭이들은 이 배열에 만족했다.

전체의 합은 여전히 같은 채였다. 하지만 원숭이들은 전체를 볼 수가 없었다. 때는 아침이었다. 그래서 그들은 오직 아침에 대해서 밖에는 생각할 수가 없었다. 아침마다 그들은 네 개를 받았고, 또 네 개를 기대하는 것이 관례였다. 그런데 이제 이 사람이 말하고 있는 것이다.
"아침에 세 개다."
그는 한 개를 깎아 내리고 있는 것이다. 그것은 참을 수 없는 일이었다. 그들은 화가 났다. 그래서 반란을 일으켰다.
그러나 원숭이 조련사는 지혜로운 사람이었음에 틀림없다. 만일 지혜롭지 않다면 원숭이 조련사가 되기는 어렵다. 나는 내 자신의 경험으로부터 그것을 안다. 그 원숭이 조련사는 말했다. '좋다. 그러면 소란스럽게 굴지 말라. 옛날의 방식을 따르기로 하겠다. 너희들은 아침에 네 개, 저녁에 세 개를 받을 것이다.' 원숭이들은 행복했다. 불쌍한 원숭이들! 그들은 터무니없는 이유를 갖고 행복해 하고 불행해 한다. 그러나 조련사는 더 큰 시야를 갖고 있었다. 그는 볼 수 있었다. 그는 셋에다 넷을 더할 수 있었다. 그것은 여전히 같았다. 일곱 개가 원숭이들에게 주어질 것이다. 그들이 그것을 어떻게 받든, 어떤 순서로 받든, 그것은 중요하지 않다. 그 두 가지 배열은 똑같다. 밤의 숫자는 변하지 않는다. 하지만 원숭이들은 한 경우에는 불쾌해 하고 다른 경우에는 만족해 했다.

마음이 작용하는 방식도 이와 같다. 그대는 다만 배열을 바꿀 뿐이다. 한 가지 배열에는 만족해 하고 다른 배열에는 불만스러워한다. 전체는 똑같은 채로 남아 있는데 그대는 결코 전체를 보지 못한다. 마음은 전체를 보는 것이 불가능하다. 오직 명상만이 전체를 볼 수 있다. 마음은 부분을 본다. 마음은 근시안이다. 그대가 쾌락을 발견할 때마다 즉시 그 속으로 뛰어들고 저녁은 보지 않는 이유가 여기에 있다. 쾌락이 있을 때마다 그 안에 숨겨진 고통이 있다. 이것은 그대가 지금까지 삶에서 경험해 온 것이다. 그러나 그것을 깨닫지 못했다. 저녁에는 고통이 나타날 것이다. 그러나 여기, 아침에는 즐거움이 있다. 그대는 숨겨진 것, 보이지 않는 것, 잠재적인 것은 들여다보지 못한다. 다만 표면만을 보며 미쳐간다. 그대는 전생애 동안 이렇게 해왔다. 부분들이 그대를 사로잡는다. 많은 이들이 내게로 와서 말한다.

"내가 이 여자와 결혼했을 때 처음엔 모든 것이 아름다웠다. 그러나 며칠 안 가 모든 아름다움이 가버렸다. 이제 모든 것이 추하고, 비참해졌다."

한번은 자동차 사고가 일어났다. 자동차는 길옆 개천으로 들어가 뒤집혔다. 승객은 완전히 불구가 되고, 거의 의식 불명이 된 채 땅바닥에 누워 있었다. 경찰이 달려왔고 메모하기 시작했다. 경찰은 그 사람에게 물었다.

"결혼했는가?"

그 승객이 말했다.

"난 결혼하지 않았다. 이것이 내가 당한 가장 큰 사고다."

아는 자는 결코 결혼하지 않는다고 한다. 그러나 결혼하지 않고서 어떻게 결혼하면 무슨 일이 일어날지를 알겠는가? 그대는 한 사람의 부분만을 본다. 그리고 마침내는 처음에 매력적으로 느껴졌던 그 부분이 어리석게 보일 때가 있다. 그대는 상대방의 눈동자 색에 반한다. 그 무슨 어리석은 짓인가? 어떻게 그대의 삶이 누군가의 눈동자 색깔에 달려 있을 수 있는가? 어떻게 그대의 삶이 누군가의 눈동자 색깔 때문에 아름다워질 수 있는가? 아주 조금밖에 안 되는 색소 때문에? 그러나 그대는 낭만적이 된다. 아아, 그 눈, 그 눈동자의 빛! 그러면 그대는 미치게 되고, 이렇게 생각한다.

'만일 내가 이 여자와 결혼하지 않으면 난 삶을 잃어버릴 것이다. 난 자살을 하고 말 것이다.'

그러나 그대는 자신이 무엇을 하고 있는지 모른다. 인간은 영원토록 눈동자 색깔로 인해 살 수는 없다. 이틀 안에 그 눈에 익숙해지고, 그것을 잊어버릴 것이다. 그때 그대 앞에는 삶 전체가 놓여 있다. 부분은 사라지고 전체가 다가온다. 그러면 불행이 시작된다. 신혼여행이 끝나기도 전에 삶의 불행이 시작되는 것이다. 그 사람 전체를 바라보지 않았던 것이다. 마음은 전체를 볼 수 없다. 그것은 단지 표면만을, 얼굴, 모습, 머리카락, 눈동자의 색, 그 여성의 걸음걸이, 말하는 방식, 목소리만 볼 뿐이다. 그것들은 부분이지 결코 그 사람 전체가 아니다.

마음은 전체를 볼 수 없다. 마음은 단편만을 보며, 언제나 단편적인 것들에 유혹당한다. 그리고 단편적인 것에 유혹되는 순간 전체가 따라온다. 전체는 멀리 있지 않다. 눈동자는 독립되어 존재하는 것이 아니다. 그것은 그 사람 전체의 일부다. 눈에 유혹되면, 그 사람 전체에 유혹당한 것이나 다름없다. 그리고 그 전체가 따라올 때 모든 것이 추해진다. 그렇다면 누구에게 책임이 있는가? 전체를 보고 판단해야 한다. 그러나 마음은 아침에는 아침만을 보고 저녁에 대해서는 완전히 잊어버린다. 잘 기억하라. 모든 아침 속에는 저녁이 숨겨져 있다. 아침은 끊임없이 저녁으로 변해간다. 그것은 누구도 어쩔 수 없다. 누구도 그것을 멈출 수가 없다.

장자는 말한다.

> 사실 그 두 배열은 같았다.
> 밤의 숫자는 달라지지 않았다.
> 그러나 원숭이들은 한 경우에는 불쾌해 하고
> 다른 경우에는 만족해 했다.

이 원숭이들이 곧 그대의 마음이다. 그들은 전체를 볼 수 없다. 이것은 불행의 원인이다. 그대는 항상 놓친다. 부분에 유혹당해 언제나 전체를 놓친다. 전체를 볼 수 있고, 그래서 그렇게 행동한다면, 삶은 결코 지옥이 아닐 것이다. 표면적인 배열에 대해서, 아침과 저녁에 대해서 고민하지 않을 것이다. 왜냐하면 계산할 수 있기 때문이다. 합은 언제나 일곱이라는 것을. 아침에 세 개를 받든 네 개를 받든 그것은 차이가 없다. 전체는 일곱이다.

한 어린 꼬마가 몹시 당황한 표정으로 학교에서 돌아왔다. 엄마가 물었다.

"무슨 일이 있었니? 왜 그렇게 당황한 얼굴이니?"

아이가 말했다.

"머리가 혼란스러워요. 아무래도 선생님이 이상해진 것 같아요. 어제 선생님은 4 더하기 1이 5라고 말했는데, 오늘은 3 더하기 2가 5라고 말했어요. 정신이 이상한 게 틀림없어요. 4 더하기 1이 5인데, 어떻게 3 더하기 2도 5일 수가 있죠?"

아이는 5라는 합이 수많은 배열에서 나올 수 있음을 알지 못했던 것이다. 한 가지 배열에서만 5가 나오는 것이 아니다. 5인 합을 만들 수 있는 수백만 가지의 배열이 존재한다.

삶을 어떻게 배열하든, 종교적인 사람은 언제나 전체를 볼 것이고, 세속적인 사람은 언제나 부분을 볼 것이다. 그것이 차이다. 세속적인 사람은 가까이에 있는 것은 보지만 멀리에 숨겨져 있는 것은 보지 못한다. 거리가 정말로 그렇게 먼 것은 아니다. 그것은 가까이에 있다. 그것은 곧 일어날 것이다. 저녁은 오고 있다. 그대는 삶 전체를 볼 수 있는 시각을 가질 수 있는가? 어떤 사람이 물에 빠지면 갑자기 그의 삶 전체가, 그 전체가 떠오른다는 것은 믿을 만한 얘기다. 나 역시 그것이 사실이라고 생각한다. 그대는 물에 빠져 죽어가고 있다. 시간이 얼마 남지 않았다. 그러면 갑자기 눈앞에 그대의 삶 전체가 처음부터 끝까지 펼쳐진다. 마치 영화 화면처럼 전체 스토리가 순간적으로 펼쳐진다. 하지만 그대가 죽어가고 있는데 그것이 무슨 소용이 있는가?

어느 날 왕이 정신 병원을 방문하러 갔다. 정신 병원 원장은 모든 방마다 그를 안내했다. 그 왕은 인간이 미치는 현상에 매우 관심이 많았고 그것을 연구하고 있었다. 사실 모든 사람이 그 문제에 관심이 있다. 그것은 모두의 문제이기 때문이다. 굳이 정신 병원까지 갈 필요도 없다. 아무 데로나 가서 사람들의 얼굴을 관찰해 보라. 그러면 그대는 정신 병원에서 연구하고 있는 것이나 같다. 왕이 찾아갔을 때 어떤 사람이 눈물을 흘리며 울부짖으면서 머리를 창살에 부딪치고 있었다. 고통이 너무도 깊었고, 슬픔이 가슴을 찢는 듯했다. 왕은 이 사람이 어떻게 미치게 되었는가에 대해 모든 것을 설명해 줄 것을 요구했다. 원장이 말했다.

"간단합니다. 이 사람은 한 여자를 사랑했는데, 그녀를 얻을 수가 없어서 미쳤습니다."

그들은 다른 방으로 갔다. 그곳에서는 한 사람이 여자의 사진을 벽에 붙여 놓고 침을 뱉고 있었다. 왕이 물었다.

"이 사람은 왜 이러는가? 이 사람 역시 여자가 문제인 듯이 보이는데."

원장이 말했다.

"같은 여자입니다. 이 사람 역시 그 여자와 사랑에 빠졌고, 마침내 그녀를 얻었습니다. 그것이 그가 미친 이유입니다."

원하는 것을 얻으면, 그때 그대는 미친다. 원하는 바를 얻지 못해도 미친다. 전체는 똑같은 채로 남아 있다. 무엇을 하든 후회할 것이다. 부분은 만족시켜 줄 수가 없다. 전체는 너무 크고 부분은 너무 작기 때문에 그 부분으로부터 전체를 추측할 수 없다. 만일 부분에 의지해서 삶을 결정한다면, 그대는 혼란에서 벗어날 수 없을 것이다. 삶 전체가 헛되이 낭비될 것이다.

그러면 우리는 무엇을 해야 하는가? 장자는 우리가 어떻게 하기를 바라는가? 그는 우리가 부분이 되지 말기를, 전체가 되기를 원할 것이다. 그러나 기억하라. 전체일 때만 전체를 볼 수 있다. 부분적이라면 그때 그대는 전체를 볼 수 없다. 부분적이라면 어떻게 전체를 알 수 있겠는가? 그대가 부분들로 나누어져 있다면 그대 속에 전체가 반영될 수 없다. 내가 명상을 말할 때, 나는 더 이상 나누어지지 않은 마음, 모든 부분들이 사라진 마음을 의미하는 것이다. 그 마음은 나누어져 있지 않고, 전체이며, 하나다.

이 하나인 마음은 그 끝까지 깊이 본다. 그것은 처음부터 마지막까지 다 본다. 그것은 탄생으로부터 죽음까지를 본다. 양 극단이 그 앞에 있다. 그리고 그렇게 보는 것으로부터, 그렇게 통찰하는 시각으로부터 행동이 생겨난다. 죄가 무엇이냐고 묻는다면 나는 말할 것이다. 부분적인 마음으로부터 나오는 행동이 곧 죄라고. 무엇이 선한 행동이냐고 묻는다면 나는 말할 것이다. 전체적인 마음으로부터 나오는 행동이 곧 선한 행동이라고.

자신의 삶을 기억하고, 그것을 관찰하라. 그대가 무엇을 하든, 무엇을 선택하든, 이것이든 저것이든, 모든 것이 잘못된다. 무엇을 선택하든 곧 불행을 선택하는 것이다. 크리슈나무르티가 끊임없이 선택하지 말 것을 주장하는 이유도 바로 이 때문이다.

이것을 이해하라. 그대는 여기서 내 말을 듣고 있다. 그것은 선택이다. 그대에게는 아직 하지 않은 일과 미완성된 작업이 남아 있다. 그대는 사무실로, 상점으로, 가족에게로 되돌아가야 한다. 그런데 지금 여기서 내 말을 듣고 있다. 오늘 아침 그대는 자신이 할 일을 결정했을 것이다. 이 사람의 말을 들으러 갈 것인가, 아니면 일하러 시장으로, 사무실로 갈 것인가. 그리고 이곳으로 오기를 선택했다. 그대는 이곳에 올 것을 선택했다. 그리고 그 선택을 후회할 것이다. 이곳에 있는 동안에도 존재 전체로서 이곳에 있지 않기 때문이다. 마음의 반은 이미 다른 곳에 가 있다. 그대는 내가 어서 말을 끝마치고 그대가 갈 수 있게 되기를 기다리고 있다. 하지만 만일 다른 것을 선택했더라면, 예를 들어 쇼핑을 가거나 사무실로 갔다면, 존재 전체로 그곳에 있으리라고 생각하는가? 아니다, 그렇지 않다. 그것 역시 선택이기 때문이다. 그때 그대는 몸은 그곳에 있지만 마음은 이곳에 있을 것이다. 그리고 후회할 것이다. '난 무엇을 놓치고 있지? 그곳에서 무슨 일이 일어나고 있는지, 무슨 얘기가 진행되고 있는지 누가 아는가? 오늘 아침 깨달음의 비밀이 전수될지 누가 아는가?'

무엇을 선택하든, 이곳에 오든 오지 않든, 거기 선택이 있다면 그것은 곧 마음의 절반이 또는 조금 더 많은 양이 선택됐음을 의미한다. 그것이 곧 민주적 결정이며, 의회 제도다. 마음의 다수에 따라 그대는 결정을 했다. 그러나 소수는 여전히 그곳에 있다. 그리고 다수도 소수도 고정된 것은 아니다. 아무도 그 크기를, 그 당원들이 언제 편을 바꿀지 알지 못한다.

이곳으로 올 때 그대는 결정을 했다. 마음의 51퍼센트가 오고자 했고, 49퍼센트는 다른 곳으로 가고자 했다. 그러나 여기 도착한 순간부터 배열이 바뀐다. 이곳에 와서 내 말을 들으려던 그 결정이 혼란을 일으킨다. 이곳에 도착한 순간부터 소수가 다수가 된다. 그것이 아직 다수가 되지 않았다면, 그대가 떠나는 순간부터 그것은 다수가 된다. 그대는 생각할 것이다. '두 시간이 소비되었다. 이제 그것을 어떻게 보충할 것인가? 오지 않는 것이 더 좋았을텐데.' 영적인 것은 연기될 수 있다. 그러나 이 세상은 뒤로 미룰 수가 없다. 삶은 충분히 길다. 명상은 나중에도 할 수 있다.

인도에서는 명상은 노인들만을 위한 것이라고 말하곤 한다. 일단 죽음이 임박해지면, 그때부터 명상하면 되는 것이다. 명상은 젊은 사람을 위한 것이 아니다. 명상은 목록의 맨 마지막에 있는 것이다.

다른 모든 것을 끝마쳤을 때 그것을 하면 된다. 그러나 기억하라. 그대가 모든 것을 다 마쳤을 때, 너무 늦어 다른 것을 할 수 없을 때, 에너지가 다 소모되었을 때, 명상은 결코 가능하지 않다. 아무 것도 할 수 없는데, 어떻게 명상을 할 수 있는가? 명상은 에너지를, 가장 순수하고 활기찬 에너지를 필요로 한다. 명상을 하기 위해서는 넘쳐나는 에너지가 필요하다. 어린아이는 명상할 수 있다. 그러나 노인이 어떻게 명상할 수 있는가? 어린아이는 쉽게 명상한다. 노인은 불가능하다. 그는 이미 기운을 다 써버렸기 때문이다. 그에게는 기가 없다. 그의 강물은 흐르지 않고, 얼어붙어 있다. 삶의 많은 부분이 이미 죽어 있다.

한 수도승이 세상을 떠났다. 그는 매우 유명한, 온 나라에 알려진 수도승이었다. 많은 사람들이 그를 존경했고, 깨달음을 얻은 이라고 생각했다. 그리고 같은 날에 한 매춘부가 죽었다. 그녀는 바로 그 수도승의 사원 앞에 살았다. 그녀 역시 그 수도승만큼이나 유명한 매춘부였다. 그들은 서로 다른 두 개의 극단적인 삶을 살았다. 그리고 그들은 같은 날 죽었다. 죽음의 천사가 와서 수도승을 천국으로 데려갔다. 다른 죽음의 천사는 매춘부를 지옥으로 데려갔다. 천사가 천국에 이르렀을 때, 문은 닫혀 있었고 문지기가 천사에게 말했다.

"그대는 두 사람을 혼동했다. 이 수도승은 지옥으로 가야 하고, 매춘부는 천국으로 와야 한다."

천사가 말했다.

"무슨 말인가? 이 사람은 끊임없이 명상하고 기도한 매우 유명한 고행자였다. 그래서 우린 물어보지도 않고 그를 데려온 것이다. 그리고 매춘부는 이미 지옥에 있을 것이다. 다른 천사가 그녀를 그곳으로 데려갔다. 우린 전혀 물어볼 생각을 하지 않았다. 너무도 분명했던 것이다."

문지기가 말했다.

"그대는 단지 겉모습만을 보았기 때문에 혼동한 것이다. 이 수도승은 오직 다른 사람들의 이익을 위해서만 명상했다. 그러나 그 자신에 대해서는 늘 이렇게 생각했다. '난 삶을 잃고 있다. 저 매춘부는 얼마나 아름다운가. 또 얼마든지 손에 넣을 수 있는 여자가 아닌가. 내가 거리를 건너가면 언제라도 그녀를 손에 넣을 수 있다. 그런데 난 너무 터무니없는 일만 하고 있다. 기도하고, 붓다의 자세로 앉아 있으며, 결국 아무것도 얻지 못한다.' 그러나 자신의 명성 때문에 그는 감히 그렇게 하지 못했다."

많은 사람들이 이 수도승과 같이 겁쟁이이기 때문에 도덕군자처럼 보인다. 그는 그 거리를 가로질러 갈 수가 없다. 많은 눈이 지켜보고 있는데 어떻게 그가 매춘부에게로 갈 수 있겠는가? 사람들이 뭐라고 하겠는가? 겁쟁이는 언제나 다른 사람들의 의견을 두려워한다. 그래서 그는 금식하면서 고행자로 남아 있지만 그의 마음은 언제나 매춘부와 함께 있었다. 노래와 춤이 있을 때 그는 귀 기울이곤 했다. 그는 불상 앞에 앉아 있었지만 붓다는 그곳에 없었다. 그는 명상하고 있지 않았다. 그는 자신이 매춘부와 함께 춤추고 있는 모습을 상상했으며, 환상 속에서 매춘부와 사랑을 나누곤 했다.

반면에 매춘부는 어떤가? 그녀는 항상 후회하고, 후회하고, 거듭 후회하고 있었다. 그녀는 자신이 삶을 낭비하고 있음을 알았다. 좋은 기회를 다 헛되이 써 버린 것이다. 무엇을 위해서? 다만 돈을 위해서 자신의 몸과 영혼을 팔았다. 그녀는 수도승이 있는 사원 쪽을 바라보곤 했다. 그곳의 조용한 삶을 갈망하면서 그곳에는 어떤 명상이 진행되고 있을까 상상하곤 했다. 그녀는 신이 자기에게 그 사원 안으로 들어갈 기회를 주기를 염원했다. 그러나 그녀는 생각했다. '난 불경스런 매춘부, 어찌 저 사원으로 들어갈 것인가.' 그래서 그녀는 다만 멀리서라도 사원을 보기 위해 거리 바깥에서 사원 주위를 걷곤 하였다. 얼마나 아름답고, 조용하고, 축복받은 곳인가! 그곳에서 키르탄과 바잔(신에게 바치는 노래), 노래와 춤이 있을 때면 그녀는 통곡하고 울며 소리치곤 했다. 자신이 잃어버린 것을 상상하면서.

그래서 천국의 문지기는 말했다.

"그 매춘부를 천국으로 데려오고, 이 수도승을 지옥으로 데려가라. 그들의 외면적 삶 또한 달랐고, 그들의 내면적 삶 또한 달랐다. 하지만 다른 모든 사람들과 마찬가지로 둘 다 후회했다."

인도는 세계 어느 언어에도 없는 단어를 만들었다. 어디를 가나 천국과 지옥이란 말이 있다. 모든 종족의 언어들이 천국과 지옥에 해당하는 단어를 갖고 있다. 하지만 인도인들은 다른 낱말을 알고 있다. 그것은 모크샤(해탈), 또는 니르바나(열반), 즉 천국도 지옥도 아닌 절대적 자유다. 겉으로 드러난 삶이 지옥이고 그대가 진정으로 참회한다면 그대는 천국에 이를 수 있다. 끊임없이 명상과 기도의 세계를 갈망하던 매춘부와 같이. 그러나 만일 그대의 외적인 삶이 천국이고 내적인 삶이 지옥이라면, 매춘부를 원했던 수도승처럼 지옥에 이르게 될 것이다. 그러나 어떤 선택도, 후회도 하지 않는다면 그대는 니르바나, 열반에 이를 것이다.

선택하지 않는 깨어 있음은 모크샤, 절대 자유다. 지옥은 속박이며, 천국 역시 속박이다. 천국은 아름다운 감옥일지도 모른다. 지옥은 추한 감옥일지도 모른다. 그러나 둘 다 감옥이긴 마찬가지다. 기독교도 이슬람교도 이 점을 따를 수 없다. 그들에게는 천국이 궁극적인 것이기 때문이다. 만일 그대가 그들에게 '예수는 어디에 있는가?' 하고 묻는다면 그들은 대답할 것이다. 천국에 신과 함께 있다고. 그것은 전적으로 틀린 대답이다. 만일 예수가 천국에 있다면, 그렇다면 예수는 깨닫지 못한 것이다.

천국의 집들은 황금으로 지어졌을지 모른다. 그러나 감옥이라는 점에선 다르지 않다. 아름답고 즐거울지 몰라도, 그것은 여전히 하나의 선택에 불과하다. 지옥에 반대되는 선택. 죄에 반대해 도덕적인 삶을 선택하는 것이 다수의 결정이었다. 하지만 그곳에는 여전히 소수의 선택이 기다리고 있다. 예수는 모크샤, 절대 해탈의 경지에 있다. 나는 말한다. 그는 천국에도, 지옥에도 있지 않다고. 그는 모든 속박으로부터 완전히 자유로웠다. 선과 악, 죄와 덕, 도덕과 부도덕으로부터 자유로웠다. 그는 선택하지 않았다. 그는 선택 없는 삶을 살았다. 그리고 그것이 곧 내가 계속해서 그대에게 말하고 있는 것이다. 선택 없는 삶을 살라.

그러나 어떻게 선택 없는 삶이 가능한가? 오직 전체를, 일곱 개를 볼 때만 그것은 가능하다. 그렇지 않으면 그대는 선택할 것이다. 아침에 이것이 일어나고, 저녁에 저것이 일어날 것이라고 말할 것이다. 그리고 단지 배열을 바꾸는 것으로 전체를 바꾸고 있는 것이라고 생각한다. 전체는 절대로 변할 수 없다. 합계는 똑같은 채로 남아 있다. 그래서 나는 말하는 것이다. 걸인과 황제 사이에는 아무런 차이도 없다고. 아침에 그대는 황제이고 저녁에는 걸인이다. 아니면 아침에는 걸인이고, 저녁에는 황제일 것이다. 하지만 합계는 똑같은 것으로 남아 있다. 합계를 보라. 전체가 되라. 그러면 선택은 사라진다.

원숭이 조련사는 단순히 전체를 보고 말했다. '좋다, 이 어리석은 원숭이들아. 너희들이 그것으로 행복하다면 예전의 배열로 가자.' 그러나 조련사 역시 원숭이들과 차이가 없었다면 싸움이 일어났을 것이다. 그때 그는 주장했을 것이다. '아니다, 이 순서로 주겠다. 누가 명령을 내리고, 누가 결정을 하는가. 누가 주인이라고 생각하는가? 너흰가, 나인가?'

에고는 언제나 선택을 하고, 결정을 내리고, 강요한다. 원숭이들이 반란을 일으키고 있었다. 만일 이 사람도 원숭이였다면 그들은 그를 미치게 만들었을 것이다. 그래서 그는 원숭이들을 그들이 속해 있는 우리 안으로 밀어넣었을 것이다. 그는 주장했을 것이다. '이젠 더 이상 아침에 네 개는 주지 않는다. 난 결정했다.'

어느 남자의 60번째 생일이었다. 싸움과 다툼으로 얼룩진 40년간의 긴 결혼 생활 뒤였다. 그날 밤 그는 집으로 돌아왔다. 그런데 그가 집 안으로 들어섰을 때 그의 아내가 선물로 아름다운 넥타이 두 개를 준비해서 기다리고 있었다. 그는 놀랐다. 그는 아내에게서 그런 것을 전혀 기대하지 않았다. 그녀가 넥타이 두 개를 선물로 마련해서 그를 기다리고 있다는 것은 거의 불가능한 일이었다. 그는 매우 행복해서 말했다.

"저녁 식사는 만들지 말아요. 1,2분 안에 준비를 할 것이니 시내의 가장 훌륭한 레스토랑으로 갑시다."

그는 목욕을 하고 준비를 했다. 그리고 아내가 준 넥타이 중 하나를 매었다. 그의 아내가 바라보더니 소리쳤다.

"뭐예요? 당신은 다른 넥타이는 마음에 들지 않는다는 건가요? 다른 넥타이는 만족스럽지 않다는 거예요?"

사람은 한 번에 하나의 넥타이밖에는 맬 수가 없다. 그러나 그가 어느 타이를 매든지 같은 일이 일어났을 것이다. 그것은 다툼과 싸움의 오래된 습관이다. 그녀는 날마다 싸울 거리를 찾았을 것이다. 그리고 그녀는 항상 성공했을 것이다. 찾으려고 마음먹으면 얼마든지 발견할 수 있기 때문이다.

이것을 기억하라. 그대가 무엇을 찾든, 그것을 발견할 것이다. 세상은 무척 넓고 존재는 풍부하다. 그러니 그대가 무엇을 찾는 데 정말 예민하기만 하다면 결국 그것을 찾고야 말 것이다. 때때로 그녀는 남편의 외투에서 머리카락을 발견해 냈다. 그리고는 그가 다른 여자와 어울렸다고 싸움을 걸었다. 그러나 한번은 일주일 동안 잘못된 것을 찾을 수가 없었다. 그녀는 찾고 찾았지만 싸움 걸 구실이 없었다. 그래서 일곱째 날 남편이 돌아왔을 때, 그녀는 가슴을 치며 울부짖었다.

"당신은 파렴치한이에요. 당신은 지난 번 여자와의 관계를 끊고, 이젠 대머리 여인과 함께 돌아다니지요?"

그 마음은 항상 싸울 이유를 찾고 있었던 것이다. 웃지 말라. 이것은 그대의 마음에 관한 것이다. 웃음으로써 그대는 단순히 그대 자신을 속이는 것이다. 그대는 생각할지 모른다. 이것은 다른 어떤 사람의 일이라고. 아니다, 이것은 그대 자신에 대한 이야기다. 내가 무슨 말을 하든, 그것은 언제나 그대 자신에 대한 것이다. 마음은 선택을 하며, 언제나 문제를 선택한다. 선택과 함께 문제가 따라오기 때문이다. 그대는 신을 선택할 수 없다. 만일 그 선택을 하면 문제가 있을 것이다. 그대는 산야신, 구도자를 선택할 수 없다. 그것을 선택한다면 문제가 일어날 것이다. 자유를 선택한다 해도 그것은 자유가 아닐 것이다.

그렇다면 어떻게 해야 가능한가? 어떻게 해야만 신이, 자유가, 니르바나가 일어나는가? 그것은 선택의 어리석음을 이해할 때 일어난다. 그것은 새로운 선택이 아니다. 다만 선택을 버리는 것이다. 전체를 바라보면서 그대는 웃기 시작할 것이다. 더 이상 선택할 아무것도 없다. 합계는 똑같은 것이다. 결국 저녁이면 합계는 같을 것이다. 그러면 자신이 아침에 황제인지 걸인인지에 대해 괴로워하지 않게 될 것이다. 그대는 언제나 행복하다. 저녁이면 모든 것이 같아지고, 공평해지기 때문이다.

죽음은 모든 것을 공평하게 만든다. 죽음 앞에서는 아무도 황제가 아니고, 아무도 걸인이 아니다. 죽음은 합계를 드러낸다. 그것은 언제나 일곱인 것이다. 그 두 가지 배열은 같은 것이었다. 기억하라, 밤의 숫자는 변하지 않았다. 그러나 한 경우에는 원숭이들이 불쾌해 하고 다른 경우에는 만족스러워 했다.

조련사는 기꺼이
그 객관적인 상황에 맞추기 위해
자신의 개인적인 배열을 바꾸었다.
그로 인해 그는 아무것도 잃지 않았다.

이해의 사람은 언제나 객관적인 상황에서 본다. 그는 주관적인 느낌에서 보지 않는다. 원숭이들이 싫다고 말했을 때, 그대가 만일 원숭이 조련사였다면 감정이 상했을 것이다. 이 원숭이들은 반란을 시도하고 있다. 그들은 불복종하고 있다. 이것은 참을 수 없는 일이다. 그것은 그대 내면을 상처 입혔을 것이다. 그대는 죽은 것들에조차도 화를 낸다. 문을 열려고 하는데 그것이 저항을 하면 그대는 금방 미쳐 버린다. 편지를 쓰려고 하는데 펜이 부드럽게 잘 써지지 않으면 화가 난다. 그대는 기분이 나빠진다. 마치 그 펜이 고의로 그러는 것처럼. 마치 빈 배에 사람이 타고 있는 것처럼. 그대는 펜 속에 그대를 방해하는 누군가가 있다고 느낀다.

그리고 이것은 갓난아이의 논리만이 아니라 그대의 논리이기도 하다. 아이는 탁자와 부딪치면 즉시 그 부당함을 바로잡기 위해 탁자를 손으로 때린다. 그리고 아이는 늘 그 탁자의 적이 된다. 그대 역시 똑같다. 죽은 것들과 더불어, 무생물들과 더불어 화를 내고 미쳐 버린다. 그대는 너무도 주관적이다. 그러나 지혜로운 이는 결코 주관적이지 않다. 그는 언제나 객관적인 상황을 본다. 그는 문을 바라보고, 그것이 열리지 않으면 열려고 애쓸 것이다. 하지만 그것에 화를 내지는 않는다. 그 배가 비어 있기 때문이다. 그곳에 문을 닫혀 있게 하는, 그대의 노력을 방해하는 사람은 아무도 없다.

객관적 상황에 맞추기 위해 조련사는 자신의 개인적 순서를 바꾸었다. 그는 원숭이들을, 그들의 마음을 바라보았다. 그는 마음이 상하지 않았다. 그는 원숭이 조련사이지 원숭이가 아니었다. 그는 바라보고 속으로 웃었을 것임에 틀림없다. 전체를 알았기 때문이다. 그리고 양보했다. 오직 지혜로운 이만이 양보한다. 어리석은 자는 항상 저항한다. 어리석은 자들은 굽히기보다는 죽는 것이 더 낫다고 말한다.

노자와 장자는 말한다. 강한 바람이 불 때 어리석고 자기 중심적인 나무들은 저항하고 부러져 죽는다. 그러나 현명한 풀들은 몸을 굽힌다. 폭풍이 지나가고 나면 그 풀들은 똑바로 서서 웃으며 즐거워한다. 풀들은 객관적이고, 나무는 주관적이다. 큰 나무는 자기 자신을 너무 생각하는 것이다. '난 중요한 존재다. 누가 날 굽힐 수 있는가? 누가 날 강제로 패배시킬 수 있는가?' 큰 나무는 폭풍과 맞서 싸운다. 폭풍은 그대에게 호의적이지 않기 때문이다. 하지만 그것은 특별한 것이 아니다. 단순히 폭풍이 그곳을 지나고 있고, 그대가 그곳에 있는 것이다. 그것은 우연의 일치일 뿐이다.

원숭이들은 동물이다. 그리고 그들은 자신을 매우 우월한 동물이라고 생각한다. 그렇다고 그것이 원숭이 조련사를 화나게 하진 않는다. 원숭이는 다만 원숭이일 뿐이다. 그것이 그들의 존재 방식이다. 그들은 전체를 볼 수 없고, 합해 볼 줄을 모른다. 오로지 가까이 있는 것만 볼 수 있고, 멀리 있는 것은 볼 수 없다. 그 멀리 있는 것은 그들에게는 너무 멀다. 저녁을 생각하는 것은 불가능하다. 그들은 오로지 아침만 안다. 원숭이는 원숭이고, 폭풍은 폭풍이다. 왜 화를 내는가? 그들은 그대와 싸우는 것이 아니다. 그들은 단지 그들의 길, 그들의 습관을 따라가고 있을 뿐이다. 그러므로 원숭이 조련사는 화가 나지 않았다. 그는 지혜로운 자였고, 양보했다. 그는 곧 풀과 같았다. 그대가 주관적으로 느끼기 시작할 때마다 이것을 기억하라. 어떤 사람이 무엇인가를 말하면 그 즉시 그대는 마음이 상한다. 마치 그것이 그대를 향해 말한 것처럼. 배 안에 그대가 너무 많은 것이다. 그것은 전혀 그대에게 말한 것이 아니었다. 상대방이 그 자신의 주관을 설명하고 있었을 뿐이다.

누군가 '당신이 날 모욕했다'고 말할 때, 그것에 담긴 의미는 실제로 다른 것이다. 그가 좀더 지성적이었다면 그는 그것을 다른 식으로 말했을 것이다. 그는 이렇게 말했을 것이다. '난 모욕감을 느낀다. 당신이 날 모욕 줄 생각이 아니었다 할지라도, 당신이 말한 것에 난 모욕당한 기분이 든다.' 이것이 주관적인 느낌이다. 그러나 누구도 자신의 주관적인 느낌을 깨닫지 못한다. 모두가 객관적인 상황에 자신의 주관적인 감정을 투영하고 있다. 상대방은 언제나 말한다. '당신이 나를 모욕했다'고. 그러면 그 말을 들은 그대 역시 주관적이 된다. 둘 다 배가 너무 가득 차 있는 것이다. 배 안에 사람이 너무 많다. 그러니 충돌, 폭력, 적대감이 있을 수밖에 없다.

그대가 지혜롭다면, 상대방이 '당신이 날 모욕했다'고 말할 때, 그 문제를 객관적으로 바라보고, 이렇게 생각할 것이다. '왜 저 사람이 모욕감을 느끼고 있지?' 그리고 상대방의 감정을 이해하려고 노력할 것이다. 그 문제를 바로잡을 수 있다면 기꺼이 양보할 것이다. 원숭이들은 원숭이들이다. 왜 화를 내는가? 왜 그대까지 감정에 상처를 입는가?

물라 나스루딘이 늙었을 때 그는 명예 치안판사직을 맡고 있었다. 그가 맡은 첫 번째 사건은 강도를 당한 사람이었다. 나스루딘은 그의 이야기를 듣고 말했다.

"맞다, 그대가 옳다."

그러나 그는 다른 사람의 얘기는 아직 듣지 않았다. 법정의 서기관이 그의 귀에 대고 속삭였다.

"나스루딘, 당신은 이 일에 익숙지 않습니다. 당신은 당신이 하고 있는 일을 잘 모릅니다. 판결을 내리기 전에 상대편의 말을 들어봐야 합니다."

그래서 나스루딘은 그렇게 하겠다고 말했다. 상대편인 강도가 자신의 이야기를 했다. 나스루딘은 그 이야기를 듣고 말했다.

"그대가 옳다."

법정의 서기관은 혼란스러워졌다. 이 새로운 치안판사는 경험이 없을 뿐만 아니라 제정신이 아닌 것 같았다. 그래서 그는 다시 나스루딘의 귀에 대고 속삭였다.

"무얼 하시는 겁니까? 양편이 다 옳을 순 없어요."

아침에 세 개 | 217

나스루딘이 말했다.

"옳다. 그대가 옳다."

이 사람은 객관적인 상황에서 보는 지혜로운 사람이다. 그는 양보할 것이다. 그는 언제나 양보하고 있으며, 언제나 그렇다고 말하고 있다. 아니라고 말한다면 그때 그대의 배는 비어 있지 않기 때문이다. '아니다'는 언제나 에고에서 온다. 현자는 '아니다'라고 말해야 하는 상황에서도 여전히 '그렇다'의 단어를 사용할 것이다. 어리석은 사람은 '그렇다'고 말하고 싶은 경우에도 '아니다'의 단어를 사용한다.

원숭이 조련사는 기꺼이 양보했다.

조련사는 기꺼이
그 객관적인 상황에 맞추기 위해
자신의 개인적인 배열을 바꾸었다.
그로 인해 그는 아무것도 잃지 않았다.

지혜로운 자는 어리석은 자에게 '그렇다'고 말한다고 해서 아무것도 잃지 않는다. 현자는 양보한다고 해서 아무것도 잃지 않는다. 그는 모든 것을 얻는다. 그곳에 에고는 없다. 그러니 어떤 손해도 있을 수 없다. 손해란 에고가 느끼는 것이다. 에고는 언제나 '난 손해를 보고 있다'고 느낀다. 왜 그렇게 느끼는가? 결코 손해 보기를 원치 않기 때문이다. 왜 자신이 실패하고 있다고 느끼는가? 언제나 성공하기를 원하고 있기 때문이다. 왜 자신이 걸인이라고 느끼는가? 언제나 황제가 되기를 갈망하고 있기 때문이다.

지혜로운 자는 단순히 있는 그대로를 받아들인다. 그는 전체를 받아들인다. 그는 안다. 아침의 황제는 저녁의 걸인, 아침의 걸인은 저녁의 황제임을. 그렇다면 어느 쪽이 더 나은 순서인가? 만일 어쩔 수 없이 선택해야만 한다면 그는 아침의 걸인, 저녁의 황제인 쪽을 택할 것이다. 지혜로운 자는 결코 선택하지 않는다. 하지만 만일 그대가 고집한다면, 그는 말할 것이다. 아침에 걸인, 저녁에 황제가 더 낫다고. 왜인가? 아침에 황제였다가 저녁에 걸인으로 살아가기는 매우 힘든 일이기 때문이다. 하지만 사람들은 언제나 그쪽을 선택한다. 지혜로운 자는 처음에 고통을, 그리고 마지막에 즐거움을 선택할 것이다. 처음의 고통은 그대에게 배경이 되어 줄 것이고, 그것이 있었기 때문에 즐거움은 그 어느 때보다 커질 것이기 때문이다. 즐거움이 배경 역할을 한다면 그만큼 고통은 더 견딜 수 없는 것이 될 것이다.

　동양과 서양은 서로 다른 배열을 해왔다. 동양의 경우 생애 처음 25년 동안은 모든 아이들이 고난을 겪어야만 한다. 그것은 서양이 들어와 동양을 지배할 때까지 수천 년 동안 이어져 온 원칙이었다. 인도에선 전통적으로 아이는 숲 속에 있는 스승의 집으로 가서 가능한 모든 고난을 겪어야만 했다. 마룻바닥 위에서 걸인처럼 잠자야 했다. 그곳엔 어떤 안락함도 없었다. 걸인처럼 먹어야 했다. 그리고 마을로 내려가 스승을 위해 구걸해야 했으며, 장작을 패고, 가축들에게 물을 먹이기 위해 강으로 가야 했다. 가축들을 이끌고 숲을 돌아다녀야 했다. 25년 동안은 그가 왕으로 태어났든 걸인으로 태어났든 가장 단순하고 엄격한 생활을 해야만 했다. 황제의 아들조차도 똑같은 과정을 거쳐야 했고 아무런 차별도 없었다. 그리고 그가 세상의 삶을 비로소 알게 되었을 때, 삶은 그토록 환희에 찬 것이었다.

삶이 무엇을 주든 그것은 그가 처음 시작했던 것보다는 더 낫기 때문이다. 아이는 이제 스승의 집을 떠나 오두막에서 산다. 어떤 보금자리도 없이 군중들이 오가는 길거리에서 자던 것에 비하면 그것은 그에게는 궁전과 마찬가지다. 그는 평범한 잠자리를 가졌지만 그것은 천상의 것에 버금간다. 평범한 음식, 빵, 버터와 소금은 충분히 낙원 이상의 것이다. 스승의 집에는 버터 같은 것은 없었기 때문이다. 처음의 25년 동안보다는 모든 것이 낫다. 이제 그는 삶이 주는 모든 것에 대해 행복할 것이다.

서양의 방식은 그 반대다. 학생일 때는 모든 안락함이 주어진다. 기숙사, 아름다운 대학, 멋진 방, 교실들, 스승들, 모든 배열이 만들어진다. 의료 혜택, 음식, 위생, 모든 것이 고려된다. 그리고 이 25년 동안의 생활 다음에는 현실의 싸움 속으로 내던져진다. 그대는 25년 동안 온실 식물로 살아왔으며, 투쟁이 무엇인지를 모른다. 그래서 그대가 사무실 직원이 되고 초등학교 교사가 되었을 때, 삶은 지옥이다. 그대는 평생 동안 투덜거릴 것이며, 삶 전체가 하나의 긴 불평 불만이 될 것이다. 불평은 계속되고, 모든 것이 잘못될 것이다. 그럴 수밖에 없는 것이다.

조련사는 말했다.

"아침에 셋, 저녁에 넷을 주겠다."

그러나 원숭이들은 고집했다.

"아침에 넷, 저녁에 셋을 달라."

아침에는 네 개였는데 저녁엔 세 개밖에 없다. 따라서 저녁이 되면 우울해질 것이다. 그대는 그것을 과거와, 아침과 비교할 것이다. 아침에는 황제였는데 저녁엔 걸인이 되었다. 그러니 저녁에는 비참해질 수밖에 없다. 생의 저녁은 행복의 절정이어야 하며, 결코 불행이어선 안 된다. 원숭이들은 현명한 배열을 선택하지 않고 있다.

첫째, 지혜로운 자는 결코 선택하지 않는다. 그는 선택 없이 산다. 왜냐하면 그는 무엇이 일어나든지 그 합계는 똑같은 것이 되리라는 사실을 알기 때문이다. 둘째로, 만일 객관적인 상황 때문에 선택을 해야만 한다면 그는 아침에 세 개, 저녁에 네 개의 과정을 선택할 것이다. 그러나 원숭이들은 말한다.

"아니다, 우리는 선택할 것이다. 우리는 아침에 네 개인 경우를 선택할 것이다."

조련사는 객관적인 상황에 맞추려고 기꺼이 동의했다. 그는 그것으로 아무것도 잃지 않았다. 그러나 원숭이들에겐 무슨 일이 일어났는가? 그들은 무엇인가를 잃었다.

그러므로 지혜로운 이와 가까이 있을 때, 그에게 선택하게 하라. 그대 자신을 고집하지 말라. 첫째로, 선택은 잘못된 것이다. 둘째로, 원숭이는 무엇을 선택하든 잘못된 선택을 할 것이다. 원숭이의 마음은 단지 즉각적이고 순간적인 행복만을 찾는다. 원숭이는 나중에 무엇이 일어날까에 대해선 걱정하지 않는다. 그는 모른다. 그는 전체를 보는 시각을 지니고 있지 않다. 그러므로 지혜로운 이로 하여금 선택하게 하라.

그러나 모든 배열이 바뀌었다. 동양에선 현자가 결정했지만, 서양에는 민주주의가 있다. 원숭이들이 표를 던지고 선택하는 것이다. 그리고 이제 그들이 모든 동양을 민주주의로 바꾸었다. 민주주의란 원숭이들이 표를 던지고 선택하는 것을 의미한다. 현자 정치는 지혜로운 자가 그 배열을 선택하고 원숭이들은 양보하며 따르는 것을 의미한다. 만일 현자 정치가 적절하게 운용된다면 어떤 것도 그것을 따를 수가 없다. 민주주의는 반드시 혼란스러울 수밖에 없다. 원숭이들은 자신들이 배열을 선택하기 때문에 행복해 한다. 그러나 현자에 의해서 선택이 행해졌을 때가 세상은 더 행복했었다.

기억하라. 옛날의 왕들은 언제나 중대사에 대한 마지막 결정을 내리기 전에 현자와 은자들에게 자문을 구하러 가곤 했다. 현자들은 왕이 아니었다. 그들은 그런 것에 신경 쓰는 사람들이 아니었다. 그들은 숲 속 오두막에 사는 걸인들이었다. 문제가 있을 때 왕은 백성들에게 묻기 위해 선거구로 달려가지 않았다. 그는 속세의 모든 것을 포기한 사람들에게 묻기 위해 숲으로 달려갔다. 그들은 전체를 바라보는 눈을 갖고 있으며, 그들 자신의 선택에 대해 아무런 집착도, 욕망도, 그 어떤 것도 갖고 있지 않았기 때문이었다. 그들은 선택함이 없으며, 언제나 전체를 보고 결정한다.

> 진실로 지혜로운 이는
> 치우침 없이 문제의 양쪽을 고려해
> 올바른 도의 빛 안에서 그 둘 다를 본다.
> 이것을 동시에 두 길을 따르는 것이라고 칭한다.

전체를 본다는 것은 동시에 두 길을 따르는 것을 의미한다. 그것은 아침에 네 개, 저녁에 세 개에 대한 질문이 아니라, 삶 전체 속에서의 일곱 개에 대한 질문이다. 어떤 것의 배열과 순서는 객관적인 조건에 따라 이뤄질 수 있지만, 그러나 전체 속에는 일곱이, 두 개의 과정이 함께 담겨 있다. 지혜로운 자는 모든 것의 전체를 본다. 성은 쾌락을 준다. 하지만 지혜로운 자는 그것과 함께 따라오는 고통까지도 본다. 재산은 기쁨을 주지만, 지혜로운 자는 그것이 데리고 오는 악몽도 함께 본다. 성공은 행복을 가져다준다. 하지만 지혜로운 자는 정상 옆에 따라오는 깊은 골짜기도 안다. 훨씬 더 강렬하고 참을 수 없는 고통을.

지혜로운 자는 전체를 본다. 그리고 전체를 보고 있을 때, 그때 그대는 아무런 선택도 않는다. 그럼으로써 그대는 동시에 두 개의 길을 갖는다. 이제 아침과 저녁이 함께 있다. 이제 넷 더하기 셋이 함께 있다. 이제 아무것도 부분적으로 남아 있지 않으며, 모든 것이 전체가 된다. 그리고 이 전체를 따르는 것이 바로 도의 길이다. 이 전체를 따르는 것이 곧 종교적으로 되는 길이다. 이 전체를 따르는 것이 곧 명상이다.

두 가지 길이 있다. 하나는 밖으로 나가 자신이 누구라는 것을 애써 증명하는 길이고, 다른 하나는 내면으로 들어가 자신이 그 어느 누구도 아님을 깨닫는 길이다.

여섯째날 아침 대자유의 길

궁수가 재미로 활을 쏠 때는
그의 온 기술을 다해서 쏜다.
만일 그가 청동으로 된 상패를 얻기 위해 활을 쏜다면
그는 어느새 신경이 예민해진다.
만일 그가 금상을 받기 위해 활을 쏜다면
그는 눈이 멀게 된다.
아니면 두 개의 과녁을 본다.
그는 그의 마음에서 이미 빗나가 있다.

그의 기술은 변함이 없으나
상이 그를 분열시킨다.
그는 근심한다.
그는 활 쏘는 일보다
이기는 일을 더 많이 생각한다.
이겨야 한다는 마음이
그의 힘을 다 고갈시켜 버린다.

―〈이겨야 할 필요〉

　마음이 꿈으로 가득 차 있으면 올바로 볼 수 없다. 마음이 욕망으로 가득 차 있으면 올바로 느낄 수 없다. 욕망과 꿈과 희망, 미래가 그대를 혼란시키고 분열시킨다. 무엇이든 그것이 있는 자리는 지금 이 순간 속이다. 욕망은 그대를 미래로 인도하지만, 삶은 지금 이곳에 있다. 실체는 지금 여기에 있지만, 꿈은 그대를 미래로 인도한다. 그래서 그대는 지금 이 순간 속에 없다. 바라보지만 여전히 보지 못하고, 듣지만 여전히 놓치고 있다. 그대는 느낀다, 그러나 그 느낌은 희미하다. 그 느낌은 깊이가 없고, 꿰뚫지 못한다. 그리하여 실체는 언제나 손에서 빠져 달아난다.

　사람들은 계속해서 묻는다, 신은 어디에 있는가? 진리는 어디에 있는가? 그러나 신과 진리의 문제가 아니다. 그것들은 언제나 여기에 있다. 다른 어떤 곳에 있었던 적이 한 번도 없다. 그럴 수가 없는 것이다. 그것들은 그대가 있는 이 자리에 있다. 그러나 그대가 이곳에 없다. 그대의 마음은 어딘가 다른 곳에 가 있다. 그대의 눈은 꿈으로 빛나고 마음은 욕망으로 가득 차 있다. 그대는 미래로 옮겨간다. 하지만 미래는 단지 환상이 아니고 무엇이겠는가? 또는 그대는 과거로 옮겨간다. 하지만 과거는 이미 죽었다. 과거는 이제 더 이상 없고, 미래는 아직 존재하지 않는다. 이 둘 사이에 현재가 있다. 그 순간은 매우 짧다. 마치 원자와 같다. 그대는 그것을 나눌 수 없다. 그것은 나눌 수 있는 것이 아니다. 그 순간은 눈 깜박할 사이에 지나간다. 욕망이 들어오는 순간, 그대는 그것을 놓쳐 버린다. 꿈이 그곳에 있는 한, 그것을 놓쳐 버린다.

진정한 종교는 그대를 다른 어느 곳으로 데려가기 위한 것이 아니다. 지금 이 순간 속으로 데려오기 위한 것이다. 그대가 언제나 함께 있어 온 전체 속으로 데려오기 위한 것이다. 하지만 머리가 아주 멀리 가버렸다. 그 머리를 제자리로 되돌려 놓아야 한다. 신을 다른 곳에서 찾아선 안 된다. 다른 곳에서 찾고 있기 때문에 그대는 계속해서 놓치고 있는 것이다. 신은 언제나 이곳에서 그대를 기다려 왔다.

한번은 이런 일이 있었다. 물라 나스루딘이 완전히 취해서 비틀거리며 집으로 왔다. 그리고는 여러 번 집 문을 두드렸다. 이미 자정이 넘은 뒤였다. 아내가 나오자, 그는 물었다.

"부인, 실례지만 물라 나스루딘이 사는 곳이 어딘지 말씀해 주시겠습니까?"

그의 아내가 말했다.

"너무 취하셨군요. 당신이 바로 물라 나스루딘이에요."

그러자 그는 말했다.

"그것은 옳습니다. 그건 알고 있구요. 하지만 그건 내 질문에 대한 대답이 아닙니다. 그는 어디에 살고 있죠?"

이것이 상황이다. 그대는 자신의 집 문을 두드리면서 그대의 집이 어디냐고 묻고 있다. 실제로 그대는 자신이 누구냐고 묻는다. 이곳이 집이다. 그대는 이곳을 떠난 적이 없다. 떠나는 것은 불가능하다. 이곳은 그대가 떠날 수 있고 가버릴 수 있는 외부의 무엇이 아니다. 이곳은 그대 내부의 것, 바로 그대 존재 그 자체다.

신이 어디에 있느냐고 묻는 것은 어리석다. 신은 잃을 수가 없기 때문이다. 그것은 그대의 내부, 그대의 가장 깊숙한 존재, 그대의 본질이다. 그것은 그대의 존재이며, 그대는 그의 안에서 호흡하고 그의 안에서 산다. 다만 그대가 매우 취해 있어서 자신의 얼굴을 알아볼 수가 없는 것이다. 그대가 돌아오지 않는 한, 정신이 깨어나지 않는 한, 그대는 계속 찾고 탐문할 것이며, 계속 과녁에서 빗나갈 것이다.

도, 선, 요가, 수피즘(이슬람 신비주의), 하시디즘(유태교 신비주의), 이것들은 그대를 돌아오게 하기 위한, 그대를 술에서 깨어나게 하기 위한 방법들이다. 왜 그대는 그토록 취했는가? 무엇이 취하게 만드는가? 왜 그대의 눈은 그토록 졸린가? 왜 깨어 있지 못하는가? 그 모든 것의 근본 원인이 무엇인가? 그것은 그대의 욕망에 있다.

욕망의 본질을 이해하려고 노력해야 한다. 욕망은 술과 같다. 욕망은 가장 강력한 마약이다. 마리화나와 아편은 아무것도 아니다. 욕망은 가장 약효가 강한 마약. 마약 중에서 최고의 마약이다.

욕망의 본질은 무엇인가? 욕망할 때 무슨 일이 일어나는가? 그때 마음속에 환영을 만들고 있는 것이다. 무엇인가를 바랄 때, 그대는 이미 이곳을 떠나 있다. 이제 그대는 지금 여기에 없다. 이곳에는 부재한다. 마음이 꿈을 만들고 있기 때문이다. 이 부재가 곧 술에 취함이다.

현재에 있으라. 바로 이 순간 천국의 문이 열린다. 두드릴 필요조차 없다. 그대는 천국의 바깥에 있는 것이 아니라, 이미 안에 있기 때문이다. 다만 깨어 있으라. 욕망이 사라진 눈으로 주위를 보라. 그러면 그대는 웃음을 터뜨릴 것이다. 자신이 여태껏 행해 온 모든 일들에 대해, 그 우스꽝스러움에 대해 웃음이 터져 나올 것이다. 그것은 마치 어떤 사람이 밤새 꿈을 꾼 것과 같다.

한번은 어떤 사람이 몹시 혼란스러워졌다. 그의 밤은 온통 악몽의 연장이었다. 모든 밤이 갈등의 연속이었다. 몹시 고통스러웠기 때문에 잠드는 것이 두려웠고, 언제나 깨어 있어야 행복했다. 그 꿈이란 그가 잠드는 순간 침대 밑에서 수많은 사자와 용, 호랑이, 악어들이 들끓는 광경을 보게 되는 것이었다. 그런 꿈을 꾸면서 편안히 잠이 들 순 없는 노릇이었다. 게다가 언제라도 그것들은 공격을 해오곤 했다. 그의 온 밤은 단지 긴 혼란이고, 고문이며, 지옥이었다. 의학적으로 치료를 받아 보았지만 도움이 되지 않았다. 심리학자와 정신분석가에게 분석을 받았다. 그러나 모든 것이 헛수고였다. 그런데 하루는 그가 웃으면서 집에서 걸어나왔다.

수년 동안 아무도 그가 웃는 것을 보지 못했다. 그의 얼굴은 지옥의 그것이었고, 언제나 슬프고, 두렵고, 겁먹고 있었다. 그래서 그 이웃들이 물었다.

"웬일인가? 당신이 웃고 있다니? 당신의 악몽에 무슨 변화라도 일어났는가?"

그러자 그가 말했다.

"내 처남에게 증세를 말했더니 그가 나를 고쳐 주었다. 그는 심리학자가 아니라 목수다. 그는 내 말을 듣더니 당장에 내 침대 다리를 잘라 주었다. 이제 그 아래엔 더 이상 짐승들이 들끓을 공간이 없다. 그래서 처음으로 마음 편히 잠을 잤다."

그대는 하나의 공간을 만든다. 욕망은 공간을 만드는 일이다. 욕망이 클수록 공간은 더 많이 만들어진다. 한 개의 욕망이 한 해 동안에 채워질지도 모른다. 그러면 일 년이란 공간을 갖게 되는 것이다. 그대는 그 속으로 옮겨갈 수 있다. 그리고 동시에 그곳에서 수많은 파충류들과 용들을 만나야 할 것이다.

욕망에 의해 만들어진 이 공간을 그대는 시간이라고 부른다. 욕망이 없으면 시간도 없다. 단 한 순간이 존재할 뿐이다. 두 순간도 아니다. 두 번째는 오직 욕망을 위해서만 필요한 것이기 때문이다. 그것은 존재를 위해 필요한 것이 아니다. 존재는 단 한 순간에도 완전히 충족되고, 전체가 된다. 이것을 기억하라. 시간이 외부의 것이라고 생각한다면 그것은 잘못이다. 시간은 바깥에 있는 무엇이 아니다.

만일 인간이 땅에서 사라진다면, 시간이 존재할까? 나무는 자라고, 강은 흐를 것이며, 구름은 하늘을 조용히 떠다닐 것이다. 그러나 나는 묻는다. 그곳에 과연 시간이 있을까? 아마도 없을 것이다. 그곳에는 순간들이, 아니 오히려 한 순간만이 있을 것이다. 그리고 한 순간이 사라지면 다른 순간이 나타나고, 계속 그렇게 진행될 것이다. 그러나 그곳에 더 이상 시간 같은 건 없다. 오직 원자 같은 순간만이 존재할 뿐이다.

나무는 어떤 것도 바라지 않는다. 나무는 꽃피우기를 갈망하지 않는다. 꽃들은 자동적으로 피어날 뿐이며, 꽃들이 피어나는 것은 나무가 가진 본성의 한 부분이다. 나무는 꿈꾸지 않고, 움직이지 않는다. 생각하지 않고, 욕망하지 않는다. 인간이 없다면 그곳에는 시간도 없고 오로지 영원한 순간들만이 있을 것이다. 시간은 욕망에 의해 창조된다. 욕망이 클수록 시간이 더 많이 필요하다. 물질적 욕망에는 많은 시간이 필요하지 않다. 그래서 서양에서는 인생은 단

한 번뿐이라고 말하는 것이다. 동양에서는 모크샤, 절대적 자유를 갈망해 왔다. 그것은 가장 큰 욕망이다. 다른 어떤 욕망도 그것에 비하면 아무것도 아니다. 어떻게 그대가 한 생에서 절대적 자유를 얻을 수 있겠는가? 한 생으로는 충분하지 않다. 궁전을 얻을 수도 있고 왕국을 건설할 수도 있을 것이다. 부유하고 강한 자가 될 수도 있고, 이 세상에서 중요한 인물이 될 수도 있다. 그러나 절대적인 깨달음은 너무나 큰 욕망이어서 한 생으로는 부족하다.

그래서 동양에서는 수많은 생과 환생을 믿는다. 절대적인 깨달음에 대한 욕망을 채우기 위해서는 수많은 시간, 수많은 생이 필요하기 때문이다. 오직 그때에만 그 욕망을 이룰 수 있을 것이라는 희망이 생겨나는 것이다. 중요한 것은 많은 생이 존재하는가, 오직 한 생만이 존재하는가가 아니다. 동양에서 사람들이 여러 생을 믿는 것은 그들이 절대적인 깨달음을 갈망하기 때문이다.

그대가 오직 한 생만을 갖는다면, 어떻게 깨달음을 얻을 수 있겠는가? 한 생에서는 오직 물질적인 것만이 성취될 수 있다. 정신적인 대혁명은 불가능하다. 그 욕망이 너무 크기 때문에 수백만 번의 생이 필요하다. 동양에서 사람들이 게으른 이유가 여기에 있다. 시간이 넉넉하기 때문에 서두를 필요가 없는 것이다. 그대는 거듭거듭 태어날 것이다. 그러니 왜 서두르겠는가? 무한한 시간을 갖고 있는 것이다.

그러므로 동양이 게으르고 시간에 대해 별로 자각하지 않는 것처럼 보이며 모든 일들이 느린 흐름으로 움직이는 것은 여러 생의 개념 때문이다. 그리고 서양이 늘 시간을 의식하며 사는 것은 단 한 번의 생을 갖고 있다고 믿기 때문이다. 그 기간 안에 모든 것을 얻어야 하는 것이다. 만일 그때를 놓치면, 영원히 놓쳐 버리는 것이 된다. 두 번의 기회는 오지 않는다. 시간이 없기 때문에 서양은 언제나 긴장해 있다. 할 일은 너무 많은데, 그것들을 할 시간은 너무 짧다. 시간은 충분치 않은데 욕망은 너무 많다.

사람들은 언제나 서두르고 빠른 걸음으로 달려가고 있다. 누구도 천천히 움직이지 않는다. 누구도 천천히 걷지 않는다. 모두가 뛰어가고 있고, 더 많은 속도가 필요하다. 그래서 서양인들은 더 빠른 도구들을 발명해 내면서도 여전히 그것들에 만족하지 못하는 것이다. 서양은 단지 욕망을 채울 더 많은 시간을 갖기 위해 인간의 생명을 연장시키고 있다.

그러나 왜 시간이 필요한가? 시간 없이 지금 여기에 존재할 순 없을까? 이 순간으로 충분하지 않은가? 내 곁에 앉아서, 과거도 없고 미래도 없이. 찰나와도 같고 마치 존재하지도 않는 것 같은 이 순간에 그냥 존재할 수는 없을까? 그것을 붙잡는다면, 그것은 이미 과거다. 그대가 그것을 생각한다면, 그것은 미래 속에 있다. 그대는 그 속에 있을 수 있다. 그러나 그것을 붙잡을 순 없다. 그것을 붙잡을 때 그것은 가버린다. 그것에 대해 생각할 때 그것은 없다.

오직 한 가지만이 가능하다. 그대는 그것을 살아갈 수가 있다. 그것이 전부다. 그것은 너무 작아서 그대가 그 속에서 사는 것만이 가능하다. 그러나 그것은 너무도 중요해서 그대에게 삶을 준다.

기억하라. 그것은 작은 원자와 같다. 너무 작아서 보이지도 않는 것. 아무도, 과학자조차도 아직 그것을 보지 못했다. 다만 그것의 결과만을 볼 수 있다. 그들은 원자를 폭파시킬 수가 있었다. 히로시마 나가사키가 그 결과였다. 우리는 히로시마가 불타는 것을 보았다. 천만 명이 죽었다. 이것이 그 결과다. 그러나 아무도 원자를 본 적이 없다. 아무도 자기 눈으로 원자를 확인하지 못했다. 아직 그것을 볼 수 있는 기구는 없다.

시간은 원자와 같다. 이 순간 역시 원자적이다. 아무도 그것을 볼 수 없다. 그대가 그것을 보는 순간, 그것은 이미 가버리기 때문이다. 보여지는 순간 그것은 가버린다. 강물은 흘러가 버리고 화살은 날아갔다. 아무도 시간을 본 적이 없다. 그대는 계속 시간이라는 말을 사용하지만 누군가가 그것을 정의하라면 어쩔 줄 몰라 한다. 누군가 성 어거스틴에게 물었다.

"신을 정의해 보라. 당신이 '신'이란 말을 사용할 때, 그 의미가 무엇인가?"

어거스틴은 말했다.

"그것은 마치 시간과 같다. 난 그것에 대해 말할 수가 없다. 그대가 정의 내리기를 강요한다면 난 당황스럽다."

그대는 사람들에게 묻는다. '몇 신가?' 그러면 그들은 시계를 보고 대답한다. 그러나 그대가 정말로 '시간이 무엇인가?' 하고 묻는다면, 그때 시계는 아무런 도움도 안 될 것이다.

시간을 정의할 수 있는가? 아무도 그것을 보지 못했고, 그것을 볼 수 있는 방법은 없다. 바라보는 순간 그것은 가버린다. 생각하면 그것은 아직 그곳에 없고, 바라보면 그것은 가버린다. 그것에 대해 생각하지 않을 때, 바라보지 않을 때, 그대가 다만 존재할 때, 그것은 그곳에 있다. 그대는 다만 그 순간을 살 수 있을 뿐이다. 성 어거스틴은 옳았다. 신은 살 수 있지만, 볼 수는 없다. 시간 역시 그 순간을 살 수는 있지만 볼 수는 없다. 시간은 철학적인 문제가 아니다. 그것은 존재적이다. 신 역시 철학적이지 않다. 신은 존재적이다. 사람들은 신을 살았다. 그러나 정의 내려 보라고 고집하면 그들은 침묵할 것이며 대답할 수가 없을 것이다. 지금 이 순간에 존재할 수 있으면 그곳에 모든 신비의 문이 열린다.

그러므로 모든 욕망을 던져 버리라. 눈에서 비늘을 제거하라. 아무것도, 신조차도 갈망하지 말고 평화롭게 있으라. 모든 욕망은 마찬가지다. 대저택에 대한 것이든, 신에 대한 것이든 차이가 없다. 욕망은 같은 것이다. 욕망하지 말라. 단지 존재하라. 바라보지도 말라……. 다만 존재하라. 생각하지도 말라……. 이 순간으로 하여금 그곳에 있게 하고, 그대를 그 안에 있게 하라. 그러면 그대는 돌연 모든 것을 소유하게 된다. 삶이 그곳에 있기 때문이다. 문득 모든 것이 그대에게로 쏟아져 내리기 시작한다. 그리고 이 순간은 영원이 되고, 거기 시간은 사라진다. 그것은 언제나 지금 이 순간이다. 그것은 결코 끝나지 않고 시작하지도 않는다. 그러나 그대는 그 안에 있고 이방인이 아니다. 전체 속으로 들어가 있고, 그대가 누구인가를 깨닫게 된다.

이제 장자의 경전을 이해하자. 장자는 이겨야 할 필요에 대해 이야기하고 있다. 이겨야 할 필요성은 어디에서 일어나는가? 모든 인간이 승리를 얻고자 하며 이기고자 한다. 그러면 왜 이겨야 할 필요성이 생기는 걸까?

그대는 자신이 이미 승리했으며, 삶이 그대를 찾아와 있다는 것을 깨닫지 못한다. 그대는 이미 승리자이며, 더 이상 아무것도 가능하지 않다. 일어날 수 있는 모든 일이 일어나 왔다. 그대는 이미 황제이며 더 이상 얻어야 할 다른 왕국은 없다. 그러나 그것을 자각하지 못한다. 이미 자신에게 일어나고 있는 삶의 아름다움을 깨닫지 못한다. 이미 그곳에 있는 고요와 평화, 환희를 알지 못한다. 그대는 내부의 왕국을 깨닫지 못하기 때문에 자신이 걸인이 아니라는 것을 증명하기 위해 좀더 많은 것, 승리가 필요하다고 늘 느낀다.

희랍의 알렉산더 대왕이 인도에 왔다. 물론 승리하기 위해서다. 승리할 필요가 없다면 그는 어디에도 가지 않았을 것이다. 왜 고생을 자초하는가? 아테네는 무척 아름다웠다. 그렇게 먼 원정으로 고통받아야 할 필요가 없었다. 인도로 오는 도중 그는 강둑 위에 디오게네스라는 신비가가 살고 있다는 말을 들었다. 알렉산더는 그에 대해 많은 이야기를 들었다. 그 당시 아테네에서는 특히 두 사람의 이름이 자주 입에 오르내렸다. 하나는 알렉산더이고 다른 하나는 디오게네스였다. 그들은 두 개의 극단, 양극이었다. 알렉산더는 황제로서, 지구의 한 끝에서 다른 쪽 끝까지 이어진 왕국을 건설하려고 노력하고 있었다. 그는 전세계를 소유하고 싶어했다. 그는 정복자였으며 승리를 구하는 자였다. 그리고 디오게네스는 정확히 그 반대였다. 벌거벗고 살았으며 단 한 가지도 소유하지 않았다. 처음에 그는 물을 마시거나 음식을 구걸하기 위해 그릇 하나를 갖고 있었다. 그러던 어느 날 개 한 마리가 강가에서 물을 마시고 있는 것을 보고는 즉시 자신의 그릇을 내던져 버렸다. 그는 말했다.

"만일 개가 그릇 없이 산다면 나라고 왜 못하겠는가? 개는 매우 영리하다. 그래서 개는 그릇이 없이도 살 수 있다. 나는 이 그릇을 갖고 다닐 만큼 어리석음에 틀림없다. 이것은 짐이다."

그는 그 개를 자신의 스승으로 삼았다. 그리고 개를 함께 살자고 초대했다. 개는 영리했기 때문이다. 개는 그에게 그릇이 불필요한 짐이라는 것을 보여 주었다. 그는 그것을 깨닫지 못하고 있었던 것이다. 그 이후로 개는 그와 함께 평생을 살았다. 그들은 함께 잠자고, 함께 음식을 먹었다. 개가 디오게네스의 유일한 친구였다. 어떤 사람이 그에게 물었다.

"당신은 왜 개와 함께 다니는가?"

디오게네스가 말했다.

"개가 이른바 인간들보다 더 지성적이다. 내가 그를 만나기 전까지는 난 그렇게 지성적이지 못했다. 그를 보는 것, 그를 지켜보는 것은 나를 깨어 있게 만든다. 그는 지금 이 순간에 살며, 어떤 것에 의해서도 고통받지 않고, 어떤 것도 소유하지 않는다. 그리고 그는 아주 행복하다. 아무것도 갖고 있지 않으면서 모든 것을 갖고 있다. 난 아직 그렇게까지 만족하지 못하고 있으며, 어떤 불편함이 아직도 내 안에 남아 있다. 내가 그처럼 되었을 때 난 완전한 깨달음에 이를 것이다."

알렉산더는 디오게네스에 대해 들었다. 그가 누리는 무아지경의 환희와 침묵에 대해. 그리고 거울 같은 그의 눈이 마치 구름 한 점 없는 푸른 하늘 같다는 이야기를 들었다. 그리고 그는 벌거벗고 살며 옷조차 필요로 하지 않는다는 것이었다. 그런데 행렬 속에서 누군가 말했다.

"그는 가까운 강둑에 살고 있습니다. 우리가 지나가는 길과 멀리 떨어져 있지 않습니다."

알렉산더는 디오게네스를 보고 싶어서 그곳으로 갔다. 때는 아침, 어느 겨울 아침이었다. 디오게네스는 아침을 즐기면서 벌거벗은 채 모래 위에 누워 일광욕을 하고 있었다. 햇살이 그에게로 쏟아지고 있었고, 모든 것이 아름답고 조용했으며, 강물이 그 곁으로 흘러가고 있었다.

알렉산더는 무슨 말을 할까 고민했다. 알렉산더 같은 사람은 물질과 소유에 관한 것 외에는 생각할 수가 없다. 그래서 그는 디오게네스를 보며 말했다.

"난 알렉산더 대왕이다. 뭔가 필요한 게 있으면 말하라. 난 그대를 도와줄 수 있으며 또 돕고 싶다."

그러자 디오게네스가 웃음을 터뜨리며 말했다.

"난 아무것도 필요하지 않다. 다만 약간만 옆으로 비켜 서 달라. 당신은 지금 나의 태양을 가로막고 있다. 그것이 당신이 내게 해줄 수 있는 유일한 것이다."

기억하라, 어느 누구의 태양도 가로막지 말라. 그것이 그대가 할 수 있는 모든 것이다. 내 길을 방해하지만 말라. 그대는 그 밖에 어떤 것도 할 필요가 없다.

알렉산더는 이 사람을 바라보았다. 그는 이 사람 앞에서 자신이 걸인처럼 느껴졌음에 틀림없다. '이 사람은 아무것도 필요하지 않다. 그런데 난 온 세계가 필요하며, 그럼에도 만족하지 못한다. 이 세계만으로도 충분치 않은 것이다.'

알렉산더는 말했다.

"그대를 보니 난 행복해진다. 난 그대처럼 만족한 사람을 본 적이 없다."

디오게네스가 말했다.

"그것은 아무 문제도 아니다. 그대가 나처럼 만족하기를 원한다면 이리로 와서, 내 곁에 누워 일광욕을 하라. 미래를 잊고 과거를 떨쳐 버리라. 아무도 그대를 막지 않는다."

알렉산더는 웃었다. 물론 표면적인 웃음이었다. 그는 말했다.

"그대 말이 옳다. 그러나 아직 때가 되지 않았다. 언젠가는 나도 그대처럼 편안해지고 싶다."

디오게네스가 말했다.

"그러면 그날은 결코 오지 않을 것이다. 편안해지기 위해 그대는 또 무엇이 더 필요한가? 내가, 한 걸인이 평화로울 수 있는데, 다른 무엇이 더 필요하겠는가? 이 싸움, 이 노력, 이 전쟁들, 이 정복이 왜 필요한가? 왜 이겨야 할 필요가 있는가?"

알렉산더가 말했다.

"내가 승리자가 되었을 때, 내가 온 세계를 정복했을 때, 그때 내가 다시 와서 그대에게 배우겠다. 그리고 이 강둑에, 그대 곁에 앉을 것이다."

그러자 디오게네스가 말했다.

"여기 누워 즉시 편안해질 수 있다면 왜 미래를 기다리는가? 왜 그대 자신과 다른 이들의 불행을 만들어 내면서 온 세계를 돌아다니는가? 왜 그대의 삶이 끝난 다음 내게로 와 여기서 편안해질 때까지 기다리는가? 난 이미 편안하다."

이겨야 할 필요가 무엇인가? 그대는 자신을 증명해야만 한다. 그대는 내적으로 매우 열등하게 느낀다. 공허하고 속이 빈 것처럼 느낀다. 내부에서 자신이 아무도 아님을 느낀다. 그래서 증명할 필요가 생겨나는 것이다. 따라서 그대는 자신이 어떤 사람이라는 것을 증명해야 한다. 그것을 증명하지 않는다면 어떻게 편안해질 수 있겠는가?

두 가지 길이 있다. 이 두 가지 길이 유일한 것임을 이해하라. 하나는 밖으로 나가 자신이 어떤 사람이라는 것을 증명하는 길이고, 다른 하나는 그대 안으로 들어가 자신이 그 어느 누구도 아님을 깨닫는 길이다. 밖으로 나간다면 그대는 결코 자신이 어느 누구라는 것을 증명하지 못할 것이다. 증명할 필요성은 여전히 남아 있고, 오히려 그것은 더욱 커질지도 모른다. 증명을 거듭할수록 그대는 더 많이 걸인처럼 느낄 것이다. 알렉산더가 디오게네스 앞에 서 있었을 때처럼. 다른 사람에게 자신이 어느 누구라는 것을 증명하는 것이 곧 그대를 어느 누구로 만들어 주진 못한다. 안으로 깊이 들어가면 그곳에 어느 누구도 아닌 자만이 남아 있다. 그때 그대는 자신이 어느 누구도 아니라는 사실에 절망한다.

왕국들은 도움이 되지 않을 것이다. 왕국이 그대 안으로 들어가 내면의 틈새를 메워 주진 않을 것이다. 아무것도 그대 안으로 들어갈 수가 없다. 외부는 외부로 남아 있으며, 내부는 내부로 남아 있을 것이다. 그 둘이 만날 가능성은 없다. 세상의 부를 모두 가질지도 모른다. 그러나 어떻게 그것들을 안으로 들여가 공허감을 메울 것인가? 아니다, 그것은 불가능하다. 세상의 부를 가졌을지라도 여전히 공허감은 남아 있을 것이다. 더 큰 공허감이. 이제 안과 밖이 더 큰 대비를 이루기 때문이다. 붓다가 왕국을 떠난 이유가 그것이다. 모든 부를 보면서, 그러나 내적인 공허를 느끼면서, 그는 모든 것이 무의미함을 느낀 것이다.

다른 길은 내면으로 들어가는 길이다. 그 '어느 누구도 아님'을 없애려 하지 않고, 그것을 깨닫는 길이다. 이것이 장자가 말하는 것이다. '빈 배가 되어라.' 다만 안으로 들어가 자신이 아무도 아님을 깨달으라. 그때 그대는 새로운 차원 속으로 폭발할 것이다. 한 사람이 자신이 어느 누구도 아님을 깨닫는다면, 그는 또한 자신이 전체임을 깨닫는 것이기 때문이다.

그대는 어느 누구도 아니다. 그대는 전체이기 때문이다. 어떻게 전체가 어느 누구로 될 수 있는가? 그 어느 누구는 언제나 일부일 뿐이다. 신은 어느 누구일 수 없다. 그는 전체이기 때문이다. 그는 어떤 것도 소유할 수 없다. 전체이기 때문이다. 오직 걸인들만이 소유한다. 소유에는 한계가 있기 때문이다. 어느 누구라는 것은 하나의 경계선이다. 어느 누구라는 것은 경계선 없이는 존재할 수 없다.

그것은 무한할 수가 없다. 하지만 어느 누구도 아님은 무한하다. 마치 전부, 전체와 같이.

실제로 두 길은 같다. 바깥으로 움직여 간다면 그대는 자신의 내적 존재가 아무도 아님을 느낄 것이다. 안으로 움직여 간다면 마찬가지로 전체로서의 아무도 아님을 느낄 것이다. 이것이 곧 붓다가 그 절대적인 비어 있음, 수냐(공)의 세계가 곧 브라만 신이라고 말한 이유다. 그 어느 누구도 아닌 이가 되는 것은 곧 자신이 전체임을 깨닫는 것이다.

반대의 길은 내면으로 움직여 가는 길이다. 어느 누구도 아님과 싸우는 것이 아니라, 그 공허를 채우려 하는 것이 아니라, 다만 그것을 깨닫고 그것과 하나가 되는 길이다. 빈 배가 되라. 그러면 바다 전체가 그대의 것이다. 그러면 그대는 지도에도 없는 지역으로 들어갈 수가 있다. 그때 그 배를 방해하는 것은 아무것도 없을 것이다. 아무것도 그 항로를 막지 않으며, 아무 지도도 필요하지 않다. 이 배는 무한으로 들어갈 것이며, 이제 어느 곳에 있으나 그곳이 곧 목적지다.

이겨야 할 필요는 곧 그대가 어느 누구임을 증명하기 위한 것이다. 그리고 유일한 증명 방법은 다른 이들의 눈 속에서 증명하는 것이다. 그들의 눈이 그대를 반영하기 때문이다.

다른 이들의 눈을 보고는 알렉산더는 자신이 어느 누구임을 알 수 있었다. 그러나 디오게네스 앞에서는 자신이 아무도 아님을 느꼈다. 디오게네스가 외적인 위대함을 인정하지 않았기 때문이다. 그 앞에서 알렉산더는 자신이 어리석게 느껴졌다. 그는 디오게네스에게 말했다. 만일 신이 자신에게 또 다른 탄생을 허용한다면 알렉산더이기보다는 디오게네스이고 싶다고. 다음 번에는 말이다.

마음은 언제나 미래로 움직여 간다. 지금 이 순간에 그는 디오게네스가 될 수 있었다. 아무런 장애물도 없었다. 아무도 그를 막지 않을 것이었다. 알렉산더 대왕이 되는 데는 수많은 장애가 있을 것이다. 모든 사람이 그대를 막으려 할 것이기 때문이다. 자신이 누구임을 증명하고자 하면, 그때 그대는 모든 사람의 에고를 상처 입힌다. 그리고 그들은 그대가 아무것도 아님을 증명하려 할 것이다. 그대가 그들을 죽이지 않고서는, 그들을 파괴하는 데 성공하지 않고서는, 그들은 계속해서 그대가 아무것도 아니라고 말할 것이다. 그대는 그것을 증명해야만 한다. 그리고 그것은 매우 힘든 길이다. 그 길은 매우 폭력적이며 파괴적이다.

하지만 디오게네스가 되는 데는 아무런 장애물도 없다. 알렉산더는 이 사람의 아름다움과 품위를 느꼈다. 그는 말했다.

"만일 신이 내게 또 다른 생을 준다면 디오게네스가 되고 싶다. 다음 번에는 말이다."

디오게네스는 그 말에 웃으며 말했다.

"만일 나에게 묻는다면 이 한 가지만은 확실하다. 난 알렉산더 대왕 같은 인물은 되고 싶지 않다."

디오게네스의 눈에서 알렉산더는 자신의 승리에 대한 어떤 인정도 발견하지 못했을 것이다. 갑자기 그는 침몰하는 느낌을 받았을 것이고, 자신이 아무도 아니라는 죽음과도 같은 느낌에 사로잡혔을 것이다. 그는 분명히 서둘러 도망갔을 것이다. 가능한 한 빨리 디오게네스로부터 멀어졌을 것이다. 그는 위험한 인물이었다. 디오게네스는 알렉산더의 전생애 동안 유령처럼 따라다녔다고 전해진다. 그가 어디를 가든 디오게네스가 그림자처럼 서 있었다. 밤에도, 꿈속에서도 디오게네스는 웃고 있었다. 그리고 한 아름다운 이야기는 그들이 같은 날 죽었다고 전한다.

그들은 같은 날 죽었다. 디오게네스는 자신이 알렉산더를 뒤따라 갈 수 있도록 조금 기다렸다가 죽었음에 틀림없다. 이승과 저승의 경계가 되는 강을 건너는 동안 알렉산더는 다시 디오게네스를 보았다. 그리고 이 두 번째 만남은 전보다 더 위험스러웠다. 알렉산더는 앞에 있었다. 그가 몇 분 더 일찍 죽었기 때문이다. 디오게네스는 그를 뒤따르기 위해 조금 기다렸다가 죽었던 것이다. 알렉산더는 강에서 뒤에 있는 사람의 인기척을 듣고 뒤돌아보고는 그곳에 디오게네스가 웃고 있는 것을 보았다. 그는 놀라 말문이 막혔음에 틀림없다. 그때의 상황은 전과는 너무도 달랐기 때문이다. 그 역시 디오게네스처럼 벌거벗고 있었다. 저 세상으로 갈 때는 옷을 걸칠 수가 없기 때문이다. 이때 그는 전적으로 아무도 아니었고 황제도 아니었다.

그러나 디오게네스는 똑같았다. 죽음이 앗아갈 수 있는 모든 것을 그는 이미 살아 있을 때 포기했었다. 그래서 죽음은 그에게서 아무것도 가져갈 수가 없었다. 그는 전에 강둑에 있을 때와 똑같았다. 여기 이 저승으로 건너가는 강에서 그는 전과 똑같은 모습을 하고 있었다. 태연하게, 자신에게 용기와 확신을 불어넣으면서 알렉산더 또한 웃으며 말했다.

"훌륭하다. 멋진 일이다. 위대한 황제와 위대한 걸인이 다시 만났으니!"

디오게네스가 대답했다.

"당신 말이 전적으로 옳다. 다만 그대는 황제인 사람과 걸인인 사람을 조금 혼동하고 있다. 이것은 위대한 황제와 위대한 걸인의 만남이다. 그러나 황제는 뒤에 있고, 걸인은 앞에 있다. 그리고 이제 그대에게 말하건대, 알렉산더, 그것은 우리의 첫 번째 만남에서도 같았다. 그때도 그대는 걸인이었다. 다만 그대는 내가 걸인이라고 생각했었다. 이제 그대 자신을 보라. 온 세계를 얻음으로 해서 그대는 과연 무엇을 얻었는가?"

이겨야 할 필요가 무엇인가? 그대는 왜 증명하고 싶어하는가? 그대 자신의 눈에 그대가 무이고, 아무것도 아님을 스스로 알기 때문이다. 그리고 이 아무것도 아님은 가슴을 파먹는 고통이 된다. 자신이 아무것도 아니기 때문에 그대는 괴로워한다. 그래서 다른 사람의 눈에 증명해야만 하는 것이다. 다른 사람들의 마음속에 그대가 누구라는, 그대는 결코 아무것도 아닌 자가 아니라는 믿음을 만들어야만 하는 것이다. 그리고 그들의 눈을 보면서 대중의 의견을 모을 것이고, 그 대중의 의견을 통해 하나의 이미지를 만들어 낼 것이다. 그 이미지가 에고다. 그것은 진정한 자아가 아니다. 그것은 진정한 자신이 아니라 투영된 영광이다. 그것은 다른 이들의 눈으로부터 수집된 것에 불과하다.

알렉산더 같은 자는 언제나 다른 이들을 두려워한다. 그들은 언제든지 자신들이 주었던 것을 도로 빼앗아 갈 수 있기 때문이다. 정치가는 항상 민중을 두려워한다. 그들은 그들이 주었던 것을 무엇이든 취소할 수 있기 때문이다. 그 자신은 단지 빌어 온 자아일 뿐이다. 만일 다른 이들을 두려워한다면 그대는 노예일 뿐 주인이 아니다.

디오게네스는 다른 이들을 두려워하지 않았다. 그대는 그에게서 아무것도 빼앗을 수가 없다. 그는 빌어 온 무엇이 아니기 때문이다. 그는 참된 자아를 갖고 있으며 그대는 오직 에고를 갖고 있기 때문이다. 이것이 자아와 에고의 차이이다. 에고는 빌어 온 자아일 뿐이다. 에고는 다른 이들에, 대중의 의견에 의존한다. 자아는 그대의 확실한 존재다. 그것은 빌어 온 것이 아니다. 그것은 그대의 것이다. 누구도 그것을 가져갈 수가 없다.

보라, 장자는 아름다운 말을 남겼다.

> 궁수가 재미로 활을 쏠 때는
> 그의 온 기술을 다해서 쏜다.

재미로!

> 궁수가 재미로 활을 쏠 때는
> 그의 온 기술을 다해서 쏜다.

놀이를 하고 있을 때 그대는 자신이 누구라는 것을 증명하려고 애쓸 필요가 없다. 따라서 편안하고 평화롭다. 놀고 있을 때는, 다만 재미를 위해서 할 때는, 다른 사람들이 그대에 대해 어떻게 생각하든 신경 쓰지 않는다. 놀림을 받았다고 해서 어린 아들과 싸우는 아버지를 본 적이 있는가? 그는 기꺼이 질 것이고 쓰러질 것이며, 그러면 아이는 그의 가슴에 올라앉아 웃을 것이다. 그리고는 말한다. '내가 이겼어.' 그러면 아버진 행복할 것이다. 단지 재미이기 때문이다. 재미로 하는 것에서는 패배해도 행복할 수 있다. 재미는 심각한 것이 아니다. 그것은 에고와는 관계가 없다. 에고는 언제나 심각하다.

이것을 기억하라. 만일 심각하다면 늘 혼란 속에, 내면의 혼란스러움 속에 있을 것이다. 성자는 언제나 놀이하는 가운데 있다. 마치 재미로 활을 쏘는 것처럼. 그는 특별한 과녁을 쏘아 맞추는 데는 관심이 없다. 다만 자신을 즐길 뿐이다.

독일 철학자 오이겐 헤리겔은 명상을 배우기 위해 일본으로 갔다. 일본에서는 명상을 가르치기 위해 온갖 방법들을 사용한다. 활쏘기도 그중 하나다. 헤리겔은 원래 완벽한 궁수였다. 그는 백발백중이었으며, 한 번도 과녁을 빗나간 적이 없었다. 그래서 궁도를 통해 명상을 배우고자 동양의 스승을 찾아갔다. 그는 이미 그것에 숙달되어 있었기 때문이다.

배우는 데 3년이 지나자, 헤리겔은 그것이 시간 낭비라고 느끼기 시작했다. 스승은 계속해서 그가 활을 쏘아선 안 된다고 주장하고 있었다. 스승은 헤리겔에게 말했다.

"그대가 활을 쏘지 말고, 화살로 하여금 스스로 날아가게 하라. 화살을 겨냥할 때, 그때 그대는 사라져야 한다. 화살로 하여금 스스로 겨냥하게 하라."

이것은 터무니없는 말이었다. 서양인에게는 더욱 터무니없는 말이었다. 화살이 스스로 날아가게 하라니 대체 무슨 뜻인가? 어떻게 화살이 스스로 날아갈 수 있는가? '내'가 무엇인가를 해야만 한다. 그리고 헤리겔은 활쏘기를 계속했고, 한 번도 과녁을 빗나가지 않았다. 하지만 스승은 말하고 있었다.

"과녁은 결코 과녁이 아니다. 그대 자신이 과녁이다. 난 그대가 과녁을 맞추는가 아닌가는 관심이 없다. 그것은 기계적인 기술에 불과하다. 난 그대를 보고 있다. 그대가 그곳에 있는가 없는가를. 재미로 쏘라! 그것을 즐기라. 자신이 결코 과녁에서 빗나가지 않는다는 점을 증명하려고 애쓰지 말라. 편안히 하라. 그리고 화살이 스스로 날아가게 하라."

헤리겔은 도저히 이해할 수 없었다. 그는 노력하고 노력했으며, 스승에게 되풀이하여 말했다.

"나의 활쏘기는 백발백중인데 왜 나한테 증명서를 주지 않는 겁니까?"

서양인의 마음은 언제나 결과에만 관심이 있다. 그리고 동양에서는 그 결과가 아니라 시작에 더 관심이 있다. 동양의 마음에는 결과란 쓸모없는 것이다. 중요한 것은 시작에 있으며, 궁도에 있는 것이지 과녁에 있지 않다. 그래서 스승은 말했다.

"아니다. 그것이 아니다."

헤리겔은 완전히 실망해서 떠날 것을 허락해 달라고 요청했다. 그는 말했다.

"그렇다면 전 가야만 하겠습니다. 3년이란 긴 시간을 허비했는데, 전 얻은 것이 하나도 없습니다. 당신은 항상 그것이 아니라고만 말합니다. 그러나 전 여전히 마찬가지입니다."

떠나는 날 그는 스승에게 작별을 고하기 위해 스승이 다른 제자들을 가르치고 있는 곳으로 갔다. 이날 아침 헤리겔은 스승의 가르침에는 관심이 없었다. 그는 떠날 예정이었고 모든 계획을 포기했다. 그래서 그는 스승이 어서 끝마쳐 그에게 작별을 고하고 떠나게 되기를 기다리고 있었다. 의자에 앉아 처음으로 그는 스승을 바라보았다. 3년 만에 처음으로 그는 스승을 바라보았다.

실제로 스승은 아무것도 하고 있지 않았다. 그것은 마치 화살이 저 스스로 날아가고 있는 것 같았다. 스승은 심각하지 않았다. 그는 놀이를 하고 있었다. 재미로 가르침을 행하고 있었다. 거기 아무도, 과녁을 맞추는 것에 관심을 두는 주인공이 없었다.

에고는 언제나 과녁 지향적이다. 재미는 이르러야 할 과녁이 없다. 재미는, 화살이 활을 떠나는 그 시작에 있다. 그것이 날아가는 것, 그것은 우연적인 것이다. 그것이 과녁에 맞는가 아닌가는 관계 없는 일이다. 적중하든 빗나가든 그것은 중요한 것이 아니다. 화살이 활을 떠날 때 궁수는 재미 속에, 즐기면서 심각하지 않는 가운데 있어야 한다. 심각할 때 그대는 긴장한다. 심각하지 않을 때 그대는 휴식한다. 그리고 휴식 속에 있을 때, 그곳에 진정한 그대가 있다. 긴장해 있을 때는 에고가 있다. 그대는 구름이 끼어 있다.

처음으로 헤리겔은 보았다. 이제 그는 관심이 없었기 때문이다. 그것은 이제 그의 일이 아니었고, 모든 것을 떨쳐 버렸다. 그는 곧 떠날 예정이었고, 더 이상 심각한 질문은 없었다. 그는 자신의 실패를 받아들였다. 증명할 아무런 것도 없었다. 그는 보았다. 그리고 처음으로 그의 눈은 과녁에 사로잡히지 않았다.

헤리겔은 스승을 바라보았다. 그것은 마치 화살이 활로부터 저 스스로 날아가는 것과 같았다. 스승은 다만 그것에게 에너지를 주고 있었고 활을 쏘고 있지는 않았다. 그 어떤 것도 행하지 않고 있었다. 어떤 것에도 노력이 들어가 있지 않았다. 헤리겔은 바라보았고, 처음으로 이해했다. 마치 매혹된 듯이 그는 스승에게로 다가가 그의 손에서 활을 받아들었다. 그리고는 화살을 당겼다. 스승이 말했다.

"바로 그것이다. 그것이 내가 지난 3년 동안 그대에게 말해 온 것이다."

화살이 아직 활을 채 떠나기 전이었는데도 스승은 말했다.
"끝났다. 과녁에 적중되었다."
이제 헤리겔은 재미로 하고 있었다. 그는 심각하지 않았다. 그는 목표를 지향하지 않았다. 이것이 그 차이다. 재미는 목표 지향적이 아니다. 그것에는 아무 목표도 없다. 재미 그 자체가 목적이며, 고유한 가치다. 그것 외에는 아무것도 존재하지 않는다. 그대는 그것을 즐긴다. 그것이 전부다. 그것에 대한 목적 같은 것은 없다. 그대는 그것으로 놀고 있다. 그것이 전부인 것이다.

궁수가 재미로 활을 쏠 때는
그의 온 기술을 다해서 쏜다.

재미로 활을 쏠 때는, 그때 그대는 갈등 속에 있지 않다. 그곳엔 둘이 있지 않다. 거기 아무 긴장도 없다. 그대의 마음은 어디로도 가지 않는다. 그때 그곳에는 온 기술이 다 있다.

화가인 어느 선사에 대한 이야기가 있다. 그는 새로운 절과 탑을 도안하고 있었다. 수제자를 옆에 두는 것이 그의 버릇이었다. 그는 도안을 하면서 제자를 보며 묻곤 했다.

"어떻게 생각하는가?"

그러자 제자가 말했다.

"지금 스승님이 그린 건 별로 가치가 없어 보입니다."

그래서 그는 그것을 버렸다. 이런 과정이 무려 아흔아홉 번이나 되풀이되었다. 석 달이 지나자 그것을 부탁한 왕은 도안이 완성되어야 건물을 짓기 시작할 수 있으니 빨리 끝내라고 재촉했다. 그러던 어느 날 스승이 도안을 하고 있던 중 먹물이 다 떨어졌다. 그래서 그는 제자에게 나가서 먹물을 더 준비해 오라고 일렀다.

제자가 나갔다가 돌아와서 보고는 말했다.

"아니, 그새 완성하셨군요? 그런데 왜 석 달 동안이나 완성하실 수가 없었죠?"

스승이 말했다.

"바로 너 때문이다. 네가 옆에 앉아 있었기 때문에 난 분리가 되었다. 네가 나를 지켜보고 있었고, 난 목표 지향적이 되었다. 그것은 재미가 아니었다. 네가 없었을 때 난 비로소 편안해졌다. 난 아무도 보고 있지 않음을 느꼈고, 전체가 되었다. 이 도안은 내가 한 것이 아니다. 이것은 스스로 된 것이다. 석 달 동안 그것이 되지 않았다. 그것은 내가 행위자였기 때문이다."

궁수가 재미로 활을 쏠 때는
그의 온 기술을 다해서 쏜다.

왜냐하면 그의 온 존재가 몰입하기 때문이다. 그리고 온 존재가 몰입할 때, 아름다움과 품위를, 완전히 다른 존재를 얻는다. 분리될 때 심각하고, 긴장해 있을 때는 추하다. 그대는 세상에서 성공할지도 모른다. 그러나 그대의 성공은 추하다. 그대는 자신이 어느 누구라는 것을 증명할지도 모른다. 그러나 사실은 어느 것도 증명하지 못하고 있으며, 다만 거짓 이미지를 만들고 있을 뿐이다. 그러나 그대가 전체일 때, 진정으로 휴식하고 있고 존재 전체로 머물러 있을 때, 아무도 그대에 대해 알지 못할지라도, 그때 그대는 그곳에 존재한다. 그리고 이 전체성이 곧 축복이며, 환희이고, 행복이다. 그것은 명상하는 마음에게 일어나며, 명상 속에 일어난다. 명상은 곧 전체성을 의미한다.

그러므로 기억하라, 명상은 재미가 되어야 한다. 그것은 일처럼 되어선 안 된다. 그것을 종교적인 사람처럼 해선 안 된다. 노름꾼처럼 그것을 해야 한다. 하나의 놀이로, 재미로 그것을 하라. 사업가처럼 하지 말고 운동 선수처럼 하라. 그것은 재미여야 한다. 그러면 온 기술이 다 유용하고, 그것은 스스로 꽃피어날 것이다. 그대 자신은 필요하지 않을 것이다. 아무런 노력도 필요하지 않다. 단순히 온 존재가 몰입하고, 존재의 온 에너지가 쓸모있게 되어야 한다. 그러면 꽃은 스스로 피어난다.

> 만일 그가 청동으로 된 상패를 얻기 위해 활을 쏜다면
> 그는 어느새 신경이 예민해진다.

만일 그가 다만 청동 상패를 위해 경쟁하고 있다면, 만일 성취되어야만 할 어떤 것, 어떤 결과가 있다면, 그는 어느새 신경과민이 되고 두려워하게 된다. 두려움이 개입한다. '내가 과연 성공할까?' 그는 분리된다. 마음의 한 부분은 말한다. '어쩌면 넌 성공할 것이다.' 다른 부분은 말한다. '아마 넌 실패할 것이다.' 이제 그의 온 기술이 동원될 수 없다. 이제 그는 반반이다. 분리될 때마다 그대의 존재 전체는 추해지고 병이 든다. 그대는 병에 걸린다.

> 만일 그가 금상을 받기 위해 활을 쏜다면
> 그는 눈이 멀게 된다.
> 아니면 두 개의 과녁을 본다.
> 그는 그의 마음에서 이미 빗나가 있다.

시장으로 가서 금을 추구하는 이들을 보라. 그들은 눈이 멀어 있다. 금은 완전히 눈을 가려 버린다. 성공에 대해 너무 근심할 때, 금메달에 대해 너무 걱정할 때, 그대는 눈이 먼다. 그리고 두 개의 과녁을 보기 시작한다. 너무 취해서 이중으로 보게 된다.

물라 나스루딘이 술집에서 그의 아들에게 충고하고 있었다.

"항상 그만 마실 때를 기억하라. 술은 좋은 것이다. 그러나 사람은 그만 마실 때를 알 필요가 있다. 난 내 경험을 통해 너에게 말하는 것이다. 저 구석 자리를 봐라. 저 테이블에 앉아 있는 네 사람이 여덟으로 보일 때면 그만 마셔라."

아들이 말했다.

"그러나 아버지, 전 단지 두 사람이 앉아 있는 것만 보이는데요."

마음이 취해 있을 때는 시각이 이중이 된다. 그리고 금은 무의식적으로 취하게 만든다. 이제 그곳에는 두 개의 과녁이 있다. 그리고 그대는 그것에 이르기 위해 서두른다. 신경과민이 되고, 속으로 떨고 있다. 그것이 곧 장자가 다음과 같이 말하는 의미다.

그는 그의 마음에서 이미 빗나가 있다.

모든 사람이 마음에서 이미 빗나가 있다. 마음에서 빗나가 있는 자들은 정신병자만이 아니다. 그대 역시 그대의 마음에서 빗나가 있다. 차이는 단지 그 정도일 뿐이다. 모든 사람이 마음에서 빗나가 있다. 모든 사람이 결과를, 목표를, 목적을 추구하기 때문이다. 무엇인가를 성취해야만 한다. 그러면 신경과민이 되고, 내면의 긴장이 다가온다. 그대는 내부에서 고요할 수가 없다. 그리고 떨고 있을 때 과녁은 두 개가 되고, 심지어는 네 개, 여덟 개가 된다. 그러면 활을 쏘는 것은 불가능하다.

완전한 궁수는 언제나 놀이를 하고 있는 궁수다. 완전한 이는 삶을 재미로, 놀이로 사는 이다. 크리쉬나의 삶을 보라. 장자가 크리쉬나에 대해 알았더라면 매우 아름다웠을 것이다. 크리쉬나의 삶은 하나의 놀이다. 붓다와 마하비라, 예수는 어쨌든 약간은 심각해 보인다. 마치 무엇인가 성취해야만 하는 것처럼. 깨달음이나 니르바나, 무욕의 경지 등. 그러나 크리쉬나에게는 절대적으로 목적이 없다. 그는 피리 부는 사람이었다. 장난치듯 살면서, 소녀들과 춤을 추며 즐기고 노래 부른다. 그에게는 이르러야 할 곳이 없다. 모든 것이 이곳에 있다. 그러니 왜 결과에 대해 고민하겠는가? 모든 것이 지금 가능하다. 왜 그것을 즐기지 않는가?

재미가 완전한 이의 표시라면 크리쉬나는 완전한 사람이다. 인도에서는 크리쉬나의 삶을 차리트라, 그의 인격이라고 부르지 않는다. 우리는 그것을 크리쉬나의 릴라, 즉 그의 놀이라고 부른다. 그것은 인격이 아니다. 그것에는 목적이 없다. 그것은 전적으로 무목적이다.

그것은 곧 어린아이와 같다. '넌 무엇을 하고 있니? 그것의 의미가 무엇이지?' 아이에게는 이렇게 물을 수 없다. 아이는 그 자신을 즐기고 있으며, 나비를 좇아 달리고 있을 뿐이다. 무엇을 성취하겠는가? 다만 햇빛 속에 뛰놀고 있을 뿐이다. 이 놀이가 그를 어느 곳으로 이끌겠는가? 어느 곳으로도 아니다! 그는 어디로도 가고 있지 않다. 우리는 그를 어린아이 같다고 말하며, 우리 자신은 성숙했다고 생각한다. 그러나 나는 그대에게 말한다. 진실로 성숙해지면 그대는 다시금 어린아이와 같아질 것이라고. 그때 삶은 다시금 놀이가 될 것이다. 그대는 그것을 즐길 것이고, 그 모든 순간들을 즐길 것이다. 결코 심각하지 않게 될 것이다. 깊고 깊은 웃음이 그대 삶 전체에 퍼져갈 것이다. 그것은 일이 아니라 춤처럼 될 것이다. 노래가 될 것이다. 수학과 계산이 아니라, 즐거움이 될 것이다.

> 그의 기술은 변함이 없으나
> 상이 그를 분열시킨다.
> 그는 근심한다.
> 그는 활 쏘는 일보다
> 이기는 일을 더 많이 생각한다.
> 이겨야 한다는 마음이
> 그의 힘을 다 고갈시켜 버린다.

자신이 만일 그토록 무기력하고, 힘없고, 구제할 길 없다고 느낀다면 그것은 그대 자신 때문이다. 다른 누군가가 그대의 힘을 고갈시키는 것이 아니다. 그대는 결코 마를 줄 모르는, 힘의 무한한 원천을 갖고 있다. 그러나 고갈된 것처럼 느껴진다. 언제나 아무 에너지도 없는 상태로 추락하고 있는 것처럼 보인다. 모든 에너지는 어디로 가고 있는가? 그대가 가진 기술은 똑같은 것임에도 불구하고 그대는 자신 속에 갈등을 만들어 내고 있다.

> 그의 기술은 변함이 없으나
> 상이 그를 분열시킨다.
> 그는 근심한다.

나는 다음과 같은 일화를 들은 일이 있다. 어느 마을에 걸인의 아들로 건강한 소년이 살고 있었다. 소년은 무척 힘이 세었다. 왕의 코끼리가 그 마을을 지나갈 때면 소년은 코끼리의 꼬리를 잡아당기곤 했다. 그러면 코끼리는 움직일 수가 없었다. 때로 그것은 왕에게 매우 난처한 일이었다. 왕이 코끼리 위에 앉아 있었기 때문이었다. 소년이 코끼리의 꼬리를 잡아당기면 모든 사람들이 모여들었고, 웃음을 터뜨리곤 했다. 순전히 그 걸인의 아들 때문에.

왕은 수상을 불렀다.

"조치를 취해야 한다. 이것은 모욕이다. 난 그 마을을 지나는 것이 두려워졌다. 그리고 그 아이는 때때로 다른 마을에까지 온다. 어느 곳에서나, 어느 때나 아이는 코끼리의 꼬리를 잡아당길 수 있고, 그러면 코끼린 움직이지 않을 것이다. 그 소년은 힘이 세다. 그러니 그의 기운을 소모시킬 조치를 취하라."

수상이 말했다.

"현자에게 가서 조언을 구해야 하겠습니다. 전 그 방법을 모르기 때문입니다. 그 아이는 걸인입니다. 만일 아이에게 일할 가게가 있다면 그것이 아이의 기운을 소모시킬 것이고, 사무실 점원으로 일한다면 그것이 또한 에너지를 소모시킬 것입니다. 그러나 그 아이에게는 할 일이 없습니다. 아이는 재미로 살고 있습니다. 사람들은 그를 사랑하고, 그를 보살핍니다. 그래서 결코 음식도 떨어지지 않습니다. 그는 행복하며, 먹고 잠만 잘 뿐입니다. 소년의 기운을 소모시키는 것은 어렵습니다. 그러니 제가 현자에게 다녀오겠습니다."

그는 늙은 현자에게로 갔다. 현자가 말했다.

"한 가지를 하라. 가서 아이에게 만일 작은 일을 하나 한다면 그에게 매일 금화 일 루피를 주겠다고 말하라. 그리고 그 일은 정말 작은 일이다. 마을의 사원으로 가서 등잔에 불을 켜는 일이다. 아이는 황혼녘까지 그 등잔에 불을 켜야 한다. 그것이 전부다. 그리고 아이에게 매일 금화 일 루피를 주어야 한다."

수상은 말했다.

"하지만 그것이 어떻게 도움이 될까요? 그것은 오히려 아이를 더욱 기운 넘치게 할지도 모릅니다. 아이는 일 루피를 얻고, 그 돈으로 더 많이 먹을 것이며, 구걸하느라 괴롭지도 않을 것입니다."

현자는 말했다.

"걱정을 말라. 다만 내가 말한 대로 하라."

그 일이 행해졌다. 그리고 그 다음 주, 다시 왕의 행렬이 지나가게 되었을 때 아이는 전처럼 코끼리를 멈추려 했다. 그러나 실패했다. 아이는 코끼리에 의해 끌려갔다.

무슨 일이 일어났는가? 근심이 들어가고, 걱정이 들어갔다. 아이는 기억하고 있어야 했다. 스물네 시간, 매일 저녁 사원으로 가서 등잔에 불을 밝혀야 한다는 것을 기억하고 있어야 했다. 그것은 아이의 존재를 분리시키는 근심이 되었다. 잠잘 때조차도 그때가 저녁이라고 꿈꾸기 시작했다. '넌 무엇을 하고 있는가? 가서 불을 밝히고, 너의 금화 일 루피를 받으라.'

그리고 아이는 금화 루피를 모으기 시작했다. 처음에는 일곱 개를 갖고 있었고, 이제 여덟 개, 얼마 안 있어 금화 백 루피를 갖게 될 것이라고 계산하기 시작했다. 그리고 그것들은 2백으로 불어날 것이다. 계산이 들어오고 재미는 사라졌다. 아이가 해야만 하는 일은 오직 작은 일이었다. 그런데도 그것이 그의 에너지를 모두 고갈시켜 버렸다. 그대가 고갈되어 있다면 그대의 삶이 재미가 아니라는 것은 의심할 여지가 없다. 그대는 수많은 사원을 갖고 있으며 켜고 또 꺼야 하는 많은 등불들을 갖고 있는 것이다. 더불어 그대의 삶을 이루는 수많은 계산들을 갖고 있으며, 그것은 더 이상 재미가 될 수 없다.

궁수의 기술은 변함이 없었다. 그의 기술은 똑같았다. 그러나 궁수는, 재미로 활을 쏠 때는 자신의 온 기술을 다한다. 이제 그의 기술은 변함이 없으나 상이 그를 분리시켰다. 그의 존재 속으로 걱정과 근심이 들어섰으며, 그는 신경이 예민해졌다. 그는 승리를 더 생각한다. 이제 그는 활쏘는 일에는 관심이 없다. 이제 중요한 것은 어떻게 쏠 것인가가 아니라 어떻게 이기는가다. 그는 처음에서 끝으로 옮겨갔다. 이제 의의는 중요하지 않고 결과가 중요하다. 그리고 결과가 중요할 때마다 에너지는 분리된다.

결과는 그대의 손에 달려 있지 않다. 크리쉬나 신은 바가바드 기타(고대 인도의 경전)에서 제자 아르주나에게 말한다.

"마지막에, 결과에 관심을 두지 말라. 다만 지금 이 순간에 해야 할 것을 하라. 그리고 결과는 내게, 신에게 맡기라. 무엇이 일어날 것인지 묻지 말라. 아무도 모른다. 의의에 관심을 두라. 마지막을 생각하지 말라. 결과 지향적으로 되지 말라."

이 상황은 실로 아름답다. 그리고 장자의 얘기와 연결시킬 가치가 있다. 아르주나는 인도가 탄생시킨 최고의 궁수이기 때문이다. 그는 완벽한 궁수였다. 그러나 결과에 대한 생각이 그의 마음에 들어왔다. 그는 결코 걱정하지 않았었다. 전에는 그런 일이 한 번도 일어나지 않았었다. 그의 궁술은 완벽했으며, 기술은 전체적이고 절대적이었다.

그러나 쿠루크세트라 전쟁터에서 두 군대가 서로 대치하고 있는 것을 보고, 아르주나는 걱정을 하게 되었다. 그의 걱정은 무엇이었는가? 그것은 그가 양편에 모두 친구를 갖고 있다는 것이었다. 그것은 친족의 싸움, 사촌간의 전쟁이었다. 그래서 모두 서로 관계가 있었으며, 양편이 다 친척이었다. 모든 친족이 두 패로 나뉘어졌다. 그것은 아주 희귀한 전쟁, 친척끼리의 전쟁이었다.

크리쉬나와 아르주나는 같은 편에 있었다. 그리고 크리쉬나의 군대는 반대편이 되어 싸우고 있었다. 크리쉬나는 말했다.

"너희들 둘 다 나를 사랑한다. 그러므로 너희들은 반반씩 나눠야 한다. 한 편은 나를 가질 수 있으며, 다른 한 편은 나의 군대를 가질 수 있다."

다른 편의 지도자인 두르요다나는 어리석은 인물이었다. 그는 생각했다. '내가 크리쉬나 한 사람으로 무엇을 할 수 있을 것인가? 그러나 그는 큰 군대를 갖고 있다.' 그래서 그는 크리쉬나의 군대를 선택했다. 그리하여 크리쉬나는 아르주나의 편에 서게 되었고, 아르주나는 행복했다. 한 명의 크리쉬나는 전세계보다도 더 크기 때문이다. 군대들이, 무의식 속에서 살아가는, 반쯤 졸고 있는 사람들이 무엇을 할 수 있겠는가? 한 명의 깨어 있는 사람만이 가장 큰 가치가 있다.

아르주나가 혼란스러워지고 마음이 분리되었을 때, 크리쉬나는 진정한 도움이 되어 주었다. 바가바드 기타에서는 아르주나가 두 군대를 보고 무척 당황했다고 말한다. 그리고 그는 크리쉬나에게 말했다.

"내 에너지는 고갈되었습니다. 난 신경이 쓰이고 무기력해졌습니다. 나의 힘은 나를 떠났습니다."

그는 완벽한 기술을 가진 사람, 완전한 궁수였다. 그가 사용하는 활의 이름은 간디바였다. 그는 말했다.

"간디바가 내게 너무나 무겁게 느껴집니다. 난 힘이 없어졌고, 몸이 무뎌졌으며, 생각할 수도, 볼 수도 없습니다. 모든 것이 혼란스럽기만 합니다. 이들은 모두 친척이며 난 그들을 죽여야 하기 때문입니다. 그 결과가 무엇이겠습니까? 살인, 그토록 많은 사람들을 죽임으로써 내가 무엇을 얻겠습니까? 무가치한 왕국? 그래서 난 싸우는 데에 관심을 잃었습니다. 그것은 치러야 할 대가가 너무 큽니다. 난 피하고 싶습니다. 난 구도자가 되고 싶습니다. 산속으로 들어가 명상을 하고 싶습니다. 이 싸움은 날 위한 것이 아닙니다. 나의 에너지는 고갈되었습니다."

크리쉬나가 아르주나에게 말했다.

"결과에 대해 생각하지 말라. 그것은 그대에게 달린 일이 아니다. 그리고 그대를 행위자로 생각하지 말라. 그대가 행위자라면 결과 또한 그대가 책임져야 하기 때문이다. 행위자는 언제나 신이다. 그대는 단지 하나의 도구일 뿐이다. 지금 이 순간에, 그 의미에 관심을 두라. 그리고 결과는 내게 맡기라. 내가 그대에게 말한다. 아르주나여. 이 자들은 이미 죽어 있는 것이다. 이들은 반드시 죽을 운명이다. 그대가 그들을 죽이는 것이 아니다. 그대는 다만 그들이 이미 죽었다는 사실을 드러낼 하나의 도구일 뿐이다. 내가 보는 한, 그들은 이미 죽어 있다. 그들은 죽음이 일어나는 지점에 이르렀다. 그대는 다만 도구일 뿐이다."

산스크리트 어(고대 인도의 언어)는 아름다운 단어 하나를 갖고 있다. 영어에는 그것과 동등한 말이 없다. 그것은 '니미타'이다. 니미타는 그대는 행위자가 아니라는 뜻이다. 그대는 원인이 아니다. 여러 원인들 중 어느 하나의 원인도 아니다. 그대는 니미타일 뿐이다. 그것은 곧, 원인은 신의 손 안에 있다는 뜻이다. 신이 진정한 행위자다. 그대는 다만 그의 도구이다. 그대는 우체부와 같다. 그 우체부가 바로 니미타이다. 우체부가 와서 그대에게 편지를 배달한다. 그 편지가 그대를 모욕하는 것이라 해도 그대는 그에게 화를 내지 않는다. 우체부는 관계가 없다. 그는 니미타일 뿐이기 때문이다. 그는 편지를 쓰지 않았고, 그 일이 일어나게 하지도 않았다. 그는 전혀 관계가 없다. 그는 다만 그의 의무를 수행했을 뿐이다. 그대는 그에게 화내지 않을 것이다. 그에게 말하지 않을 것이다. '왜 당신은 나에게 이 편지를 갖다 주었는가?'

크리쉬나는 아르주나에게 말하고 있다.

"그대는 우체부와 같다. 그대는 그들에게 죽음을 배달해야만 한다. 그대는 살인자가 아니다. 죽음은 신으로부터 온다. 그들은 이미 죽음을 얻어 갖고 있다. 걱정하지 말라. 만일 그대가 그들을 죽이지 않으면 다른 어떤 사람이 그 편지를 배달할 것이다. 만일 그 우체부도 그것을 하지 않으면 또 다른 이가 할 것이다. 그대가 외출 중이든, 휴일이든, 병들어 있든 그것이 편지가 배달되지 않을 것이라는 사실을 의미하지는 않는다. 대리 우체부가 할 것이다. 편지는 배달되어져야만 한다. 그러니 괴로워하지 말라. 필요 없이 근심하지 말라. 그대는 다만 니미타이다. 원인도 아니고, 행위자도 아니고, 하나의 도구다. 의미에 관심을 두라. 결과에 대해 생각하지 말라. 일단 그대가 결과에 대해 생각하면 그때 기술은 사라진다. 그대는 분리된다. 그래서 자신이 고갈된 느낌이 드는 것이다. 아르주나여, 그대의 에너지는 어디로도 가지 않는다. 그것은 갈등으로 바뀌었을 뿐이다. 안에서 그대는 분리되었다. 그대는 자기 자신과 싸우고 있다. 한 부분은 말한다. '앞으로 가라.' 다른 부분은 말한다. '이것은 좋지 않다.' 그대의 전체성은 사라졌다. 전체성이 사라졌을 때 인간은 무기력해진다."

아르주나처럼 강한 사람도 말하고 있는 것이다.

"난 이 간디바를 옮길 수가 없습니다. 이 활은 내게 너무 무겁습니다. 난 신경과민이 되었습니다. 깊은 공포와 근심이 내 안에 일어나는 것을 느낍니다. 난 싸울 수가 없습니다."

기술은 똑같다. 변한 것은 없다. 그러나 마음이 분리되었다. 분리될 때마다 그대는 힘을 잃는다. 욕망은 그대를 분리시키고, 명상은 일치시킨다. 욕망은 그대를 미래로 인도하지만, 명상은 현재로 데려다 준다.

이것을 결론으로 기억하라. 미래로 움직여 가지 말라. 그대가, 그대의 마음이, 미래로 움직여 가고 있음을 느낄 때마다 곧바로 현재로 돌아오라. 마음이 미래로, 욕망으로 움직여 간 것을 깨닫는 순간, 즉시 현재 속으로 뛰어들라. 그대는 현재를 잃을 것이다. 거듭 거듭 그것을 잃을 것이다. 오랜 습관 때문이다.

그러나 머지않아 점점 그대는 이 순간의 집에 있을 수 있다. 편하게 있을 수 있다. 그러면 그때 삶은 재미이며, 삶은 놀이가 된다. 그리고 그때 그대는 넘쳐나는 에너지로, 굽이치는 생명력으로 가득 차게 된다. 무기력하고 고갈된 채로는 환희를 경험할 수 없다. 어떻게 그대가 춤추겠는가? 춤추기 위해서는 무한한 에너지가 필요하다. 고갈된 채로 어떻게 노래할 수 있겠는가? 노래는 언제나 흘러넘치는 것이다. 그대처럼 죽어 있는 상태에서 어떻게 기도할 수 있는가? 오직 전체로 살아 있을 때만 그대의 마음으로부터 감사함이 일어난다. 그 감사가 곧 기도이다.

삶을 이해하는 사람만이 죽음을 이해한다. 삶과 죽음은 둘이 아니기 때문이다. 죽음을 두려워한다면 삶을 두려워하고 있는 것, 삶을 사랑한다면 죽음까지도 사랑할 것이다.

일곱째날 아침 세 명의 벗

삶을 논하는 세 명의 벗이 있었다.

한 사람이 말했다.

'더불어 살면서도 그것을 모를 수 있을까.

더불어 일하면서도 아무 열매도 맺지 않을 수 있을까.

존재하는 것을 잊고

공간을, 세상을 끝없이 날아다닐 수 있을까.'

세 벗은 서로를 바라보고는 웃음을 터뜨렸다.

그들은 어떤 설명도 하지 않았다.

그래서 그들은 전보다 더 좋은 벗이 되었다.

그러다 벗 하나가 죽었다.

공자는 다른 두 벗이 그의 장례를 치르는 데

곡하는 것을 돕기 위해 제자를 보냈다.

그 제자는

벗 하나가 현악기를 켜는 동안

다른 벗 하나는 노래를 짓고 있는 광경을 목격했다.

그들은 노래했다.
"벗이여, 그대는 어디로 갔는가?
아아, 벗이여, 그대는 어디로 갔는가?
그대가 진정으로 있던 곳으로 그대는 갔고
그리고 우리는 여기에 남았다.
아아, 빌어먹을, 우린 여기에 있다."

그때 공자의 제자가
그들 가운데 끼어들며 외쳤다.
"장례의 예법 어느 곳에
이런 것이 적혀 있는가
고인이 있는 자리에서
어찌 이런 불경스런 노래를 부르는가?"

그 두 벗은 서로를 바라보고는 웃었다.
"가엾은 친구,
이 자는 새로운 예법을 모르는군!"

—〈세 명의 벗〉

삶에 대해 이해해야 할 첫 번째의 것은, 그것은 설명이 없다는 것이다. 삶은 절대적인 빛 속에 있다. 그러나 그곳에 설명은 없다. 삶은 하나의 신비로서 존재한다. 설명을 시도하면, 그때는 삶을 놓쳐 버린다. 삶은 설명될 수가 없다. 설명을 통해 그대는 장님이 될 뿐이다. 철학은 삶의 적이다. 인간에게 가장 해로운 일은 설명에 사로잡혀 고정되는 일이다. 설명을 할 수 있다고 생각하는 순간, 삶은 떠나고 그대는 이미 죽어 있다.

이것은 하나의 역설처럼 들릴 것이다. 죽음은 설명될 수 있을지 모른다. 그러나 삶은 설명될 수 없다. 죽음은 끝이 난, 완성된 무엇이고, 삶은 현재 진행형이기 때문이다. 삶은 언제나 그 여행길에 있다. 그러나 죽음은 이미 도달해 있다. 어떤 것이 도달해서 마무리되면 그대는 그것을 설명할 수 있고, 그것을 한정시킬 수 있다. 어떤 것이 아직 진행 중일 때는 여행해야 할 미지의 것이 아직 남아 있다는 의미다.

과거는 알 수 있지만 미래는 알 수 없다. 과거는 이론으로 정리해 놓을 수 있다. 그러나 미래를 어떻게 이론화할 수 있는가? 미래는 언제나 하나의 열려 있음이며, 무한한 열림이다. 그러므로 설명을 시도할 때, 그 설명은 언제나 죽어 있는 것을 가리킨다.

철학은 설명을 하고 있기 때문에 그곳에는 생명력이 없다. 철학자들보다 더 많이 죽어 있는 사람을 찾기는 어려울 것이다. 그들에게는 생명이 빠져나가고 없다. 삶은 그들에게서 멀리 새어 나갔다. 그들은 마치 죽은 돌들처럼 오그라든 두뇌들이다. 그들은 많은 소음을 만들어 내지만, 그곳에 삶의 음악은 없다. 많은 설명을 하지만, 그들의 손에는 단지 설명밖에 들려 있지 않다는 것을 그들 자신도 완전히 잊고 있다. 설명은 꽉 움켜쥔 주먹과 같다. 삶은 하나의 펼친 손이다. 그 둘은 전적으로 다르다. 주먹이 닫혀 있을 때, 그 안에는 하늘이 없고 공기도 없으며 숨쉴 공간도 없다. 움켜쥔 주먹 속으로 하늘을 움켜잡을 수 없다. 그 주먹은 하늘을 놓쳐 버린다. 하늘이 그곳에 있고 그대의 손이 열려 있을 때, 그때는 그것을 손에 넣을 수 있다. 설명은 움켜잡는 것, 문 닫음, 한정지음이다. 그때 삶은 새어 나간다.

웃음이 차라리 철학보다 위대하다. 삶에 대해 웃을 때 그대는 곧 삶을 이해하는 것이다. 그래서 모든 진정으로 깨달은 사람들은 웃었다. 그리고 그들의 웃음은 몇 세기 이후까지도 들릴 수 있다. 붓다가 손에 꽃을 들고 있는 것을 보고, 제자 마하가섭은 웃었다. 그의 웃음은 지금까지도 들리고 있다. 들을 수 있는 귀를 가진 사람들은 그 웃음소리를 들을 것이다. 마치 수 세기를 통해 끊임없이 강물이 흘러가는 것처럼.

선방에서는 아직도 제자들이 스승에게 묻고 있다.

"스승님, 말씀해 주십시오, 마하가섭은 왜 웃었습니까?"

그러나 더욱 의식 있는 제자들은 묻는다.

"말씀해 주십시오, 스승님. 마하가섭은 왜 아직도 웃고 있습니까?"

그들은 과거 시제가 아니라 현재 시제를 사용한다. 그리고 스승은 그대가 마하가섭의 웃음을 들을 수 있다는 느낌을 받을 때만 그 질문에 대답한다. 그것을 들을 수 없다면, 그것에 대해 아무것도 말할 수가 없는 것이다.

세상의 붓다들은 언제나 웃어 왔고, 또 지금도 웃고 있다. 그대는 그들의 웃음소리를 듣지 못했는지 모른다. 그대의 문이 닫혀 있기 때문이다. 그대는 한 사람의 붓다를 보았는지도 모른다. 그리고 그가 심각하다고 느꼈는지 모른다. 그러나 그 심각함은 투영된 것이다. 그것은 그대 자신의 심각함일 뿐이다. 그대는 붓다를 화면으로 사용한 것이다. 그래서 기독교인들은 예수는 결코 웃은 적이 없다고 말하는 것이다. 예수는 틀림없이 웃었다. 그는 온 존재로 웃었고, 그의 존재 전체가 웃음이 되었음에 틀림없다. 그러나 제자들은 그 소리를 듣지 못했다. 이것이 사실이다. 그들은 닫혀 있었고, 그들 자신의 심각함이 예수에게 투영되었다.

그들은 십자가 위의 예수만을 볼 수 있었다. 모두가 고통 속에서 살기 때문에 오직 고통만을 보는 것이다. 그들이 예수의 웃음을 들었다 해도, 그들은 그것을 지워 버렸을 것이다. 메시아가 웃는다는 것은 그들의 고통스런 삶과 반대되는 것이고, 그들에게 어울리지 않았다. 예수가 웃는 것은 그대에게는 어울리지 않는다. 그가 웃는다면 그는 그대에게 이방인이 될 뿐이다.

그러나 동양에서는 달랐다. 선의 세계에서, 도의 세계에서 웃음은 그 절정에 달했다. 그것은 철학의 반대편 극이 되었다. 철학자는 심각하다. 철학자는 삶을 하나의 문제이며 그 해답을 발견할 수 있다고 생각한다. 그는 머리로 삶을 해석하고, 그래서 점점 더 심각해진다. 삶을 놓치면 놓칠수록 그는 더욱더 심각해지고 죽어 있다.

노자와 장자는 말한다. 그대가 웃을 수 있다면, 표면에만 꾸며진 웃음이 아닌 존재 속 가장 깊은 곳에서 나오는 웃음을 웃을 수 있다면, 만일 그 웃음이 그대 존재의 가장 깊은 중심으로부터 오는 것임을 느낄 수 있다면, 그리고 그 웃음이 그대를 뛰어넘어 전 우주로 퍼져 간다는 것을 느낄 수 있다면, 그 웃음은 삶이 무엇인가에 대한 최초의 깨달음을 그대에게 줄 것이다. 그것은 하나의 신비다.

장자에게 있어서 그런 웃음은 기도와 같은 것이었다. 이제 그대는 삶을 받아들이고, 설명에 집착하지 않기 때문이다. 어떻게 인간이 그 설명을 발견할 수 있겠는가? 우리는 삶의 한 부분이다. 어떻게 부분이 전체에 대한 설명을 찾아낼 수 있는가? 어떻게 부분이 전체를 볼 수 있는가? 어떻게 부분이 전체를 해부하고 나눌 수 있으며, 전체를 앞질러 갈 수 있는가?

설명이란, 그대가 설명하려고 하는 그 대상을 초월해야만 한다는 것을 의미한다. 그대는 그것이 존재하기 전에 그곳에 있어야만 한다. 그것이 더 이상 존재하지 않게 되었을 때도 그곳에 있어야 한다. 그것을 정의 내릴 수 있기 위해 그것의 주위를 돌아다녀야 한다. 그것의 심장부에 도달하기 위해 그것을 해부해야만 한다. 외과 의사는 생명이 아니라 죽은 육체에 대한 설명만을 찾을 수 있다. 생명에 대한 모든 의학적인 규정은 어리석다. 외과 의사는 그것을 해부하기 때문이다. 그가 결론을 내릴 때 생명은 이미 그곳에 없다. 그것은 단지 죽은 시체일 뿐이다.

모든 설명은 사후 약방문이다. 설명하는 순간 삶은 더 이상 그곳에 있지 않다. 이제는 과학자들까지도 그 현상을 깨닫게 되었다. 그들이 사람의 피를 검사할 때, 그 피는 그것이 살아 있는 인간의 혈관에서 움직이고 있을 때의 그것과는 같은 것일 수 없음을 깨달았다. 혈관 속의 피는 살아 있었고, 다른 성질의 것이었다. 그러나 이제 실험관 속에 담겨져 있을 때, 그것은 죽어 있는 피다. 그것은 똑같은 피가 아니다. 그것의 본질인 생명이 그곳에 없기 때문이다. 모든 설명이 그것과 같다.

나무에 피어 있는 꽃은 다르다. 왜냐하면 생명은, 생명의 형태는, 그 안에 흐름이 있음을 의미하기 때문이다. 나무로부터 꽃을 따와 실험실 안에서 검사할 때 그것은 이미 완전히 다른 꽃이다. 그 겉모습에 속지 말라. 이제 생명은 더 이상 그 안에서 흐르고 있지 않다. 꽃의 화학 성분을 알 수는 있다. 그러나 그것은 설명이 아니다.

시인은 다르게 접근한다. 그는 해부가 아니라 사랑을 통해 다가간다. 꽃을 뿌리째 뽑음을 통해서가 아니라, 그것과는 정반대로 꽃에 몰입함으로써, 깊은 사랑 속에서, 그 신비한 함께 있음을 통해서 다가간다. 그는 그것의 본질 속으로 들어가는 것이다. 그래서 무엇인가를 알게 된다. 그리고 그것은 하나의 설명이 아니다. 시는 설명이 될 수 없다. 그러나 그것은 한 순간 진리를 들여다본다. 그것은 어느 과학보다도 진실하다.

보라, 누군가를 사랑하고 있을 때, 그때 그대의 심장은 다르게 뛴다. 사랑하는 이, 그대의 연인은 그대 심장의 고동을 들을 것이다. 그것은 다르게 뛴다. 사랑하는 이가 그대의 손을 잡는다. 그 따뜻함은 다르다. 그대의 피는 다른 리듬으로 움직인다. 그것은 다른 맥박을 갖고 있다. 의사가 그대의 손을 잡을 때의 그 맥과는 완전히 다른 것이다. 그는 심장의 맥박을 들을 수는 있지만, 이 맥박과는 다르다. 사랑하는 이를 위해 심장이 뛰고 있을 때, 그것은 그 심장 고유의 노래다.

　사랑하는 이만이 그 뛰는 심장을 알 수 있다. 오직 사랑하는 이만이 그 맥박을, 그 피를, 그 생명의 따뜻함을 알 수 있다. 의사는 알 수 없다. 무엇이 변했는가? 의사는 관찰자가 되고 그대는 관찰 대상이 되었다. 그때 그대는 인간이 아니다. 의사는 그대를 하나의 대상처럼 다룬다. 마치 하나의 사물을 보는 것처럼 그대를 본다. 그것이 그 차이를 만든다. 사랑하는 이는 그대를 하나의 대상으로 보지 않는다. 그대는 그와 하나가 되고, 일체가 되며, 서로 녹아든다. 그는 그대 존재 속 가장 깊은 곳을 안다. 그러나 그는 설명하지 않는다. 그는 느낀다. 그러나 그 느낌은 다른 것이다. 그는 사랑에 대해 머리로 생각할 수가 없다.

　생각될 수 있는 것은 살아 있지 않은 것이다. 생각은 죽은 것만을 다룬다. 그것은 언제나 죽은 대상만을 다룬다. 이것이 곧 과학에 느낌을 위한 공간이 없는 이유다. 느낌은 그대에게 다른 차원을, 생명의 차원을 부여한다.

　장자의 이 아름다운 이야기는 그대에게 많은 것을 말해 준다. 그 안으로 한 걸음씩 걸어들어가라. 그대가 하나의 결론에 이른다면 그대는 이미 그것을 놓쳐 버리고 만 것임을 기억하라. 그러나 진정한 웃음에 이른다면, 그때 그대는 이해한 것이다.

　삶을 논하는 세 명의 벗이 있었다.

장자는 매우 간결하다. 깨달은 사람들은 언제나 불필요한 말은 한 마디도 입에 올리지 않는다. 그들은 본질적으로 산다.

삶을 논하는 세 명의 벗이 있었다.

먼저 이해해야 할 것은, 오직 친구들만이 삶을 토론할 수 있다는 것이다. 토론이 적대적이 될 때, 하나의 논쟁이 될 때, 그때 대화는 깨어진다. 삶은 그런 방법으로 토론될 수 있는 것이 아니다. 오직 친구들만이 토론할 수 있다. 그때 토론은 논쟁이 아니라 대화가 되기 때문이다.

논쟁과 대화의 차이는 무엇인가? 논쟁할 때는 다른 사람의 말을 들을 여유가 없다. 비록 듣고 있다 하더라도 그것은 진실로 듣는 것이 아니다. 그대는 진정으로 듣고 있는 것이 아니다. 단지 그대의 논쟁을 준비하고 있을 뿐이다. 상대방이 말하고 있는 동안 반박할 준비를 하고 있는 것이다. 다른 사람이 말하고 있는 동안 단지 되받아칠 기회를 기다리고 있는 것이다. 그대는 이미 그대 안에 편견을, 이론을 지니고 있다. 그대는 무엇인가를 추구하고 있는 것이 아니며, 모르는 것도 아니고, 순수하지도 않고, 이미 무엇인가로 가득 차 있다. 그대의 배는 비어 있지 않다. 그대는 그대의 이론을 갖고 다니며, 그것들이 진실이라고 증명하려 하고 있는 것이다.

진리의 탐구자는 어떤 이론도 갖고 다니지 않는다. 그는 언제나 열려 있고 받아들일 준비가 되어 있다. 그는 들을 수가 있다. 힌두교도는 들을 수 없다. 회교도는 들을 수 없다. 힌두교도가 어떻게 들을 수 있는가? 그는 이미 진리를 알고 있으며, 더 이상 들을 필요가 없는 것이다. 그대는 그로 하여금 듣게 만들려 하지만, 그는 들을 수 없다. 그의 마음은 이미 꽉 차 있어 아무것도 뚫고 들어갈 수가 없다. 기독교인은 들을 수 없다. 그는 이미 진리를 알고 있다. 그는 새로운 바람이 불어들어오는 것에 대해 문을 닫고 있다. 새로운 태양이 떠오르는 것을 볼 눈을 닫아 버렸다. 그는 도달했다. 이미 목적지에 이르러 있는 것이다.

어딘가에 도달했다고 믿는 사람들은 논쟁할 수는 있어도 대화를 나눌 수는 없다. 그들은 다만 충돌할 수 있을 뿐이다. 그러면 다툼이 생겨나고 서로 반대한다. 그런 논쟁 속에서 무엇인가 증명할지 모르지만, 실제로는 아무것도 증명되지 않는다. 상대방을 침묵시킬 수 있을지 모르지만, 그렇다고 그가 변화한 것은 아니다. 그것은 일종의 전쟁, 문명화된 전쟁이기 때문이다. 무기를 갖고 싸우는 것이 아니라 말을 갖고 싸우는 것이다.

장자는 말한다. 세 친구가 삶을 논하고 있었다. 그것이 곧 그들이 웃음에 도달한 이유다. 그렇지 않았으면 그곳에는 결론이 있었을 것이다. 한 이론이 다른 이론들을 패배시키고, 한 철학이 다른 철학들을 누른다. 그렇다면 하나의 결론이 있었을 것이다.

삶에는 결론이 없다. 삶은 그것에 대해 어리석은 생각을 갖지 않는다. 삶은 끝없이 진행된다. 삶은 언제나, 영원히 앞으로 나아갈 뿐이다. 그러니 그대가 어떻게 삶에 대해 결론을 내릴 수 있겠는가? 결론을 내리는 순간, 그대는 이미 그것에서 벗어난 것이다. 삶은 계속되고 있는데, 그대는 그 길에서 벗어나 있는 것이다. 그대는 자신의 결론에 집착할 수도 있지만, 삶은 그대를 기다리지 않을 것이다.

친구들은 토론할 수 있다. 왜인가? 한 인간을 사랑할 수는 있지만 하나의 철학을 사랑할 수는 없다. 철학자들은 친구가 될 수 없다. 그대는 그들의 제자나 적이 될 수 있다. 그대가 그들을 믿든 믿지 않든, 그대가 그들을 추종하든 추종하지 않든, 그들과는 친구가 될 수 없다. 우정은 두 척의 비어 있는 배 사이에서만 가능하다. 그때 그대는 상대방에게 문을 열고, 기꺼이 그를 초대한다. '내게로 오라, 내 안으로 들어오라, 나와 함께 있으라.' 그때 그대는 영원히 초대하고 있는 것이다.

이론과 철학들을 내던질 수는 있다. 그러나 우정은 던져 버릴 수가 없다. 그리고 우정 속에 있을 때, 비로소 대화가 가능하다. 그 대화 속에서 그대는 듣는다. 만일 말해야 한다 해도 상대방을 반박하기 위해 말하지 않는다. 다만 찾기 위해서, 탐구하기 위해서 말한다. 그대는 이미 도달한 어떤 결론 없이 말한다. 무엇인가 증명하려고 애쓰지도 않는다. 철학에서가 아니라 순수에서 말한다. 철학은 전혀 순수함이 없다. 그것은 영리하다. 그것은 머리가 만들어 낸 하나의 장치일 뿐이다.

세 친구가 삶을 논하고 있었다. 친구 사이에서는 대화가 가능하기 때문이다. 그래서 동양에서는 우정, 사랑, 존경심, 신뢰를 발견하지 않고선 어떤 질문도 하지 않는 것이 하나의 전통이었다. 영적 스승을 찾아갔는데 그대의 배가 관념으로 가득 차 있다면 그곳에는 어떤 교감도, 어떤 대화도 있을 수 없다. 우정이 가능하기 위해서는 먼저 비어 있어야 한다. 그러면 눈앞을 떠다니는 사념들 없이 볼 수 있다. 결론내림 없이 볼 수 있다. 그리고 결론내림 없이 볼 때 그대의 시야는 넓어지고 제한됨이 없다.

힌두교도는 성경을 읽을 수는 있지만 결코 이해하지 못한다. 사실 그는 성경을 전혀 읽지 않으며 또 들을 수도 없다. 기독교인이 바가바드 기타를 읽을 수는 있다. 그러나 그는 여전히 낯선 이방인일 뿐이다. 그는 결코 그 깊은 본질을 꿰뚫어 보지 못한다. 결코 내면의 영역에 이를 수 없다. 그것 주위를 맴돌 뿐이다. 그는 오직 그리스도만이 진실하다고 믿고 있다. 오직 그리스도를 통해서만 구원이 가능하다고 믿고 있다. 오직 그리스도만이 신의 아들이라고 알고 있는 것이다. 그가 어떻게 크리쉬나의 말을 들을 수 있는가? 그에게는 오로지 그리스도만이 진실하다. 크리쉬나는 하나의 허상, 기껏해야 하나의 아름다운 허상으로 여길 뿐이다. 그것은 결코 진실이 아니다. 아니면 백 보 양보해서, 진실에 가까울 뿐이라고 말할 것이다.

그러나 진실에 가깝다고 말할 때 그것은 무슨 의미인가? 그것은 다시 말해 거짓이라는 뜻이다. 진실하거나 진실하지 않거나 둘 중 하나일 뿐이다. 진실에 가까운 것이란 있을 수 없다. 진실이거나 그렇지 않으면 진실이 아니다. 그것은 언제나 전체적이다. 그것을 나눌 수는 없다. '그것은 어느 정도는 진실이다'라고 말할 수 없다. 그럴 수 없다. 진실은 정도와는 상관없다. 진실이거나, 아니면 진실이 아닌 것이다. 그러므로 그리스도가 유일한 진리라는 결론을 마음이 품고 있을 때는 크리쉬나를 듣는 것이 불가능하다. 설령 길에서 크리쉬나와 마주친다 해도 그의 말을 들을 수 없다. 설령 붓다를 만난다 해도 그를 알아보지 못할 것이다.

전세계가 결론들로 가득 차 있다. 누군가는 기독교인이고, 누군가는 힌두교도이고, 또는 자이나교도, 또는 불교도이다. 그렇기 때문에 진리를 놓치는 것이다. 진실로 종교적인 사람은 기독교인이거나 힌두교도, 불교도일 수가 없다. 종교적인 사람은 오직 진지한 추구자일 뿐이다. 그는 질문하며, 어떤 결론도 없이 열린 채로 있다. 그의 배는 비어 있다.

세 친구가 삶을 논하고 있었다……. 오직 친구들만이 토론할 수 있다. 그때 비로소 대화가 가능하기 때문이며, 그때 그 관계는 '나'와 '너'의 관계이기 때문이다. 논쟁하고 있을 때 그 관계는 '나'와 '그것'의 관계다. 그때 상대방은 개조되고 그대를 믿어야만 하는 하나의 사물에 불과하다. 상대방은 '너'가 아니다. 상대방은 아무 중요성도 지니고 있지 않으며 단지 숫자일 뿐이다.

우정 속에서는 상대방은 중요한 존재이고 본질적인 가치를 지닌 '너'이다. 상대방은 그 스스로 하나의 궁극적인 존재다. 그대는 그를 개조시키려고 애쓰지 않는다. 어떻게 사람을 개조시킬 수 있는가? 그 얼마나 큰 어리석음인가! 사람은 사물이 아니다. 사람은 너무도 크고 광활한 존재여서, 어떤 이론도 그보다 중요할 수 없다. 성경도 사람보다 중요하지 않으며, 바가바드 기타도 사람보다 중요하지 않다. 사람은 삶의 영광 그 자체를 의미한다. 그대는 사람을 사랑할 수는 있지만 개조할 수는 없다. 개조하려고 한다면 그것은 곧 조작하고 있는 것이 된다. 그때 사람은 하나의 수단이 되고, 그대는 그를 이용하고 있는 것이다.

대화는 그대의 '나'가 상대방인 '너'에게 말할 때, '너'를 사랑하고 있을 때, 그 뒤에 어떤 이념도 숨겨져 있지 않을 때 가능한 것이다. 상대방은 다만 사랑받으며, 그가 기독교인이든 힌두교도이든 그것은 중요하지 않다. 이것이 곧 우정의 의미다. 친구들은 삶을 논할 수 있다. 대화가 가능하기 때문이다.

한 사람이 말했다.
'더불어 살면서도 그것을 모를 수 있을까.
더불어 일하면서도 아무 열매도 맺지 않을 수 있을까.
존재하는 것을 잊고

공간을, 세상을 끝없이 날아다닐 수 있을까.'

그는 하나의 이론을 제시하고 있지 않다. 그는 단순히 하나의 의문을 제기하고 있다. 그리고 기억하라. 그대는 두 가지 방법으로 의문을 제기할 수 있다. 때로 그대는 단지 대답을 이끌어 내기 위해서 의문을 던진다. 그리고 그때 대답은 이미 그곳에 있다. 단지 대답하기 위해서 의문을 제기할 뿐이다. 그때 그 질문은 진실하지 않다. 그것은 거짓이다. 답이 이미 그곳에 있다. 질문은 단지 속임수이고 수사일 뿐이다. 그것은 진실하지 않으며 진정한 물음이 아니다.

그대 속에 대답이 있지 않을 때 그 질문은 진실한 것이 된다. 그대가 질문을 할 때, 그러나 대답으로부터 질문을 끌어낸 것이 아닐 때, 단순히 답을 찾고 있는 것일 때, 그 질문은 진실하다. 그때 그대는 열려 있고, 비어 있고, 상대방을 초대하고, 진정으로 묻고 있는 것이다.

한 사람이 말했다.
'더불어 살면서도 그것을 모를 수 있을까.'

우리는 함께 살고 있다. 그리고 우리는 함께 있음이 무엇인지 전혀 알지 못한다. 그대는 함께 있음이 무엇인지도 모르면서 누군가와 여러 해 동안 함께 살 수 있다. 세상을 보라. 사람들은 함께 살고 있고 아무도 홀로 살지 않는다. 아이들은 부모들과, 부모들은 친구들과, 남편은 아내와, 아내는 남편과……. 모든 사람이 함께 살고 있다. 삶은 함께 있음 속에서 존재한다. 그러나 그대는 함께 있음이 무엇인지 아는가?

40년 동안을 아내와 살면서도 단 한 순간도 그녀와 함께 살지 않은 것일지도 모른다. 그녀와 잠자리를 함께하는 동안에도 그대는 다른 것을 생각하고 있었는지 모른다. 그때 그대는 그곳에 없었고, 사랑의 행위는 단지 기계적인 것에 불과했다.

한번은 물라 나스루딘이 아내와 함께 영화를 보러 갔다. 그들은 적어도 20년을 함께 살았다. 그 영화는 열정적인 사랑을 다룬 외국 영화 중 하나였다. 영화관을 나설 때 아내가 말했다.

"나스루딘, 당신은 이 영화의 주인공처럼 나를 사랑하지 않아요. 왜죠?"

나스루딘이 말했다.

"당신 미쳤소? 그들이 그런 일을 하는 데 얼마나 많은 출연료를 받는지 당신은 모르오?"

사람들은 아무 사랑 없이 서로 함께 살아가고 있다. 출연료를 받을 때만 사랑하기 때문이다. 오직 이익이 될 때만 사랑한다면 어떻게 진정으로 사랑할 수 있는가? 그때 사랑은 관계가 아니며, 함께 있음도 아니고, 축제가 아니다. 그들은 상대방과 함께 있는 것이 행복하지 않다. 잘해야 상대방에 대해 참고 있는 것이다.

물라 나스루딘의 아내가 죽음을 눈앞에 두고 있었다. 의사가 말했다.

"나스루딘, 당신에게 솔직히 말해야겠다. 이런 순간엔 진실한 편이 더 낫겠다. 당신의 아내는 회복이 불가능하다. 병은 손써 볼 수 없는 지경에 이르렀고, 당신은 마음의 준비를 해야만 한다. 괴로워하지 말라. 받아들일 수밖에 없다. 이건 운명이다. 당신의 아내는 죽을 수밖에 없다."

나스루딘이 말했다.

"걱정하지 말라. 수십 년 동안 그녀를 견뎌 왔는데, 몇 시간 더 견디는 게 무엇이 힘들겠는가?"

기껏해야 우리는 견디고 있다. 그리고 견딘다는 입장에서 생각할 때 우리는 곧 고통받고 있는 것이며, 우리의 함께 있음은 하나의 고통이다. 그래서 장 폴 사르트르는 말했다.

"타인은 지옥이다."

타인과 더불어 있을 때 그대는 단지 견디고 있을 뿐이며, 그래서 상대방은 짐이 되고, 지배자가 된다. 상대방은 문제를 만들어 내기 때문이다. 그러면 그대는 자유를 잃게 되고, 행복은 사라진다. 그때 그것은 하나의 일상이 되고, 참음이 된다. 상대방을 참고 있다면 어떻게 함께 있음의 아름다움을 알 수 있겠는가? 실제로 그곳에 함께 있음은 존재하지도 않았다.

진정한 결혼이란 거의 언제나 존재하지 않는다. 결혼이란 함께 있음의 축제이기 때문이다. 그것은 면허증이 아니다. 구청이나 시청이 결혼을 줄 수는 없다. 어떤 목사도 그대에게 선물로 결혼을 줄 수 없다. 그것은 존재 속에서 일어나는 거대한 혁명이며, 삶의 양식의 위대한 변화다. 그리고 그것은 함께 있음을 축제로 여길 때만 일어난다. 상대방이 더 이상 상대방으로 느껴지지 않을 때, 그대가 더 이상 '나'로서 그대 자신을 느끼지 않을 때, 그 일은 일어난다. 그 둘이 더 이상 둘이 아닐 때, 그때 하나의 다리가 생겨나고 어떤 의미에서 그 둘은 하나가 된다. 육체적으로는 둘로 남아 있다. 그러나 내면 깊숙한 존재에 있어서는 그들은 하나가 된 것이다. 그들은 존재의 양극일지도 모른다. 그러나 그들은 더 이상 둘이 아니다. 그곳에는 하나의 다리가 존재한다. 그 다리가 그대에게 함께 있음의 순간을 준다.

하지만 진정한 결혼을 만나게 되는 것은 매우 드문 일 중 하나다. 사람들은 혼자 살 수 없기 때문에 함께 산다. 이것을 기억하라. 혼자 살 수 없는 것이다. 그것이 그들이 함께 사는 이유다. 혼자 사는 것은 불편하고, 비경제적이며, 힘들다. 그래서 그들은 함께 산다. 이유 자체가 부정적인 것이다.

한 사람이 결혼을 앞두고 있는데, 누군가 그에게 물었다.

"당신은 언제나 결혼에 반대해 왔다. 그런데 왜 갑자기 마음을 바꿨는가?"

그는 말했다.

"겨울이 오고 있고, 사람들이 말하기를 이번 겨울은 매우 추울 것이라고 한다. 그런데 난방비를 펑펑 쓰는 건 내 능력에 닿지 않고, 차라리 아내를 얻는 것이 더 경제적이다."

이것이 곧 논리다. 누군가와 함께 사는 것이 안락하고, 편리하고, 경제적이고, 더 싸게 먹히기 때문에 함께 사는 것이다. 사실 혼자 산다는 것은 매우 어려운 일이다. 아내란 매우 많은 것을 의미한다. 주부, 요리사, 하녀, 간호사……. 그녀는 전혀 보수를 받지 않고 매우 많은 일을 하는, 세상에서 가장 값싼 노동력이다. 이것은 하나의 착취다.

결혼은 하나의 착취 제도로서 존재한다. 그것은 함께 있음이 아니다. 결혼에서 행복이 꽃피어나지 않는 이유가 여기에 있다. 그것은 불가능하다. 착취의 뿌리로부터 어떻게 환희가 일어날 수 있는가? 가족 안에 있기 때문에, 세상 안에 있기 때문에 그대는 불행한 것이라고 끝없이 말하는, 성자라고 불리는 사람들이 있다. 그들은 말한다. '모든 것을 버리라. 포기하라.' 그리고 그들의 논리는 옳은 것처럼 보인다. 그러나 그것은 그들이 옳기 때문이 아니라 그대가 함께 있음을 잃어버렸기 때문이다. 그렇지 않았다면 그들이 전적으로 잘못되게 보였을 것이다.

함께 있음을 경험하는 이들은 신을 안다. 진정으로 결혼한 사람은 신을 안다. 사랑은 가장 위대한 문이기 때문이다. 그러나 함께 있음은 그곳에 없다. 그리고 함께 있음이 무엇인지도 모르면서 함께 살고 있다. 그대는 삶 속에 어떤 뿌리내림도 없이 떠돌아다닌다. 단지 이 순간에서 다음 순간으로 옮겨갈 뿐이다. 삶이 그대에게 부여하는 것을 음미하지도 못한 채. 그것은 태어날 때부터 주어지는 것이 아니다. 삶을 아는 것은 유전되는 것이 아니다. 삶은 태어나면서 주어지지만, 그 지혜와 경험, 환희는 배워야만 한다. 여기에 명상의 의미가 있다. 그대는 그것을 스스로 얻어야만 하고, 그것을 향해 성장해야만 한다. 성숙함이란 노력해서 얻어야만 하는 것이다. 오직 그때만이 그대는 삶을 알 수 있다.

삶은 오직 영적으로 성장했을 때만 열릴 수 있다. 그러나 사람들은 유치하게, 미성숙한 채로 살다가 죽는다. 결코 진실로 성장하지 않으며, 결코 성숙함에 이르지 못한다. 성장이란 무엇인가? 단지 성적으로 성숙한 것이 성장을 의미하진 않는다. 심리학자들에게 물어보라. 그들에 따르면 어른의 평균 정신 연령은 13세나 14세에 머물러 있다고 한다. 육체는 계속 자라지만 의식은 13세 근처에서 자라기를 멈춘다. 그대가 그토록 어리석게 행동하고, 그대의 삶이 그토록 계속해서 어리석은 상태에 머물러 있는 것은 전혀 놀라운 일이 아니다. 성숙하지 못한 마음은 어쩔 수 없이 매 순간 잘못된 행동을 할 수밖에 없다.

또한 성숙하지 못한 마음은 언제나 다른 사람에게 책임을 돌린다. 그대는 불행을 느끼며, 다른 사람들이 그대에게 지옥을 만들어 주고 있다고 생각한다. '타인은 지옥이다.' 사르트르의 이 발언은 매우 미성숙한 것이다. 만일 그대가 성숙해 있다면 상대방 역시 천국이 될 수 있을 것이다. 상대방은 곧 그대 자신이다. 상대방은 거울이며, 그대를 반영하기 때문이다.

내가 성숙을 말할 때, 그것은 내적인 성숙함을 의미한다. 내적인 성숙함은 다른 사람들에게 책임을 돌리는 일을 멈추었을 때, 그대 자신이 곧 고통의 창조자임을 깨닫기 시작할 때, 오직 그때에만 일어난다. 이것이 성숙을 향한 첫걸음이다. 곧 나에게 책임이 있는 것이다. 무슨 일이 일어나든, 그것은 나의 행위라고 깨닫는 것이다.

그대는 슬픔을 느낀다. 그것이 그대 때문인가? 그대는 무척이나 혼란을 느낄 것이다. 그러나 이 자각과 더불어 머물러 있을 수 있다면 머지않아 그대는 많은 행위들을 정지할 것이다. 이것이 곧 까르마, 업에 대한 이론이다. 모든 것이 그대에게 책임이 있다. 사회에게 책임이 있다고 말하지 말라. 부모에게, 경제적 조건에 책임이 있다고 말하지 말라. 어느 누구에게도 책임을 떠넘기지 말라. 그대에게 책임이 있다. 처음엔 그것이 하나의 짐처럼 여겨질 것이다. 이제는 책임을 다른 어떤 사람에게 돌릴 수가 없기 때문이다. 그러나 그것을 받아들이라.

누군가 물라 나스루딘에게 물었다.

"당신은 왜 그렇게 슬퍼 보이는가?"

나스루딘이 말했다.

"내 아내는 내게 도박도 끊고, 담배도, 술도, 카드 놀이도 끊기를 고집해 왔다. 난 이제 그 모두를 끊었다."

그래서 그 사람이 말했다.

"당신의 아내는 지금 매우 행복하겠군요."

나스루딘이 말했다.

"그것이 문제다. 이제 그녀는 불평할 무엇을 찾을 수가 없다. 이제 그녀는 어떤 것에 대해 내게 책임을 지울 수가 없는 것이다. 난 그녀가 지금처럼 불행해 하는 것을 본 적이 없다. 난 내가 그 모든 것을 끊었을 때 그녀가 아주 즐거워하리라고 생각했다. 하지만 그녀는 전보다 더 불행해졌다."

만일 다른 사람에게 책임을 돌릴 수 없다면 결국엔 자살하고 말 것이다. 마침내는 그대의 책임을 던져 버릴 곳이 아무 데도 남지 않을 것이다.

그래서 조금은 결점이 있는 것이 좋다. 그것은 다른 사람들이 행복해지는 데 도움이 된다. 완벽한 남편이 있다면 아내는 그를 떠날 것이다. 어떻게 완벽한 사람을 지배할 수 있겠는가? 그러니 비록 그대가 원치 않는다고 해도 계속 무엇인가 잘못을 저지르는 것이 좋다. 그럼 아내는 그대를 지배할 수가 있고, 행복을 느낄 것이다! 완벽한 남편이 있는 곳에는 필연적으로 이혼이 있다. 완벽한 사람을 보면 모두가 그에게 대항할 것이다. 비난할 수 없고 그에 대한 잘못을 발견할 수가 없기 때문이다. 우리의 마음은 다른 누군가에게 책임을 지우고 싶어한다. 마음은 불평하고 싶어한다. 그것이 우리를 기분 좋게 만든다. 그럼 우리는 책임이 없게 되고 짐을 덜게 되기 때문이다. 그러나 그것은 매우 비싼 대가를 치러야 한다. 실제로는 짐을 더는 것이 아니다. 오히려 점점 더 많은 짐을 짊어지게 되는 것이다. 다만 우리가 깨닫지 못하는 것뿐이다.

사람들은 삶이 무엇인지도 모르는 채 70년을 살고, 또 수많은 생을 살아 왔다. 그들은 성숙하지 않았고, 완성되지 않았으며, 중심이 없었다. 그들은 표면에서만 살았다. 그대의 표면이 다른 사람의 표면과 마주치면, 그때 그곳에 충돌이 일어난다. 그리고 그대가 계속해서 다른 사람에게 책임이 있다고 생각한다면 그대는 여전히 표면에 남아 있다. 그러나 일단 '난 내 존재에 대해 책임이 있다. 무슨 일이 일어나든 원인은 내게 있다. 내가 그것을 한 것이다'라고 깨닫게 되면, 문득 그대의 의식은 표면에서 중심으로 이동한다. 이때 처음으로 그대는 그대 세계의 중심이 된다.

그때 많은 일이 가능해진다. 그대가 원하지 않는 것이면 무엇이든지 떨쳐 버릴 수 있기 때문이다. 그리고 원하는 것이면 무엇이든 선택할 수 있다. 진실이라고 느끼는 것이면 무엇이든 따를 수가 있다. 진실하지 않다고 느끼는 것이면 따를 필요가 없다. 그대는 이제 자신 속에 중심을 두고 있고 그 중심에 뿌리내리고 있기 때문이다.

한 사람이 말했다.
'더불어 살면서도 그것을 모를 수 있을까.
더불어 일하면서도 아무 열매도 맺지 않을 수 있을까.
존재하는 것을 잊고
공간을, 세상을 끝없이 날아다닐 수 있을까.'

세 벗은 서로를 바라보고는…….

오직 친구들만이 서로를 볼 수 있다. 그대가 적대감을 느끼는 사람이 있으면 그대는 결코 그를 바라보지 않는다. 그를 바라봐야만 할 때일지라도, 그때 그대의 눈은 공허하다. 그대는 그대의 눈이 그를 흡수해 들이기를 허용하지 않는다. 그는 이질적이고, 튕겨져 나가는 그 무엇이다.

눈은 하나의 문이다. 그대는 누군가를 바라볼 필요가 있다. 그러면 그를 흡수할 수 있고, 그를 그대 안으로 녹아들게 할 수 있다.

세 벗은 서로를 바라보고는…….

한 친구는 질문을 했고, 다른 두 친구는 대답을 하려고 서두르지 않았다. 그들은 기다렸다. 그들은 참을성이 있었다. 만일 그들의 마음속에 어떤 결론이 있었다면 그들은 곧바로 말했을 것이다. 그러나 그들은 서로를 바라보았다. 그들은 그 상황을, 그 물음을, 그 물음의 핵심을, 그 물음의 의미와 깊이를 느꼈다.

기억하라. 만일 어떤 물음의 깊이를 느낄 수 있다면 그때 그 대답은 거의 발견한 것이나 같다. 그러나 아무도 참을성이 없다. 아무도 질문 속으로 깊이 들어갈 준비가 되어 있지 않다. 그대는 묻는다. 그러나 진정으로 그 질문 속으로 들어가지 않는다. 그대는 곧바로 대답을 요구하는 것이다.

세 벗은 서로를 바라보고는 웃음을 터뜨렸다.

그 물음, 그 물음에 대한 통찰, 그 깊이, 그 진실성, 그 사실들은 어떤 대답도 필요하지 않다. 어떤 대답도 어리석을 것이다. 어떤 대답이라도 피상적인 것일 수밖에 없을 것이다.

붓다는 사람들이 그에게 질문했을 때 수만 번이나 대답을 하지 않았다. 그 질문이 피상적인 대답을 요구하면 그는 대답하지 않았을 것이다. 만일 누군가 '신은 존재하는가?' 하고 물으면 그는 침묵했다. 사람들은 어리석다. 그들은 붓다가 질문에 대답하지 않자 이렇게 생각했다. '붓다는 신의 존재를 믿지 않는 것에 틀림없다. 신의 존재를 믿는다면 그는 그렇다고 대답했을 것이다. 아니면 그는 신에 대해 알지 못하는 것이다. 그러니까 대답을 못한 것이다.'

'신은 존재하는가?' 하고 물을 때, 그대는 자신이 무엇을 묻고 있는가를 모른다. 그 질문에 대답이 가능하다고 생각하는가? 그렇다면 어리석은 것이다. 그토록 중요한 질문에 답이 있을 수 있는가? 그렇다면 그대는 그 깊이를 모르는 것이다. 그때 그것은 하나의 호기심일 뿐이지 진정한 의문이 아니다.

만일 붓다에게 질문했던 사람이 진정한 구도자였다면 그는 붓다의 침묵과 함께 머물러 있었을 것이다. 침묵이 대답이었기 때문이다. 침묵 속에서 그는 그 질문을 느꼈을 것이다. 그 침묵 속에서 그 질문이 더욱 강렬해졌을 것이다. 침묵의 배경 속에서 그것은 더 분명해졌을 것이다. 분명함이 그에게 다가왔을 것이다. 깊은 질문을 할 때 아무런 대답도 필요 없다. 다만 유일하게 필요한 것은 질문과 함께 머물러 있는 것이다. 여기저기로 움직이지 말라. 그 질문과 함께 남아 있으라. 그리고 기다리라. 질문 그 자체가 곧 대답이 될 것이다. 질문 속으로 깊이 들어가면, 그 질문은 대답이 일어나는 근원으로 그대를 인도할 것이다. 그것은 그대 안에 있다.

붓다는 어떤 진정한 질문에 대해서도 대답하지 않았다. 그리고 나에 대해서도 기억해 보라. 나는 질문에 대해 계속 대답해 왔다. 그러나 나 또한 진정한 질문에 대해서는 대답할 수가 없다. 그대가 진정한 질문을 할 때마다 나는 대답하지 않을 것이다. 어떤 진정한 질문도 대답될 수 없기 때문이다. 진정한 질문에 대한 대답은 지적인 것이 아니다. 머리에서 머리로가 아니라, 가슴에서 가슴으로만 전달이 가능하다.

세 벗은 서로를 바라보고는…….

　그 바라봄에서 무슨 일이 일어났는가? 그 바라봄 속에서 그들은 머리가 아니었다. 그들은 가슴이 되었다. 그들은 서로를 바라보았다. 서로를 느꼈다. 그들은 그 질문을 음미했다. 그것은 너무도 진지해서 대답이 불가능했다. 그렇다, 우리는 삶이 무엇인지 모르는 채 살고 있다. 그렇다, 우리는 함께 있음이 무엇인지도 모르면서 함께 살고 있다. 우리는 우리가 존재한다는 것을 완전히 잊어버리고 산다. 우리는 우리가 어디로 가고 있으며, 왜인지도 모르는 채 하늘을 날아 돌아다니고 있다.

　그 질문은 너무나 진실했기 때문에 만일 어떤 대답이 주어졌더라면 그 대답은 금방 어리석은 것이 되었을 것이다. 오직 바보만이 그런 질문에 대답했을 것이다. 그들은 서로 바라보았다. 진실로 서로를 들여다보았고, 돌연 웃음을 터뜨렸다. 왜 웃음을 터뜨렸을까? 모든 상황이 부조리하다. 정말로 우리는 삶이 무엇인지 모르는 채 살고 있다. 존재를 자각하지도 못하면서 존재한다. 우리는 돌아다니고 또 돌아다닌다. 어디서 왔으며, 어디로 가고 있고, 왜 가고 있는지도 모르는 채로.

　삶은 하나의 신비다. 신비와 마주치면 그대에게는 웃음이 일어날 것이다. 어떻게 신비에 대해 대답할 수 있는가? 인간에게 있어서 가장 신비한 것은 무엇인가? 웃음이 인간의 가장 신비한 것이다. 어떤 동물도 웃을 수 없다. 오직 인간만이 웃을 수 있다. 그것은 인간이 가진 가장 큰 영광이다. 어떤 동물도 웃지 않는다. 어떤 나무도 웃지 않는다. 오로지 인간만이 웃는다. 웃음은 인간이 가진 가장 신비한 요소다.

아리스토텔레스는 인간은 이성적인 존재라고 정의했다. 그것은 올바른 정의가 아니다. 이성은 다른 동물에게도 존재하기 때문이다. 차이는 오직 정도일 뿐이다. 그리고 그 차이도 그리 심하지 않다. 사람은 오직 웃는 동물, 우는 동물로 정의될 수 있다. 다른 정의는 적당하지 않을 것이다. 어떤 다른 동물도 울 수 없으며, 어떤 다른 동물도 웃을 수 없기 때문이다. 이 양극은 오직 인간에게만 존재한다. 이것은 신비한 그 무엇, 인간에게 있어서 가장 신비한 그 무엇이다.

분노는 도처에 존재한다. 그것은 특별한 것이 아니다. 성행위는 도처에 존재한다. 그것은 전혀 특별한 것이 아니다. 그것은 그렇게 신비한 것이 아니다. 성행위를 이해하고 싶다면 동물의 행위를 이해하면 된다. 동물에게 적용되는 모든 성행위는 곧 인간에게도 적용될 수 있다. 그 면에서는 인간은 더 이상의 특별한 존재가 아니다. 분노, 폭력, 공격성, 소유욕, 질투, 모든 것이 동물들에게도 존재한다. 모든 것이 그대보다 동물에게 더 순수하고 단순하게 존재한다. 그대 안에서는 모든 것이 뒤엉켜 있다. 이 때문에 심리학자들이 인간을 연구하기 위해 쥐를 연구하는 것이다. 쥐들은 단순하고, 명확하며, 덜 뒤엉켜 있다. 그리고 그들이 쥐에 대해 어떤 결론을 내리든, 그것은 또한 인간에 대해서도 진실이다. 쥐는 심리학자들에게 있어서 가장 중요한 동물이 되었다. 다방면에서 인간과 매우 비슷하기 때문이다.

쥐는, 인간이 어디를 가든 인간을 따라다니는 유일한 동물이다. 어느 나라에서나 마찬가지다. 만일 시베리아에서 인간을 발견한다면, 그곳 어딘가에는 반드시 쥐가 있을 것이다. 인간이 어디를 가든 쥐가 따라다닌다. 나는 쥐들이 이미 달에도 이르지 않았을까 하는 의문을 갖기도 한다. 다른 어떤 동물도 쥐처럼 어느 곳에서나 살아갈 수가 없다. 그리고 쥐들의 행동은 전적으로 인간의 행동을 닮았다. 쥐의 행동을 이해하라. 그러면 인간성을 이해한 것이다.

그러나 쥐들은 웃을 수 없다. 쥐들은 울 수가 없다. 웃는 것과 우는 것은 오직 인간에게만 존재하는 특별한 두 가지 특성이다. 웃는 것과 우는 것을 이해하고자 한다면 인간을 연구해야만 한다. 다른 방법은 없다. 그래서 나는 웃음과 울음이 인간 마음의 가장 뚜렷한 성질이라고 말하는 것이다.

신비를 경험할 때마다 그대는 울거나 웃거나 둘 중 하나를 선택한다. 그것은 그대의 개성, 그대의 방식에 달려 있다. 만일 그들이 다른 방식의 개성을 가졌더라면 그 세 친구들은 울었을지도 모른다. 그것은 가능한 일이다.

신비가 그대를 둘러쌀 때, 어떤 설명도 가능하지 않은 미지의 신비와 부딪쳤을 때, 그대는 무엇을 할 수 있는가? 어떻게 반응할 수 있는가? 그러나 웃는 것이 우는 것보다는 낫다. 울음은 죽음의 신비가 그대를 둘러쌀 때 오는 것이기 때문이다. 그때 그대는 운다. 그 신비가 삶에 대한 것이면, 그것은 웃음과 관계가 깊다. 죽음의 신비와 만날 때마다 그대는 운다. 죽음이 그곳에 있을 때마다 그대는 울음과 관계를 맺는 것이다.

그 질문은 죽음이 아니라 삶에 대한 것이었다. 그것은 서로와 관계가 있어 보였고, 그래서 그들은 서로를 바라보았다. 각자 속에 있는 삶을……. 그때 삶은 맥박 치고 있었고, 어떤 설명도 없이, 실마리를 드러내 주는 아무런 신비서도 없이 삶이 춤추고 있었다. 삶은 전적으로 신비 속에 있고, 전적으로 미지의 세계 속에 있었다.

그때 무엇을 할 것인가? 그들은 철학자가 아니었다. 그들은 진실한 인간, 신비가들이었다. 그들은 서로 바라보며 웃었고, 아무런 설명도 하지 않았다.

그들은 어떤 설명도 하지 않았다.
그래서 그들은 전보다 더 좋은 벗이 되었다.

이것은 아름다운 이야기다. 설명이 있을 때마다 적의가 생겨난다. 무엇인가를 믿을 때마다 사람들은 분열된다. 믿음은 분쟁을 만들어 낸다. 전세계가 믿음 때문에 분열된다. 누구는 힌두교도이고, 누구는 회교도이다. 그때 그들은 적이다. 왜 그들은 적인가? 그들이 가진 믿음 때문이다. 믿음은 갈등을 만들어 낸다. 어리석은 설명과 이념들이 갈등과 전쟁을 일으킨다.

이것을 잘 관찰하라. 만일 그곳에 설명이 없다면 누가 힌두교도이며 누가 회교도인가? 그리고 어떻게 그들이 싸울 수 있으며 무엇 때문에 싸울 것인가? 사람들은 언제나 철학 위에서 싸워 왔으며, 피를 흘리고 서로를 죽였다. 다만 어리석은 믿음을 위해. 그 믿음을 들여다본다면 그 안에서 어리석음을 발견할 것이다. 그대의 믿음이 아니라 상대방의 믿음의 어리석음을! 그대의 믿음은 신성한 것이고, 다른 모든 사람들의 믿음은 어리석게 보이는 것이다. 모든 믿음들은 어리석다. 그대는 그대 자신을 볼 수 없다. 그것은 너무 가까이 있기 때문이다. 진정으로 설명은 어리석고 우둔한 것이다.

한 떼의 새들이 겨울을 나기 위해 남쪽으로 가고 있었다. 후미에 있던 새 한 마리가 다른 새에게 물었다.

"왜 우리는 언제나 저 바보 같은 길잡이를 따라가는 것이지?"
다른 새가 말했다.

"우선 첫째로, 모든 길잡이들은 바보들이라는 거야……."

천치가 아니라면 누가 리더가 되기를 바라겠는가? 오직 어리석은 자만이 남을 이끌 준비가 되어 있다. 지혜로운 자는 머뭇거린다. 삶은 아주 신비하다. 그것은 이미 만들어져 있는 길이 아닌 것이다. 어떻게 그대가 그 길을 인도하겠는가? 지혜로운 자는 망설인다. 그리고 바보는 항상 남을 이끌 준비를 하고 있다.

"그리고 둘째로는 그는 지도를 갖고 있다는 거야. 그래서 매년 우린 그를 따라갈 수밖에 없어."

삶에는 지도가 없다. 그리고 지도를 만든다는 것은 불가능하다. 그것은 길 없는 길이다. 설명이 없다면 사람들이 무슨 이유로 분열되겠는가? 만일 설명이 없다면, 그때 세계는 하나가 될 것이다. 그러나 수백만의 설명, 수백만의 조각들이 있다.

장자는 실로 매우 통찰력 있는 것을 말하고 있다.

　　그들은 어떤 설명도 하지 않았다.
　　그래서 그들은 전보다 더 좋은 벗이 되었다.

이제 그곳에는 적이 될 아무것도, 싸움을 할 아무것도 없었다. 그들은 웃었다. 그리고 웃음은 그들을 하나로 만들었다. 그들은 웃었다. 웃음이 그들을 함께 있음으로 이끌었다. 설명하라, 그러면 그대는 분열된다. 철학적으로 되라, 그러면 그대는 다른 사람들로부터 분리된다. 힌두교도가 되라, 회교도가 되라, 그러면 모든 다른 사람들은 적이다.

신비를 보고 웃으라. 그러면 인류는 하나가 된다. 그때 굳이 말할 필요도 없이 기독교인은 힌두교도의 형제이고, 힌두교도는 회교도의 형제가 된다. 먼저 그들을 분열시키고 믿음으로 병들게 한 다음에 이 약을 제공해 보라. '너희들은 모두 형제들이다.' 그래서 그대는 형제들을 보았는가? 그들은 적들보다 더 싸운다. 그들을 형제로 만들어서 무슨 소용이 있는가?

인간은 자신의 해석과 설명을 위해 싸운다. 모든 싸움은 어리석다. 인간은 그들의 깃발을 위해서 싸운다. 그 깃발들을 보라. 이 무슨 어리석음이, 이 무슨 광기가 세상을 지배하는가? 깃발을 위해, 상징을 위해, 믿음을 위해, 이념을 위해……. 장자는 말한다. 그들은 아무 설명도 하지 않았다. 그들은 다만 웃었다. 그 신비스러운 순간에 그들은 하나가 되었고, 전보다 더 가까운 친구가 되었다.

그대가 진정으로 친구가 되기를 바란다면 어떤 설명도 하지 말며, 결론도 내리지 말라. 어떤 것도 믿지 말라. 그러면 그대들은 분열되지 않는다. 그때 인류는 하나이며, 아무 장벽도 없다. 사랑은 머리를 통해서가 아니라 느낌을 통해 존재하는 것이다.

그들은 웃었다. 웃음은 심장으로부터 나온다. 웃음은 배꼽으로부터 온다. 웃음은 존재 전체로부터 온다. 세 사람이 웃을 때, 그들은 친구가 된다. 세 사람이 울 때, 그들은 친구가 된다. 세 사람이 논쟁할 때, 그들은 적이 된다.

그러다 벗 하나가 죽었다.
공자는 다른 두 벗이 그의 장례를 치르는 데
곡하는 것을 돕기 위해 제자를 보냈다.

공자는 빼어난 예의를 갖춘 사람이었다. 예의에 관한 한 아무도 그를 능가할 수 없었다. 그래서 그는 늘 장자와 노자의 조롱의 대상이었다. 그들은 공자를 자신들의 이야기 속에 끌어들인다. 단지 그의 어리석음을 웃기 위해서. 공자의 어리석음이 무엇인가? 그는 체계와 형식에 따라 살았다. 그는 완전히 문명화된 사람, 세상에 알려진 가장 완벽한 신사였다. 그는 행동하되, 예절에 따라 행동한다. 그는 바라보되, 예절에 따라 바라본다. 그는 웃되, 예절에 따라 웃는다. 그는 그 경계를 넘은 적이 없다. 언제나 그 자신이 만든 끊임없는 굴레 속에서 살았다. 그래서 그는 노자와 장자의 웃음의 대상이 되었다. 그들은 공자를 자신들의 이야기 속으로 데려와 매우 많이 즐긴다.

그러다 벗 하나가 죽었다.
공자는 다른 두 벗이 그의 장례를 치르는 데
곡하는 것을 돕기 위해 제자를 보냈다.

삶도, 죽음도 공자에게는 신비가 아니었다. 그것은 체계 속에 자리잡고 있는 무엇이며, 반드시 어떤 형식이 뒤따라야만 하는 것이었다. 그래서 그는 제자를 보내 그 죽은 자가 규칙에 따라 잘 놓여져 있으며, 올바른 기도와 올바른 곡이 행해지고 있는가를 보게 했다. 책에 쓰인 대로. 죽은 이는 예법에 따라 존경받아야만 하기 때문이다.

이것이 그 차이다. 예의를 생각하는 사람은 늘 사랑이 아니라 존경을 생각한다. 사랑에 비해 존경은 무엇인가? 사랑은 살아 있는 무엇이지만, 존경은 완전히 죽어 있는 것이다.

그 제자는

벗 하나가 현악기를 켜는 동안
다른 벗 하나는 노래를 짓고 있는 광경을 목격했다.

믿을 수 없는 일이 벌어지고 있었다. 그것은 고인에 대한 매우 불경스러운 일이었다. 죽은 육신이 그곳에 누워 있는데 한 친구는 노래를 작곡하고 있었다. 하지만 그들은 진정으로 고인을 사랑했다. 어떤 사람을 사랑할 때, 그대는 그에게 사랑으로 마지막 작별을 고하고 싶어한다. 책을 통해서가 아니라, 이미 만들어진, 여러 번 불려지고 여러 번 사용되어 이미 썩고 쓰레기가 되어 버린 노래를 통해서가 아니라, 그들은 그들 자신의 마음이 담긴 새로운 노래를 작곡했다. 그것은 직접 만들어졌다. 직접 만든 것이라서 당연히 윤이 나지 않았다. 그들은 시인이 아니고 친구였으며, 시를 짓는 법을 잘 몰랐기 때문이었다. 운이 맞지 않고, 문법이 틀렸는지도 모른다.

그러나 사랑은 문법에 개의치 않는다. 사랑은 운 맞추는 걸 개의치 않는다. 사랑은 리듬을 개의치 않는다. 사랑이 없을 때만 그 모든 것이 중요해지는 것이다. 사랑을 대신할 만한 다른 무엇이 필요하기 때문이다. 다른 한 사람은 루트를, 현악기를 켜고 있었다. 그 역시 루트 연주가가 아니었을 것이다. 하지만 친구에게 어떻게 작별 인사를 할 것인가? 그것은 가슴으로부터, 자연적인 마음으로부터 나오는 것이어야 한다. 그것이 핵심이다.

그들은 노래했다.
"벗이여, 그대는 어디로 갔는가?"

이 신비를 보라! 그들은 이렇게 말하지 않는다. '그대는 천국으로 갈 것이다.' 그들은 알지 못했다. 누군가가 죽었을 때, 그대는 말한다. '그는 천국으로 갔다.' 그럼 누가 지옥으로 갈 것인가? 아무도 지옥으로 갈 것 같지가 않다. 인도에서는 죽은 사람에 대해서 '스와르기야'라는 단어를 사용한다. 그것은 천국으로 간 사람이라는 뜻이다. 그렇다면 대체 누가 지옥으로 갈 것인가?

그들은 알지 못했다. 그러므로 거짓을 말해야 무슨 의미가 있겠는가? 그 벗이 지옥으로 갔는지, 천국으로 갔는지 누가 아는가? 지옥과 천국이 존재하는지 누가 아는가? 아무도 모른다. 그것은 신비다. 누구도 신비를 더럽혀서는 안 된다. 그것을 세속적인 것으로 만들어서는 안 된다. 거짓을 주장해서는 안 된다. 그것은 신성한 것이기 때문에 정확하게 알지 못하는 것을 말해서는 안 된다.

"벗이여, 그대는 어디로 갔는가?"

그것은 하나의 물음표였다.

"아아, 벗이여, 그대는 어디로 갔는가?
그대가 진정으로 있던 곳으로 그대는 갔고
그리고 우리는 여기에 남았다.
아아, 빌어먹을, 우린 여기에 있다."

그들은 말한다. 그대는 그대가 온 곳으로 갔다. 이것이 하나의 비밀 법칙이다. 궁극의 것은 시작으로 돌아간다. 원이 한 바퀴 돌고, 그럼으로써 완성과 완전에 이른다. 그것은 시작했던 곳과 똑같은 곳에 이른다. 마지막은 시작 이외의 다른 무엇이 아니다. 마지막은 곧 그것의 근원이며 출발점이다. 사람은 무에서 태어나 무를 향해 움직여 가고 죽는다. 그대가 태어날 때 배는 비어 있었고, 그대가 죽을 때 다시 그 배는 텅 빈다. 단지 찰나와도 같은 순간, 잠시 몇 순간 동안만 그대는 육체로 있고 그리고는 사라진다. 그대가 어느 곳으로부터 왔으며, 어디로 가는지 아무도 모른다.

그들은 어떤 지식도 말하지 않았다. 그들은 말했다.

"우린 이렇게 느낀다. 벗이여, 그대는 그대가 온 곳으로 갔다. 그런데, 빌어먹을, 우린 아직도 여기에 있다."

그들은 죽은 벗에 대해 슬퍼하지 않는다. 그들 자신에 대해 슬퍼한다. 그의 원은 완성되었는데, 그들은 아직 중간에 머물러 있기 때문이다.

누군가가 죽을 때마다 이것을 느낀 적이 있는가? 그대는 죽은 사람에 대해 슬퍼하는가, 아니면 그대 자신에 대해 슬퍼하는가? 어떤 사람이 죽었을 때, 그대는 진실로 그 사람에 대해 슬퍼하는가, 아니면 그대 자신에 대해 슬퍼하는가? 모든 사람이 그 자신 때문에 슬퍼한다. 모든 죽음은 곧 그대 역시 죽을 것이라는 사실을 알려 주기 때문이다. 그러나 삶의 신비에 웃을 수 있는 사람은 진정한 삶의 신비가 무엇인지 안다. 알아야만, 진실로 지혜로워야만 웃을 수 있기 때문이다.

그대가 진정으로 있던 곳으로 그대는 갔다.

"그리고 우리는 여기에 남았다.
아아, 빌어먹을, 우린 여기에 있다."

우리는 아직도 중간에 있다. 우리의 여행은 아직 미완성이다. 그러나 그대의 원은 완전해졌다. 그래서 그들은 그들 자신을 슬퍼한다. 그리고 만일 그들이 운다면 그것은 그들 자신을 위해 울고 있는 것이다. 헤어지는 친구를 위해 그들은 노래밖에는 할 수가 없었다. 가슴으로부터 나오는 노래밖에는.

그들이 슬퍼한다면, 그때 그들은 그들 자신을 슬퍼하는 것이다. 이것을 깊이 이해해야 한다. 그대가 삶을 이해한다면, 죽음은 끝이 아니다. 그때 죽음은 완성이며, 그것은 끝이 아니다. 완성이고, 절정이며, 파도가 본래의 근원으로 돌아가는 클라이맥스다. 그들은 그들 자신을, 자신들의 파도가 중간에 머물러 있음을 슬퍼했다. 그들은 그 완성에, 그 정점에 도달하지 못했다. 하지만 그들의 친구는 그가 전에 있던 곳에 이르렀다. 그는 집에 이르렀다.

삶을 이해하는 사람, 오직 그들만이 죽음을 이해한다. 삶과 죽음은 둘이 아니기 때문이다. 죽음은 하나의 절정이며, 궁극이고, 마지막 꽃피어남이고, 삶의 향기다. 기억하라. 삶을 향하는 그대의 태도가 무엇이든, 죽음을 향하는 태도도 그것과 같은 것이다. 죽음을 두려워한다면 곧 삶을 두려워하고 있는 것이다. 삶을 사랑한다면, 그때 그대는 죽음까지도 사랑할 것이다. 죽음은 가장 높은 절정, 완성에 다름 아니기 때문이다. 노래는 그 끝에 이르고, 강은 바다와 하나가 된다. 강은 처음에 바다로부터 왔고, 이제 그 원이 완성되어 강물은 전체에 이르렀다.

그때 공자의 제자가
그들 가운데 끼어들며 외쳤다.
"장례의 예법 어느 곳에
이런 것이 적혀 있는가

고인이 있는 자리에서
어찌 이런 불경스런 노래를 부르는가?"

공자의 제자는 그들을 이해할 수 없었다. 그의 눈에는 그들이 경솔하고, 불경스럽게 보였다. '이것은 대체 무슨 노래인가? 어디서 그런 것을 읽었는가? 그것은 권위 있는 것이 아니다. 그것은 경전에 있는 것이 아니다. 모든 것은 책에 따라, 성경과 경전에 따라 행해져야만 한다."

그러나 삶이 책에 따를 수는 없다. 삶은 언제나 책을 초월하고, 언제나 책이 미치지 않는 곳으로 간다. 삶은 언제나 책을 밀쳐 내고 앞으로 나아간다.

그 두 벗은 서로를 바라보고는 웃었다.
"가엾은 친구,
이 자는 새로운 예법을 모르는군!"

그는 새로운 경전을 모르는 것이다. 그는 새로운 종교를 모르는 것이다. 새로운 예법, 그것이 삶 속에서 늘 일어나고 있는 것이다.

며칠 전에 어떤 사람이 이곳에 있었다. 그는 역사 교수였는데, 내게 물었다.

"당신은 어떤 전통에 속해 있는가?"

나는 말했다.

"아무런 전통에도 속해 있지 않다."

그는 명상법과 명상 센터, 내가 말하는 것과 이곳에서 일어나는 일을 필름에 담기 위해 미국에서 이곳까지 온 것이다. 하지만 내가 어떤 전통에도 속해 있지 않다는 말을 듣고, 두 말 없이 떠나갔다. 내가 어떤 역사에도 속해 있지 않기 때문이다.

  가엾은 친구, 그는 새로운 예법을 모르는 것이다!

만일 그대가 쓸모없다면 아무도 그대를 쳐다보지 않을 것이고, 그대를 침묵 속에 내버려 둘 것이다. 그때 그대는 홀로 남겨질 것이다. 그 홀로 있음 속에서 그대는 성장한다.

여덟째날 아침　쓸모없음과 쓸모있음

혜자가 장자에게 말했다.
"당신의 모든 가르침은
쓸모없는 것에 뿌리를 두고 있습니다."

장자가 대답했다.
"쓸모없는 것의 가치를 알지 못한다면
쓸모있는 것에 대해서도 말할 수 없다.
예를 들어, 땅은 넓고 광활하다.
그러나 그 넓은 땅에서
사람은 다만 그가 그 시간에 우연히 서 있는
적은 부분의 땅만을 사용한다.

이제 그가 실제로 사용하고 있지 않는 땅을
모조리 빼앗아 버린다고 상상해 보라.
그래서 그의 발 주위에 온통 깊은 심연만이 입을 벌리고 있고
양쪽 발바닥 아래를 제외하고는 아무 데도 단단한 곳이 없으며
그가 다만 허공 속에 서 있다고 상상해 보라.
과연 얼마나 오래 그가 사용하고 있는 땅을 더 사용할 수 있을까?"

혜자가 말했다.
"그렇게 되면 그가 딛고 서 있는 땅도 곧
아무 쓸모가 없게 되겠지요."
장자가 결론지어 말했다.
"쓸모없다고 여기는 것의
절대적인 가치가 바로 그것에 있다."

—〈쓸모없음과 쓸모있음〉

삶은 변증법적이다. 그래서 삶은 논리적이지 않다. 논리에 있어서는, 반대되는 것은 정말로 반대되는 것을 의미한다. 그러나 삶은 언제나 그 자체 속에 반대되는 것을 포함하고 있다. 삶에 있어서는, 반대되는 것은 정말로 반대되는 것이 아니다. 그것은 상호 보완적이다. 그것 없이는 어떤 것도 가능하지 않다. 이를테면 삶은 죽음 때문에 존재한다. 죽음이 없다면 어떤 삶도 있을 수가 없다. 죽음은 끝이 아니며, 결코 삶의 적이 아니다. 오히려 정반대로 죽음 때문에 삶이 가능해진다. 죽음은 끄트머리 어딘가에 존재하는 것이 아니다. 그것은 지금 이 순간, 이곳에 포함되어 있다. 각각의 순간은 그 자체의 삶과 죽음을 갖고 있다. 그렇지 않으면 존재가 불가능하다.

빛이 있고, 어둠이 있다. 논리의 시각에서 보면 그들은 서로 정반대되는 것들이다. 논리는 말할 것이다. 만일 그곳에 빛이 있다면 어둠은 있을 수 없고, 어둠이 있다면 그곳에는 어떤 빛도 있을 수 없다고. 그러나 삶은 완전히 그 반대를 말한다. 삶은 말한다. 만일 그곳에 어둠이 존재한다면 그것은 빛 때문이라고. 밝음이 존재한다면 그것은 어둠 때문이라고. 어느 한쪽이 사라질 때 우리는 결코 다른 쪽을 볼 수 없을 것이다. 침묵은 그곳에 소리가 있기 때문에 가능하다. 만일 그곳에 조금의 소리도 없다면 침묵할 수 있는가? 그때 어떻게 침묵이 가능한가? 대립되는 것은 하나의 배경으로서 필요하다. 논리를 따르는 이들은 언제나 빗나간다. 그들의 삶은 한쪽으로 치우쳐진다. 그들은 빛을 생각하는 순간 어둠을 부정하기 시작한다. 삶을 생각하는 순간 죽음과 싸우기 시작한다.

그렇기 때문에 세상에는, 신은 빛이면서 동시에 어둠이라고 말하는 종교가 존재하지 않는 것이다. 한 종교에서는 신은 빛이지 어둠이 아니라고 말한다. 신이 빛이라고 믿는 사람들은 신 속에 어둠이 있다는 생각을 받아들일 수 없다. 그리고 또 다른 종교에서는 신은 곧 어둠이라고 말한다. 그들은 빛을 받아들이지 않는다. 하지만 둘 다 틀린 것이다. 둘 다 논리적이긴 하지만, 반대되는 것을 부정하기 때문이다. 삶은 너무도 크기 때문에 그 안에 반대되는 것까지 다 포함하고 있다. 삶은 그것을 거부하지 않고 껴안는다.

누군가 월트 휘트먼(미국 시인으로 〈풀잎〉의 저자)에게 말했다.

"당신은 계속해서 자신이 전에 쓴 작품과 모순된 작품을 쓴다. 한 작품에선 이렇게 말하고, 다른 작품에선 저렇게 말한다."

휘트먼이 웃으며 말했다.

"나는 무한한 존재다. 나는 모든 모순들을 다 받아들인다."

좁은 마음만이 일관성이 있다. 좁은 마음일수록 더 직선으로 나아간다. 마음이 넓어질 때, 그 안에 모든 것이 포함된다. 빛이 그곳에 있고, 어둠도 그곳에 있다. 신이 그곳에 있고, 악마 역시 있다. 서로 반대되는 것들을 통해 움직이는 이 신비한 삶의 과정을 이해한다면, 그때 비로소 장자를 이해할 수 있다. 반대되는 것들이 서로 도움과 균형을 주고, 곡조를 만들며, 서로에게 배경이 되어 주는 이 변증법적인 삶의 원리를 이해할 때만이 장자를 이해할 수 있다. 왜냐하면 도의 전체 시각은 반대되는 것들의 상호 보완에 바탕을 두고 있기 때문이다.

도의 세계에서는 음과 양, 두 단어를 사용한다. 그것들은 서로 반대되는 것, 남자와 여자다. 남자들만 존재하는, 또는 여자들만 존재하는 세상을 상상해 보라. 그것은 죽은 세상이다. 그것은 태어나자마자 곧바로 사라질 것이다. 그 안에 어떤 생명도 있을 수 없다. 남자는 한 명도 없고 여자들만 있는 세상이라면, 여자들은 아마도 모두 자살하고 말 것이다. 반대되는 것이 필요하다. 반대되는 것은 서로를 끌어당기기 때문이다. 반대되는 것은 자석이 되어 그대를 끌어당긴다. 반대되는 것은 그대 자신을 밖으로 끌어낸다. 그대가 갇혀 있는 좁은 감옥을 부수고, 그대를 무한한 존재로 만든다. 반대되는 것이 부정될 때, 그곳에 언제나 싸움이 있다. 그것이 바로 지금까지 우리가 해온 일이다. 그렇기 때문에 전세계에 그토록 많은 싸움이 있는 것이다.

인간은 기본적으로 남성 중심의 사회를 만들어 왔다. 세상에 그토록 많은 갈등과 싸움이 있는 이유가 여기에 있다. 여자가 부정되고 무시당해 온 것이다. 몇 세기 전만 해도 여자는 어느 곳에서도 볼 수 없었다. 여자는 집의 뒷방에 숨어 지내야 했다. 심지어 손님을 맞이하는 응접실에 나오는 것조차 허용되지 않았다. 길에서도 상점에서도 여자를 볼 수 없었다. 여자는 삶의 일부분이 아니었다. 세상은 점점 추해져 갔다. 어떻게 반대되는 것을 전부 부정할 수 있겠는가? 세상은 한쪽으로 기울어졌고, 모든 균형을 잃었다. 그래서 세상은 미쳐 버렸다.

아직도 여자는 삶의 많은 부분에서 제외당하고 있다. 아직도 진정으로 삶의 한 부분, 중요한 삶의 한 부분이 아니다. 남자들은 남성 편향적인 그룹들 속에서 활동한다. 남자들만 모이는 그룹, 시장, 정치, 과학자 집단이 그것들이다. 어디에서나 남자 쪽으로 기울어져 있다. 남자가 지배하기 때문에 그토록 많은 불행이 있는 것이다. 그리고 어느 한쪽만이 지배를 할 때는 불행이 있을 수밖에 없다. 다른 한편이 상처를 입으며 복수를 시도하기 때문이다.

모든 여자들은 집에서 복수를 한다. 물론 그녀는 바깥으로 나가 세상 속에서 활동하면서 인류에게, 인간들에게 복수할 수가 없다. 그래서 남편에게 복수하는 것이다. 그곳에 끊임없는 갈등이 있다.

물라 나스루딘이 아들에게 말했다.

"그건 네가 알아야 할 일이 아니다. 그런 것에 대해선 묻지 말라. 내가 네 엄마를 어떻게 만났느냐고 묻다니, 왜 그런 걸 묻니? 하지만 한 가지는 말해 주마. 네 엄마가 나의 휘파람 부는 버릇을 고쳤다. 잘 들어라. 이것이 내가 너에게 말해 줄 교훈이다. 네가 나처럼 불행해지고 싶지 않거든 여자에게 절대로 휘파람을 불지 마라."

아내는 왜 언제나 갈등 속에 있는가? 그것은 그녀 개인의 일, 개인적인 일이 아니다. 여성 전체의, 인정받지 못하는 반대편의 복수다. 그리고 집안에 있는 남자인 남편은 전체 남성의 세계, 남성 편향적인 세계의 전형이다. 그녀는 그 세계와 싸우고 있는 것이다. 가정 생활이 그토록 불행한 것은 장자가 말하는 것을 듣지 못했기 때문이다. 서로 반대되는 것들이 하나로 조화를 이뤄야 한다는 말을 들어 본 적이 없기 때문에 그토록 많은 전쟁이 있는 것이다. 반대되는 것을 부정함으로써 그대는 싸움을 불러들인다. 모든 길, 모든 단계, 모든 차원에서 그것은 같은 것이다.

장자는 말한다. 만일 쓸모없는 것을 인정하지 않는다면 그때 세상에는 더 이상 쓸모있는 것들이 존재하지 않을 것이라고. 쓸모없는 것, 재미와 장난을 거부한다면 어떤 일도, 어떤 작업도 있을 수 없다. 이것을 이해하기는 무척 어려울 것이다. 사회 전체가 쓸모있는 것만을 너무도 강조하기 때문이다.

만일 누군가 집이 무엇으로 이루어져 있느냐고 물으면, 그대는 벽이라고 대답할 것이다. 장자라면, 그의 스승 노자와 마찬가지로, 집은 벽이 아니라 문과 창문들로 이루어져 있다고 말할 것이다. 그들이 중요시하는 것은 다른 부분에 있다. 그들은 말한다. 벽은 쓸모가 있다고. 그러나 그 벽의 쓸모있음은 그 뒤에 있는 쓸모없는 공간에 의존하고 있다. 방은 공간이지 벽이 아니다. 물론 공간은 무료이고, 벽들은 돈 주고 사야만 하는 것이다. 집을 살 때 그대는 무엇을 사는가? 벽들, 물질들, 눈에 보이는 것들을 산다. 하지만 그대는 그 물질들 속에서 살아갈 수 있는가? 벽 속에서 살 수 있는가? 방에서, 그 비어 있는 공간 속에서 살아야 한다. 그대는 배를 사지만 그 비어 있음 속에서 살아야 하는 것이다.

그러므로 실제로 집은 무엇인가? 벽돌로 둘러싸인 허공이 곧 집이다. 그리고 문은 무엇인가? 문이란 그곳에 아무것도 없음을, 벽이 없음을, 비어 있음만이 있음을 의미한다. 그러나 문이 없으면 집으로 들어갈 수 없다. 창문이 없으면 햇빛도 들어오지 않을 것이며, 바람도 불어들어오지 않을 것이다. 그대는 죽을 것이다. 그리고 집은 무덤이 될 것이다.

장자는 말한다. 집은 두 가지로 이루어져 있다는 것을 기억하라고. 하나는 벽과 물질들이고, 다른 하나는 그 벽들에 의해 둘러싸인 빈 공간이다. 벽과 물질들은 시장성이 있고 실리적인 것인 반면에 그것들에 둘러싸인 빈 공간은 돈으로 살 수 없고 팔 수도 없으며 경제적 가치를 갖지 않은 것이다. 어떻게 비어 있는 공간을 팔 수 있는가? 하지만 그 비어 있는 공간 속에서 살아야 한다. 만일 사람이 벽 속에서 산다면, 그는 미쳐 버릴 것이다. 그런 일은 불가능하다. 그러나 우리는 그 불가능한 일을 하려고 애쓴다. 삶에서 실리적인 것만을 선택하는 것이다.

한 아이가 놀고 있으면 그대는 말한다.

"그만 해라. 넌 무엇을 하고 있니? 이건 쓸데없는 짓이다. 뭔가 유익한 것을 해라. 배우고, 읽고, 적어도 숙제를 하든지 뭔가 유익한 것을. 돌아다니지 말라. 방랑자가 되지 말라."

만일 한 아이에게 계속 그렇게 가르친다면 서서히 그 쓸모없음을 죽이게 될 것이다. 그렇게 되면 아이는 단지 쓸모있게만 될 것이다. 한 인간이 단지 쓸모있게만 될 때, 그는 죽어 있는 것이다. 그를 써 먹을 수는 있다. 그는 이제 기계적인 사물, 수단이며, 그 자신을 위한 목적이 아니다. 무엇인가 쓸모없는 일을 하고 있을 때 진정한 그대 자신이 된다. 그림을 그리는 것, 팔기 위해서가 아니라 단지 즐기기 위해 그리는 것, 단지 즐거움을 위해 정원을 손질하는 것, 아무것도 하지 않으면서 단지 순수한 기쁨을 위해 해변에 누워 있는 것, 친구 옆에 조용히 앉아 있는 것이 그것이다.

그런 것들을 할 시간에 많은 일을 행할 수 있다. 가게나 시장에 나가 생계를 위해 무엇을 할 수도 있다. 시간을 돈으로 바꿀 수 있다. 그 순간들은 다신 돌아오지 않을 것이기 때문에 더 열심히 은행 잔고를 늘릴 수 있다. 어리석은 사람들은 시간은 돈이라고 말한다. 그들은 오직 시간의 한 가지 사용법만을 알 뿐이다. 시간을 어떻게 더 많은 돈으로 바꾸는가 하는 한 가지만을. 마침내 그들은 내면이 완전히 황폐해진 채, 막대한 은행 예금과 함께 죽을 것이다. 내면적인 풍요란 쓸모없는 것을 즐길 수 있을 때만 생겨나는 것이기 때문이다.

무엇이 명상인가? 사람들은 내게 와서 묻는다.

'명상을 하면 어떤 쓸모가 있는가? 그것으로부터 우린 무엇을 얻는가? 그것이 가져다주는 이익이 무엇인가?'

명상……. 그대는 그 이익에 대해 묻고 있는가? 그렇다면 그대는 명상을 이해할 수 없다. 명상은 단지 쓸모없는 것이기 때문이다. 내가 쓸모없다고 말할 때 그대는 마음이 불편해진다. 온 마음이 실리적으로 되었고 상품 지향적으로 되었기 때문에 결과를 요구하는 것이다. 무엇인가가 그 자체로서 순수한 즐거움일 수 있음을 인정할 수가 없는 것이다. 쓸모없음이란 그것을 순수하게 즐긴다는 것을 의미한다. 그것으로부터 얻는 이익은 없다. 다만 그 안으로 깊이 몰입해 들어갈 때, 그것은 그대에게 축복을 준다. 그러나 그대는 그 축복을 쌓아 둘 수 없고, 그것을 돈과 바꿀 수 없다.

세상에는 두 가지 형태의 사람들이 존재해 왔다. 과학자, 기술자, 의사 같은 실리주의자들이 있고, 다른 한편에는 시인, 방랑자, 구도자가 있다. 이들은 쓸모없는 존재들이며, 어떤 유익한 것도 하지 않는다. 그러나 그들은 세상에 균형을 주며 축복을 준다. 한 명의 시인도 없이 과학자들로 가득 찬 세상을 상상해 보라. 그것은 전적으로 추한 세상이며, 그 안에서 살 가치가 전혀 없다. 단 한 사람도 방랑자가 아니고, 모든 사람이 가게와 사무실에 있는 세상을 상상해 보라. 그것은 지옥일 것이다. 방랑자는 삶에 아름다움을 준다.

한번은 두 떠돌이가 체포되었다. 판사와 경찰은 실리주의자들의 대변인들이다. 그들은 방어한다. 쓸모없는 부분은 위험하기 때문이다. 그것은 전염성이 있다. 그래서 어디서나 떠돌이나 무익한 사람들은 내쫓김을 당한다. 만일 그대가 길거리에 서 있는데 누군가 그대에게 무엇을 하고 있느냐고 물었을 때 그대가 '아무것도 하지 않는다'고 대답한다면 즉시 경찰이 그대를 붙잡아 갈 것이다. 아무것도 안 한다는 것은 허용될 수 없기 때문이다. 그대는 무엇인가를 해야만 한다. 왜 그곳에 그냥 서 있는가? 그대가 만일 단순히, '난 그냥 서 있으며 이것을 즐기고 있다'고 말한다면 그대는 위험한 인물이며 히피다. 그대는 체포될지도 모른다.

그래서 두 떠돌이가 체포되어 법정에 끌려갔다. 판사가 첫 번째 사람에게 물었다.

"당신은 어디에 사는가?"

그 사람이 말했다.

"온 세상이 나의 집이며, 하늘이 나의 지붕이다. 난 어느 곳으로나 가며, 그곳에 아무런 장애물도 없다. 난 자유로운 사람이다."

그래서 판사는 다른 사람에게 물었다.

"그럼 당신은 어느 곳에 사는가?"

그는 말했다.

"이 사람의 옆집에."

이런 사람들은 세상에 아름다움을 준다. 그들은 향기다. 붓다는 방랑자였고, 마하비라도 방랑자였다. 이 사람, 이 방랑자는 하늘이 그의 유일한 지붕이라고 대답했다. 그것이 곧 '디감베르'라는 말의 의미다. 자이나교의 마지막 스승인 마하비라는 디감베르로 알려져 있다. 디감베르란 벌거벗은, 오직 하늘 이외에는 아무 옷도 입지 않은 것을 뜻한다. 그에게는 하늘이 지붕이며 옷이다.

세상이 실리적으로 될 때 많은 것을 만들어 내고, 많은 것을 소유하며, 그리고 그 물건들에 집착한다. 그러나 그 내면은 상실된다.

아무런 외부의 긴장도 없을 때, 그대가 어느 곳으로도 가지 않고 다만 쉬고 있을 때만 내면은 꽃피어나기 때문이다. 그때만 내면은 꽃피어난다.

종교는 절대적으로 쓸모없다. 절이, 모스크가, 교회가 무슨 쓸모가 있는가? 러시아에서는 모든 사원과 모스크, 교회들을 병원과 학교로, 뭔가 쓸모있는 것으로 바꾸었다. 왜 이 사원은 아무 쓸모도 없이 서 있는가? 공산주의자들은 실리주의자들이다. 그들이 종교에 반대하는 이유가 그것이다. 그들은 그럴 수밖에 없다. 종교는 쓸모없는 것, 어떤 방법으로도 이용될 수 없는 것, 다른 어떤 것을 위한 수단이 될 수 없는 것으로 나아가는 길을 제시하기 때문이다. 그대는 그것을 가질 수 있고, 그 안에서 환희에 넘칠 수 있으며, 가장 높은 존재의 황홀경을 느낄 수 있지만 그것을 의도적으로 생산해 낼 수는 없다. 그것은 그냥 일어나는 일이다. 아무것도 하고 있지 않을 때 그것은 일어난다.

그리고 가장 위대한 것은 언제나 그대가 아무것도 하지 않고 있을 때 일어났다. 그대가 무엇인가를 하고 있을 때는 단지 하찮은 것만이 생겨났다. 덴마크의 철학자 쇠렌 키에르케고르는 매우 통찰력 있는 글을 썼다.

'내가 기도를 시작했을 때, 나는 교회로 가서 신에게 말하곤 했다……'

이것이 전세계에서 기독교인들이 하고 있는 일이다. 그들은 마치 신이 죽어 있다는 듯 큰 소리로 신에게 말한다. 그리고 마치 신은 다만 어리석은 존재라는 듯이 그에게 할 것과 하지 말 것을 충고한다. 아니면 신이 마치 어리석은 왕에 불과하다는 듯이 그를 설득하고 매수한다. 자신들 속에 있는 욕망을 채우기 위해서.

그러나 키에르케고르는 썼다.

"나는 신에게 말하기 시작했고, 그때 문득 깨달았다. 이것은 쓸데없는 일이라는 것을. 어떻게 내가 신 앞에서 말할 수 있단 말인가? 다만 침묵해야 한다. 말해야 할 것이 무엇인가? 신이 더 잘 알 수 있도록 내가 무엇을 말해야 한단 말인가? 신은 전지전능하다. 그는 모든 것을 안다. 그러니 내가 그에게 말을 해야 할 이유가 무엇인가?"

키에르케고르는 이렇게 썼다.

"난 여러 해 동안 신에게 말해 왔다. 그리고 문득 그것이 어리석은 일임을 깨달았다. 그래서 난 말하기를 멈추었다. 난 침묵하게 되었다. 그리고 몇 년 뒤에는 침묵조차도 도움이 되지 않는다는 것을 깨달았다. 그래서 세 번째 단계에 이르렀다. 그것은 듣는 것이었다. 처음엔 말을 했고, 그 다음엔 말을 하지 않았으며, 그리고 나서는 듣기 시작했다."

듣는 것은 단지 침묵하고 있는 것과는 다르다. 단지 침묵하고 있는 것은 부정적인 행위이며, 듣는 것은 긍정적인 일이기 때문이다. 침묵하고만 있는 것은 수동적이지만, 듣는 것은 깨어 있는 수동이며, 아무것도 말하지 않으면서 무엇인가를 기다리고 있는 것, 그러나 존재 전체로서 기다리는 것이기 때문이다. 그것은 의지를 지니고 있다. 그리고 키에르케고르는 말했다.

"듣기 시작했을 때, 그때 처음으로 기도가 일어났다."

그러나 듣는 것은 전적으로 쓸모없는 일처럼 보인다. 특히 미지의 것을 듣는 일은. 그대는 신이 어디에 있는지 모른다. 침묵은 쓸모가 없고, 말하는 것이 쓸모있어 보인다. 말하는 것을 통해선 무엇인가를 이룰 수 있으며, 그대는 그것을 통해 세상에서 많은 일들을 한다. 그래서 그대는 종교적으로 되고 싶으면 마찬가지로 무엇인가

쓸모없음과 쓸모있음 | 313

를 해야만 할 것이라고 여긴다.

그러나 장자는 말한다. 종교는 오직 그대가 모든 행위의 헛됨을 이해할 때만 가능하다고. 그리고 그대가 무위, '행하지 않음'의 쓸모없는 반대편 극으로 옮겨갈 때에만 시작된다고.

이제 우리는 장자의 경전 〈쓸모없음과 쓸모있음〉으로 들어갈 것이다.

혜자가 장자에게 말했다.
"당신의 모든 가르침은
쓸모없는 것에 뿌리를 두고 있습니다."

혜자는 말하고 있다. '당신의 가르침은 별로 쓸모있게 여겨지지 않습니다.' 하지만 장자와 그의 스승 노자는 언제나 쓸모없음에 대해 말했으며, 심지어 쓸모없는 사람을 찬양하기까지 했다.

장자는 곱사등이인 어떤 사람에 대해 말한다. 마을의 모든 젊은 이들이 강제로 군대에 징집되었다. 그들은 쓸모가 있었기 때문이다. 오직 곱사등이인 한 남자, 쓸모가 없는 사람만이 뒤에 남게 되었다. 장자는 말했다. '곱사등이처럼 되라. 소용되는 곳이 없으므로 그는 전쟁터에 끌려가지 않았다.'

장자와 노자는 계속해서 쓸모없음을 강조한다. 쓸모있는 것은 언제나 곤란에 처하게 될 것이라고 말한다. 세상은 그대를 이용할 것이다. 모든 사람이 그대를 이용하려 하고 있다. 그대를 조작하고 통제하려 하고 있다. 만일 그대가 쓸모없다면 아무도 그대를 쳐다보지 않을 것이고, 그대를 침묵 속에 내버려두고, 잊어버리고 더 이상 괴롭히지 않을 것이다. 그들은 그대가 있다는 것조차도 깨닫지 못할 것이다.

그런 일이 내게 일어났다. 난 쓸모없는 인간이다. 내가 아직 어렸을 때 난 다만 엄마 곁에 앉아 있곤 하였다. 엄마는 주위를 둘러보며 말하곤 했다.

"누군가를 시장에 보내 채소를 사오게 해야 하는데 누구 하나 마땅한 사람이 보이질 않는구나."

내가 옆에 앉아 있는데도 엄마는 말하곤 했다.

"누구 하나 마땅한 사람이 보이질 않는구나."

난 속으로 웃곤 했다. 엄마는 날 시장에 보낼 수 없었던 것이다. 나라는 존재가 너무도 쓸모가 없어서 엄마는 내가 그곳에 있다는 것조차 깨닫지 못했던 것이다. 한번은 나의 숙모가 다니러 왔다. 숙모는 내가 쓸모없는 인물임을 알지 못했다. 엄마가 말했다.

"시장에 갈 사람이 아무도 없어요. 아이들은 모두 밖으로 나가고, 하인은 병에 걸렸어요. 그러니 어떻게 하면 좋을지 모르겠어요. 누군가를 보내야 하는데."

그러자 숙모가 말했다.

"왜 라자(오쇼의 어릴 때 이름)를 보내지 않죠? 이 아인 아무것도 안 하고 앉아 있는데 말예요."

그래서 내가 시장에 심부름을 가게 되었다. 나는 가게 점원에게 말했다.

"여기 있는 것 중 가장 좋은 채소와 가장 좋은 바나나와 가장 좋은 망고 열매를 주세요."

나를 보고, 내가 말하는 것을 보고 점원은 나를 바보라고 생각했음에 틀림없다. 아무도 그런 식으로 가장 좋은 것을 요구하진 않기 때문이다. 그래서 그는 내게 두 배의 값을 물렸고, 가게에서 가장 형편없는 것들을 주었다. 난 매우 행복해져서 집으로 돌아왔다. 엄마가 그것들을 내던지며 말했다.

"보세요! 바로 이렇기 때문에 내가 여기에 아무도 없다고 말한 거예요."

장자는 거듭 강조한다. 조심하라. 쓸모있는 사람이 되지 말라. 그렇지 않으면 사람들이 그대를 이용할 것이다. 그러면 그들은 그대를 관리하기 시작할 것이고, 그대는 문제에 직면할 것이다. 그대가 물건들을 생산할 수 있으면, 그들은 평생 동안 그것들을 생산할 것을 강요할 것이다. 그대가 어떤 것을 할 수 있고 기술이 있다면 그들은 그대를 그냥 내버려두지 않을 것이다.

장자는 말한다. 쓸모없음은 그 자체의 쓸모를 지니고 있다고. 만일 그대가 다른 사람들에게 쓸모가 있게 되면 그대는 평생 다른 사람들을 위해 살아야만 한다. 쓸모가 없게 되라, 그러면 아무도 그대를 쳐다보지 않는다. 아무도 그대에게 관심을 기울이지 않는다. 아무도 그대의 존재에 신경 쓰지 않는다. 그때 그대는 홀로 남겨질 것이다. 시장 속에서도 그대는 마치 히말라야 산에서 사는 것처럼 산다. 그 홀로 있음 속에서 그대는 성장한다. 그대의 모든 에너지가 내부로 옮겨간다.

혜자가 장자에게 말했다.
"당신의 모든 가르침은

쓸모없는 것에 뿌리를 두고 있습니다."
장자가 대답했다.
"쓸모없는 것의 가치를 알지 못한다면
쓸모있는 것에 대해서도 말할 수 없다."

장자는 대답했다. 쓸모없음은 쓸모있음의 다른 형태라고. 쓸모없는 것이 있기 때문에 쓸모있는 것에 대해 말할 수 있다. 그것은 없어선 안 되는 것이다. 쓸모없는 것을 완전히 제거해 버리면 그때는 어느 것도 쓸모있는 것이 아닐 것이다. 사물은 그곳에 쓸모없는 것들이 있기 때문에 쓸모있어진다.

그러나 세상에는 줄곧 그런 일이 일어나 왔다. 우리는 모든 재미있는 놀이들을 없애 버렸다. 그렇게 되면 모든 에너지가 일로 옮겨갈 것이라고 여긴 것이다. 그러나 이제 일은 지루한 것이 되었다. 사람은 반대편 극으로 옮겨가야만 한다. 그래야만 활기를 되찾을 수가 있다. 하루 종일 그대는 깨어 있다. 그리고는 밤에 잠을 잔다. 잠을 잘 필요가 무엇인가? 그것은 시간을 허비하는 것이다. 조금이라도 시간을 허비해선 안 된다. 그대가 90살까지 산다면 3분의 1인 30년 동안을, 매일 여덟 시간씩 잠을 잔다. 그것이 무슨 쓸모가 있는가?

러시아의 과학자들은 그것이 노동력의 소비, 에너지의 낭비라고 생각했다. 매우 비경제적이므로 무엇인가 조치를 취해야 한다고 여겼다. 어떤 화학적인, 또는 호르몬의 변화가 필요하다. 또는 유전자의 변형, 세포의 변형이 필요하다면 그렇게 해야만 한다. 인간을 늘 활동적이고, 긴장하고 있고, 스물네 시간 내내 깨어 있는 존재로 만들어야 한다. 생각해 보라. 만일 그들이 성공한다면 그들은 그대를 죽이는 것이다. 그들은 그대를 밤낮없이, 휴식도 놀이도 없이 끊임없이 일하고 또 일하는 자동 장치, 하나의 기계 장치로 만들어 버릴 것이다. 그곳엔 그대가 옮겨가 일에 대해 잊어버릴 수 있는 반대쪽이 없다.

러시아의 과학자들은 많은 시도를 하기 시작했다. 그들은 어린 아이들에게 잠 속에서 가르치는 것을 시작했다. 이제 러시아에서는 수천 명의 아이들이 귀에다 녹음테이프 이어폰을 꽂고 잠이 든다. 밤새도록 그 녹음테이프가 무엇인가를 반복하고 있다. 아이는 잠을 자면서도 그것을 계속 들으며, 그것은 기억 속의 한 부분이 된다. 히프노페디아, 잠 속에서 가르치는 것이다. 그들은 머지않아 학교에서 배우는 모든 것을 아이들이 잠자고 있는 동안에 가르칠 수 있을 것이며, 그렇게 되면 낮시간은 다른 어떤 방식으로 쓰여질 수 있을 것이라고 말한다.

잠까지도 이용되어야만 하는 것이다. 잠 속에서마저도 그대 자신이 되는 것을 허용하지 않는다. 꿈꿀 자유마저도 인정받지 못한다. 그때 그대는 무엇인가? 그대는 바퀴 속의 하나의 톱니바퀴에 불과하다. 그때 그대는 바퀴의, 메커니즘의 효율적인 한 부분으로 전락한다. 그대가 유능하다면 그때는 좋다. 그렇지 못하면 그대는 버려지고, 쓰레기장으로 던져진다. 그리고는 좀더 유능한 다른 누군가가 그 자리에 대체될 것이다.

하루 종일 활동한 다음에는 무슨 일이 일어나는가? 그대는 잠이 든다. 그것은 무슨 의미인가? 쓸모있는 것에서 쓸모없는 것으로 옮겨가는 것이다. 그렇게 함으로써 아침이 왔을 때 신선하고 생기 있고 활력이 넘치는 상태로 되는 것이다. 그대의 다리는 춤출 수 있는 능력을 되찾고, 마음은 노래 부를 수 있게 된다. 가슴은 다시 느낄 수 있게 된다. 모든 일의 먼지들이 사라지고 거울은 다시 깨끗해진다. 아침이 되었을 때 그대는 더 맑은 눈을 얻는다. 어떻게 그런 것이 오는가? 그것은 쓸모없는 것을 통해 온다.

명상이 위대한 순간을 가져다주는 이유가 그것이다. 명상은 세상에서 가장 쓸모없는 것이기 때문이다. 그대는 단순히 아무것도 하지 않으며, 침묵 속으로 들어간다. 그것은 잠보다 위대하다. 잠 속에선 무의식적이며, 어떤 일이 일어나도 그것은 무의식 속에서 일어나는 일이다. 설령 자신이 천국에 있을지라도 그대는 그것을 알지 못한다. 명상 속에서는 매 순간을 알면서 움직인다. 그대는 그 길을 자각한다. 바깥의 쓸모있는 세계로부터 안의 쓸모없는 세계로 옮겨가는 길을. 그리고 일단 그 길을 터득하면 어떤 순간이라도 쉽게 내면으로 옮겨갈 수 있다. 버스에 앉아 있으면서 그대는 아무것도 할 필요가 없다. 단순히 앉아 있다. 자동차나 기차, 비행기로 여행하면서 그대는 아무것도 하지 않는다. 모든 것은 다른 사람들이 대신해 준다. 그대는 눈을 감고, 쓸모없는 것으로, 내면으로 옮겨갈 수 있다. 그러면 모든 것이 갑자기 조용해지고, 모든 것이 고요해지고, 갑자기 그대는 생명의 근원에 가 있게 된다.

그러나 그것은 시장에서는 가치가 없다. 시장에 가서 그것을 팔 수 없다. 그대는 이렇게 말할 수 없다. '난 훌륭한 명상을 갖고 있는데 그것을 살 사람 있습니까?' 아무도 그것을 사려고 하지 않을 것이다. 그것은 상품이 아니라 쓸모없는 것이다.

장자가 대답했다.
"쓸모없는 것의 가치를 알지 못한다면
쓸모있는 것에 대해서도 말할 수 없다.

예를 들어, 땅은 넓고 광활하다.
그러나 그 넓은 땅에서
사람은 다만 그가 그 시간에 우연히 서 있는
적은 부분의 땅만을 사용한다.

이제 그가 실제로 사용하고 있지 않는 땅을
모조리 빼앗아 버린다고 상상해 보라.
그래서 그의 발 주위에 온통 깊은 심연만이 입을 벌리고 있고
양쪽 발바닥 아래를 제외하고는 아무 데도 단단한 곳이 없으며
그가 다만 허공 속에 서 있다고 상상해 보라.
과연 얼마나 오래 그가 사용하고 있는 땅을 더 사용할 수 있을까?"

더없이 멋진 비유다. 장자는 핵심을 찌르고 있다. 그대는 지금 이곳에 앉아 있고, 단지 작은 공간만을 사용하고 있다. 그대는 땅 전체를 사용하고 있지 않다. 땅 전체는 쓸모가 없다. 단지 아주 작은 부분을 사용하고 있을 뿐이다.

장자는 말한다. 모든 땅이 제거되고 그 작은 공간만 남겨진다고 상상해 보라. 그대는 아주 작은 부분의 땅만을 사용해 두 발로 서 있다. 단지 그 부분만이 남겨지고, 나머지 땅 전체가 제거된다고 해 보라. 얼마나 오랫동안 지금 서 있는 땅을 사용할 수 있겠는가? 심연, 무한한 심연이 주위에서 입을 벌리고 있다. 그대는 곧 어지러움증을 느끼고 심연으로 떨어질 것이다. 쓸모없는 땅들이 무한히 넓으며, 쓸모있는 땅은 아주 조금이다. 이것은 존재의 모든 차원에 적용되는 진리다. 쓸모없는 것은 무한히 크고, 쓸모있는 것은 아주 작다. 만일 쓸모있는 것만을 건지고 쓸모없는 것을 제거한다면 오래

가지 않아 현기증이 날 것이다. 그리고 지금까지 그것이 계속되어 왔다. 그대는 이미 혼란 속에 있으며, 심연으로 떨어지고 있다.

전세계의 철학하는 사람들은 하나의 문제를 갖고 있다. 삶이 아무런 의미가 없어 보이는 것이다. 삶이 의미 없게 느껴진다. 사르트르나 마르셀, 야스퍼스, 하이데거 등에게 물어보라. 그들은 삶은 의미가 없는 것이라고 말한다. 왜 삶이 그렇게 의미 없는 것이 되었는가? 결코 그렇지 않았었다. 붓다는 결코 그렇게 말하지 않았다. 크리쉬나는 춤추고 노래하며 자신을 즐길 수 있었다. 마호메드(회교의 창시자)는 신에게, 신이 그에게 쏟아 부어 준 은총에 대해 기도하고 감사할 수 있었다. 장자는 인간이 할 수 있는 한, 인간에게 가능한 한 최대로 행복했다. 그들은 결코 삶이 무의미한 것이라고 말하지 않았다. 현대인의 마음에 무슨 일이 일어난 것일까? 왜 삶이 그토록 의미 없는 것처럼 보이게 되었는가?

모든 땅이 제거되고 그대는 단지 앉아 있거나 서 있는 부분 위에 남겨져 있다. 그래서 현기증이 일어나고 있다. 그리고 그대는 지금 서 있는 그 땅을 이용할 수가 없다. 그것이 쓸모없는 것과 결합될 때만 그것을 사용할 수 있기 때문이다. 쓸모없는 것이 그곳에 있어야만 하는 것이다.

이것이 무슨 의미인가? 그대의 삶은 놀이는 없고 오직 일만으로 이루어져 있다. 놀이는 쓸모가 없고 무한히 크다. 일은 쓸모가 있고, 사소하며 작다. 그대는 삶을 완전히 일로 채우고 있다. 무엇인가 하기 시작할 때마다 그대의 마음에 첫 번째로 다가오는 것은 그것의 쓸모가 무엇인가 하는 것이다. 어떤 쓸모가 있어야 그대는 그것을 한다.

사르트르는 21세기에 일어날 일을 한 가지 이야기했다. 아주 부유한 사람이 말한다.

"사랑은 내게 적당하지 않다. 그것은 오직 가난한 자들을 위한 것이다. 나에게 관한 한 그것은 나의 하인들이 대신해 줄 것이다."

가능한 일이다. 인간의 마음을 있는 그대로 지켜보라. 미래에는 오직 하인들만이 사랑을 하게 될 가능성이 있다. 하인에게 대신 시킬 수가 있는데, 왜 스스로 귀찮게 하겠는가? 모든 것을 경제의 입장에서 생각할 때 시간을 더 좋게 사용할 수 있는데, 포드나 록펠러 같은 사람이 무엇하러 여자에게 가서 시간을 허비하겠는가? 그들은 하인을 보내고 조금 덜 수고하게 될 것이다.

이 이야기가 터무니없는 것으로 들릴 것이다. 그러나 그것이 삶의 여러 차원에서 이미 일어나 왔다. 그대는 전혀 놀지 않으며, 그대의 하인이 그것을 대신한다. 그대는 실제로 즐거운 놀이에 참가하지 않고, 다른 사람이 그것을 대신해 준다. 축구 경기를 보라. 다른 사람들이 그것을 하고 있고, 그대는 다만 구경만 한다. 그대는 참가하지 않는 수동적인 관람자다. 또 그대는 영화를 보러 영화관에 간다. 그곳에서는 다른 이들이 사랑을 하고, 전쟁과 폭력을 일삼고, 그 모든 것을 행한다. 그대는 의자에 파묻혀 있는 관람자에 지나지 않는다. 그것은 쓸모없는 것이므로 그대는 그 일을 함으로써 수고할 필요가 없다. 다른 어떤 사람이든 그것을 할 수 있고, 그대는 다만 구경만 하면 된다.

일은 그대가 하고, 즐거운 놀이는 다른 사람이 대신한다. 그런데 사랑이라고 그렇게 못하겠는가? 똑같은 논리로 누군가 다른 사람이 그것을 대행해 줄 수 있다.

삶은 때로 의미 없는 것처럼 보인다. 삶의 의미는 쓸모없는 것과 쓸모있는 것의 조화로 이루어지기 때문이다. 그대는 쓸모없는 것을 완전히 거부해 왔다. 그대는 문을 닫았다. 이제 쓸모있는 것만이 그 곳에 있고, 그대는 그것에 짓눌리고 있다. 만일 마흔 살까지 암에 걸리게 되면, 그것은 그대가 성공했음을 보여 주는 하나의 표시다. 이제 마흔을 지나고 쉰 살인데도 아직 암이 나타나지 않았다면 그대는 실패자다. 평생 동안 무엇을 하고 있었는가? 시간을 무의미하게 낭비했음에 틀림없다.

쉰 살이 되었을 때 그대는 실제로 첫 번째 심장마비를 일으켜야만 마땅하다. 이제 의사들은 계산하고 있다. 성공적인 사람은 마흔 살까지는 암에 걸리고 쉰 살까지는 심장마비를 일으킨다. 예순 살이면 죽는다. 그리고 그대는 결코 살아 본 적이 없다. 살 시간이 없었다. 해야 할 일들이 너무 많아서 삶을 살 시간이 없었던 것이다.

주위를 둘러보라. 성공적인 사람들을 보라. 정치가들, 부자들, 대기업가들, 그들에게 무슨 일이 일어나고 있는가? 그들이 소유하고 있는 것을 보지 말고 똑바로 그들 자신을 보라. 물질을 본다면 그대는 속을 것이다. 물질들은 암에 걸리지 않으며 심장마비도 일으키지 않는다. 집은 입원하지 않는다. 물질을 보지 말라. 그렇지 않으면 속을 것이다. 소유물들이 모두 사라진 모습으로 그 사람을 보라. 그들을 똑바로 보라. 그러면 그대는 빈곤함을 느낄 것이다. 걸인이 차라리 더 부자일지도 모른다. 삶에 관한 한 가난한 사람이 더 풍요로울 수 있다.

성공한 사람은 실패한다. 그는 삶을, 모든 것을 놓치고 있기 때문이다. 성공한 사람은 실제로 거래를 하고 있다. 그는 거짓된 것을 위해 진실을 내던져 버리며, 색칠을 한 해변가의 자갈들을 위해 내면의 보석을 내던지고 있다. 자갈을 모으면서 다이아몬드를 잃고 있다. 부자는 잃은 사람이고, 성공한 사람은 실패자다. 하지만 그대가 욕망에 찬 눈으로 바라보기 때문에 그들이 가진 소유물만을 보는 것이다. 그대는 결코 정치인 자신을 바라보지 않고, 그가 가진 지위와 서열을 바라본다. 오로지 그의 권력을 보는 것이다. 전혀 아무 힘도 없이 모든 것을 잃은 채, 삶의 환희에 대해선 아무것도 알지 못한 채 그곳에 앉아 있는 사람을 바라보지 않는다. 그는 권력을 샀을 뿐이며, 그것을 통해 자기 자신을 상실했다. 그것이 그 거래의 대가다.

한번은 대규모 대중 집회가 끝난 뒤 정치인이 보좌관에게 소리를 질렀다. 보좌관은 이해할 수 없었다. 정치인은 화가 나서 소리치고 있었다.

"나를 속였어!"

보좌관이 말했다.

"무슨 말씀인지 모르겠군요. 집회는 아주 성공적이었습니다. 수천 명이 모였고, 이 화환들도 보십시오. 온통 꽃으로 둘러싸여 있지 않습니까? 이 화환들의 숫자를 세어 보십시오."

정치인이 말했다.

"난 열두 개 값을 지불했는데 화환이 열한 개밖에 안 왔단 말야!"

결국 모든 성공한 사람들은 자신들이 속았다고 느낀다. 그럴 수밖에 없다. 그것은 필연적인 일이다. 주는 대로 받기 때문이다. 많은 소유를 얻기 위해 내면의 참된 자아를 잃었다. 그대는 다른 사람들을 속일 순 있다. 그러나 어떻게 자기 자신을 속일 수 있겠는가? 결국 그대는 자신의 삶을 돌아볼 것이고, 쓸모있다고 여긴 것들 때문에 그대가 삶을 잃었다는 사실을 깨닫게 될 것이다.

쓸모없는 것이 그곳에 있어야 한다. 쓸모있는 것은 마치 잘 다듬어지고 깨끗한 정원과도 같다. 쓸모없는 것은 자연의 광활한 숲이다. 그것은 다듬어지고 깨끗할 수 없다. 자연은 그 자체의 아름다움을 지니고 있다. 그리고 모든 것이 다듬어지고 깨끗할 때 이미 죽은 것이다. 정원은 생명력으로 넘칠 수가 없다. 사람들이 계속 가지를 치고 자르고 손질하기 때문이다. 광활한 숲은 생명력과 매우 강한 영혼을 지니고 있다. 숲으로 들어가 보라. 그러면 그 영향을 느낄 것이다. 숲 속에서 길을 잃으면, 그대는 숲의 힘을 느낄 것이다. 정원에서는 힘을 느낄 수 없다. 그곳에 힘은 없다. 정원은 인공의 것이다. 그것을 감상할 수는 있다. 그것은 아름답다. 그러나 재배되고, 손질되고, 꾸며진 것이다. 실제로 그 정원은 거짓된 것이다.

진정한 것은 숲이다. 쓸모없는 것은 마치 광활한 숲과 같다. 그리고 쓸모있는 것은 그대가 집 주위에 만들어 놓은 정원과 같다. 숲으로 가지를 치러 들어가지 말라. 정원에서는 상관없다. 하지만 숲은 정원이 아닌 광활한 숲으로, 신의 정원으로 놓아두라.

그리고 신보다 더 쓸모없는 것을 생각할 수 있는가? 그대는 어떤 식으로든 그를 이용할 수 없다. 그것이 문제다. 그래서 우리는 신 속에서 어떤 의미도 찾아낼 수 없는 것이다. 의미 지향적인 사람들은 무신론자가 된다. 그들은 신은 없으며, 있을 수도 없다고 말한다. 신이 쓸모없는 것으로 보이는데 어떻게 신이 있을 수 있는가? 신은 떠나는 것이 좋다. 세계는 우리가 다스리고 관리하면 된다. 그러면 우리는 전세계를 시장으로 만들 수 있고, 사원들을 병원으로, 학교로 바꿀 수 있다. 그러나 신의 쓸모없음은 모든 쓸모있음의 근원이다.

놀이처럼 할 수 있다면 일은 즐거움이 된다. 단순한 재미를 느낄 수 있다면, 놀이하는 어린아이처럼 될 수 있다면, 그대의 일은 결코 짐이 되지 않을 것이다. 그러나 그것이 어렵다. 그대의 마음은 계속 쓸모있는 것만을 생각하기 때문이다.

한번은 물라 나스루딘이 집으로 돌아왔는데 아내가 그의 가장 친한 친구와 함께 침대에 있었다. 그 친구는 매우 당황했고 겁을 먹었다. 그는 말했다.

"들어보게, 나스루딘. 난 어쩔 수가 없었다네. 난 자네의 아내를 사랑하고, 자네의 아내는 날 사랑하고 있네. 자네가 이성적인 사람이라면 우린 합의를 봐야 할 것이네. 그것에 대해 싸워서 무슨 소득이 있겠는가?"

나스루딘이 말했다.

"자넨 어떤 합의를 원하나?"

친구가 말했다.

"우리 카드 게임을 하기로 하고 아내를 걸기로 하세. 만일 내가 이기면 간단히 자네가 떠나고, 자네가 이기면 난 다신 자네의 아내를 보지 않을 것이네."

나스루딘은 말했다.

"좋아, 그렇게 하지."

하지만 나스루딘은 덧붙여 말했다.

"약간의 돈을 더 걸기로 하지. 매 점수마다 1루피씩. 그렇지 않으면 모든 것이 무익할 뿐야. 단지 아내를 위해서 내기를 한다면 쓸모가 없는 일이야. 시간을 낭비하지 말게. 약간의 돈을 더 걸기로 하자구."

그래서 그 노름은 쓸모있게 되었다. 돈은 유일하게 쓸모있는 것으로 간주된다. 실리적인 모든 사람들은 돈에 미친다. 돈은 물건을 살 수 있기·때문이다. 돈은 모든 쓸모있는 것들의 중심이다. 붓다와 같은 사람들이 속세를 떠난 것은 그들이 돈에 반대했기 때문이 아니라 쓸모있는 것, 유용한 것에 반대했기 때문이다. 그들은 말했다.

"돈은 당신들이 다 가지라. 난 산으로 떠난다. 이 정원은 더 이상 내게 맞지 않는다. 난 무한히 넓고 길을 잃을 수도 있는, 지도에도 나와 있지 않은 곳으로 떠날 것이다. 모든 사람에게 알려지고 지도에 표시되어 있는 이 단정하고 깨끗한 돌길은 내게 맞지 않는다."

그대가 쓸모없음의 광활함 속으로 옮겨가면 그대의 영혼도 드넓어진다. 지도에도 없는 바다로 들어가면 그대는 바다와 같이 된다. 미지의 것에 대한 도전이 그대의 영혼을 만드는 것이다. 안정되어 있고 그곳에 아무 문제도 없을 때, 모든 것이 수학적으로 계획되어 있고 정착되어 있을 때, 그때 그대의 영혼은 움츠러든다. 그곳엔 어떤 도전도 없다. 쓸모없는 것은 도전을 준다.

> "이제 그가 실제로 사용하고 있지 않는 땅을
> 모조리 빼앗아 버린다고 상상해 보라.
> 그래서 그의 발 주위에 온통 깊은 심연만이 입을 벌리고 있고
> 양쪽 발바닥 아래를 제외하고는 아무 데도 단단한 곳이 없으며
> 그가 다만 허공 속에 서 있다고 상상해 보라.
> 과연 얼마나 오래 그가 사용하고 있는 땅을 더 사용할 수 있을까?"

신 없이 세상은 더 이상 지속될 수가 없다. 니체는 백 년 전에 신은 죽었다고 선언했다. 하지만 그는 이것을 깨닫지 못했다. 그렇게 말함으로써 그는 동시에 인간 또한 더 이상 살 수 없게 되었다고 선언한 것이나 마찬가지다. 그는 그 점에 대해선 전혀 생각하지 못했다. 그는 단지 그 반대를 생각했을 뿐이다. 그는 말했다. '신은 죽었다. 이제 인간은 자유롭게 살게 되었다.'

그러나 나는 말한다. 만일 신이 죽었다면 인간도 이미 죽어 있다. 그 소식이 아직 그대에게 닿지 않았는지는 모르지만 그대는 이미 죽어 있다. 왜냐하면 신은 바로 그 드넓은 쓸모없음이기 때문이다. 인간의 세계는 실리의 세계, 유용성의 세계다. 그러나 쓸모없음이 없이는 유용한 것이 존재할 수 없다. 신은 놀고 인간은 일한다. 신이 없으면 일은 무의미한 것, 단지 어쩔 수 없이 해야만 하는 짐이 될 것이다. 신은 장난스럽고 인간은 심각하다. 장난이 없으면 심각함은 지나친 것이 된다. 병이 되는 것이다. 절을 파괴하지 말라. 모스크를 파괴하지 말라. 그것들을 병원으로 만들지 말라. 다른 병원을 지을 수 있다. 학교를 위해 다른 건물을 지을 수 있다. 그러니 쓸모없는 것들을 삶의 중심으로서 그곳에 그대로 있게 하라. 사원이 곧 시장 속에, 도시의 중심에 자리잡고 있는 이유가 여기에 있다. 그것은 단지 쓸모없는 것이 바로 그 중심에 머물러 있어야 한다는 것을 보여 주기 위한 것이다. 그렇지 않으면 모든 쓸모있음은 사라진다.

반대되는 것을 존중해야만 한다. 반대되는 것이 더 중요하기 때문이다. 삶의 목적은 무엇인가? 사람들이 줄곧 내게 와서 묻는다. 삶에는 아무런 목적도 없다. 어떤 목적이 있을 수 없다. 그것은 목적 없음, 재미다. 그대는 그것을 즐겨야 한다. 그대는 단지 그것을 즐길 수 있을 뿐이다. 그것에 대해 다른 어떤 것도 할 수가 없다. 그것은 시장에서 거래할 수 있는 것이 아니다. 만일 어느 순간을 놓쳤다면 그대는 그 순간을 영원히 놓쳐 버린 것이다. 그 순간으로 되돌아갈 수 없다.

종교는 단지 하나의 상징이다. 누군가가 내게 와서 말했다.

"인도에는 50만 명의 산야신, 구도자들이 있다. 이것은 매우 비경제적이다. 이 사람들은 무엇을 하는가? 그들은 다른 사람들의 노동에 힘입어 살고 있다. 그들이 그런 식으로 살도록 계속 허용해서는 안 된다."

러시아에서는 단 한 명의 구도자도 존재할 수가 없다. 그것은 허락되지 않는다. 모든 영토가 감옥처럼 되었다. 그곳에선 쓸모없는 존재가 되는 것이 허락되지 않는다. 중국에서는 불교 승려와 구도자들을 죽이고 있으며, 지금까지도 수천 명을 죽여 왔다. 그들은 모든 절과 선원을 파괴했다. 나라 전체를 공장으로 바꿔 놓고 있다. 마치 인간이 위만 가진 동물이라는 듯, 마치 인간이 빵만으로 살 수 있다는 듯.

그러나 인간은 가슴을 지니고 있다. 어떤 식으로든 목적 지향적이 아닌 존재를 지니고 있다. 인간은 원인이나 이유 없이 즐기고 싶어한다. 인간은 어떤 것을 위하지 않고서도 단순히 행복해지고 싶어한다. 그 사람은 내게 물었다.

"인도에서는 언제쯤 이들 구도자들을 금지할 것인가?"

그리고 그는 내게 아주 반대했다. 그는 말했다.

"당신은 그들의 숫자를 늘리고 있다. 그만 중단하라. 이들 산야신들이 무슨 쓸모가 있는가?"

그의 질문은 매우 적절하게 보였다. 만일 어떤 종교 단체에 가서 그런 질문을 했다면 그 종교의 지도자는 당연히 자신의 신도들이 매우 쓸모가 있다고 대답했을 것이다. 그러나 내가 구도자들은 전혀 쓸모가 없는 사람들이라고 말하자 그는 몹시 혼란스러워했다.

그러나 삶 그 자체는 쓸모가 없이, 소용됨이 없이 그냥 존재한다. 그 목적이 무엇인가? 그대는 어디로 가는 것인가? 그 결과는 무엇인가? 아무 목적도, 아무런 결과도, 목표도 없다. 삶은 끊임없는 존재의 기쁨이며 매 순간마다 그대는 그것을 즐긴다. 그러나 결과를 생각하기 시작하면 삶을 즐기는 일을 놓친다. 그대의 뿌리는 뽑혀지고 그대는 더 이상 그 속에 있지 않다. 그대는 이방인이 되는 것이다. 그리고 그때 그대는 의미를, 목적을 찾으려 할 것이다.

행복할 때는 행복의 목적이 무엇인가를 전혀 묻지 않는다는 것을 관찰해 본 적이 있는가? 사랑하고 있을 때, 그때 그대는 이 모든 것의 목적이 무엇인가 하고 물어본 적이 있는가? 아침에 떠오르는 해와 화살처럼 하늘을 가르며 날아가는 한 무리의 새들을 바라보고 있을 때 그대는 묻는가? 그 목적이 무엇인가 하고. 한 송이 꽃이 밤에 홀로 피어난다. 온 밤을 그 향기로 채우면서. 그때 그대는 묻는가? 꽃이 피는 목적이 무엇인가 하고?

거기 어떤 목적도 없다. 목적이란 머리의 일부이고, 그리고 삶은 머리와 상관없이 존재한다. 쓸모있음을 너무나 열심히 추구한다면 그대는 머리를 떨쳐 버릴 수 없다. 아무런 목적도 없으며 머리는 필요하지 않다는 것을 깨닫게 될 때만, 오직 그때만이 머리를 떨쳐 버릴 수가 있다. 그때 그대는 그것을 제쳐 놓을 수 있다. 그것은 불필요한 것이다. 물론 시장에 갈 때는 머리를 갖고 가라. 상점에 앉아 있을 때는 그것을 사용하라. 그것은 컴퓨터와 같은 기계 장치다.

이제 과학자들은 머지않아 모든 아이들이 주머니에 넣고 다닐 수 있는 컴퓨터를 공급할 수 있을 것이라고 말한다. 그때가 되면 머릿속에 많은 계산을 넣어 갖고 다닐 필요가 없다. 단지 자판을 누르기만 하면 컴퓨터가 그것을 할 것이다. 머리는 하나의 자연적인 컴퓨터다. 왜 그것을 끝없이 짊어지고 다니는가? 필요하지 않을 때는 옆으로 밀쳐놓으라. 하지만 그대는 그것이 늘 필요하다고 생각한다. 뭔가 쓸모있는 것을 해야만 하기 때문이다. 머리를 제쳐 놓으면 누가 그대에게 무엇이 쓸모있고 무엇이 쓸모없는가를 말해 줄 것인가? 인간의 마음은 끊임없이 분류를 하고 있다. 이것은 쓸모있다, 이것을 하라. 저것은 쓸모없다, 그것은 하지 말라. 마음이 그대의 지배인이다. 마음은 쓸모있음을 상징하고, 명상은 쓸모없음을 상징한다.

쓸모있음으로부터 쓸모없음으로 옮겨가라. 그리고 그 옮겨감이 자연스럽고 스스로 일어나게 하라. 그래서 어떤 갈등도, 싸움도 없게 하라. 그대가 집을 드나드는 것처럼 자연스럽게 하라. 머리가 필요할 때는 그것을 하나의 기계 장치로써 사용하라. 머리가 소용없을 때는 그것을 밀쳐 두고 잊어버리라. 그래서 쓸모없게 되라. 쓸모없는 일을 하라. 그때 그대의 삶은 풍요로워질 것이고, 그대의 삶은 쓸모있음과 쓸모없음의 균형을 이룰 것이다. 그 균형은 둘 다를 초월한다. 그것은 초월적이다. 쓸모있음도, 쓸모없음도 아니다.

 혜자가 말했다.
 "그렇게 되면 그가 딛고 서 있는 땅도 곧
 아무 쓸모가 없게 되겠지요."
 장자가 결론지어 말했다.
 "쓸모없다고 여기는 것의
 절대적인 가치가 바로 그것에 있다."

쓸모있는 것조차도 쓸모없는 것 없이는 존재할 수 없다. 쓸모없는 것이 그 기초를 이루고 있다. 머리는 명상 없이는 존재할 수 없다. 만일 그대가 그 불가능한 일을 하려고 시도한다면 결국 미쳐 버릴 것이다. 많은 사람들에게 일어나고 있는 일이 그것이다. 그들은 미쳐 버린다. 미친다는 것은 무엇을 말하는가? 미친다는 것은 명상 없이 무엇을 하려는 노력이다. 어떤 명상도 없이 오직 머리를 갖고만 살려고 하는 것이다. 명상이 기초이며, 그것 없이는 머리가 존재할 수 없다. 하지만 만일 명상 없이 머리로만 살려고 시도한다면 머리는 조만간 미쳐 버릴 것이다. 너무 심해서 견딜 수가 없는 것이다. 미친 사람이란 완벽한 실리주의자를 뜻한다. 그는 불가능한 것을 시도했다. 명상 없이 살려고 시도했다. 그래서 미친 것이다.

심리학자들은 인간이 3주 동안 잠을 자지 않으면 미쳐 버릴 것이라고 말한다. 왜인가? 잠은 쓸모없는 것이다. 왜 3주 동안 잠을 안 잔다고 해서 미치는가? 인간은 음식 없이도 석 달 동안을 살 수 있다. 하지만 잠 없이는 3주를 견딜 수 없다. 그 3주는 최대의 한계를 말한다. 그대의 경우는 3일만 잠을 못 자도 미쳐 버릴 것이다. 쓸모없는 것을 던져 버리면 미칠 수밖에 없다.

명상을 가치 있는 것으로 여기지 않기 때문에 사람들은 날마다 조금씩 미쳐가고 있다. 돈으로 값을 매길 수 있는 것만이 가치 있는 것이라 여기는가? 돈으로 사고팔 수 있는 것만이 가치 있는 것이라고 믿는가? 상품으로 만들어 시장에서 팔 수 있는 것만이? 그렇다면 그대는 틀린 것이다. 값을 매길 수 없는 것 역시 소중한 것이다. 돈으로 사고팔 수 없는 것이 그럴 수 있는 것들보다 훨씬 더 가치 있다. 사랑은 성의 근본이다. 사랑이 없으면 성은 타락한다. 명상이 마음의 근본이다. 명상을 부정하면 마음은 미쳐 버린다. 재미와 놀이가 일의 근본이다. 재미와 놀이를 부정하면 일은 부담이 되고, 무거운 짐이 된다.

쓸모없는 하늘을 바라보라. 그대의 집은 쓸모가 있지만, 그러나 그것은 이 쓸모없는 광대한 하늘 속에 존재하고 있다. 그 둘 다를 느낄 수 있다면, 아무 어려움 없이 하나에서 다른 하나로 옮겨갈 수 있다면, 그때 처음으로 전체적인 인간이 그대 안에서 탄생한다.

전체적인 사람은 무엇이 안이고 무엇이 밖인가를 모른다. 양쪽이 다 그의 것이다. 전체적인 사람은 무엇이 쓸모있고 무엇이 쓸모없는가에 대해 고민하지 않는다. 양쪽이 다 그의 날개다. 전체적인 사람은 마음과 명상, 물질과 의식, 이 세상과 저 세상, 신과 신 없음의 양쪽 날개를 갖고 하늘을 난다. 장자는 무용함, 쓸모없음을 아주 많이 강조한다. 세상이 쓸모를 너무 많이 강조하기 때문이다. 그렇지 않으면 그렇게 강조할 필요가 없다. 장자가 쓸모없음을 그토록 강조하는 것은 단지 그대에게 균형을 주기 위한 것이다. 그대는 너무 왼쪽으로 가 있다. 그래서 오른쪽으로 끌어당겨져야 한다.

그러나 기억하라. 이 지나친 강조 때문에 그대는 또다시 다른 극단으로 치우칠 수 있다는 것을. 장자를 따르는 많은 사람들에게 그런 일이 일어났다. 그들은 쓸모없음에 몰입하게 되었고, 쓸모없음에 집착하게 되었다. 그들은 쓸모없음 쪽으로 너무 많이 옮겨갔다. 그리고 그것은 핵심이 아니다. 그들은 과녁에서 빗나간 것이다.

장자는 다만 그대가 쓸모있음에만 극단적으로 몰두해 있기 때문에 쓸모없음을 강조하는 것이다. 그것이 그가 계속해서 쓸모없음을 강조하는 이유다. 그러나 진정한 도는 그 둘 다를 초월하는 것이다. 마음은 언제나 반대편 극단으로 옮겨갈 수 있고, 그렇게 되면 마찬가지가 되기 때문이다. 쓸모있음과 쓸모없음을, 목적과 무목적을 다 이용할 수 있는 지점에 이르러야만 한다. 그때 그대는 그 둘 다를 넘어서게 되고, 그 둘 다 그대에게 봉사하게 된다. 자신의 사념을 없애지 못하는 이가 있는가 하면, 자신의 명상을 없애지 못하는 이가 있다. 기억하라, 그 둘은 같은 병이다. 어쨌든 어떤 것을 없앨 수가 없는 것이다. 먼저 그대는 사념을 제거할 수 없었고, 이제 그것을 다룰 수 있게 되었다. 하지만 이제 그대는 명상을 제거할 수가 없다. 하나의 감옥에서 다른 감옥으로 옮겨간 것이다. 참되고 완전한 도의 사람은 집착함이 없다. 그는 중간에 머물러 있기 때문에 한 극단에서 다른 극단으로 쉽게 이동할 수가 있다. 그는 두 날개를 다 사용한다.

장자를 잘못 이해해서는 안 된다. 그래서 내가 이것을 말하는 것이다. 그는 잘못 이해될 수 있다. 장자와 같은 사람은 위험하다. 그대가 그를 잘못 이해할 수도 있기 때문이다. 그리고 올바른 이해보다 잘못 이해할 가능성이 더 많다. 마음은 말한다. '좋다, 이 가게에 대해선 충분하다. 가족에 대해선 충분하다. 이제 난 방랑자가 될 것이다.'

그것이 잘못 이해하는 것이다. 그대는 똑같은 마음을 데리고 갈 것이다. 그대는 이제 방랑에 탐닉하게 될 것이다. 그때 그대는 가게로, 시장으로, 가족에게로 돌아갈 수 없을 것이다. 그때 그대는 그것을 두려워할 것이다. 마찬가지로, 약은 그것에 중독될 때 하나의 새로운 병이 된다. 그러므로 의사는 그대가 병을 제거하는가도 살펴야 하지만 더불어 약에 중독되지 않는가도 살펴야만 한다. 그렇지 않으면 좋은 의사가 아니다. 먼저 병을 제거해야만 한다. 그리고 그 뒤에는 곧바로 약을 제거해야 한다. 그렇지 않으면 그 약이 병의 자리를 대신할 것이고, 늘 그 약을 복용해야 할 것이다.

물라 나스루딘이 일곱 살 난 어린 아들에게 여자에게 접근하는 방법, 춤을 청하는 방법, 무엇을 말해야 하고 무엇을 말해선 안 되는지, 어떻게 그녀를 유혹하는지를 가르치고 있었다. 아들은 밖으로 나갔다가 30분 뒤에 돌아와서 그에게 말했다.

"이제 여자를 떨쳐 버리는 방법을 가르쳐 줘요!"

불러들이는 것은 쉽지만, 떨쳐 버리는 것은 매우 어렵다. 그대는 경험을 통해 그것을 잘 알고 있다. 여자를 끌어들이는 것은 언제나 쉽다. 여자를 유혹하는 것은 쉽다. 그러나 어떻게 그녀를 떨쳐 버릴 것인가? 그것이 문제다. 그때 그대는 어디에도 갈 수 없고, 처음에 휘파람 불던 일을 완전히 잊고 만다.

기억하라, 쓸모없음은 그 자체의 매력을 지니고 있다. 그대가 쓸모있음 때문에 그토록 고통을 받았다면 이제 너무 심하게 그 반대편 극으로 이동해 갈지도 모른다. 그렇게 해서 균형을 상실할지도 모른다.

나에게 있어서, 구도자는 하나의 균형, 중도를 걷고 모든 대립하는 것들로부터의 자유를 의미한다. 그는 쓸모있음을 이용할 수 있고, 그리고 쓸모없음도 이용할 수 있다. 그는 목적 있는 것을 이용할 수 있고, 무목적의 것을 이용할 수도 있다. 그리고 여전히 그 둘을 초월해 있다. 그것들의 노예가 되지 않는다. 그는 주인이다.

말을 잊은 사람, 그는 함께 대화할 가치가 있는 사람이다. 그는 그 자신 속에 존재의 중심, 가장 깊은 실체를 지닌 사람이기 때문이다. 그의 침묵은 깊은 의미를 담고 있다.

아홉째날 아침   그물과 물고기

그물의 목적은
물고기를 잡기 위함이다.
물고기가 잡히면
그물은 잊혀진다.

말의 목적은
뜻을 전하기 위함이다.
뜻이 이해되면
말은 잊혀진다.

어디서 나는
말을 잊은 사람을 발견할 수 있을까?
그가 바로
내가 더불어 말하고 싶은 유일한 사람이다.

—〈그물과 물고기〉

　말을 잊는 것은 어렵다. 말은 마음에 달라붙는다. 그물을 내던지기는 어렵다. 그물에는 물고기만이 아니라 어부 역시 잡혀 있기 때문이다. 이것은 가장 심각한 문제 중 하나다. 말을 다루는 것은 불을 갖고 노는 것과 같다. 말이 더욱 중요해져서 그 의미를 잃어버리기 때문이다. 상징이 너무 중요해져서 내용이 완전히 사라지기 때문이다. 표면이 중심을 망각하도록 최면을 걸기 때문이다.

　전세계에서 이런 일이 일어나고 있다. 그리스도는 내용이고 기독교는 단지 하나의 말일 뿐이다. 붓다는 내용이고 법구경은 단지 말에 지나지 않는다. 크리쉬나는 내용이며 바가바드 기타는 덫에 불과하다. 그런데 바가바드 기타는 기억되고 크리쉬나는 잊혀진다. 크리쉬나를 기억한다 해도 단지 바가바드 기타 때문에 그를 기억한다. 그리스도에 대해 말한다 해도 그것은 교회와 이론, 성경, 그 말들 때문이다. 사람들은 수많은 생 동안 그물을 갖고 다닌다. 그것이 단지 하나의 그물, 하나의 올가미라는 사실을 깨닫지도 못한 채.

　붓다는 다음과 같은 이야기를 자주 하곤 했다. 몇 사람이 강을 건너고 있었다. 강은 홍수가 지고 범람해서 아주 위험했다. 장마철이었을 것이다. 그런데 한 척의 배가 그들의 생명을 구해 주었다. 그들은 매우 지적인 사람들이었음에 틀림없다. 그들은 말했다.

"이 배가 우리를 구해 주었다. 그런데 어떻게 이 배를 버리고 갈 수 있는가? 이 배는 우리의 구원자이며 그것을 버리고 가는 건 은혜를 모르는 일이다."

그래서 그들은 그 배를 머리에 이고 마을로 가져갔다. 누군가 그들에게 물었다.

"당신들은 무엇을 하고 있는 건가? 우린 지금까지 살면서 배를 머리에 이고 나르는 사람은 본 적이 없다."

그들은 말했다.

"우린 남은 생애 동안 이 배를 들고 다녀야만 할 것이다. 이 배가 우리를 구해 주었고 우린 그 은혜를 저버릴 수 없기 때문이다."

지적으로 보이는 그 사람들은 실제로는 매우 어리석은 인물들이었음에 틀림없다. 그 배에게 감사하라. 그러나 그것을 그곳에 놓아두고 떠나라. 그것을 데리고 다니지 말라. 그대는 머릿속에 수많은 형태의 배를 들고 다니고 있다. 머리 위는 아닐지라도 머릿속에 데리고 다니고 있다. 안을 들여다보라. 사다리들, 배들, 길들, 말들……. 이것들이 그대 머리를, 마음을 채우고 있는 내용물이다.

도구가 지나치게 중요시되고, 수단이 지나치게 강조된다. 육체가 너무 중요하게 된다. 그래서 눈이 머는 것이다. 도구는 다만 메시지를 전달하기 위한 것이다. 그 메시지를 받으면 그 도구에 대해선 잊어야 한다. 전달자는 단지 그 메시지를 전해 주는 자다. 그 메시지를 받고 전달자는 잊으라. 그에게 감사하라, 그러나 그를 머릿속에 넣고 다니진 말라.

마호메드는 생애의 거의 날마다 거듭거듭 주장했다.

"난 다만 하나의 파이감베르, 한 사람의 메신저일 뿐이다. 나를 숭배하지 말라. 난 다만 신으로부터의 메시지를 전할 뿐이다. 나를 바라보지 말라. 그대들에게 메시지를 보내는 신을 바라보라."

그러나 회교도들은 그 근원을 잊었다.

장자는 말한다.

어디서 나는
말을 잊은 사람을 발견할 수 있을까?
그가 바로
내가 더불어 말하고 싶은 유일한 사람이다.

말을 잊은 사람, 그는 함께 대화할 가치가 있는 사람이다. 그는 그 자신 속에 존재의 중심, 가장 깊은 실체를 지닌 사람이기 때문이다. 그의 침묵은 깊은 의미를 담고 있다. 하지만 그대가 하는 말은 아무 힘이 없다. 말을 하고 있을 때 그대는 무엇을 하고 있는가? 그대는 특별히 어떤 것을 말하고 있는 것이 아니다. 그대의 말은 메시지를 담고 있지도 않고, 따라서 아무것도 전달되지 않는다. 그대의 말은 공허하고, 그 말들은 어떤 것도 담고 있지 않다. 그 말들은 아무것도 전하지 않는다. 그것들은 단지 상징일 뿐이다. 말하고 있을 때 그대는 단순히 자신의 쓰레기를 내던지고 있는 것이다. 그것은 그대에게 좋은 정화 작용이 될지도 모른다. 그러나 다른 사람에겐 위험할 수도 있다. 그리고 말들로 가득 찬 사람과 더불어 어떻게 대화를 나눌 수 있겠는가? 그것은 불가능하다. 말은 여백을 남기지 않는다. 문을, 통로를 주지 않는다. 말은 너무 많아서 그대가 통과할 수가 없다.

말들로 가득 찬 사람과 함께 이야기하는 것은 불가능하다. 그는 들을 수가 없다. 듣기 위해서는 침묵해야 하고, 듣기 위해서는 수용적으로 돼야 하기 때문이다. 말은 그것을 허용하지 않는다. 말은 공격적이며 결코 수용적이지 않다. 그대는 말할 수 있으나 들을 수 없다. 그리고 들을 수 없다면 그대가 하는 말들은 미친 사람의 말이다. 그대는 이유를 모르면서 지껄이고 있다. 무엇을 말하는지도 모르면서 떠들고 있을 뿐이다. 그대는 줄곧 말을 한다. 그것이 그대에게 일종의 해방감을 주기 때문이다.

실컷 잡담을 하고 난 뒤 그대는 기분이 좋다. 자신이 해방되었기 때문에 기분이 좋은 것이다. 말은 긴장의 일부다. 그것은 그대로부터 오는 것이 아니다. 그것은 단지 하나의 혼란일 뿐이다. 그것은 노래가 아니다. 그것은 그 자체의 아름다움을 지니고 있지 않다. 그렇기 때문에 그대가 하는 말들은 단순히 상대방을 지루하게 할 뿐이다. 그러면 그는 왜 듣고 있는가? 그는 듣고 있지 않다. 그는 단지 그대를 지루하게 하기를 기다리고 있는 것이다. 그는 자기의 손에 고삐를 쥐게 될 적당한 순간을 기다리고 있는 것이다.

유명한 정치 지도자가 연설을 하고 있을 때였다. 그는 지칠 줄 모르고 계속 연설을 해 거의 한밤중이 되었다. 점점 청중들은 떠났고 마침내 단 한 사람만이 실내에 남게 되었다. 그 지도자는 그에게 감사해 하며 말했다.

"당신은 진실을 사랑하는 유일한 사람이며, 나의 유일하고도 확실한 추종자입니다. 진정으로 감사를 느낍니다. 다른 사람들이 모두 떠났는데 당신은 아직 여기 남아 있으니."

그러자 그 사람이 말했다.

"속지 마시오. 나는 다음 연설자요."

그대가 듣고 있을 때, 그대는 자신이 다음 연설자이기 때문에 듣고 있는 것이다. 그렇기 때문에 그대는 그 사람을 참을 수가 있다. 이것은 일종의 거래다. 다른 사람들을 지루하게 하고 싶다면 그대는 그들에게도 그대를 지루하게 만들 기회를 허용해야 한다. 실제로, 그대가 어떤 사람이 지겹다고 말할 때는 그것은 곧 그 사람이 그대에게 다음 연설자가 될 기회를 주지 않는다는 것을 의미한다. 그는 혼자서 계속 말한다. 그래서 그대는 그를 지루하게 만들기 시작할 틈을 발견할 수가 없는 것이다. 그 사람은 그대에게 따분한 사람으로 보인다. 하지만 말로 가득 차 있는 마음은 모두가 지루하다.

언제 그대는 이것을 깨달을 것인가? 왜 인간은 지루해지는가? 그곳에 단지 말만 있기 때문이다. 단지 그물만이 있고, 그 속에 물고기는 없기 때문에, 쓸데없는 것과 의미 없는 것만 있고 내용은 없기 때문이다. 그것은 단지 지껄이는 것, 소란스러움과 다를 바 없고 아무 의미도 전해 주지 않는다. 의미가 있을 때 언제나 그것은 아름답다. 의미가 있을 때 그대는 그것을 통해 성장하고, 더불어 의미를 지닌 사람과 만난다. 그것은 새로운 에너지의 분출을 가져다준다. 그것은 낭비가 아니며, 배움이고 하나의 경험이다. 침묵하는 사람을 찾기란 드물고도 어려운 일이다.

만일 침묵하는 사람을 만나 그를 설득해 그대에게 말을 하게 할 수 있다면 그대는 실로 많은 것을 얻을 것이다. 마음이 말들로 가득 차 있지 않을 때에는 가슴이 가슴에게 이야기하기 때문이다. 침묵으로부터 나올 때는 모든 것이 아름답고 생기 있으며, 그것은 그대와 무엇인가를 나눠 갖는다. 온갖 말들이 떠들어 대는 내면으로부터 나온 말은 미친 것이며 그대를 미치게 할 수도 있다.

다섯 살 난 어린 소년이 교사에게서 질문을 받았다.

"너의 여동생은 이제 말을 배웠니?"

그 소년이 말했다.

"네, 말을 배웠어요. 그리고 이제 우린 그 아이에게 조용히 하는 걸 가르치고 있어요."

이것이 불행이다. 먼저 말하는 법을 배워야 한다. 그것은 삶의 일부이니까. 그런 다음에는 침묵하는 법, 말이 없는 법을 배워야 한다. 대학과 부모, 교사들은 그대에게 말을 가르친다. 그리고 나서 그대는 한 스승을, 그대에게 침묵하는 법을 가르쳐 줄 스승을 찾아야만 한다.

한 독일 철학자가 라마나 마하리쉬(남인도의 위대한 성자)에게 와서 말했다.

"나는 당신에게서 무엇인가를 배우기 위해 멀리서 왔습니다."

라마나 마하리쉬는 웃으며 말했다.

"그렇다면 그대는 잘못 찾아왔다. 어느 대학이나 학자, 어느 위대한 교수에게로 가라. 그곳에서 그대는 배울 수 있을 것이다. 내게로 오려면, 여기서는 배움이 가능하지 않다는 사실, 우린 단지 배우지 않는 법을 가르친다는 것을 깨달아야 한다. 나는 배우지 않는 법, 말을 내던져 버리는 법, 그대 내부에 공간을 만드는 법을 가르칠 수는 있다. 그리고 그 공간이 바로 신성이고 신이다."

그대는 어디에서 찾고 있는가? 말에서, 경전에서? 그러면 언젠가 그대는 무신론자가 될 것이다. 학자는 오랫동안 유신론자로 남아 있을 수가 없다. 이것을 기억하라. 성경에 대해, 바가바드 기타와 코란(회교의 경전)에 대해 그가 어떻게 알든, 그가 무엇을 알든, 학자는 반드시 어느 날 무신론자가 된다. 그것이 말을 주워 모으는 것의 논리적인 귀결이기 때문이다. 머지않아 그는 물을 것이다.

"신은 어디에 있는가?"

성경은 대답할 수 없다. 바가바드 기타도 답을 줄 수가 없다. 오히려 성경이나 바가바드 기타, 코란이 그대의 마음속에 너무 많이 들어 있을 때, 그것들은 그대로 하여금 신을 잃게 만든다. 그대 마음의 모든 공간이 꽉 찼기 때문이다. 그곳에 너무 많은 가구들이 있다. 신은 그대 속으로 이동할 수가 없다. 마음이 너무 수다스러우면 신은 그대와의 어떤 교류도 할 수 없다. 그러면 듣는 것이 불가능하다. 들을 수 없다면 어떻게 기도할 수 있겠는가? 말은 참을성이 없다. 기다리는 것이 불가능하다. 그것들은 내부에서 밖으로 나가기 위해 문을 두드리고 있다.

한번은 이런 일이 있었다. 어느 날 새벽 3시에 물라 나스루딘이 바텐더에게 전화를 해서 말했다.

"몇 시에 술집 문을 열 거요?"

바텐더가 대답했다.

"지금은 그런 걸 물을 시간이 아닙니다, 나스루딘. 당신은 단골 손님이기 때문에 우리 술집이 아침 아홉 시 전엔 문을 열지 않는다는 걸 알지 않습니까? 가서 주무시고, 아홉 시까지 기다리세요."

그러나 십 분이 지난 뒤 나스루딘은 다시 전화를 걸어 말했다.

"급한 일이오. 언제 술집의 문을 여는지 말해 주시오."

바텐더가 화가 나서 말했다.

"도대체 왜 이러는 겁니까? 아홉 시 전까지는 난 단 일 분도 말하지 않을 거요. 그러니 내게 전화하지 마십시오."

그러나 십 분 뒤 그는 또다시 전화를 했다. 바텐더가 소리쳤다.

"당신 정말 미쳤소? 아홉 시까지 기다려야만 한단 말이오."

나스루딘이 말했다.

"당신은 전혀 이해를 못하는군. 난 지금 당신 술집에 갇혀 있고, 밖으로 나가고 싶단 말이오!"

마음이 말들과 이론, 경전들로 짐을 지고 있다면, 그것들은 계속 문을 두드릴 것이다. 길을 달라, 우린 나가고 싶다! 그리고 마음이 밖으로 나가고 싶어할 때, 그때 신은 안으로 들어갈 수 없다. 마음이 밖으로 나가고 싶어할 때, 그것은 들어오려고 하는 어떤 것에도 문을 열지 않는다. 그것은 닫혀 있다. 그것은 일방통행이다. 그곳에 양방통행은 불가능하다.

밖으로 나오려는 말들로 인해 공격적일 때는 사랑도, 신도, 명상도, 아무것도 그대 속으로 들어갈 수가 없다. 그리고 모든 아름다운 것들은 들어가는 과정을 통해 일어난다. 그대가 침묵할 때, 어떤 말도 밖으로 나오려고 안에서 두드리지 않을 때, 그대가 기다리고 있을 때. 그 기다림의 순간에 아름다움이 일어나고, 사랑이, 신이, 기도가 일어난다. 그러나 말하는 것에 너무 중독되어 있는 사람은 그 모든 것을 잃을 것이다. 마침내 그는 집대성된 말과 이론, 논리만을 갖게 될 것이다. 그러나 그것들은 아무 가치가 없다. 내용이 빠져 있기 때문이다.

그대는 그물을 갖고 있지만 그곳에 물고기는 없다. 진정으로 물고기를 잡았다면 그대는 즉시 그물을 내던졌을 것이다. 누가 신경 쓰겠는가? 진실로 사다리를 사용했다면 그대는 그것을 잊는다. 누가 그것에 대해 생각하겠는가? 그대는 이미 그것을 사용했고, 그것을 뛰어넘었다.

그러므로 인간이 진실로 알게 되면 지식은 잊혀진다. 그것이 곧 우리가 지혜라고 부르는 것이다. 지혜로운 사람은 지식에 매이지 않을 수 있는 사람이다. 그는 본질적이 아닌 모든 것들은 단순히 떨쳐 버린다.

장자는 말한다.

어디서 나는
말을 잊은 사람을 발견할 수 있을까?
그가 바로
내가 더불어 말하고 싶은 유일한 사람이다.

그에게는 말할 가치가 있다. 그가 말을 하도록 설득하는 일은 그렇게 쉬운 일이 아닐지도 모른다. 그러나 그와 더불어 함께 있는 것, 그의 곁에 앉아 있는 것만으로도 가장 깊은 교감과 소통이 일어날 것이다. 두 가슴이 서로에게로 녹아들어갈 것이다. 그러면 왜 말에 탐닉하는가? 상징이 실체처럼 보이기 때문이다. 그리고 그것이 계속 반복되면 그 반복을 통해 그대는 자동적으로 최면에 걸린다. 어떤 것을 반복해 보라, 그러면 차츰 그대가 모른다는 사실을 잊을 것이다. 반복은 그대에게 그대가 알고 있는 듯한 느낌을 준다.

처음으로 종교 사원엘 가면 그때 그대는 무지하다. 그 사원이 진정으로 무엇인가를 간직하고 있는지, 신이 그곳에 있는지 알 수가 없다. 그러나 매일 되풀이해서 가보라. 종교 의식과 기도를 반복해 보라. 성직자가 하라는 대로 날마다, 해마다 그것을 반복해 보라. 처음에 있었던 마음의 의심을 잊을 것이다. 계속적인 반복으로 관넘이 마음속에 들어가 박힌다. 그리하여 그곳이 신성한 사원이며, 신이 그곳에 살고 있고, 그곳이 신의 거처라고 느끼기 시작할 것이다. 이제 그대는 겉모습의 세계 속으로 움직여 들어간 것이다.

그래서 모든 종교가 가능한 한 어렸을 때 가르치기를 주장하는 것이다. 일단 어린 시절을 놓치면 사람들을 어리석은 신자로 개조하기가 매우 어렵기 때문이다. 심리학자들은 인간은 일곱 살 이전에 사로잡아야 한다고 말한다. 아이들은 힌두교도로, 회교도로, 기독교인으로, 그 어떤 것으로도 만들어질 수 있다. 그것엔 아무 차이도 없다. 그러나 일곱 살 이전에 아이들을 사로잡도록 하라. 일곱 살이 될 때까지 아이들은 그의 평생 동안 배울 것의 거의 50퍼센트를 배운다.

이 50퍼센트는 매우 의미가 깊다. 그것이 곧 삶의 기초가 되기 때문이다. 그는 많은 것을 배울 것이고 거대한 지식의 구조물을 만들 것이다. 그러나 그 구조물은 전적으로 그가 어렸을 때 받아들인 지식에 기초하게 될 것이다. 이 시기에는, 일곱 살 이전의 시기에는, 아이들은 아무런 논리도, 논쟁도 갖고 있지 않다. 그는 믿고 탐구하며 신뢰한다. 그는 믿지 않을 수가 없다. 무엇이 믿는 것이고, 무엇이 믿지 않는 것인지를 모르기 때문이다.

아이가 태어날 때 그는 아무런 논쟁할 마음을 지니고 있지 않다. 논쟁이 무엇인지조차 모른다. 그대가 무슨 말을 하든, 그에게는 그것이 진실하게 들린다. 그리고 그대가 그것을 되풀이하면 아이는 최면에 걸린다. 이것이 곧 모든 종교가 인간을 이용해 온 방법이다. 아이는 어떤 형태로 만들어지도록 강요당한다. 그리고 일단 그 형태가 깊이 뿌리박히면 그 다음에는 어떤 일도 불가능하다. 훗날 그 아이가 자신의 종교를 바꾼다 해도 아주 조금밖에는 변화하지 않을 것이다. 기독교인이 된 힌두교도를 보라. 아무것도 변화하지 않았다. 오히려 그가 믿는 기독교는 그 기초로 인해 마치 힌두교처럼 될 것이다.

밀림 속에 한때 식인종 부족이 있었다. 그들은 점점 그들 자신의 부족 사람들을 죽여 단지 이백 명 남짓만이 남게 되었다. 서로를 잡아먹은 것이다. 한 선교사가 전도하기 위해 그곳으로 들어갔다. 그 부족의 추장이 거의 완벽한 영어로 그에게 말을 했다. 선교사는 놀라서 물었다.

"아니, 당신은 그렇게 완벽한 영어를, 그것도 완벽한 옥스퍼드 식 억양으로 말을 하면서도 아직도 식인종인가?"

추장이 말했다.

"그렇다, 난 옥스퍼드 대학을 다녔다. 그곳에서 난 많은 것을 배웠다. 맞다, 난 아직도 식인종이다. 그러나 이제 난 포크와 나이프를 사용한다. 옥스퍼드에서 그것을 배웠다."

많은 변화가 일어나지만 진정한 변화는 없다. 힌두교도를 기독교인으로 개종시켜 보라. 그러면 그의 기독교는 마치 힌두교처럼 될 것이다. 기독교인을 힌두교도로 개종시켜 보라. 깊은 내면에선 그는 여전히 기독교인일 것이다. 그 근본을 바꿀 수는 없기 때문이다. 그를 다시 어린아이로 만들 수는 없다. 그를 다시 순수한 상태로 바꿀 수는 없다. 그 순간은 지나갔다.

만일 이 지구가 진정으로 종교적으로 된다면 기독교나 힌두교, 회교, 불교를 가르치지 않을 것이다. 그것은 가장 큰 죄악 중 하나다. 이것은 아무리 강조해도 부족하다. 우리는 말과 믿음을 가르치지 않을 것이다. 우리는 기도를, 명상을 가르칠 것이며, 종파를 가르치지 않을 것이다. 우리는 삶의 길을 가르치며, 행복을 가르치고,

환희를 가르칠 것이다. 나무를 바라보는 방법을, 그 나무와 함께 춤 추는 법을, 더욱 깨어 있는 법을, 좀더 생명력 넘치는 법을 가르칠 것이다. 그리고 신이 내려 주는 축복을 누리는 방법을 가르칠 것이다. 그러나 말들, 믿음들, 철학들, 이론들은 가르치지 않을 것이다.

아니다, 우리는 그들을 교회나 절, 모스크로 데리고 가지 않을 것이다. 그곳은 부패의 근원이기 때문이다. 그들은 마음을 오염시킨다. 우리는 아이들을 자연 속에 남겨 두어야 한다. 그곳이 진정한 절, 진정한 교회다. 우리는 아이들에게 흘러가는 구름과 떠오르는 해, 밤하늘의 달을 바라보는 법을 가르칠 것이다. 그리고 사랑과 명상과 기도를 가로막는 장애물을 만들지 말라고 가르칠 것이다. 우리는 아이들에게 마음의 문을 여는 법을 가르칠 것이다. 마음의 문을 닫지 말 것을 가르칠 것이다. 그리고 우리는 물론 말을 가르칠 것이다. 그러나 동시에 침묵도 가르칠 것이다. 한 번 말이 그 기초에 들어가게 되면 침묵이 어려워지기 때문이다.

그대는 내게로 온다. 문제는 이것이다. 그 기초에는 말이 있는 것이다. 그리고 이제 그대는 명상을 하고 침묵 속에 있으려 한다. 그러나 그 기초는 늘 그곳에 있다. 그대가 침묵할 때마다 그 기초가 기능을 발휘하기 시작한다. 침묵 속에 있으려고 할 때마다 그대는 자신이 너무 많은 생각을 하고 있음을 깨닫곤 한다. 평상시에 느낄 때보다 더.

왜인가? 무슨 일이 일어나는 것인가? 침묵할 때 그대는 내면으로 들어가 그곳에서 반복되는 터무니없는 일들에 더욱 민감하게 된다. 명상하고 있지 않을 때는, 그대의 감각이 외부로 향하고 있을 때는, 그대는 세상에 몰입해 있고 계속되는 그대 내부의 소음을 들을 수 없다. 그대의 마음이 그곳에 집중해 있지 않다. 소음은 계속 그곳에 있다. 그러나 그대는 그것을 들을 수가 없는 것이다. 그대는 다른 무엇인가에 사로잡혀 있다. 그러나 눈을 감고 내부를 들여다볼 때마다 정신 병원이 열린다. 그대는 보고 듣고 느낄 수 있다. 그때 그대는 두려워지고 겁이 난다. 이것이 무슨 일이지? 그대는 명상을 통해 좀더 침묵할 수 있으리라고 생각했다. 그런데 뜻밖의 일, 정반대의 일이 일어나고 있는 것이다!

처음엔 그런 일이 일어나는 것이 당연하다. 잘못된 기초가 주어졌기 때문이다. 모든 사회, 부모, 교사들, 대학, 문화들이 그대에게 잘못된 기초를 주었다. 그대는 이미 오염되었고, 그대의 근원에는 독이 퍼졌다. 그것이 문제다. 어떻게 그대를 해독시키는가. 그것에는 시간이 걸린다. 그리고 가장 어려운 일 중 하나는 그대가 이미 알고 있는 것을 모두 비워 버리고, 아무것도 배우지 않은 상태로 되는 것이다.

장자는 말한다.

> 어디서 나는
> 말을 잊은 사람을 발견할 수 있을까?
> 그가 바로
> 내가 더불어 말하고 싶은 유일한 사람이다.

오직 지혜로운 자만이 함께 말할 가치가 있다. 오직 지혜로운 자만이 들을 가치가 있다. 오직 지혜로운 자만이 함께 살 가치가 있다. 지혜로운 자란 무엇인가? 하나의 빈 배, 그 내부에 말이 없는, 그리고 구름이 없는 텅 빈 하늘. 아무런 소리도, 소음도, 미친 사람도, 그 어떤 혼란도 내부에 없고, 계속되는 조화, 평정, 균형의 상태. 그는 그가 아닌 것처럼 산다. 그는 그가 없는 것처럼 산다. 움직이지만 아무것도 그 내부에서 움직이지 않는다. 말을 하지만 내부의 침묵이 그곳에 있다. 그것은 전혀 방해받지 않는다. 그는 말을 사용한다. 그러나 그 말들은 오직 매개체일 뿐이다. 그 말들을 통해 그는 말을 초월한 무엇인가를 보내고 있다. 만일 그 말들을 붙잡고 움켜쥔다면 그대는 핵심을 놓칠 것이다.

지혜로운 자의 말을 들을 때, 그의 말을 듣지 말라. 말은 이차적이고 피상적이다. 그것들은 단지 겉에만 머물러 있을 뿐이다. 그를 들으라. 그의 말을 듣지 말라. 말이 그대에게 닿을 때, 그것들을 다만 밀쳐 두라. 강을 건너는 여행자가 그렇듯이. 앞으로 나아간다. 배를 그곳에 놓아두고 앞으로 나아가라. 그대가 배를 머리에 이고 나른다면 그것은 미친 짓이다. 그때 그대의 전생애는 무거운 짐이 될 것이다. 그대는 배로 인해 짓눌리게 될 것이다. 배는 머리 위에서 운반되어선 안 된다. 감사하게 여기라. 그것은 좋다! 그러나 머리 위에 배를 얹고 가는 것은 지나친 일이다.

그대는 얼마나 많은 배를 머리 위에 얹어 나르고 있는가? 그대의 온 생애가 그 무게 때문에 정지되었다. 그대는 날 수 없고, 흘러다닐 수 없다. 너무 많은 짐을 나르고 있기 때문이다. 단지 이 생에서만이 아니라 수많은 생으로부터 무거운 짐을 나르고 있다. 계속해서 쓸모없고 헛된 것들을 모으고 있다. 왜 그런 일이 일어나는가? 무엇인가 깊은 이유가 있을 것이다. 그렇지 않으면 그렇게 미친 짓을 할 이유가 없다.

왜 그런 일이 일어나는가? 먼저 그대는 말을 실체라고 생각한다. 즉, 신이라는 말을 신으로, 사랑이라는 말을 사랑으로, 그 말이 실체라고 믿는 것이다. 말은 결코 실체가 아니다. 무엇보다도 말은 실체가 아니라는 하나의 구분, 분명한 구분을 할 필요가 있다. 말은 단지 상징이고, 가리키는 것이지 실체가 아니다. 그대가 일단 말이 실체라고 믿는 덫에 걸리면, 누군가 '난 당신을 사랑해' 하고 말할 때 그대는 문제에 직면하게 될 것이다. 그는 그대를 사랑한다고 말했고, 그대는 그가 그대를 사랑하는 것이라고 믿기 때문이다. 그대에게는 말이 곧 실체인 것이다.

말을 초월한 실체를 볼 수 없다면, 생의 모든 길목에서마다 문제에 부딪칠 것이다. 어느 곳에서나 좌절하게 될 것이다. 그대는 말을 실체로 여기고 받아들일 것이기 때문이다.

많은 사람들이 내게 와서 말한다.

"이 여자는 날 사랑한다. 그녀 자신이 그렇게 말했다."

"이 남자는 날 사랑했었다. 그런데 이젠 사랑이 사라졌다."

둘 다 말에 속은 것이다. 그대는 오직 말에 의해서만 살아간다. 그 밖의 다른 것을 알지 못한다. 실제적인 어떤 것을 알지 못한다. 그러니 어떻게 실체와 접촉할 수 있겠는가? 누군가 '난 당신을 사랑한다' 하고 말하면, 그것은 이미 끝난 것이다! 누군가 '난 당신을 미워한다' 하고 말하면, 그것은 이미 끝난 것이다! 말을 밀쳐 두고 그 사람을 보라. 누군가 '난 당신을 사랑한다' 하고 말할 때 말에 말려들지 말고 그것들을 밀쳐 두라. 사람을, 그의 전체를 보라. 그러면 아무도 그대를 속일 수가 없다. 사랑은 불과 같은 것, 그대는 그것을 볼 수 있을 것이다. 그것을 만질 수 있을 것이다. 그것이 그곳에 있는지 없는지 알 수 있을 것이다.

사랑은 숨길 수가 없다. 만일 그것이 거기 실제로 있으면, 그때 말은 필요하지 않다. 누군가 그대를 사랑할 때 그는 사랑한다고 말하지 않을 것이다. 말은 필요하지 않다. 사랑은 그 자체로 충분하다. 그것은 판매 전략이 필요 없다. 설득하고 확신시킬 그 누구도 필요하지 않다. 그것 자체로 충분하다. 그것은 불이다. 그 어떤 것도 사랑보다 더 열정적이지 않다. 그것은 불꽃이다. 어둠 속에 불꽃이 있을 때, 그대는 그것에 대해 어떤 말도 할 필요가 없다. 그것은 그곳에 존재한다. 어떤 선전도, 광고도 필요하지 않다.

실체로부터 말을 분리시키라. 나날의 삶에서 누군가 '난 너를 미워한다'고 말할 때 그 말을 믿지 말라. 그것은 다만 순간적인 일, 그것은 다만 감정의 한 측면일 뿐이다. 말에 집착하지 말라. 그렇지 않으면 삶에서 적을 만들 것이다. 말 때문에 친구를 만든 것처럼 그대는 말 때문에 적을 만들 것이다.

말에 집착하지 말라. 사람을, 그 눈을 보라. 그 전체를 느끼라. 그것은 순간적인 반응인지도 모른다. 100시간 중 99시간은 단지 순간적인 반응일 것이다. 그는 어떤 것에 의해 감정이 상하고, 그래서 그 반동으로 '난 너를 미워한다' 하고 말할 것이다. 기다리라. 결정짓지 말고, '이 자는 적이다' 하고 말하지 말라. 그대가 그렇게 말한다면 그대는 상대방의 말에 의해 속을 뿐 아니라, 그대 자신에 의해서도 속는다. 그대가 '이 사람은 적이다' 하고 말하면 이제 그 말은 확정적인 것이 된다. 그리고 그가 내일은 달라질지라도 그대는 바뀔 준비도, 그럴 마음도 없을 것이다. 그대는 그대 안에 그것을 갖고 다닐 것이다. 그래서 그 고집을 통해 적을 만들 것이다. 그대의 적은 가짜이며, 친구 역시 가짜다. 말은 실체가 아니기 때문이다.

말은 오직 한 가지만을 할 수 있다. 그대가 그것을 계속 반복하면 그것은 그대에게 실체와 똑같은 겉모습을 가져다줄 것이다. 아돌프 히틀러는 그의 자서전에서 말한다.

"나는 진실과 거짓말 사이에 오직 한 가지 차이만을 안다. 여러 번 반복된 거짓말은 진실이 된다는 것이다."

그는 경험에 의해 그것을 안 것이다. 그는 자신이 행한 것을 말한 것이다. 그는 반복해서 거짓말을 했다. 어느 자리에서나 끝없이 그 말들을 반복했다. 처음에는 그 말이 어리석게 들렸다. 그는 독일이 1차 세계 대전에서 패한 것은 유태인 때문이라고 말하기 시작했다. 그것은 절대 터무니없는 거짓말이었다.

한번은 그가 어떤 모임에서 이야기를 하다가 청중에게 물었다.

"독일의 패배는 누구의 책임인가?"

한 사람이 일어나서 말했다.

"자전거 타는 사람!"

히틀러는 놀라서 말했다.

"뭐라고? 왜지?"

그 청중이 말했다.

"그렇다면 왜 유태인 때문인가?"

그 청중은 유태인이었다. 그래서 그는 '왜 유태인 때문인가?' 하고 물었다. 죽음을 맞이했을 때조차도, 또다시 독일이 패배하고 완전히 파괴되었을 때조차도, 히틀러는 그것이 스탈린, 처칠, 루즈벨트 때문이었다고는 믿지 않았다. 적이 그 자신보다 더 강하고 우세하기 때문에 패배했다고 믿지 않았다. 그의 마지막 판단도 마찬가지였다. 그것은 유태인의 음모이고, 유태인이 배후에서 조종을 했으며, 그들 때문에 독일이 패배했다는 것이었다. 그리고 모든 독일인들이 그의 말을 믿었다. 지구상에서 가장 지적인 국민들 중 하나로 꼽히는 사람들이……

그러나 지적인 사람들은 어리석을 수가 있다. 지적인 사람들은 언제나 말을 믿기 때문이다. 그것이 문제다. 더없이 지적이고 학식 있는 독일 국민은 위대한 교수와 철학자들을 길러 냈다. 그 나라 전체 국민이 지적이다. 그런데 어떻게 아돌프 히틀러처럼 어리석은 사람이 그들에게 그의 주장이 논리적이라고 설득할 수 있었을까?

그러나 그런 일이 일어날 수 있었다. 교수들의 나라, 지식인들, 이른바 지성인들의 나라는 언제나 말에 중독되어 있기 때문이다. 그대가 어떤 말을 계속해서 반복하면, 계속해서 망치질을 해대면, 그것을 되풀이해서 듣는 사람들은 차츰 그것이 진실이라고 느끼기 시작할 것이다. 진실은 거짓으로부터 얼마든지 만들어질 수 있다. 그것을 계속 반복하기만 하면 된다. 반복이 거짓을 진실로 전환시키는 방법이다. 하지만 거짓을 진실로 바꾸는 것이 정말로 가능한가? 겉으로는 가능하다. 한번 시도해 보라, 계속 무엇인가를 반복해서 말해 보라. 그러면 그대는 스스로 그것을 믿기 시작할 것이다. 그대는 아마도 겉으로 보이는 것만큼 불행하진 않을 것이다. 그대가 '난 불행하다, 난 불행하다'라고 반복해서 말해 왔기 때문에, 너무도 자주 그 말을 되풀이해 왔기 때문에, 이제 그대는 정말로 불행해 보이는 것이다.

그대의 불행을 지켜보라, 그대는 진정으로 불행한가? 진정으로 그대 얼굴에 나타나는 것과 같이 지옥에 있는가? 다시 생각해 보라. 실제로 그렇게 불행하게 느끼진 않을 것이다. 아무도 겉으로 보여지는 만큼 불행할 수는 없기 때문이다. 그것은 불가능하다. 신은 그것을 허용하지 않는다. 그것은 단지 반복이고, 자기 최면일 뿐이다. 프랑스의 심리학자 에밀 코우는 사람들을 치료하곤 했는데, 그의 치료 방법은 간단하게 반복, 연상, 자기 최면이었다. 그대는 그에게로 가서 말할 것이다.

"난 두통에 걸렸다. 어떤 약도 도움이 안 된다. 모든 치료 요법을,

심지어 자연 요법까지도 해봤지만 도움이 되지 않는다."

코우는 두통이란 없으니까 치료할 필요가 없다고 말할 것이다. 단지 그대가 그것을 믿고 있는 것이다. 이 의사 저 의사에게 가면 그들은 모두 그대에게 두통이 있다고 믿는 데만 도움을 주었다. 만일 그들이 그대의 두통을 믿지 않는다면 그들은 살 수가 없기 때문이다. 의사들은 두통이 없다고 말하지 않는다. 의사에게 갔을 때 비록 그대에게 잘못된 곳이 없다 하더라도 그는 무엇인가를 발견할 것이다. 의사란 그것을 위해 존재하기 때문이다.

코우와 함께 이야기하는 것은 즉시 그대에게 도움을 줄 것이다. 단지 그와 함께 이야기하는 것만으로도, 아무 약도 먹지 않고 거의 50퍼센트의 두통이 사라질 것이다. 그는 그대의 얼굴에 번지는 안도감을 느낄 것이며, 속임수가 통했다는 것을 알 것이다. 그리고 그는 그대에게 처방을 내릴 것이다. 기억날 때마다 밤낮으로 끊임없이 '두통은 없다'고 반복해야 한다고. 매일 아침 일어날 때마다 그대는 반복해야 한다. '난 날마다 점점 더 좋아지고 있다.' 그러면 2,3주일 안에 두통은 사라질 것이다.

진짜 두통이라면 그런 식으로 사라지지 않는다. 먼저 두통은 말에 의해 생겨났다. 처음에 그대는 자신에게 두통이 있다고 최면을 건다. 그리고 나서 최면에서 그대 자신을 깨어나게 했다. 진짜 병이라면 사라질 수 없다. 그러나 그대의 병은 90퍼센트가 진짜 병이 아니다. 말을 통해 그대가 그 병을 만들어 낸 것이다. 코우는 그런 방법으로 수천 명의 환자를 치료했다. 최면이 수천 명을 도운 것이다. 단지 자신이 병에 걸려 있지 않다는 느낌을 갖게 함으로써 그렇게 한 것이다. 그것은 자기 최면이 병을 고친다는 사실을 의미하는 것이 아니다. 단지 그대가 이미 병을 만들어 내는 엄청난 자기 최면술 사라는 것을 보여 주는 것이다. 스스로 병에 걸렸다고 믿는 것이다.

의사는 그대의 병이 심리적인 것이라고 말할 수가 없다. 누군가 그대의 병이 정신적인 것이라고 말하면 그대는 기분이 나빠질 것이다. 몹시 기분이 상해 즉시 의사를 바꿀 것이다. 의사가 그대에게 심각한 병에 걸려 있다고 말할 때마다 그대는 기분이 좋아진다. 그대 같은 훌륭하고 중요한 인물은 큰 병을 가져야 하기 때문이다.

대학을 갓 졸업한 한 의사가 집으로 돌아왔다. 그의 아버지 역시 의사였는데 일을 많이 해 몹시 지쳐 있어서 계속 휴업을 하고 있었다. 그는 말했다.

"난 적어도 3주일은 휴업을 할 필요가 있다. 휴가를 떠나 쉬고 있을 테니 네가 병원 일을 대신 해라."

3주 뒤 아버지가 돌아왔을 때 아들이 말했다.

"전 아버지에게 놀랐습니다. 아버지가 여러 해 동안 치료하면서 고칠 수 없었던 부인을 제가 3일만에 고쳤습니다."

아버지가 그의 머리를 후려치며 말했다.

"이 어리석은 녀석아, 그 부인이 너의 학비를 대준 장본인이다. 난 그녀를 통해 내 자식들 전부를 대학에 보낼 수 있으리라고 희망했었다. 그녀의 복통은 사실 병이 아니다. 안 그래도 내가 없는 동안 그녀에 대해선 손대지 말라고 할 것을 잊었기 때문에 걱정하고 있었다. 그녀는 부자이고, 그녀에게는 복통이 필요하다. 난 그녀를 도와주고 있었다. 수년 동안 그녀는 내 수입원이었어!"

모든 병의 90퍼센트는 심리적인 것이다. 그것들은 만트라, 주문에 의해 고쳐질 수 있고, 최면 암시에 의해 치료될 수 있다. 먼저 그들은 이미 없는 병들을 만들어 내는 실제의 기적을 행했기 때문이다. 이제 누구라도 그들을 고칠 수 있다.

한 단어를 끊임없이 반복하는 것은 실체를 만든다. 그러나 그 실체는 환상이다. 환영에 불과하다. 모든 말들이 마음에서 사라지기 전까지는 실체에게 접근할 수 없다. 단 하나의 단어조차도 환영을 만들어 낸다. 말은 대단한 힘을 갖고 있다. 단 하나의 단어라도 마음속에 있으면 그 마음은 비어 있지 않은 것이다. 그대가 보고 느끼는 것이면 무엇이든 말을 통과하고 그 말은 실체를 바꿀 것이다.

완전하게 말이 사라진, 사념이 사라진 상태로 되어야 한다. 그러기 위해선 깨어 있어야 한다. 깨어 있을 때, 그때 배는 비어 있고, 실체가 모습을 드러낼 것이다. 그대가 어떤 것도 반복해서 말하지 않으며, 아무것도 상상하지 않고, 자신에게 최면을 걸지 않기 때문이다. 오직 그때에만 진정한 것이 나타나고 드러난다.

장자는 옳다. 그는 말한다.

> 어디서 나는
> 말을 잊은 사람을 발견할 수 있을까?
> 그가 바로
> 내가 더불어 말하고 싶은 유일한 사람이다.
>
> 그물의 목적은
> 물고기를 잡기 위함이다.

그대는 그 목적을 완전히 잊었다. 지금까지 그대는 너무 많은 그물을 모아 왔고, 그것들에 대해 끊임없이 근심하고 있다. 누군가 그것들을 훔쳐 가지 않을까? 그것들이 부서지거나 썩지 않을까? 물고기는 완전히 잊혀졌다.

그물의 목적은
물고기를 잡기 위함이다.
물고기가 잡히면
그물은 잊혀진다.

만일 그물을 잊을 수 없다면, 그것은 아직 물고기가 잡히지 않았음을 의미한다. 이것을 기억하라. 만일 그대가 끊임없이 그물에 집착하고 있다면 그것은 물고기가 잡히지 않았음을 보여 준다. 그대는 물고기에 대해선 완전히 잊고 그물에 말려들어가 그 그물과 사랑에 빠진 것이다!

한때 내게는 교수이자 말에 집착하는 이웃이 한 사람 있었다. 그가 자동차를 구입했다. 매일 아침 그는 그것을 깨끗이 닦았다. 자동차는 언제나 전시 상태로 주차되어 있었고, 그는 결코 그것을 길 위로 끌어내지 않았다. 몇 년 동안 나는 그것을 지켜보았다. 매일 아침 그는 차를 닦고 광을 내느라고 많은 애를 썼다. 한번은 우리가 같은 기차 객실에서 여행을 하게 되었다. 그래서 내가 물었다.

"그 차에 무슨 고장이라도 났는가? 당신은 차를 절대로 밖으로 내놓지 않으니 무슨 까닭인가? 차가 언제나 당신의 차고 안에 놓여 있지 않은가?"

그는 말했다.

"아니다. 난 그 차와 사랑에 빠졌다. 난 그 차를 너무나 사랑하기 때문에 밖으로 끌어내면 무엇인가 잘못될까봐, 사고나 긁히는 일 같은 게 일어날까봐 늘 걱정하고 있다. 무슨 일이든 잘못될 수 있으니까 말이다. 그것은 생각만으로도 견딜 수 없는 일이다."

자동차, 언어, 그물, 그것들은 수단이지 목적이 아니다. 그것들과 사랑에 빠지는 순간, 그대는 결코 그것들을 사용할 수가 없다.

나는 어떤 집에 머물곤 했었다. 그 집의 부인은 300벌의 사리(인도 여인의 전통 의상)를 갖고 있었는데, 그녀는 언제나 두 벌만을 입었다. 나머지 옷들은 특별한 경우를 위해 보관하고 있었다. 그 특별한 경우는 언제 오는가? 내가 아는 한, 난 15년 동안 그녀를 알아 왔는데, 그 특별한 경우는 단 한 번도 오지 않았다. 그것은 결코 오지 않을 것이다. 그녀는 매일 늙어가고 있기 때문이다. 오래지 않아 죽을 것이다. 그리고 300벌의 사리만 살아남을 것이다.

무슨 일이 일어난 것인가? 사리와 사랑에 빠진 것이다. 그대는 사물과 얼마든지 사랑에 빠질 수 있다. 사람과 사랑에 빠지긴 어렵지만 사물과 사랑에 빠지긴 아주 쉽다. 사물들은 죽어 있으므로 그것들을 조작할 수 있기 때문이다. 사리는 결코 말하지 않는다. '우리를 입으라! 우리도 밖으로 나가고 싶다.' 그 차는 결코 말하지 않을 것이다. '나를 운전하라. 난 지겨워졌다.'

사람과는 그것이 어렵다. 그들은 묻고, 요구하고, 밖으로 나가고 싶어할 것이며, 충족되어야 할 그들 자신의 욕망을 갖고 있다. 사람과 사랑에 빠질 때 그곳에는 갈등이 있다. 그래서 영리한 사람들은 결코 사람과 사랑에 빠지지 않는다. 그들은 언제나 사물과 사랑에 빠진다. 집과 자동차와 옷과. 그것들은 언제나 쉽고, 다루기 좋고, 그대는 언제나 주인으로 남아 있으며, 상대방은 결코 말썽을 일으키지 않는다.

또는 사람과 사랑에 빠지면 그대는 즉시 그를 사물로, 죽은 사물로 전환시키려 할 것이다. 아내는 죽은 사물이며, 남편은 죽은 사물이다. 그들은 서로를 고문하고 있다. 왜 그들은 서로를 고문하는가? 그 핵심이 무엇인가? 고문을 통해 그들은 상대방을 죽게 만들며, 그래서 상대방은 조종하기 쉬운 사물이 된다. 그러면 걱정하지 않아도 된다.

두 명의 부인이 서점 창문을 들여다보고 있었다. 한 사람이 다른 사람에게 말했다.

"봐요, 저기〈남편을 고문하는 법〉이란 제목의 책이 있어요."

그러나 다른 사람은 관심을 갖지 않았다. 그녀는 그 책을 거들떠보지도 않았다. 그녀는 말했다.

"내겐 그것이 필요 없어요. 난 내 자신의 방법을 갖고 있으니까요."

모든 사람은 다른 사람을 고문하는 자기 자신의 방법을 갖고 있다. 오직 고문과 파괴를 통해서만 사람은 사물로 전환될 수 있기 때문이다.

이런 일이 있었다. 물라 나스루딘이 매우 화가 나서 몹시 호전적이고 위험해 보이는 태도로 커피숍으로 걸어들어가서 말했다.

"누군가 내 아내더러 추한 늙은 노파라고 불렀다는데 그 녀석이 누구야?"

한 남자가 일어섰다. 키가 크고 건장하며 거인 같은 남자였다. 그는 말했다.

"내가 당신의 아내에 대해 그렇게 말했다. 그래서 어쨌다는 것인가?"

그 사람을 보고 나스루딘은 조용해졌다. 그가 매우 위협적으로 느껴졌기 때문이다. 나스루딘은 그에게로 다가가 말했다.

"고맙소. 나 역시 그렇게 느끼고 있었소. 하지만 난 그렇게 말할 용기가 없었소. 그런데 당신이 그걸 말해 주었소. 당신은 용감한 사람이오."

관계 속에서 무슨 일이 일어나는가? 왜 그것은 항상 추해지는가? 왜 사랑하는 것이 불가능한가? 왜 모든 것이 독성을 띠게 되는가? 마음은 항상 사물을 조종하는 데 행복을 느끼며, 사물은 결코 반역을 하지 않기 때문이다. 그것들은 언제나 순종하고, 결코 불복종하지 않기 때문이다. 사람은 살아 있고 그대는 그가 앞으로 무엇을 할 것인지 예측할 수가 없다. 그를 마음대로 조종할 수가 없다. 상대방의 자유가 문제가 되는 것이다.

사랑에는 그런 문제가 있다. 상대방에게 자유를 허용할 수 없기 때문이다. 그리고 이것을 기억하라. 진정한 사랑이란, 상대방에게 그 자신이 될 수 있도록 전적인 자유를 허용할 때만 가능한 것이다. 그러나 그때 그대는 소유할 수 없다. 그때 그대는 예측할 수 없으며 안심할 수 없다. 그때 모든 것은 순간순간 움직여야 한다. 그러나 마음은 계획을 원하고, 안정과 안전을 바란다. 인간의 마음은 삶이 정해진 트랙을 따라 달리기를 원한다. 마음이란 그대 안에 있는 가장 죽은 것이기 때문이다. 그것은 마치 그대는 강물인데 그 강의 한 부분은 빙산인 것과 같다. 그대의 마음은 빙산과 같다. 그것은 그대의 얼어 있는 부분이다. 그것은 그대를 완전히 얼리기를 원한다. 그래서 두려움이 없기를 바란다. 새로운 것이 있을 때마다 두려움이 있다. 익숙한 것과 더불어 행복하다.

그렇기 때문에 마음은 항상 보수적이고 결코 혁명적이지 않다. 혁명적이라고 불릴 수 있는 마음은 결코 존재하지 않았다. 마음은 혁명적일 수가 없는 것이다. 붓다는 혁명적이었고, 장자도 혁명적이었다. 그들에게는 마음이 없었기 때문이다. 레닌은 혁명적이지 않았고, 스탈린도 절대로 혁명적이지 않았다. 그들은 혁명적일 수가 없다. 마음과 함께 있는데 어떻게 혁명적일 수 있는가? 마음은 언제나 진부하고, 마음은 언제나 순응하고 있다. 마음은 그대의 죽은 부분이기 때문이다.

이것을 이해해야만 한다. 그대 안에는 내던져야 할 육체로서의 죽은 부분이 있다. 머리카락은 죽어 있다. 그것이 쉽게 머리카락을 자를 수 있는 이유다. 그리고 그곳에는 고통도 상처도 없다. 육체는 계속 그것들을 던져 없앤다. 의식 역시 많은 것들을 내던져야 한다. 그렇지 않으면 그것들은 축적이 된다. 마음은 머리카락과 같이 죽은 부분이다. 그리고 이것은 상징적이다. 붓다는 제자들에게 하나의 상징으로서 그들의 머리를 깎으라고 말했다. 머리를 삭발함으로써 내면 의식 역시 밀어 버리며, 마음의 머리카락도 완전히 끊는 것이다. 머리카락과 마음은 둘 다 죽어 있다.

그것들을 갖고 다니지 말라. 이것은 아름다운 이야기다. 죽은 부분들로 하여금 축적되지 않도록 하라. 마음이란 무엇인가? 과거의 경험, 그대가 배워 온 것, 과거에 있었던 모든 것이다. 마음은 결코 현재에 있지 않다. 어떻게 그것이 가능하겠는가? 마음은 지금 여기에 있을 수 없다. 그대가 단순히 나를 바라보고 있다면, 마음이 어디에 있는가? 단순히 여기에 앉아 내 말을 듣는다면, 거기 어디에 마음이 있는가? 그대가 논쟁하기 시작하면, 그때 그곳에 마음이 끼어든다. 판단하기 시작하면, 그때 그곳에 마음이 들어온다. 어떻게 판단하는가? 그대가 과거를 데려오면 그때 마음이 들어온다.

마음이 그대의 죽은 부분이다. 그것은 분비물이다. 마치 매우 고통받고 있는 변비 환자가 있는 것처럼, 배설물을 축적하는 마음의 변비가 있다. 그대는 결코 그것을 던져 버리지 않는다, 그대의 마음 속으로는 오직 들어가는 것만 있을 뿐, 그것들을 절대로 내던지지 않는다.

명상은 마음을 내던지는 것, 그대 자신의 짐을 제거하는 일이다. 그대 의식 속에 배설물을 갖고 다녀선 안 된다. 그렇지 않으면 점점 더 둔해질 것이다. 어린아이가 신선한 의식을 갖고 있는 이유가 여기에 있다. 마음이 아무런 축적물도 갖고 있지 않기 때문이다. 그래서 때때로 어린아이들은 철학자들이 말할 수 없는 것을 말할 수 있다. 지식을 갖춘 어른이 놓치는 실체를 꿰뚫어 볼 수 있다. 아이들은 분명한 눈을 지니고 있으며, 아이들의 시선은 신선하다. 아이들의 눈은 가득 차 있지 않다. 지혜로운 자는 다시 어린아이가 된 사람이다. 그는 그의 배를 비웠다. 모든 짐들을 비웠다. 배설물들을 모두 내던져 버렸으며, 그는 변비에 걸리지 않는다. 그의 의식은 하나의 흐름이며, 그것은 얼어 있는 부분이 아니다.

그물의 목적은
물고기를 잡기 위함이다.
물고기가 잡히면
그물은 잊혀진다.

말의 목적은
뜻을 전하기 위함이다.
뜻이 이해되면
말은 잊혀진다.

만일 그대가 진정으로 이해한다면 그대는 내가 말한 것을 암기하지 않을 것이다. 그대는 물고기를 잡을 것이지만 그물은 떨쳐 버릴 것이다. 내가 말한 사람으로 될 것이지만 내가 말한 것을 기억하진 않을 것이다. 그것을 통해 존재가 혁명을 일으킬 것이지만 그것을 통해 학식 있게 되진 않을 것이다. 그대는 그것을 통해 좀더 비어 있고, 덜 차 있게 될 것이다. 새롭게 되어, 짐을 덜어 버리고 나를 떠날 것이다.

내가 말하는 것을 모으려 하지 말라. 무엇을 모으든 잘못된 것이기 때문이다. 모으는 것은 잘못이다. 축적하지 말며, 내가 한 말로 그대의 보물 상자를 채우지 말라. 말들은 배설물이다. 그것들은 아무 가치도 없다. 그것들을 내던져 버리라. 그러면 그곳에 의미만이 남게 될 것이다. 그리고 의미는 기억할 필요가 없다. 그것은 결코 기억의 한 부분이 되지 않는다. 그것은 그대 존재의 한 부분이 된다. 어떤 것이 기억의 한 부분, 지식의 한 부분일 때만 그것을 기억해야 한다. 그대는 자신에게 일어나 온 진실한 것을 전혀 기억할 필요가 없다. 만일 어떤 것이 그대에게 일어났다면, 그것이 거기에 있다. 그것을 기억할 필요가 무엇인가? 반복해서 말하지 말라. 반복은 거짓된 관념을 심어 주기 때문이다.

들으라, 그러나 말을 듣지 말라. 그 말들의 바로 곁에서 말 없음이 그대에게 주어지고 있다. 말에 초점을 맞추지 말라. 다만 약간 옆으로 비켜서서 보라. 진정한 것이 전해지고 있기 때문이다. 내가 말하는 것을 듣지 말라. 나의 존재를 들으라. 일단 그대가 내 존재를 들으면, 그때 모든 말들은 잊혀질 것이다.

붓다가 죽었다. 그러자 모든 승려들, 그의 제자들은 매우 혼란에 빠졌다. 살아 있는 동안에 그가 말한 것을 하나도 모아 놓지 않았기 때문이다. 그들은 그가 하는 말들을 기록할 생각을 전혀 하지 않았고, 그가 그렇게 빨리, 갑자기 죽으리라고는 예상치 못했다. 제자들은 결코 그것을 생각하지 않는다. 스승이 갑자기 사라질지도 모른다는 것을. 그런데 어느 날 갑자기 붓다가 말했다.

"나는 간다."

남은 시간이 없었다. 그는 40년 동안을 이야기해 왔다. 그가 죽고 났을 때 어떻게 그의 말들을 모을 수 있을까? 보물을 놓쳐 버리고 말 것이었다. 그리고 실로 아름답게도, 수제자 마하가섭은 붓다의 말을 되풀이할 수 없다고 말했다. 그는 말했다.

"난 그가 한 말들을 들었다. 하지만 난 그가 말한 것을 기억하지 못한다. 나는 너무나 그의 존재 속에 들어가 있었다. 그 말들은 결코 내 기억의 일부가 되지 않았다. 난 알지 못한다."

그는 깨달음에 이른 것이다! 또 다른 제자 사리자를 비롯해 깨달음에 이른 모든 이들은 어깨를 으쓱하고는 말했다.

"그것은 어려운 일이다. 그는 아주 많이 말했다. 그러나 우리는 그것을 기억하지 못한다."

이들은 목적지에 도달한 제자들이었다. 그때 아난다가 다가왔다. 그는 붓다가 살아 있는 동안 깨달음을 얻지 못했었다. 붓다가 죽었을 때 비로소 깨달음을 얻었다. 그래서 그는 모든 것을 기억하고 있었다. 그는 붓다와 함께 한 40년 동안의 내용을 하나하나 전부 받아 적었다. 모든 말들을 하나하나 외웠다. 깨달음에 이르지 못한 한 사람! 이것은 하나의 역설이다. 오히려 목적지에 도달한 사람이 기억해야만 한다. 건너편 기슭에 아직 가 닿지 못한 이 사람이 아니라. 그러나 건너편 기슭에 도달했을 때 이쪽 기슭은 잊혀진다. 어떤 사람이 붓다가 되었을 때 다른 붓다가 말한 것을 기억하려 하겠는가?

그물의 목적은
물고기를 잡기 위함이다.

그물과 물고기 | 367

> 물고기가 잡히면
> 그물은 잊혀진다.

붓다가 한 말들은 그물이었다. 마하가섭은 물고기를 낚았다. 이제 누가 그물에 대해 신경 쓰겠는가? 배가 어디로 갔는지, 누가 고민하겠는가? 그는 강을 건너간 것이다. 마하가섭은 말했다.

"나는 그 사람이 말한 것을 모른다. 그리고 그대는 나한테 기대할 수가 없다. 내게 있어서는 그가 한 말과 내가 하는 말을 구분하는 것이 어렵기 때문이다."

물론 그럴 것이다. 마하가섭 자신이 붓다가 되었을 때 그들이 어떻게 분리될 수 있는가? 그들은 이제 둘이 아니다. 그러나 아난다는 말했다.

"난 붓다가 말한 내용을 말할 수 있다."

그리고 그는 매우 정확하게 말했다. 인류는 아직 그때까지 깨달음에 이르지 못한 이 친구 아난다에게 큰 은혜를 입고 있다. 그는 아직 물고기를 잡지 못했고, 그래서 그물을 기억하고 있었다. 그는 아직 물고기 잡는 것을 생각하고 있었다. 그래서 그물을 갖고 다녀야만 했다.

> 말의 목적은
> 뜻을 전하기 위함이다.
> 뜻이 이해되면
> 말은 잊혀진다.

이것을 삶의 근본 법칙으로 기억하라. 그대가 중심을 자각하지 못하기 때문에 무의미하고 비본질적이고 주변적인 것이 중요하게 보이는 것이다. 그대가 신을 자각하지 못하기 때문에 이 세상에서의 삶이 매우 중요하게 보인다. 신을 알게 될 때, 그때 세상은 잊혀진다. 그렇지 않으면 그것은 불가능하다.

사람들은 세상을 잊으려고 노력해 왔다. 그래야 신을 알 수 있다고 생각하기 때문이다. 그대는 계속해서 세상을 잊으려고 노력한다. 그러나 그것은 불가능하다. 잊으려는 그대의 모든 노력은 끝없이 기억될 것이다. 신을 알 때에만 세상이 잊혀진다. 그대는 생각을 떨쳐 버리려고 계속 싸울 수 있다. 그러나 완전한 의식이 성취되지 않고서는 사념을 떨쳐 버릴 수 없다. 물고기가 아직 잡히지 않았는데 어떻게 그물을 떨쳐 버릴 수 있겠는가? 마음은 말할 것이다. '어리석게 행동하지 말라. 물고기가 어디 있는가?'

의미를 깨닫지 못했는데 어떻게 말을 떨쳐 버릴 수 있겠는가? 말과 싸우지 말라. 그 대신 의미에 이르기 위해 노력하라. 사념과 싸우지 말라. 그것이 내가 거듭거듭 주장하는 이유다. 사념이 그대를 방해할 때 그것들과 싸우지 말라. 그것들과 맞붙어 싸우지 말라. 그것들이 들어오면 들어오게 두라. 그것들이 가면 가도록 두라. 그대는 아무것도 하지 말라. 다만 무관심하라. 지켜보는 자가 되라. 방관자가 되고 관심을 갖지 말라. 그것이 곧 그대가 할 수 있는 전부다. 관심 갖지 말라.

오지 말라고 말하지 말라. 초대하지도 말고, 거부하지도 말라. 비난하지도 말고 평가하지도 말라. 다만 무관심하게 머물러 있으라. 그것들을 바라보라. 그것들은 하늘에 떠다니는 구름 같이 온다. 그것들은 구름들이 사라지듯이 간다. 그것들이 오고 가도록 두라. 그대가 그것들의 길로 들어가지 말라. 그것들에 관심 기울이지 말라.

그것들에 반대하면 그때 그대는 그것들에 관심을 쏟기 시작하기 때문이다. 그리고 곧 그대는 방해를 받을 것이다. 사념이 들어올 때마다 그대는 방해받는다. 그대는 '나는 명상을 잃었다'고 생각한다. 하지만 아무것도 잃지 않는다. 명상은 그대 고유의 본성이다. 거기 아무것도 잃지 않는다. 구름이 올 때 하늘이 사라지는가? 아무것도 사라지지 않는다. 무관심하라. 사념에 의해 이렇게 저렇게 괴롭힘을 당하지 말라.

머지않아 그것들의 오고감이 더 느슨해졌다는 것을 자각하게 될 것이다. 머지않아 그대는 그것들이 오지만 많이 오지 않는 것을, 때로 그 통행이 끊어지고, 길이 비어 있게 되는 것을 느끼게 된다. 한 사념이 지나갔고, 다른 사념은 아직 오지 않았다. 그곳에 틈이 있다. 그 틈 속에서 그대 내면의 하늘을 보게 될 것이다. 그러나 만일 새로운 사념이 들어오면, 그것을 들어오게 두라. 방해하지 말라.

무관심하고, 신경 쓰지 말라. 간섭하지 말고, 다만 지켜보면서 목격자로 남으라. 그러면 사념은 그냥 지나갈 것이다. 무관심하면 어떤 것도 그대 내면에 담겨질 수 없기 때문이다. 무관심이 뿌리를, 그 근원적 뿌리를 자른다. 그것이 다시 자라난다고 적대감을 갖지 말라. 친구를 기억해야 한다면 적을 더 많이 생각해야 한다. 친구는 잊을 수 있다. 그러나 어떻게 적을 잊을 수 있겠는가? 그대는 그들을 끊임없이 기억해야만 한다. 두렵기 때문이다.

사람들은 사념 때문에 혼란을 겪는다. 특히 종교적인 사람들은 끊임없이 마음속의 사념과 싸우기 때문에 더욱 혼란을 겪는다. 싸우는 것을 통해 그것에 관심을 쏟고, 관심은 그 먹이가 된다. 관심을 쏟으면 모든 것이 자라난다. 관심을 쏟는 순간 그것들은 더욱 빨리 자라며 더욱 활기가 넘친다. 다만 무관심하라.

붓다는 '우페크샤'라는 단어를 사용하곤 했다. 그것은 절대적 무관심, 이것에도 저것에도 무관심한 것을 뜻한다. 우호적이지도 적대적이지도 않는 바로 그 중간, 찬성하지도 반대하지도 않는 바로 그 중간에 머무르는 것을 의미한다. 관심 없다는 듯이 바라보면서, 마치 이 사념들은 내게 속하는 것이 아니라는 듯이, 그것들은 커다란 세계의 일부라는 듯이. 그것들을 그곳에 있게 하라. 그러면 어느 날 갑자기, 무관심이 전체가 될 때 의식은 주변에서 중심으로 옮겨 간다. 그러나 그것은 계획될 수 없고 예측될 수도 없다. 꾸준히 노력하면서 기다려야만 한다. 그 일이 일어날 때 그대는 웃을 수 있다. 그 사념들은 그대가 원했기 때문에 그곳에 있었던 것이다. 그대가 끊임없이 먹이를 주며 키웠기 때문에 그곳에 있었던 것이다. 그리고 그 사념들은 물고기가 아직 잡히지 않았기 때문에 그곳에 있었던 것이다. 그러니 어떻게 그물을 던져 버릴 수 있었겠는가? 그대는 그것을 짊어지고 다녀야만 했다.

언젠가 물라 나스루딘의 나라에서 이런 일이 일어났다. 왕이 현자를 찾고 있었다. 그의 늙은 현자가 이렇게 말하면서 죽었기 때문이다.

"나를 대신할 다른 사람을 구할 때는 이 왕국에서 가장 겸손한 사람을 찾으십시오. 왜냐하면 에고는 지혜의 반대이기 때문입니다. 겸손은 지혜입니다. 그러니 가장 겸손한 사람을 찾으십시오."

그래서 가장 겸손한 사람을 찾아내기 위해 비밀 사신들이 왕국 전체에 파견되었다. 마침내 그들은 나스루딘의 마을에 이르렀다. 나스루딘은 현자가 죽었다는 소식을 들었다. 그래서 그는 무엇이 현자임을 가리키는 것일까에 대해 곰곰이 생각했다. 그는 책을 뒤져, 가장 겸손한 사람이 가장 지혜로운 사람이라는 고대의 교훈을 알아냈다. 그래서 그는 논리적으로 추리해 결론을 내렸다. 그 늙은 현자는 죽으면서 가장 겸손한 사람을 찾으라고 말했음에 틀림이 없다고.

그때 왕의 사신들이 찾아왔다. 물라 나스루딘은 아주 부자였다. 그런데 사신들이 그 마을에서 가장 부유한 사람인 그를 보았을 때 그는 어망을 갖고 강으로부터 걸어오고 있었다. 고기 잡는 일은 그 마을에서 가장 비천한 직업이었다. 그래서 그들은 생각했다. 이 사람은 매우 겸손해 보인다. 그들은 나스루딘에게 물었다.

"당신은 왜 그물을 갖고 다니는가? 당신은 부자이고, 고기잡이를 할 필요가 없지 않은가?"

나스루딘이 말했다.

"난 고기잡이를 통해 이렇게 부자가 되었다. 난 어부로 나의 생애를 시작했다. 이제 난 부자가 되었지만, 내게 많은 것을 준 그 원래의 직업에 존경을 표하기 위해 언제나 내 어깨 위에 이 그물을 짊어지고 다니는 것이다."

진정으로 겸손한 사람이다. 대개 가난한 사람이 부자가 되면 그는 자신의 과거를 모두 깨끗이 지워 버리고 아무도 그가 가난한 사람이었다는 것을 모르게 한다. 한때 자신이 가난한 사람이었다는 것을 보여 주는 모든 관계를 일체 끊어 버린다. 자신의 친척까지도 만나고 싶어하지 않으며, 과거를 떠올리게 되는 걸 원치 않는다. 그는 과거를 완전히 떨쳐 버린다. 그리고 새로운 과거를 꾸며 낸다. 마치 자신이 처음부터 귀족으로 태어난 듯이.

그러나 이 사람은 겸손했다. 그래서 사신들은 왕에게 자신들이 만난 사람들 중에서 물라 나스루딘이 가장 겸손한 인물이라고 보고했다. 나스루딘은 현자로 지명되었다. 그가 지명된 날, 그는 그물을 던져 버렸다. 그를 추천했던 사람이 물었다.

"나스루딘, 당신의 그물은 어디에 있습니까?"

그는 말했다.

"물고기가 잡혔을 때 그물은 내던지는 것이오."

그러나 그 전에는 그것을 던져 버릴 수 없다. 그것은 불가능하다. 그대는 그것을 갖고 다녀야만 한다. 그러나 무관심하게 갖고 다니라. 그것에 사로잡히지 말고, 그것과 사랑에 빠지지 말라. 언젠가 그것을 내던져야 하기 때문이다. 그것과 사랑에 빠지면 결코 물고기를 잡지 못할 것이다. 물고기를 잡게 되면 그 그물을 내던져야 한다는 것이 두려워질 것이다.

생각과 사랑에 빠지지 말라. 그것은 그대가 아직 무념무상의 상태를 모르기 때문에, 아직 존재의 가장 내면적인 본질을 모르기 때문에 그곳에 있다. 주변적인 것이 그곳에 있고, 그대는 그것을 갖고 다녀야 한다. 그러나 그것을 무관심하게 갖고 다니라. 그것의 희생자가 되지 말라.

그대가 죽음을 맞이할 때 사념이 멈춘다. 사념이 작업을 할 대상이 사라졌기 때문이다. 사념은 삶의 일부분이지 죽음의 일부가 아니다. 더 이상 삶이 남아 있지 않을 때 사념이 멈춘다. 더 이상 할 일이 없는 것이다. 그것은 즉각적으로 실업자가 된다. 그리고 사념이 멈출 때 내면의 목소리가 들려온다. 그것은 언제나 그곳에 있다. 하지만 마음이 너무 많은 소음을 만들고 있기 때문에 작고 고요한 목소리가 들리지 않은 것이다.

그 목소리는 저 너머에서 오는 것이 아니다. 저 너머에는 아무도 없다. 모든 것이 내면에 있다. 신은 하늘에 존재하는 것이 아니라, 내면에 있다. 더 이상 할 일이 없어서 마음이 은퇴할 때, 갑자기 그 목소리가 들린다. 그 목소리는 그대 존재의 가장 깊은 중심으로부터 온다. 그리고 존재의 가장 깊은 중심에서 들려오는 목소리는 언제나 옳다.

그때 무슨 일이 일어나는가? 그 목소리가 일하는 순간 마음이 다시 들어와 말한다.

'그런 터무니없는 말에 귀 기울이지 말라. 별들은 높고 우린 승리하고 있다.'

이것을 기억하라. 승리할 때마다 그대는 내면의 목소리 때문에 승리하는 것이다. 하지만 마음이 언제나 개입해 주인 자리를 빼앗는다. 그대가 행복을 느낄 때마다 그것은 언제나 내면으로부터 온다. 그러나 즉각적으로 생각이 뛰어들어 말한다. '그것은 내 덕분이다.' 그대가 누군가를 사랑할 때 사랑은 죽음과 같이 되고, 그대는 무한한 환희를 느낀다. 그때 즉각적으로 생각이 개입해 말한다. '그것은 바로 내 덕분이다.'

명상을 할 때마다 그대는 깨달음의 순간을 경험한다. 그럴 때마다 사념이 끼어들어 말한다. '보라, 내가 드디어 해냈다. 행복하라!' 그리고 즉각적으로 그 순간은 사라진다. 이것을 기억하라. 사념과 함께는 그대는 언제나 패배자가 될 것이다. 설령 그대가 승리할지라도 그대의 승리는 단지 패배가 될 것이다. 사념과 함께는 승리가 없다. 그리고 사념이 사라졌을 때 그곳에 패배는 없다.

그대의 온 의식을 사념에서 사념이 사라진 상태로 이동시켜야만 한다. 일단 사념이 사라지면 어떤 것도 잘못되지 않는다. 사념이 사라져 무념무상한 상태가 되었을 때, 모든 것은 제자리에 있게 될 것이다. 그때 절대적인 만족이 찾아올 것이다. 한 조각의 불만족도 남아 있지 않게 될 것이다. 그대는 집에 온 것이다. 지금까지 그대는 생각 때문에 집 밖에서 맴돌았다.

때로 아무런 까닭도 없이 그대는 나무 아래로 걸어 거리를 내려가고 있고, 갑자기 햇빛이 다가와 그대의 몸 위로 쏟아져 내리고, 바람이 얼굴을 스친다. 갑자기 온 세상이 변한 것 같고, 한 순간 존재의 기쁨을 느낀다. 무엇이 일어난 걸까? 그대는 아무런 생각도 하지 않고 어디론가 가는 것도 아닌 채 다만 걸어가고 있고, 아침의 또는 저녁의 산책을 하고 있었다. 그 휴식의 순간에 갑자기 눈치 챌 겨를도 없이, 의식은 사념이 사라진 상태로 옮겨간다. 즉각적으로 그곳에 크나큰 행복이 밀려온다. 하지만 마음이 말한다. '이와 같은 순간을 좀더 많이 가져야 한다.' 그때 그대는 수년 동안, 수많은 생 동안 그곳에 서 있을지라도 그것은 결코 다시 찾아오지 않을 것이다. 생각 때문에 그것은 다시는 다가오지 않을 것이다.

평범한 일상 생활 속에서도, 사원뿐 아니라 상점에서도 사무실에서도 역시 그 순간은 온다. 의식이 표면에서 중심으로 옮겨간다. 그러나 곧 다시 마음이 통제하기 시작한다. 마음은 뛰어난 조절자다. 그대가 주인일지 모르지만, 사실은 그가 관리자다. 그리고 그 관리자는 통제와 조절에 아주 몰두해 있고, 자신이 주인이라고 여긴다. 그리고 주인은 완전히 잊혀진다.

사념에 무관심하라. 말 없음과 침묵의 순간이 올 때마다 마음이 끼어들면 돕지 말라. 그것과 협력하지 말라. 다만 바라보라. 그것으로 하여금, 그것이 말하는 모든 것을 말하게 하라. 많은 관심을 갖지 말라. 그러면 그것은 물러날 것이다.

많은 이들이 내게로 와서 말한다.

"명상의 첫날에 더없이 맑은 순간을 경험했다. 그러나 그때 이후로 그것이 일어나지 않는다."

왜 그것은 첫날에 일어났는가? 지금 그대는 더 많이 준비되어 있다. 첫날에는 그렇게 준비되어 있지 않았다. 그것은 왜 첫날에 일어났는가? 관리자가 무슨 일이 일어날 것인지를 알지 못했기 때문에 그것은 첫날에 일어났다. 관리자가 계획할 수 없었다. 다음날 그 관리자는 무엇이 일어났는가를 잘 안다. 눈을 감고 단전호흡을 하고 만트라를 외면 그 일이 가능하다는 것을 안다. 그리고 관리자가 그것을 계획하기 시작한다. 그때 그 순간은 일어나지 않을 것이다. 관리자가 장악하고 있는 것이다.

이것을 기억하라. 축복의 순간이 일어날 때마다 그것을 다시 요구하지 말라. 그것이 되풀이되기를 요구하지 말라. 모든 반복은 생각이 하는 것이기 때문이다. 그것을 다시 요구하지 말라. 그대가 요구하면 그때 생각은 말한다.

"난 그 방법과 절차를 안다. 내가 그것을 할 것이다."

그것이 일어났을 때 행복과 감사를 느껴라. 그리고 잊으라. 물고기는 잡혔다. 그물은 잊으라. 의미는 얻어졌다. 말은 잊어버리라.

명상이 완전해질 때 그대는 명상을 잊을 것이다. 그리고 그때만이, 명상을 잊을 때만이 그것은 충만한 것이 되고, 깊은 경지에 이르게 된다. 이제 그대는 스물네 시간 내내 명상적이다. 그것은 애써 되어져야 할 그 무엇이 아니다. 그것은 그곳에 존재하고, 그것은 그대, 그대 존재 자체다. 그리고 그렇게 할 수 있으면 그때 명상은, 그대 쪽에서의 어떤 노력도 없이, 끊임없는 흐름이 된다. 노력은 생각이 하는 일이기 때문이다.

명상이 그대의 자연스러운 삶, 여유로운 삶, 도가 되면, 그때 나는 그대와 말할 것이다. 그리고 어느 날 장자가 그대를 초대할 것이다. 그가 이렇게 묻고 있기 때문이다.

어디서 나는
말을 잊은 사람을 발견할 수 있을까?
그가 바로
내가 더불어 말하고 싶은 유일한 사람이다.

그는 찾고 있다. 나는 이곳에서 여러 번 그대 주위를 맴돌면서 기다리고 또 기다리는 그를 보았다. 그리고 장자뿐만이 아니라 크리쉬나와 그리스도, 노자, 붓다, 그들 모두가 그대를 기다리고 있다. 모든 깨달은 이들은 무지한 사람을 찾고 있다. 그러나 그들은 말할 수 없다. 그들은 침묵의 언어를 알지만, 그대는 제정신이 아닌 사람의 언어만을 알기 때문이다.

그들은 어디로도 이끌어 가지 않는다. 그들은 다만 찾고 있다. 세상에 존재했던 모든 붓다들은 찾고 있다. 그대가 침묵할 때면 언제나 그들이 언제나 그대 주위에 있었음을 알게 될 것이다.

제자가 준비될 때면 스승이 나타난다. 그대가 준비될 때면 언제나 진리가 그대에게 전해질 것이다. 단 한순간의 머뭇거림도 없이. 그대가 준비되어 있으면 언제나 그것은 곧바로 일어난다. 어떤 시간의 틈도 없다.

장자를 기억하라. 어느 순간에 그가 그대에게 말하기 시작할지 모른다. 그러나 그가 말을 시작하기 전에, 먼저 그대의 말이 사라져야 한다.

'전체'가 그대를 만들어 냈고, 그것이 그대를 돌볼 것이다. 그대는 '전체'로부터 나왔으므로 걱정하고 계획할 필요가 없다. 그때 처음으로 삶이 시작된다.

열째날 아침 현자는 도 속에 숨는다

진정한 도의 사람은 어떻게
아무 걸림 없이 벽을 뚫고 걸어가며
불타는 일 없이 불 속에 서 있는가?

그것은 영리함이나 대담함 때문이 아니며
그것을 배웠기 때문이 아니다.
그것은 그가 배움을 버렸기 때문이다.

그의 본성은 그것의 뿌리로 내려가 하나가 된다.
그의 생명력, 그의 힘은
비밀스런 도 속에 숨는다.

그가 완전한 하나일 때
그에게는 쐐기가 들어갈 조그만 흠조차 없다.

술취한 이는 마차에서 떨어져도
긁히기는 하지만 죽지는 않는다.
그의 뼈는 다른 이들의 뼈와 같지만
그의 떨어짐은 다르다.

그의 마음은 분리되어 있지 않다.
그는 자신이 마차를 타고 있다거나
마차에서 떨어진다거나 하는 의식이 없다.
삶과 죽음이 그에게는 아무것도 아니다.
그는 어떤 위험도 모른다.
그는 생각이나 근심 없이 장애물을 만나고
그것들이 그곳에 있는지도 모르는 채 그것들을 뛰어넘는다.

만일 술 속에 그런 안전함이 있다면
도 속에는 얼마나 더 많겠는가.
현자는 도 속에 숨는다.
어떤 것도 그를 건드릴 수 없다.

―〈전체〉

　장자는 말하고 있다. 진정한 도의 사람은 어떻게 아무 걸림 없이 벽을 뚫고 걸어가며 불타는 일 없이 불 속에 서 있는가?

　이것은 가장 근본적이고 비밀스러운 가르침 중 하나다. 우리는 대개 교활함과 영리함, 그리고 전략을 통해 산다. 어린아이처럼 순진무구하게 살지 않는다. 계획을 세우고 방어하고 가능한 모든 안전 장치를 주위에 설치한다. 그러나 그 결과는 무엇인가? 결국 무슨 일이 일어나는가? 모든 방어벽은 무너지고, 모든 영리함은 곧 어리석음을 증명한다. 마침내 죽음이 우리를 데려간다.

　도의 세계에서는 말한다. 영리함은 결코 그대를 도와주지 않을 것이다. 왜냐하면 그것은 결국 전체에 대항하는 싸움이기 때문이다. 그대는 누구에 대해 영리한 것인가? 자연에, 도에, 신에 대해? 자신이 누구를 속이고 있다고 생각하는가? 그대가 태어난 근원과 마침내 가게 될 근원? 파도가 바다를 속이려 하고 있는가? 나뭇잎이 나무를 속이려 하고 있는가? 구름이 하늘을 속이려 하고 있는가? 그대는 누구를 속이려 하고 있다고 생각하는가? 누구와 겨루고 있다고 생각하는가?

일단 이것을 이해하면 사람은 순수해진다. 영리함과 전략들을 버리고 단순히 받아들인다. 삶을 있는 그대로 받아들이고 그것과 함께 흘러간다. 그때 그곳에 어떤 저항도 없으며, 그는 다만 깊은 신뢰 속에서 아버지와 함께 가고 있는 아이와 같다.

한번은 물라 나스루딘의 아들이 집으로 돌아와서 말했다. 친구를 믿고 장난감을 빌려 주었는데, 이제 그 친구가 돌려주기를 거절한다는 것이었다. 아이가 물었다.

"어떻게 해야 하죠?"

나스루딘이 아이를 바라보며 말했다.

"이 사다리를 올라가라."

아이는 그렇게 했다. 아이는 아버지를 믿었던 것이다. 아이가 3미터쯤 올라갔을 때 나스루딘이 말했다.

"이제 내 팔로 뛰어내려라."

아이는 조금 망설이며 말했다.

"만일 떨어지면 다칠텐데요?"

나스루딘이 말했다.

"내가 있으니 넌 걱정할 필요가 없다. 뛰어내려라."

아이는 뛰어내렸고, 나스루딘은 얼른 옆으로 비켜섰다. 아이는 바닥에 넘어져서 울기 시작했다.

그때 나스루딘이 말했다.

"이제 알겠느냐? 아무도 믿지 마라. 네 아버지가 말하는 것조차도, 네 아버지조차도 믿어선 안 된다."

어느 누구도 믿지 마라. 그렇지 않으면 그대는 온 생애를 속으며 살 것이다. 이것이 모든 학교, 모든 부모, 모든 교사들이 가르치는 것이다. 이것이 곧 그대가 배운 것이다. 누구도 믿지 마라. 신뢰하지 말라. 그렇지 않으면 속을 것이다. 그대는 점점 교활해진다. 영리함이라는 미명 아래 교활해지고 타인을 불신하게 된다. 한 번 불신하면 '근원'과의 접촉을 잃은 것이다.

신뢰가 유일한 다리다. 그렇지 않으면 전생애가 낭비된다. 그대의 싸움은 패배가 필연적인 불가능한 싸움이다. 그것은 절대적으로 확실하다. 지금 이것을 깨닫는 것이 좋다. 죽음의 순간에 모든 사람들은 자신의 삶이 패배였음을 깨닫기 때문이다. 그러나 그때는 아무것도 할 수가 없다.

진정한 지성은 영리함이 아니다. 그것은 전적으로 다르다. 진정한 지성은 사물을 깊이 들여다보는 것이다. 사물을 깊이 들여다볼 때마다 그대는 자신이 다만 한줄기의 파도임을, '전체'는 바다임을 알게 될 것이다. 그때 걱정할 필요가 없다. '전체'가 그대를 만들어냈고, 그것이 그대를 돌볼 것이다. 그대는 '전체'로부터 나왔고, 그곳에 적은 없다. 그대는 걱정할 필요가 없다. 계획할 필요가 없다. 그리고 그대가 걱정하지 않고 계획하지 않을 때, 그때 처음으로 삶이 시작된다. 처음으로 불안으로부터 자유로워지고 삶이 그대에게 일어난다.

이 지성이 종교다. 이 이해가 그대에게 더 많은 신뢰를, 마침내는 완전한 신뢰를 준다. 이 지성은 그대를 궁극의 자연스러움으로, 절대적인 받아들임으로 이끈다. 붓다가 타다타, '있는 그대로 받아들임'이라고 부른 것으로. 붓다는 말했다. '일어나는 것은 무엇이든 일어난다. 그 밖의 다른 것은 일어날 수 없다.' 그 밖의 다른 것은 불가능하다. 다르게 되길 요구하지 말라. 해방 속에 있으라. 그리고 '전체'로 하여금 일하게 하라. '전체'로 하여금 일하게 허용할 때, 그대가 아무런 저항도 장애도 일으키지 않을 때, 그때 그대는 패배할 수 없다.

　일본에서는 붓다와 노자, 장자를 통해 검도라고 불리우는 특별한 무예가 발달했다. 검도는 검의 선, 사무라이의 예술을 의미한다. 그 방면에서는 누구도 사무라이들을 능가할 수 없다. 그들이 그것을 발달시킨 방법은 실로 대단하다. 검도를 배우는 데는 여러 해가, 심지어는 온 생애가 걸린다. 그 배움은 받아들임에 있기 때문이다. 일상의 삶에서는 받아들일 수 없다. 무사가 그대 앞에 서서 그대를 죽이려고 기다리고 있는데 어떻게 받아들일 수 있는가? 검이 그대를 향해 치켜 올려져 있고, 어느 순간에나 죽음이 가까이 있는데 어떻게 그것을 받아들일 수 있겠는가?

　검의 예술은 말한다. 만일 그대가 검을, 적을, 그대를 죽일 사람을 받아들일 수 있다면 아무런 불신도 없을 것이라고. 적조차도 친구이고 그대가 두려워하지 않고 떨지 않는다면, 그때 그대는 누구도 파괴할 수 없는 에너지 기둥이 된다. 검은 그대의 육체를 깨뜨릴 것이다. 그러나 그대는 깨어질 수가 없다. 그대가 파괴된다는 것은 불가능하다.

　일찍이 가장 훌륭한 검도의 스승이 한 사람 있었다. 그는 여든 살이었다. 그리고 전통에 따라 그를 쓰러뜨릴 수 있는 제자가 그의 뒤를 이을 것이었다. 그래서 모든 제자들은 어느 날엔가 스승이 그들의 도전을 받아들이기를 희망했다. 이제 그는 늙었기 때문이다.

　그들 중에는 매우 영리하고, 훌륭한 지략을 갖추었으며, 매우 힘있고, 아직 스승의 위치에 올라서진 않았으나 그만큼 기술에 있어서 뛰어난 제자가 한 명 있었다. 그는 훌륭한 사무라이이며, 사무라이 정신에 대해 모든 걸 알고 있었다. 하지만 그는 아직 '에너지 기둥'이 아니었다. 아직도 그는 싸우는 동안 두려워하고 있었다. 타다타는 아직 그에게 일어나지 않았다.

그는 거듭거듭 스승에게로 가서 말했다.

"이제 시기가 왔고, 당신은 늙었습니다. 당신은 곧 도전받을 수 없을 만큼 늙을 것입니다. 내가 이제 당신에게 도전합니다. 나의 도전을 받아 주십시오, 스승님. 그리고 내가 당신에게서 배운 것을 보일 기회를 주십시오."

스승은 웃었고, 그를 피했다. 제자는 스승이 약해지고 늙었기 때문에 두려워하고 있다고, 그래서 도전을 피하는 것이라고 생각하기 시작했다. 그래서 어느 날 밤 그는 주장을 되풀이하다가 드디어 화를 내며 말했다.

"당신이 나의 도전을 받아들일 때까지 기다릴 순 없습니다. 내일 아침 당신은 받아들여야만 합니다. 당신은 늙어가고 있습니다. 머지않아 내가 당신에게 배운 것을 보일 기회는 사라지고 말 것입니다. 이것은 언제나 하나의 전통이었습니다."

그러자 스승이 말했다.

"그대가 고집한다면, 그 고집은 바로 그대가 아직 완벽한 준비나 각오가 되어 있지 않다는 것을 보여 준다. 그대 속에는 너무 많은 흥분이 있으며, 그대의 에고가 도전하기를 원하고 있다. 그대는 아직 도전할 단계가 아니다. 그러나 그대가 고집한다면, 좋다. 한 가지, 이것을 하라. 여기서 멀리 않은 절에 10년 전 나의 제자였던 승려가 있다. 그곳으로 가라. 그는 검의 달인이 된 뒤 검을 버리고 구도자가 되었다. 원래 그가 나의 정당한 후계자였다. 그는 결코 나에게 도전하지 않았다. 그는 나에게 도전할 수 있었고 나를 패배시킬 수 있는 유일한 인물이었다. 그러니 먼저 그 승려에게로 가서 도전하라. 만일 그대가 그를 쓰러뜨릴 수 있다면 내게 오라. 만일 그를 쓰러뜨릴 수 없으면 그 생각을 버리라."

제자는 즉시 그 절을 향해 떠났다. 아침 무렵 그는 그곳에 닿을 수 있었다. 즉시 그는 그 승려에게 도전장을 내밀었다. 빼빼 마르고 야윈, 참선만을 반복하고 하루에 한 끼만을 먹는 이 승려가 검도의 대스승이라고는 믿을 수 없었다.

승려는 그의 말을 듣고 웃으며 말했다.

"그대가 내게 도전하러 왔단 말인가? 그대의 스승조차도 내게 도전할 수 없다. 그조차도 나를 두려워하고 있다."

이 말을 듣고 제자는 완전히 제정신이 아니었다. 그는 말했다.

"즉시 일어서라! 그대는 승려이기 때문에, 검을 갖고 있지 않다는 걸 안다. 여기, 그대를 위해 가져온 검이 있다. 마당으로 나오라. 이것은 모욕이다. 난 더 이상 듣지 않겠다."

승려는 전혀 동요하지 않는 듯이 보였다. 그는 말했다.

"그대는 단지 조무래기일 뿐이다. 그대는 사무라이가 아니다. 그대는 이 자리서 죽을 것이다. 왜 불필요한 죽음을 자청하고 있는가?"

이 말이 더욱더 그를 화나게 만들었고, 그래서 그들 둘은 밖으로 나갔다. 승려가 말했다.

"내게는 검이 필요 없다. 진정한 스승은 결코 검을 필요로 하지 않기 때문이다. 난 그대를 공격하지 않을 것이다. 오직 그대에게 나를 공격할 수 있는 기회를 줄 뿐이다. 그러면 그대의 검은 부러질 것이다. 그대는 나의 상대가 아니다. 그대는 어린아이다. 내가 그대를 향해 검을 치켜 올린다면 사람들은 나를 보고 웃을 것이다."

너무 심한 모욕이었다! 제자는 검을 치켜들고 덤벼들었다. 그러나 그 순간 그는 승려가 서 있는 것을 보았다. 조금 전까지도 그는 앉아 있었다. 이제 그는 일어서서, 눈을 감고 이리저리 흔들리기 시작했다. 그리고 갑자기 제자는 승려가 사라져 버린 것을 보았다. 그 곳엔 오직 에너지의 기둥만이 있었다. 얼굴도 없고, 흔들리는 에너지의 단단한 기둥! 제자는 두려워졌고 뒷걸음치기 시작했다. 그 에너지의 기둥이 흔들리면서 그의 앞으로 다가오기 시작했다. 그는 검을 던져 버리고 비명을 질렀다.

"살려 주시오!"

승려는 다시 앉아 웃기 시작했다. 얼굴이 되돌아왔고, 에너지는 사라졌다. 이윽고 승려가 입을 열어 말했다.

"조금 전에 내가 그대에게 말했었다. 그대의 스승조차도 나의 상대가 되지 않는다고. 가서 그에게 말하라."

진땀을 흘리고 몸을 떨며 신경이 곤두선 채로 제자는 스승에게로 돌아와 말했다.

"당신의 배려에 대해 얼마나 감사한지 모르겠습니다. 전 당신의 상대가 아닙니다. 그 승려조차도 저를 완전히 무너뜨렸습니다. 그런데 한 가지는 참을 수가 없었습니다. 제가 왜 거기에 말려들어간 것인지. 그 승려가 '너의 스승조차도 나의 상대가 안 된다'고 말했을 때 말입니다."

스승은 웃기 시작했다. 그리고는 말했다.

"그래, 그 놈이 그대에게도 그 속임수를 쓰던가? 그래서 그대는 화를 냈는가? 그 순간 그는 그대를 꿰뚫어 볼 수 있었을 것이다. 분노는 존재의 헛점이기 때문이다. 그리고 그것이 그의 기본적인 속임수다. 내가 누군가를 그에게 보낼 때마다 그는 나를 모욕하는 말을 하기 시작한다. 그러면 물론 나의 제자들은 화가 나게 된다. 그들이 화가 나 있을 때, 그는 그들이 헛점을 갖고 있음을 발견한다.

그리고 그대가 헛점을 갖고 있을 때 그대는 싸울 수 없다."

화가 나 있을 때 그대의 존재는 에너지가 새어 나가는 헛점을 갖는다. 그대가 욕망을 갖고 있을 때 그대의 존재는 그 속에 헛점을 갖는다. 질투와 미움과 성욕에 차 있을 때 그대는 더 이상 에너지의 기둥이 아니다. 그래서 붓다는 욕망을 버리라고 가르쳐 왔다. 욕망을 버린 상태가 될 때 에너지는 밖으로 새어 나가지 않고 안으로 움직이기 때문이다. 그것은 내부에서 순환하는 흐름이 된다. 그것은 하나의 자장, 생명의 자장이 된다. 어떤 새어 나가는 구멍도 없이 그 자장이 그곳에 있을 때, 그대는 에너지 기둥이 된다. 그때 누구도 그대를 패배시킬 수 없다. 그러나 그대는 또한 승리를 생각하고 있지도 않다. 기억하라. 승리를 생각하는 순간 에너지 기둥이 될 수 없기 때문이다. 그때 그 욕망이 하나의 구멍이 된다.

그대가 약한 것은 다른 사람들이 강하기 때문이 아니다. 너무도 많은 욕망으로 가득 차 있기 때문에 약한 것이다. 그대가 패배하는 것은 다른 사람들이 더 뛰어나고 영리해서가 아니다. 그대가 너무 많은 존재의 구멍들을 갖고 있기 때문에 패배하는 것이다.

타다타, 받아들임, 전적인 받아들임은 욕망이 사라진 상태를 의미한다. 있는 그대로를 받아들이지 않음으로부터 욕망이 생겨난다. 그대는 어떤 상황을 받아들일 수가 없다. 그래서 욕망이 생겨나는 것이다.

그대는 단칸방에 살고 있다. 그리고 그것을 받아들일 수가 없다. 그 집은 에고에 상처를 준다. 그대는 궁전 같은 집을 원하는 것이다. 그때 그대는 가난한 사람이다. 낡은 집에 살고 있기 때문에 가난한 것이 아니다. 그것이 아니다. 붓다는 나무 아래 살았지만, 결코 가난한 사람이 아니었다. 어디에서도 그보다 더 부유한 사람을 찾을 수 없다.

아니다, 단칸방이 그대를 가난하게 만들지는 않는다. 궁전을 원하는 순간 그대는 가난한 사람이 된다. 다른 사람들이 궁전에 살고 있기 때문에 그대가 가난한 것은 아니다. 궁전에 살고 싶은 욕망이 단칸방과의 비교를 만들어 내기 때문에 가난해지는 것이다. 그대는 질투가 난다. 그때 그대는 가난하다. 불만족이 있을 때마다 가난이 있다. 아무런 불만족도 없을 때 그대는 부자다. 그리고 그대는 어떤 도둑도 훔쳐 갈 수 없는 그런 부를 갖고 있다. 어떤 정부도 그것에 세를 부과할 수 없는 그런 부를 갖고 있다. 어떤 방법으로든 그대로부터 빼앗아 갈 수 없는 부를 그대는 갖고 있다. 그대 존재를 위한 부서지지 않고 파괴되지 않는 성을 갖고 있다.

한 번 욕망이 움직이면 에너지가 떨어지기 시작한다. 욕망으로 인해 약해지고, 욕심으로 인해 허약해진다. 아무것도 바라지 않고 다만 만족할 때, 아무것도 마음속에서 움직이고 있지 않을 때, 그대의 전 존재가 고요할 때, 그때 장자는 말한다. '그대는 무너뜨릴 수 없는 성벽이다.' 불은 그대를 태우지 못한다. 죽음은 불가능하다. 그것이 곧 '불은 그대를 태울 수 없다'의 의미다. 죽음은 불가능하다. 그대는 죽을 수 없다. 영원한 생명의 비밀을 얻었기 때문이다.

때로 그것은 평범한 환경에서도 역시 일어난다. 어떤 집이 불타고 있다. 모든 사람이 죽었으나 작은 어린아이는 살아남는다. 끔찍한 사건이 일어나 나이든 사람들은 죽었지만, 조그만 아이는 살아남는다. 사람들은 그것을 기적이라고, 신의 은총이라고 말한다. 아니다. 그것은 그런 종류의 것이 아니다. 그것은 그 아이가 그 상황을 받아들였기 때문에 일어나는 일이다. 영리한 사람들은 달리기 시작하고 자신의 생명을 구하려고 노력했다. 그렇게 함으로써 그들은 자신을 더욱 위험하게 만든 것이다. 그 어린아이는 그대로였다. 그는 어떤 일이 일어나고 있으며, 자신이 죽을 것이라는 사실을 깨닫지도 못하고 있었다. 아이는 순수함을 통해 구조되었다.

날마다 그런 일이 일어난다. 밤에 술집 가까이로 가서 그곳에 쓰러져 있는, 길바닥에 누워 있으면서도 아주 행복한 표정을 짓고 있는 술꾼들을 관찰해 보라. 아침이면 그들은 일어날 것이다. 그들은 약간 상처를 입었을지도 모른다. 그러나 그들의 육체는 어떤 큰 부상도 입지 않았다. 그들의 뼈는 그대로이고, 아무런 골절상도 입지 않았다.

그대가 거리에서 술꾼처럼 쓰러져 보라. 그대는 즉시 골절상을 입을 것이다. 술꾼은 매일 낮, 매일 밤에 여러 번씩 쓰러진다. 그러나 그에게는 아무 일도 일어나지 않는다. 문제가 무엇인가? 그 비밀이 무엇인가? 그가 취했을 때 그곳에 아무런 욕망도 없다. 그는 절대적으로 평화롭고, 지금 이 순간 속에 존재한다. 취했을 때 그는 두려워하지 않는다. 어떤 공포도 없다. 그리고 두려움이 없을 때 머리로 계산하는 일도 없다.

머리의 계산은 두려움으로부터 온다. 그래서 누군가 두려움에 차 있을수록 그에게서 더 많은 교활함을 발견할 것이다. 열등한 사람일수록 더 많이 교활하다. 우월한 사람일수록 더 많이 순수하다. 교활함은 하나의 대체물이다. 사람이 술에 취하면, 완전히 취하면, 미래가 사라지고 과거가 사라진다.

물라 나스루딘이 완전히 취해서 아내와 함께 걷고 있었다. 그녀가 길가에 누워 있는 그를 발견해서 집으로 데려가고 있었던 것이다. 물론 평소와 마찬가지로 그녀는 남편과 싸움을 벌였고, 모든 싸움에서 이기고 있었다. 그곳에는 그녀 혼자였기 때문이다. 나스루딘은 그곳에 없었다. 그는 단순히 그녀와 함께 걷고 있을 뿐이었다. 그때 갑자기 그녀는 미친 황소가 다가오는 것을 보았다. 나스루딘에게 경고할 틈조차 없었다. 그녀는 덤불 속으로 뛰어들었다. 그 황소가 다가가서 나스루딘을 받아 하늘 위로 거의 15미터를 날려 버렸다. 그는 개천에 떨어졌다. 그곳에서 기어 나온 그는 아내를 보며 말했다.

"당신 이런 짓을 하면 정말 화낼 거야. 이건 너무 지나치잖아!"

사람이 취했을 때 술은 많은 힘을 준다. 도는 어떤가? 절대적인 술 취함인가? 크리쉬나나 붓다는 어떤가? 위대한 술꾼인가? 신에 취해, 에고의 자취조차 남아 있지 않은? 그대는 그들을 상처 입힐 수 없다. 그들이 그곳에 없기 때문이다. 그대는 그들을 모욕할 수 없다. 그 모욕에 저항하고 상처를 입을 누군가가 없기 때문이다. 그대의 모욕은 그들을 그냥 통과해 지나갈 것이다. 마치 빈 집을 지나가는 것처럼. 그들의 배는 비어 있다. 바람이 불어들어와 아무 장애 없이 지나간다. 바람이 가버렸을 때 그 집은 바람이 그곳에 있었는지조차 깨닫지 못한다.

술이 매력적으로 다가오는 것은 그대가 에고로 가득 차 있기 때문이다. 그 에고에 의해 그대는 많은 부담을 느끼고 있으며 때로 그것을 잊고 싶어한다. 그래서 세상을 살기 위해서는 술이 아니면 도를 따라야만 할 것이다. 둘 중 하나다. 오직 종교적인 사람, 진정으로 종교적인 사람만이 술, 마리화나, 담배, 어떤 종류의 약물도 초월할 수 있다. 오직 종교적인 사람만이 그것들을 넘어설 수 있다. 그렇지 않으면 어떻게 그것들을 넘어설 수 있겠는가? 에고가 너무 많고, 짐이 많다. 그것들은 언제나 그대의 머리 위에 있다. 그래서 그대는 때로 자신을 잊어버려야만 하는 것이다.

그러나 술이 그렇게 많은 일을 할 수 있다면, 신의 술이 할 수 있는 것은 상상할 수조차 없다. 술이 하는 일은 무엇인가? 그것은 한 순간 그대 두뇌의, 육체의 화학적 변화를 통해 그대 자신을 잊게 한다. 그러나 그것은 순간적이다. 몇 시간 뒤면 화학적 효과는 사라지고, 그대의 육체는 술기운에서 벗어나고, 에고가 또다시 자기를 주장한다.

그러나 여기 영원한 술이 있다. 신이 그 술이다. 그것을 도라 부르든 무엇이라고 부르든, 일단 그것을 맛보면 에고는 영원히 사라진다. 아무도 그 술취함에서 깨어나지지 않는다.

그것이 수피의 성자들이 늘 술에 대해 말하고 여자에 대해 말하는 이유다. 그들의 여자는 그대가 생각하는 그 여자가 아니다. 신이 그 여자다. 그리고 그들의 술은 그대가 아는 그 술이 아니다. 신이 그 술인 것이다. 〈루바이야트〉의 저자 오마르 카이얌은 잘못 이해되어 왔다. 너무도 크게 잘못 이해되어 왔다. 그의 작품을 영어로 번역한 피츠제럴드 때문에 전세계가 그를 오해했다. 오마르 카이얌의 〈루바이야트〉는 술과 여자를 찬양해 씌어진 시들처럼 보인다. 그러나 전혀 그렇지 않다. 오마르 카이얌은 수피, 신비가였다. 그는 도를 통해 찾아오는 술에 대해 이야기한다. 영원히 그대가 사라지는 술에 대해 이야기하는 것이다. 이 도취, 이 신성의 술 취함은 일시적인 것이 아니다. 그것은 순간적이지 않고 일시적이지 않은 것, 그것은 영원하다.

그리고 수피들은 여성으로서의 신에 대해 말한다. 그 신과의 포옹은 영원하다. 그것은 궁극적인 것이다. 그때 그곳에 어떤 분리도 없다. 만일 이것을 이해할 수 있다면 그대는 더없이 지성적이다. 그러나 그 지성은 그대의 계획, 영리함, 계산, 논리에 의해 얻어지는 것이 아니다.

가능하다면 그대 존재를 깊이 들여다보라. 그대는 어디에서 왔는가? 어디로 가고 있는가? 누구와 왜 싸우고 있는가? 그대가 싸우면서 놓치고 있는 지금의 이 순간들은 환희가 될 수도 있다.

이제 장자의 경전을 보자. 제목은 〈전체〉이다.

그대는 자신을 개인이라고 생각한다. 그대는 잘못되어 있다. 오직 '전체'만이 존재한다. '내가 나라고 생각하는' 이 겉모습, 이것은 거짓된 것이다. 이것은 세상에서 가장 잘못된 것이다. 그리고 그 '나' 때문에 싸움이 일어난다. '나'일 때 '전체'가 적대적으로 보인다. 그때 모든 것이 '나'에게 적대적으로 보인다.

어떤 것이 그대에게 적대적인 것이 아니다. 그럴 수가 없다. 이 나무들이 그대를 도와주어 왔다. 이 하늘이 그대를 도와주어 왔다. 이 물이 도와주었다. 어떻게 어머니가 그대에게 적대적일 수 있는가? 그대는 어머니로부터 나왔다. 그러나 그대는 자신을 '나'로서, 한 개인으로서 생각한다. 그리고 그때 싸움이 일어난다. 그것은 일방적이다. 그대가 싸움을 시작하는 것이다. 자연은 계속 웃고, 신은 계속해서 즐기고 있다. 한 작은 어린아이조차도 그가 '나'를 느끼는 순간 싸움이 시작된다.

슈퍼마켓에서 한 아이가 장난감을 갖겠다고 고집하고 있었다. 아이의 엄마가 단정적으로 말했다.

"안 돼. 절대 사주지 않을 거야. 넌 이미 충분히 갖고 있어."

아이가 화가 나서 말했다.

"난 엄마보다 더 인색한 여자는 본 적이 없어요. 엄만 가장 인색한 사람이에요."

엄마는 아이를, 아이의 화난 얼굴을 보며 말했다.

"조금만 기다려라. 넌 정말 인색한 여자를 만날 테니까. 조금만 기다려라!"

서양의 심리학은 에고를 강화해야 한다고 주장한다. 그것이 동양과 서양의 차이다. 아이는 강한 에고를 가져야만 하고, 싸우고 투쟁해야 하며, 오직 그때에만 성장할 것이라고 말한다.

아이는 엄마와 하나가 되어, 자신을 의식하지도 않은 채 엄마의 자궁 속에 있다. 어떤 자의식도 없이 존재한다. 깊은 의미에서 모든 의식은 병이다. 그가 무의식적인 것은 아니다. 그는 깨어 있다. '나'라는 어떤 의식도 없이 그의 존재가 그곳에 있다. 그는 존재할 뿐, '나'는 아직 태어나지 않았다. 아이는 느끼고, 살며, 생명력으로 넘친다. 그리고 자신이 전체와 분리되어 있다고는 느끼지 않는다. 엄마와 아이는 하나다. 그러다가 아이가 태어난다. 첫 번째 분리가 일어난다. 첫 번째 울음이. 이제 그는 이동하고 있다. 파도가 바다로부터 떠나고 있다. 서양의 심리학자는 말한다. 우리는 아이들이 독립적이 되도록, 개인이 되도록 훈련시켜야 한다고. 칼 융의 심리학은 '개체화의 길'로 알려져 있다. 그는 개인이 되어야 하고 완전히 분리되어야 한다고 주장한다. 개인이 전체와 싸워야만 한다고.

이것이 서양의 젊은 세대들 사이에 그렇게 많은 반항이 일어나는 이유다. 이 반항은 프로이트, 융, 아들러와 같은 심리학자들에 의해 만들어졌다. 그들이 그 기초를 세웠다.

싸움은 그대에게 더 강한 에고를 줄 것이다. 그것은 그대를 형태

지을 것이다. 그래서 부모와 싸우고, 교사와 싸우고, 사회와 싸운다. 삶은 투쟁이다. 찰스 다윈이 '가장 잘 적응하는 것만이 살아남는다. 삶은 적자생존을 의미한다' 하고 말하는 순간, 그는 곧 전체를 방향 짓기 시작했다. 에고가 강해질수록 더 많은 생존의 기회를 갖게 될 것이다.

서양은 정치를 통해 살지만 동양은 전적으로 다른 태도를 갖는다. 도가 그 핵심, 동양인의 의식의 본질이다. 도는 말한다. 개성 없음, 에고 없음, 싸움 없음. 어머니와 하나가 되라고. 거기에 적은 없다. 문제는 남을 정복하는 것이 아니다. 매우 박식하며, 통찰력 있고 논리적인 사람인 버틀란드 러셀조차도 정복의 시각에서 생각한다. 그는 과학을 하나의 투쟁, 자연과의 싸움, 자연을 정복하는 것으로 본다. 이를테면 돌을 부수는 방법, 비밀을 캐는 방법, 자연으로부터 비밀을 파악하는 방법으로 본다. 동양인의 시각은 전적으로 다르다. 동양의 관점은 말한다. 에고가 문제다. 그것을 강하게 하지 말라. 싸움을 만들지 말라. 가장 잘 적응하는 자가 아니라 가장 겸손한 자가 살아남는다.

이 때문에 나는 거듭거듭 예수는 동양에서 났다고 주장하는 것이다. 그것이 그가 서양에서 이해받지 못한 이유다. 서양은 그를 오해했다. 동양은 그를 이해할 수 있었다. 동양은 노자, 장자, 붓다를 알고 있었기 때문이다. 그는 그들에게 속한 사람이었다. 예수는 말한다. 마지막에 있는 사람이 신의 왕국에서는 첫째 자리에 있을 것이라고. 가장 겸손한 사람, 가장 온유한 사람이 하느님의 왕국을 갖게 될 것이다. 영혼이 가난한 사람이 그것을 갖게 될 것이다.

영혼이 가난한 사람이란 누구인가? 비어 있는 배, '나'라는 의식이 전혀 없는 사람, 아무것도 주장하지 않고 아무것도 소유하지 않은 사람, 자아가 사라진 사람, 그는 하나의 '없음'으로서 산다. 자연은 무상으로 자신의 비밀을 제공한다. 붙잡을 필요도 없고, 죽일 필요도 없다. 돌을 깨뜨릴 필요가 없다. 자연을 사랑하라. 그러면 자연은 그대에게 비밀을 알려 줄 것이다. 사랑이 그 열쇠다. 정복은 터무니없는 것이다.

이제 장자를 이해할 수 있을 것이다. 그는 이렇게 말하고 있다. 자연과 싸우지 말라. 깊이 사랑하라. 사랑을 통해 하나가 되라. 가슴에서 가슴으로 비밀이 전해진다. 그 비밀은, 그대는 결코 개인이 아니라 '전체'라는 것이다. 왜 부분으로 존재하는 것에 만족하는가? 왜 전체가 되지 않는가? 왜 우주 전체를 소유하지 않는가? 왜 작은 것들에 집착하는가?

인도의 영적 스승 람티르쓰는 말하곤 했다.

"내가 눈을 감을 때 나는 내 안에서 별들이 움직이는 것을 본다. 내 안에서 해가 떠오르고 달이 떠오르는 것을 본다. 바다와 하늘을 본다. 나는 광활함 그 자체이며, 우주 전체다."

그가 처음으로 서양에 가서 이 말을 하기 시작했을 때 사람들은 그를 미치광이로 여겼다. 누군가 그에게 물었다.

"누가 세상을 창조했는가?"

그는 말했다.

"나다. 그것은 내 안에 있다."

이 '나'는 에고가 아니며 개인이 아니다. 이 '나'는 우주이며, 신이다. 그는 미친 것처럼 보인다. 그의 주장은 터무니없는 말로 들린다. 그러나 그의 눈을 들여다보라. 그곳에 에고는 없다. 그는 아무것도 주장하고 있지 않다. 그는 단순히 사실을 말하고 있는 것이다.

그대가 곧 세계다. 왜 부분으로, 아주 작은 부분으로 되려고 하는가? 전체가 될 수 있는데, 왜 불필요하게 문제를 만드는가?

장자의 이 경전은 '전체'와 관련이 있다. 개인이 되지 말라. 전체가 되라. 에고가 되지 말라. 그대가 신이 될 수 있는데 왜 그토록 작고, 미세하고, 추한 것에 만족하는가?

> 진정한 도의 사람은 어떻게
> 아무 걸림 없이 벽을 뚫고 걸어가며
> 불타는 일 없이 불 속에 서 있는가?

누군가 장자에게 물었다.

"도의 사람은 장애 없이 벽을 뚫고 걸어갈 수 있다고 우리는 들었습니다. 왜입니까?"

만일 그대 안에 어떤 걸림도 존재하지 않는다면 어떤 장애물도 그대를 방해할 수 없다. 이것은 하나의 법칙이다. 만일 그대 안에, 그대 가슴속에 어떤 저항도 갖고 있지 않다면 온 세상이 그대에게 열릴 것이다. 그곳에는 아무런 저항도 없다. 세상은 단지 하나의 반영일 뿐이다. 그것은 하나의 거대한 거울이다. 그대가 저항을 한다면, 그때 세상 전체도 저항을 할 것이다.

언젠가 한 왕이 수백만 개의 거울이 달린 큰 궁전을 지었다. 모든 벽이 거울로 뒤덮혀 있었다. 개 한 마리가 그 궁전에 들어왔다. 그리고 그 개는 온통 자신의 둘레에 수백만 마리의 개들을 보았다. 그의 생명이 위험에 처했다. 개는 바짝 긴장했음에 틀림없다. 개는 마구 짖어 대기 시작했다. 그리고 그가 짖기 시작했을 때, 그 수백만 마리의 개들도 역시 짖기 시작했다.

아침에 그 개는 시체로 발견되었다. 개는 혼자 그곳에 있었고, 그곳에는 오직 거울들만이 있었다. 아무도 그와 싸우지 않았고, 싸움할 누구도 없었다. 그러나 개는 거울 속에서 자신을 보았고, 두려워졌다. 그리고 그가 싸우기 시작했을 때 거울 속의 반영체들도 싸우기 시작했다. 그는 혼자였다. 거울들과 그 속에 비친 개들과 더불어. 그 개가 보낸 그날 밤의 지옥을 상상할 수 있는가?

그대는 바로 지금 그 지옥에서 살고 있다. 거울들과 거울 속의 개들이 그대 주위에서 짖어 대고 있다. 모든 거울과 모든 관계 속에서 그대는 적을 본다. 도의 사람은 벽을 뚫고 걸어갈 수가 있다. 그의 가슴속에는 벽이 없기 때문이다. 도의 사람은 어느 곳에서도 적을 찾지 못한다. 그의 내면에서 그는 적이 아니기 때문이다. 도의 사람은 모든 거울이 허공임을, 모든 배가 비어 있음을 발견한다. 그의 배가 비어 있기 때문이다. 그의 내부는 외부 세계를 그냥 비출 뿐이다. 그는 자신의 얼굴을 갖고 있지 않다. 그러니 그대가 어떻게 도의 사람을 비출 수 있겠는가? 어떻게 그를 반사할 수 있겠는가?

모든 거울은 다만 침묵할 뿐이다. 도의 사람이 지나간다. 그러나 그의 뒤에는 발자국도, 아무 자취도 남지 않는다. 모든 거울은 침묵을 지킬 뿐이다. 어떤 것도 그를 비추지 못한다. 그가 없기 때문이다. 그는 '없음'이기 때문이다.

에고가 사라질 때 그대는 하나의 '없음'이고, 그때 그대는 '전체'이다. 에고가 있을 때, 그대가 존재한다. 그때 그대는 아주 작은 부분, 매우 추한 부분이다. 그 부분은 언제나 추할 것이다. 그래서 사람들은 온갖 방법으로 그 존재를 아름답게 만들려고 노력하는 것이다. 에고가 있는 사람은 아름다울 수가 없다. 아름다움은 오직 에고를 갖지 않은 사람들에게만 나타나는 것이기 때문이다. 그때 아름다움은 그 안에 미지의 어떤 것, 측량할 수 없는 그 무엇을 갖는다.

이것을 잊지 말라. 추함은 측량될 수 있다. 그것은 한계가 있다. 아름다움, 이른바 사람들이 아름다움이라고 부르는 것은 측량될 수 있다. 그것에는 한계가 있다. 그러나 진정한 아름다움은 측량될 수가 없다. 그것은 한계를 지니고 있지 않다. 그것은 신비 그 자체다. 그것은 끝없이 계속된다. 그대는 한 사람의 붓다로 끝날 수 없다. 그대는 그에게로 들어갈 수는 있지만 나오는 것은 불가능할 것이다. 그곳에 끝이 없다. 그의 아름다움은 결코 끝나지 않는다.

그러나 에고는 줄곧 아름다워지려고 애쓴다. 어쨌든 그대는 전체의 아름다움을 기억한다. 어쨌든 그대는 자궁 속의 고요함을 기억한다. 어쨌든 내면 깊은 곳에서 하나됨의, 합일의, 존재와 조화를 이루는 것의 크나큰 환희를 알고 있다. 그것 때문에 많은 욕망이 일어난다. 그대는 신이 되는 것의 아름다움을 알고 있지만 걸인처럼 살아야 한다. 그때 그대는 무엇을 하는가? 얼굴을 꾸미고, 자기 자신을 치장한다. 그러나 그 아래 추함은 그대로 남아 있다. 치장은 어디까지나 치장이기 때문이다.

한 여자가 바닷가를 산책하고 있었다. 그녀는 병을 하나 발견했는데, 그것을 여니 그 속에서 마귀가 나왔다. 그리고 모든 마귀들과 마찬가지로 이 마귀도 말했다.

"당신은 나의 감옥을 부수고 나를 해방시켜 주었다. 그러니 당신은 이제 무엇인가를 요구할 권리가 있다. 내가 당신의 가장 간절한 욕망이나 소원을 이뤄 줄 것이다."

마귀들이란 매일 모든 바닷가에서, 모든 병 속에서 발견되는 것이 아니다. 그것은 매우 드물게 나타나며, 오직 이야기 속에서만 모습을 드러낸다. 그래서 그 여자는 단 한 번도 그것을 생각해 본 적이 없었다. 그녀는 말했다.

"난 미인이 되기를 원한다. 엘리자베스 테일러 같은 머리칼과 브리지드 바르도 같은 눈과 소피아 로렌 같은 육체를."

그러자 마귀는 여인을 다시 바라보고 나서 말했다.

"오, 제발, 나를 병 속에 다시 넣어다오!"

사람들이 요구하는 것도 이와 같다. 모든 사람이 그것을 요구하고 있다. 그래서 마귀들이 세상으로부터 사라진 것이다. 사람들은 불가능한 것을 바라고 있다. 그런 일은 일어날 수가 없다. 부분은 결코 아름다워질 수가 없기 때문이다.

생각해 보라. 내 손은 나에게서 잘려져 나갈 수 있다. 그때 그 손이 아름다울 수 있을까? 그 손은 점점 더 추해질 것이다. 그것은 부패할 것이다. 냄새나기 시작할 것이다. 어떻게 나의 손이 나로부터 분리되어 나가 아름다울 수 있는가? 분리는 죽음을 가져온다. 그리고 하나됨은 삶을 가져온다. 전체 속에서 그대는 생명력을 갖는다. 홀로 떨어져서는 그대는 이미 죽어 있거나 죽어가고 있는 중이다.

내 눈은, 그것들을 내 몸에서 분리한다면 어떻게 될 것인가? 아예 돌들이, 채색된 돌들이 그것들보다 아름다울 것이다. 그 돌들은 아직 전체로 있기 때문이다. 꽃을 꺾어 보라. 그때 그 꽃은 더 이상 아름답지 않고, 그 영광은 가버린다. 그 뿌리와, 흙과 결합되어 있던 한 순간 전까지만 해도 아름다웠던 그것이.

뿌리뽑혀서 그대는 에고들처럼 떠다닌다. 그대는 병든 채로 남아 있을 것이다. 그 어떤 것도 도움이 되지 못한다. 그대의 모든 노력은, 그것이 아무리 영리하다 해도 물거품으로 돌아갈 것이다. 오직 전체 속에서만 그대는 아름답다. 오직 전체 속에서만 그대는 사랑스럽다. 오직 전체 속에서만 존재의 환희가 가능하다.

도의 사람이 걸림 없이 벽을 지나 걸어가며, 불타지 않고 불 속에서 있을 수 있는 것은 영리함 때문이 아니다.

> 그것은 영리함이나 대담함 때문이 아니며
> 그것을 배웠기 때문이 아니다.
> 그것은 그가 배움을 버렸기 때문이다.

배운 것은 에고로 들어간다. 배움은 에고를 강화한다. 박사나 성직자, 학자들이 가장 미묘한 에고를 갖고 있는 이유가 여기에 있다. 배움은 그들에게 자만심을 주고 '나'라는 영역을 준다. 그것들은 종양이 되고 에고가 된다. 그때 그들의 전 존재가 에고에 의해 이용당한다. 더 많이 배울수록 함께 생활하기가 더 어렵고, 관계를 맺기가 더 어려우며, 사원에 이르기가 더 어렵다. 그가 신을 안다는 것은 거의 불가능하다. 그 자신이 지금 종양처럼 살고 있기 때문이며, 그 종양은 그 자체의 삶을 갖고 있기 때문이다. 그대가 더 많이 알수록 기도가 일어날 가능성은 더 적어진다.

그래서 장자는 말한다. 그것은 영리함 때문이 아니다. 그는 계산하지 않으며, 교활하거나 대담하지 않다. 대담함, 교활함, 계산은 모두 에고의 부분들이기 때문이다. 도의 사람은 겁쟁이도 아니며, 용감한 사람도 아니다. 그는 용감함이 무엇인지도 모르고, 비겁함이 무엇인지도 모른다. 그에게는 자의식이 없다. 그것은 그가 배웠기 때문이 아니라 배움에 물들지 않았기 때문이다. 모든 종교는 배우지 않음의 과정이다. 배움은 에고의 과정이며, 배우지 않음은 에고를 비우는 과정이다. 배우면 그대의 배는 가득해지고, 그대 자신으로 가득 찬다.

물라 나스루딘이 나룻배를 하나 갖고 있었다. 살림이 어려울 때면 강을 건너는 사람들을 한쪽 둑에서 건너편 둑으로 옮겨다 주는 일을 하곤 했다. 어느 날 훌륭한 학자이며 박사인 사람이 그의 나룻배를 타고 강을 건너가고 있었다. 학자가 나스루딘에게 물었다.

"당신은 바가바드 기타를 압니까? 당신은 경전을 배운 적이 있습니까?"

나스루딘이 말했다.

"아니오, 한 번도."

학자가 말했다.

"그렇다면 당신은 인생의 절반을 허비한 것이오."

그때 갑자기 태풍이 밀려오기 시작했다. 그 작은 배는 아직 기슭에서 멀리 떨어진 강 한가운데 있었다. 어느 순간에 가라앉을지 모를 일이었다. 나스루딘이 물었다.

"학자 선생, 헤엄칠 줄 아시오?"

그 사람은 매우 두려워하며 진땀을 흘리고 있었다. 그는 말했다.

"아니오."

나스루딘이 말했다.

"그렇다면 당신은 인생 전체를 허비한 것이오. 난 헤엄쳐서 가겠소!"

이 배는 강 건너편으로 갈 수 없다. 그러나 사람들은 배움이 배가 될 수 있다고, 또는 배움이 헤엄치는 것을 대신할 수 있다고 생각한다. 아니다! 경전이 배가 될 수 있는가? 아니다. 그것들은 너무 무겁다. 그것들과 함께 물에 빠질 수는 있어도 강을 건널 수는 없다. 배움을 버리면 무겁지 않을 것이다. 배움을 버리는 순간 그대는 다시 순수한 상태로 돌아갈 것이다.

그대가 알지 못할 때, 그 알지 못함 속에서 무엇이 일어나는가?

가장 아름다운 현상이 일어난다. 알지 못할 때 그곳에 침묵이 있다.

누군가 질문을 하지만, 그대는 알지 못한다. 삶은 수수께끼다. 그대는 알지 못한다. 어느 곳에나 신비가 있다. 그리고 그대는 알지 못하는 채 경이로워하면서 서 있다. 알지 못할 때 그곳에 경이로움이 있다. 그리고 경이로움이 가장 종교적인 특성이다. 가장 심오한 종교적 특성은 경이로움이다. 오직 어린아이만이 경이로움을 느낄 수 있다. 아는 사람은 경이로워할 수 없고, 경이로움 없이는 아무도 신에 이르지 못한다. 그것은 모든 것이 하나의 신비라는 사실에 대해 경이로워하는 마음이다. 한 마리 나비는 신비다. 씨앗이 싹트는 것 역시 하나의 신비다.

그리고 기억하라. 아무것도 해답이 얻어지지 않았다. 세상의 모든 과학은 아무것도 하지 못했다. 씨앗의 싹틈은 여전히 하나의 신비다. 그것은 언제까지나 신비로 남아 있을 것이다. 과학이 씨앗을 창조해 낼 수 있다 하더라도 그 싹틈은 하나의 신비로 남을 것이다. 한 아이가 태어나는 것 역시 하나의 순수한 신비다. 아이가 시험관에서 태어날 수 있다 하더라도 그것은 차이가 없다. 신비는 그대로 남아 있다.

그대는 여기에 있다. 그것 또한 하나의 신비다. 그대가 그것을 얻은 것이 아니다. 그대는 우주에 대고 '난 여기에 있다. 내가 이 존재를 획득했기 때문이다'라고 말할 수 없다. 그것은 순전히 하나의 선물이다. 그대는 전혀 아무런 이유 없이 여기에 있다. 만일 그대가 여기 없었다면 그것은 어떤 차이를 가져올까? 만일 그대가 여기 없었다면 어느 법정에다 호소할 수 있을까?

이 순수한 존재, 이 들이쉬고 내쉬는 숨, 그대가 여기에 있는 이 순간, 내 말을 듣고 바람을, 새들을 느끼는 것, 그대가 살아 있는 이 순간은 하나의 신비다. 어떤 지식도 없이 그것과 마주할 수 있다면 그대는 그 속으로 들어갈 것이다. 지식으로 그것과 마주한다면, 그대가 '난 안다, 난 그 답을 알고 있다'고 말한다면, 그때 문은 닫혀 있다. 신비 때문이 아니라 그대의 지식 때문에 문은 닫힌다. 그대의 이론, 철학, 신학, 그대가 믿는 기독교, 힌두교 때문이다. 그것들이 문을 닫는다.

안다고 생각하는 사람은 알지 못한다. 우파니샤드(고대 인도의 경전)는 거듭 말하고 있다. 알지 못한다고 생각하는 사람이 진정으로 아는 사람이라고.

소크라테스는 말한다. 어떤 사람이 진정으로 알 때는, 오직 한 가지, 즉 자신이 알지 못한다는 사실만을 안다고.

장자는 말한다. 그것은 그가 배움을 버렸기 때문이라고. 세상이 그에게 무엇을 가르쳤든, 사회가 무엇을 가르쳤든, 부모가, 실리주의자가 무엇을 가르쳤든 그는 그것들을 떨쳐 버렸다. 그는 다시 어린아이로 되었다. 그의 눈은 다시 경이로움으로 가득 차 있다. 그는 주위를 둘러본다. 거기 모든 곳에 신비가 있다.

에고는 신비를 죽인다. 과학자의 에고든, 학자의 에고든, 철학자의 에고든 차이가 없다. 에고는 말한다. '난 안다.' 그리고 또 에고는 말한다. '만일 내가 모른다면 머지않아 알게 될 것이다.' 에고는 알 수 없는 것은 없다고 말한다. 에고의 두 가지 범위가 있다. 아는 것과 미지의 것이 그것이다. 아는 것은 에고가 이미 여행한 부분이며, 미지의 것은 에고가 앞으로 여행할 부분이다. 에고는 알 수 없는 것은 아무것도 없다고 주장한다. 에고는 세상에 어떤 신비도 남기지 않는다. 그리고 그대 주위에 아무 신비도 없을 때, 그대 안에 역시 어떤 신비도 있을 수 없다.

신비가 사라질 때 모든 노래가 사라진다. 신비가 사라질 때 시가 죽는다. 신비가 사라질 때 신은 사원에 있지 않다. 그곳에는 죽은 신상이 있을 뿐이다. 신비가 사라질 때, 사랑의 어떤 가능성도 없다. 오직 두 신비만이 서로 사랑할 수 있기 때문이다. 그대가 알고 있다면, 그때 어떤 사랑의 가능성도 없다. 지식은 사랑에 반대한다. 사랑은 언제나 배우지 않음의 편이다. 장자는 말한다. 도의 사람은 배움을 떨쳐 버린 사람이라고.

> 그의 본성은 그것의 뿌리로 내려가 하나가 된다.
> 그의 생명력, 그의 힘은
> 비밀스런 도 속에 숨는다.

그의 본성은 그것의 뿌리로 내려간다. 에고는 머리에 존재한다는 것을 기억하라. 그리고 그대는 머리를 높이 들고 다닌다. 뿌리는 존재의 반대편 극에 있다.

장자와 노자는 말하곤 했다. 발바닥에 집중하라고. 눈을 감고, 발바닥으로 옮겨가 그곳에 머물라. 그것이 그대에게 균형을 줄 것이다. 머리는 그대에게 많은 불균형을 주었다. 발바닥에 집중하라고? 마치 그들이 농담을 하고 있는 듯이 보인다. 아니다, 그들은 농담하고 있는 것이 아니다. 그들은 옳다. 머리로부터 옮겨가라. 머리는 뿌리가 아니기 때문이다. 그리고 우리는 너무 많이 머리에 있었다.

> 그의 본성은 그것의 뿌리로 내려가 하나가 된다.

바로 그 근원으로, 파도는 바다로, 하나됨을 향해 더 깊이 들어간다. 그리고 기억하라. 근원은 하나다. 파도는 많을지도 모른다. 수백만 개일지도 모른다. 그러나 바다는 하나다.

그대는 그곳에 떨어져 있고 나는 이곳에 떨어져 있다. 그러나 뿌리를 조금 더 깊이 바라보라. 우리는 하나다. 우리는 같은 나무의 가지들과 같다. 가지들을 보라. 그것들은 분리되어 있다. 그러나 깊이 들어가면 그것들은 하나다. 더 깊이 내려갈수록 그대는 점점 더 적은 차이와 점점 더 많은 조화를 발견할 것이다.

가장 깊은 곳에서는 모든 존재가 하나다. 이것이 힌두교에서 둘이 아닌 것, 하나인 것, 아드바이트를 말하는 이유다.

> 그의 생명력, 그의 힘은
> 비밀스런 도 속에 숨는다.

어떤 생명력이 도의 사람에게로 오든 그것은 조작된 것이 아니며, 그 자신이 만든 것이 아니다. 그것은 근원에 의해 주어진다. 그는 생명력으로 넘친다. 그는 뿌리내리고 있기 때문이다. 그는 에너지로 굽이친다. 그는 바다와, '하나'와 재결합했기 때문이다. 그는 근원으로 되돌아가 있으며, 어머니에게로 돌아온 것이다.

> 그가 완전한 하나일 때
> 그에게는 쐐기가 들어갈 조그만 홈조차 없다.

사람이 그의 존재의 가장 깊은 핵심에 뿌리내리고 있을 때, 그 하나에 뿌리내리고 있을 때, 그때 그곳에 어떤 결함도 없다. 그대는 그런 이를 꿰뚫을 수 없다. 칼은 그에게로 들어갈 수 없고, 불은 그를 태울 수 없다.

어떻게 궁극을 파괴할 수 있겠는가? 순간적인 것은 파괴할 수 있다. 하지만 어떻게 궁극의 것을 파괴할 수 있는가? 파도를 부술 수는 있다. 하지만 어떻게 바다를 부술 수 있는가? 그대는 개인을 쳐부술 수는 있다. 그러나 영혼을 쳐부술 수는 없다. 형태는 죽을 수가 있다. 그러나 형태 없는 것은, 무형의 것은? 형태가 없는데 어떻게 죽일 수가 있는가? 무형의 것을 죽일 수 있는 칼을 어디서 발견하겠는가?

크리쉬나는 바가바드 기타에서 말했다.

"나이남 체단티 사쉬트라니. 칼도 그것을 죽일 수 없고, 불도 그것을 태울 수 없다."

그대가 장자에게로 가서 그를 죽일 수 없으리라는 것이 아니다. 형태를 죽일 수는 있을 것이다. 그러나 그 형태가 장자는 아니다. 그리고 그는 웃음을 터뜨릴 것이다.

알렉산더 대왕이 인도로부터 돌아오고 있을 때였다. 그는 문득 자신의 스승이며 가장 위대한 논리 철학자 중 하나인 아리스토텔레스가 기억났다.

아리스토텔레스는 서양의 모든 어리석음의 근원이다. 그가 모든 바보들의 원조다. 그는 논리적인 마음을 만들어 냈다. 분석과 해부의 방법을 창조했다. 에고와 개인을 창조했다. 그리고 그는 알렉산더의 스승이었다.

그는 알렉산더에게 인도에서 돌아올 때 힌두교의 신비주의자, 구도자를 한 명 데려오라고 부탁했다. 반대편 극은 언제나 흥미를 끌기 때문이다. 그는 힌두교 신비주의자라는 이들이 어떤 사람인가에 대해 깊은 관심을 가졌음에 틀림없다. 논리를 초월해서 사는 사람,

둘이 아니라 오직 하나만이 있다고 말하는 사람, 모든 모순과 역설을 결합하는 사람, 분석이 아니라 종합하는 태도를 지닌 사람은 어떤 유형의 사람일까? 부분은 결코 믿지 않는 사람, 전체를 믿는 사람은 어떤 종류의 사람일까? 그래서 그는 알렉산더에게 말했다.

"돌아올 때 힌두교의 신비주의자, 탁발승을 한 명 데리고 오라. 난 그를 보고 싶다. 마음을 초월해서 살며, 마음 너머에 무엇인가 있다고 말하는 사람은 매우 희귀한 현상이다."

아리스토텔레스는 마음 너머에 어떤 것이 있을 수 있다고는 결코 믿지 않았다. 그에게는 마음이 전부였다.

알렉산더는 인도로부터 돌아오고 있었다. 그리고 갑자기 스승의 부탁이 생각났다. 그래서 그는 병사들에게 위대한 힌두 신비가, 위대한 구도자, 성자나 현자를 찾아오라고 일렀다. 병사들이 마을에 가서 묻자 사람들은 대답했다.

"강둑에 벌거벗은 사람이 서 있다. 여러 해 동안 그는 그곳에 서 있다. 우린 그를 신비가라고 생각한다. 하지만 확신할 순 없다. 그는 결코 많이 말하지 않기 때문이다. 우린 그에 대해 확신할 수 없다. 그를 깊이 이해하지 못하기 때문이다. 때로 그가 하는 말은 매우 비논리적으로 들린다. 아마 그것은 진실일지도 모르고, 진실이 아닐지도 모른다."

설명을 듣고 알렉산더가 말했다.

"그 자가 적당하다. 나의 스승은 논리를 만들었다. 따라서 이 비논리적인 사람을 보고 싶어할 것이다. 가서 그에게 알렉산더가 초대한다고 말하라."

병사들이 가서 그 벌거벗은 사람에게 말했다. 알렉산더 대왕이 그를 초대한다고. 귀빈이 될 것이며, 모든 안락함과 편의가 주어질 것이라고. 그러니 걱정하지 말라고.

그 사람은 웃음을 터뜨리며 말했다.

"자기 자신을 대왕이라고 부르는 사람은 바보다. 가서 그에게 말하라. 난 바보들과는 사귀지 않는다고. 내가 바보들과 사귀기를 원한다면, 인도라고 해서 그런 바보들이 없겠는가? 마을마다 바보들로 가득 차 있다."

병사들은 매우 당황했다. 어쨌든 그들은 돌아가 보고해야만 했다. 알렉산더는 그 자가 무슨 말을 했는가를 물었다. 단다미가 그 사람의 이름이었다. 알렉산더는 그의 기록에 단다마스라고 적었다. 그것이 마지막 마을이고, 국경 부근이었다. 그들은 곧 인도를 떠날 예정이었다. 그래서 알렉산더는 말했다.

"내가 가서 그 자가 어떤 사람인가를 보는 것이 가장 좋겠다."

알렉산더는 디오게네스를 기억했는지도 모른다. 아마도 그 자는 같은 유형의 사람일 것이다. 그는 강가에 벌거벗은 채로 서 있었다. 똑같은 일이 디오게네스에게서도 일어났었다. 그 역시 웃었고 알렉산더를 바보라고 생각했었다. 그래서 알렉산더는 칼을 빼어 들고 단다미에게로 다가갔다. 그리고는 말했다.

"나를 따라오라. 그렇지 않으면 이 자리에서 너의 머리를 베어 버릴 것이다. 난 토론은 믿지 않는다. 난 명령만을 믿는다."

단다미는 또다시 웃음을 터뜨렸고, 그러면서 말했다.

"베어라, 지체 없이! 그대가 베어 버릴 머리를 나는 오래전에 잘라 버렸다. 이것은 새로운 것이 아니다. 난 이미 머리가 없다. 베어라. 난 그대에게 말한다. 머리가 땅에 떨어질 때 그대는 그것이 떨어지는 것을 볼 것이고, 나 역시 그것이 떨어지는 것을 볼 것이다. 나는 머리가 아니기 때문이다."

도의 사람은 불에 탈 수 있다. 그러나 여전히 도의 사람은 불탈 수 없다. 형태는 언제나 불 위에 있다. 그것은 이미 타고 있다. 그러나 무형의 것은 어떤 불에 의해서도 결코 만져지지 않는다. 힘은 어디로부터 오는가? 이 생명력은 어디로부터 오는가? 그것들은 비밀의 도 속에 숨어 있다. 도는 위대한 자연을 의미한다. 도는 위대한 바다를 의미한다. 도는 위대한 근원을 의미한다.

> 술취한 이는 마차에서 떨어져도
> 긁히기는 하지만 죽지는 않는다.
> 그의 뼈는 다른 이들의 뼈와 같지만
> 그의 떨어짐은 다르다.

그곳에 예고가 없는 것이다.

> 그의 마음은 분리되어 있지 않다.
> 그는 자신이 마차를 타고 있다거나
> 마차에서 떨어진다거나 하는 의식이 없다.
> 삶과 죽음이 그에게는 아무것도 아니다.
> 그는 어떤 위험도 모른다.
> 그는 생각이나 근심 없이 장애물을 만나고
> 그것들이 그곳에 있는지도 모르는 채 그것들을 뛰어넘는다.

> 만일 술 속에 그런 안전함이 있다면
> 도 속에는 얼마나 더 많겠는가.
> 현자는 도 속에 숨는다.

어떤 것도 그를 건드릴 수 없다.

술 취한 사람을 지켜보라. 도의 사람은 여러 모로 그와 비슷하기 때문이다. 술 취한 사람을 보라. 그는 걷지만, 그곳에 걷는 사람은 없다. 그가 균형 잡히지 않고 비틀거리는 이유가 여기에 있다. 그는 걷지만 방향이 없다. 그는 어디로도 가고 있지 않다. 그는 걷는다. 그러나 배는 비어 있다. 순간적이긴 하지만, 그 배는 비어 있다.

술 취한 사람을 지켜보라. 그를 따라가면서 무슨 일이 일어나는 가를 보라. 누군가 한 대 쳐도 그는 화내지 않을 것이다. 바닥에 넘어지면, 그는 넘어짐을 받아들일 것이다. 그는 저항하지 않는다. 마치 죽은 것처럼 그냥 넘어진다. 사람들이 웃고 놀려도 개의치 않는다. 심지어 그들과 함께 농담을 주고받기까지 한다. 그들과 함께 웃고 자기 자신을 조롱하기도 한다. 무슨 일이 일어난 것인가? 순간적으로, 화학 물질을 통해, 에고가 사라진 것이다.

에고는 하나의 구조물이다. 화학 물질을 통해서 그 구조물을 무너뜨릴 수 있다. 그것은 실체가 아니라 하나의 거푸집에 불과하다. 그 안에는 아무 내용물도 없다. 그대는 사회를 통해 그것을 배우게 된 것일 뿐이다. 술은 단순히 그대에게서 사회를 떨쳐내 버린다. 사회가 언제나 술에 반대하는 이유가 그것이다. 정부 역시 언제나 술에 반대한다. 술은 위험하기 때문이다. 술은 사회 너머의 어떤 것을 보여 주기 때문이다.

마약 또한 한두 번은 그런 순간을 줄 것이다. 그것은 마치 창문이 열렸다가 닫히는 것과 같다. 그러나 만일 그대가 그것을 계속하고 그것에 몰입하게 된다면 에고는 떨어져 나갈지도 모른다. 그러나 그것이 문제다. 에고가 떨어져 나가지만 에고 없음이, 무아의 경지가 일어나지 않는다. 그대는 단순히 미칠 것이며, 정신 분열이 되고, 존재가 갈라질 것이다.

종교는 다른 쪽 측면에서, 다른 쪽 끝에서부터 작용한다. 종교는 먼저 에고 없음을 키우려고 노력한다. 그리고 에고 없음이 더 많이 나타날수록 '전체'는 더 많아질 것이며, 에고는 자동적으로 더 많이 떨어져 나갈 것이다. 에고가 떨어져 나가기도 전에 '전체'가 자리를 잡는다. 그대는 미치지 않을 것이고, 비정상적으로 되지 않을 것이다. 단순히 본질이 될 것이다. 외부 세계에서 본성 안으로 돌아올 것이다.

마약에 취한 뉴욕의 한 소녀가 30층 창문에서 뛰어내렸다. 자기가 날 수 있다고 생각했기 때문이다. 마약에 취해 있을 때는 날 수 있다는 생각이 오면 아무런 의심도 없다. 전적으로 그것을 믿게 된다. 의심하는 자, 에고가 없어졌기 때문이다. 그래서 의심하지 않는다. 그러나 '전체'가 자신을 나타내지는 않는다.

장자는 날 수 있었는지도 모른다. 장자는 날개 달린 새처럼 창문으로부터 날아갔을지도 모른다. 그러나 마약에 취해서는 그것이 불가능하다. 에고는 그곳에 없어졌기 때문에 의심하지는 않는다. 그러나 '전체'가 그곳에 없으며, 그대는 힘이 없다. 그 힘은 그곳에 없다. 오직 힘의 환영만이 있을 뿐이다. 그것이 문제를 일으킨다. 술에 취해서는 몇 가지 일을 할 수 있다.

한 서커스단이 특별 열차를 타고 한 마을에서 다른 마을로 여행하고 있었다. 그런데 우리 하나가 부서지고 사자가 도망을 쳤다. 그래서 단장이 모든 힘센 사람들을 모아 놓고 말했다.

"당신들이 이 밤에 사자를 잡으러 밀림으로 들어가기 전에 내가 당신들에게 술을 약간 주겠다. 그것이 큰 용기를 줄 것이다."

그들 스무 명 모두가 장총을 갖고 있었다. 밤은 춥고 위험했으며, 용기가 필요했다. 그러나 물라 나스루딘 혼자서 거절했다. 그는 말했다.

"나만은 그냥 망고 주스를 마시겠다."

단장이 이의를 제기했다.

"하지만 당신은 용기가 필요할 것이다."

나스루딘이 대답했다.

"이런 순간에는 난 용기가 필요하지 않다. 이 순간은 위험하다. 밤 시간과 사자. 그리고 용기 또한 위험할 수 있다. 난 차라리 겁쟁이가 되어 경계를 하겠다."

종교는 말한다. 술 취한 자가 되라. 신의 술에 취한 자가 되라. 그때 그대는 뿌리내리게 되고 중심에 있게 되기 때문이다. 그때 그대는 진정으로 강해진다.

만일 술 속에 그런 안전함이 있다면
도 속에는 얼마나 더 많겠는가.
현자는 도 속에 숨는다.
어떤 것도 그를 건드릴 수 없다.

절대로 아무것도 그를 건드릴 수 없다. 왜인가?

그대가 나를 따른다면 오직 에고만이 만져질 수 있다. 에고는 매우 만져지기 쉽다. 누군가 어떤 식으로 그대를 바라보기만 해도 에고가 만져진다. 그가 어떤 무엇을 한 것도 아닌데도 그렇다. 누군가가 조금만 미소지어도 에고가 건드려진다. 누군가가 그대를 바라보지도 않고 다만 고개를 돌렸을 뿐인데도 에고가 건드려진다. 에고는 매우 민감하다. 그것은 마치 언제나 노출되어 있는, 새로 생긴 상처와 같다. 그것을 만지면 아픔이 뒤따른다. 한 마디의 말, 단 하나의 몸짓도 에고를 상처 입힌다. 상대방은 그가 그대에게 무엇을 했는지 깨닫지 못할지도 모른다. 그러나 그는 그대의 에고를 건드린 것이다. 그리고 그대는 항상 상대방에게 책임이 있다고, 그가 그대에게 상처를 입혔다고 생각한다.

아니다, 그대가 자신의 상처를 갖고 다니는 것이다. 에고와 함께 있으면 그대의 온 존재가 하나의 상처다. 그대는 그것을 달고 다니는 것이다.

아무도 그대를 상처 입히는 데는 관심이 없다. 아무도 그대를 상처 입히려고 적극적으로 기다리지 않는다. 모두가 자기 자신의 상처를 보호하는 데 몰두해 있기 때문이다. 아무도 그런 에너지를 갖고 있지 않다. 그러나 여전히 그 일이 일어난다. 그대가 상처 입을 준비를, 그토록 세심하게 하고 있기 때문이다. 언제라도 상처 입을 만반의 준비가 되어 있기 때문이다.

도의 사람은 건드릴 수 없다. 왜인가? 그곳에 건드려질 사람이 없기 때문이다. 거기 아무런 상처도 없다. 그는 건강하고, 치유되어 있고, 전체이다. 이 '전체whole'라는 말은 아름답다. '치유heal'라는 단어가 그것에서 나왔다. '신성함holy'이라는 단어 역시 '전체'에서 나왔다. 그는 전체이고, 치유되고 있고, 신성하다. 그대의 상처를 경계하라. 그것이 자라게 하지 말고 치유되게 하라. 그리고 그것은 그대가 존재의 근원으로 이동해 갈 때만 치유된다. 머리에 적게 들어 있을수록 상처는 더 많이 치유될 것이다.

머리가 사라진 삶을 살라. 완전한 존재로서 움직이라. 일어나는 모든 일을 받아들일 수 있어야 한다. 과거를 뒤돌아보라. 그러면 그대는 몇 가지를 기억할 것이다. 그대는 조그마한 아이였고, 교사가 그대를 바보 천치라고 불렀다. 그대는 아직도 그 일을 기억하고 있고, 원한을 느낀다. 그대의 아버지가 어떤 것을 말했다. 아버지는 그것을 잊어버렸다. 그대가 그 일을 말해도 그는 그것을 기억할 수 없을 것이다. 그대의 어머니가 어떤 식으로 그대를 취급했다. 그것은 상처가 되어 지금까지 그곳에 있다. 그 상처는 여전히 노출되어 있고, 늘 새롭다. 누군가가 그것을 건드리면 그대는 폭발할 것이다. 그 상처를 자라게 하지 말라. 그대 영혼에 상처를 내지 말라. 뿌리로 내려가라. 전체와 함께 있으라.

24시간 동안, 꼭 24시간 동안, 그대에게 무슨 일이 일어나든지 반동하거나 밀어내지 말아 보라. 누군가 그대를 밀어 그대가 땅으로 쓰러지면, 쓰러져라! 그리고는 일어나 집으로 가라. 그것에 대해 아무것도 하지 말라. 누군가 그대를 때리면 머리 숙여 인사하고 고맙게 그것을 받아들이라. 집으로 가라. 어떤 것도 하지 말라. 꼭 24시간 내내 그렇게 하라. 그러면 그대는 전에 결코 알지 못했던 새로운 에너지의 굽이침을 알게 될 것이다. 그 뿌리로부터 솟아나는 새로운 생명력을 알게 될 것이다. 한 번 그것을 알고 나면, 한 번 그것을 맛보고 나면, 그때 그대의 삶은 달라질 것이다. 그때 그대는 그대가 해온 모든 어리석은 일들에 대해 웃을 것이다. 스스로를 파괴시켜 온 모든 미움, 반항, 복수심들에 대해 웃을 것이다.

다른 어떤 사람도, 그대 외에는 다른 어떤 이도 그대를 파괴할 수 없다. 그대 외에는 다른 어떤 사람도 그대를 구할 수 없다.

오쇼에 관하여

오쇼는 자신을 특정 영역으로 구분하는 것을 거부한다. 오쇼의 가르침은 삶의 의미를 묻는 개인적인 질문에서부터 현대사회가 직면한 정치 사회적 문제들까지 모든 분야를 망라하고 있다. 오쇼의 책들은 전 세계의 청중들과 나눈 즉석문답을 오디오와 비디오로 기록하여 책으로 엮어낸 것이다. 이에 대해 오쇼는 '이것을 명심하라. 지금 나는 그대들만을 위해 말하고 있는 것이 아니다. 내 말은 다가오는 미래 세대를 위한 것이기도 하다.'라고 말한 바 있다.

런던의 〈선데이 타임즈〉는 20세기를 이룬 1천 명의 주요인물 가운데 한 명으로 오쇼를 선정했으며, 미국의 작가 탐 로빈스Tom Robbins는 오쇼를 예수 이후에 가장 위험한 인물로 평가했다. 인도의 〈선데이 미드데이〉는 인도의 운명을 바꾼 열 명의 위인들 중에 간디, 네루, 붓다와 더불어 오쇼를 선정했다.

오쇼는 자신의 일에 대해 새로운 인류가 탄생할 수 있는 환경을 조성하는 것이라고 설명했다. 그는 이 새로운 인류를 '조르바 붓다Zorba the Buddha'로 규정했는데, 이는 그리스인 조르바의 세속적인 기쁨과 고타마 붓다의 평온함이 조화를 이룬 인간상을 말한다.

그의 강의와 명상법들은 시간을 초월한 지혜와 함께, 현대 과학기술이 지닌 잠재성까지도 포괄하고 있다. 오쇼는 날로 가속화되는 현대인의 삶에 적합한 명상법을 고안해 냄으로써 내적 변형이라는 분야에 혁명적인 공헌을 한 것으로 알려져 있다. 그의 독창적인 액티브 명상법Active Meditation들은 우선적으로 신체에 쌓인 스트레스를 해소하기 위해 고안된 것이다.

오쇼의 자서전에는
Autobiography of a Spiritually Incorrect Mystic, Glimpses of a Golden Childhood가 있다.

오쇼 국제 명상 리조트에 관하여
Osho International Meditation Resort

위치 인도 뭄바이에서 남동쪽으로 100마일 떨어진 현대적인 도시 푸나Pune에 위치한 오쇼 인터내셔널 명상 리조트는 특별함이 있는 휴양지이다. 명상 리조트는 큰 나무들이 줄지어 서 있는 주택가, 28에이커가 넘는 정원 속에 자리 잡고 있다.

오쇼 명상 전통적인 명상법과 혁신적인 명상법 등 각 개인이 취사선택할 수 있는 다양한 방편들이 진행된다. 특별히 고안된 오쇼 액티브 명상OSHO Active Meditation도 이에 포함된다. 이 프로그램들은 전 세계에서 가장 큰 명상홀로 알려진 오쇼 오디토리엄Osho Auditorium에서 행해진다.

오쇼 멀티버시티 멀티버시티는 오쇼 명상 리조트의 모든 명상 프로그램을 총괄하는 곳이다. 다양한 종류의 개인세션과 워크숍은 창조적인 예술행위로부터 건강요법, 개인적인 변형, 인간관계, 일 명상, 비전학祕傳學, 스포츠와 레크리에이션을 통한 선禪에 이르기까지 온갖 분야를 망라하고 있다. 인간은 부분의 총합보다 더 큰 존재라는 이해를 바탕으로, 이 모든 프로그램들을 명상과 접목시킨 것이 멀티버시티의 성공비결이다.

오쇼 바쇼 스파 고품격의 바쇼 스파에는 열대의 푸른 나무들로 둘러싸인 노천 수영장이 있다. 이 밖에 넉넉한 크기의 노천탕, 사우나 시설, 헬스장, 테니스 코트 등이 독특하고 아름다운 분위기를 연출한다.

식사 리조트 안에 나눠져 있는 여러 곳의 식당에서는 서양식, 동양식, 그리고 인도식 채식 식단을 제공한다. 대부분의 음식은 리조트만을 위해 특별히 재배된 유기농 재료를 사용하며, 빵과 케이크는 리조트 내의 베이커리에서 직접 구워낸다.

야간 행사 밤에도 다양한 행사가 펼쳐진다. 이 중에서 역시 춤은 가장 인기 있는 프로그램이다. 보름달과 별빛 아래 명상 프로그램이 펼쳐지고, 다양한 종류의 쇼와 음악공연, 일상생활에 도움을 주는 명상법들이 소개된다. 특별히 프로그램에 참여하지 않는다면 플라자 카페에서 사람들을 만나 담소를 나누거나 정적에 잠긴 신비한 분위기의 정원을 거니는 것만으로도 좋다.

편의 시설 기본적인 생활용품은 리조트 내의 갤러리아에서 구입할 수 있으며, 멀티미디어 갤러리에서는 오쇼에 관한 방대한 종류의 미디어 상품들을 판매하고 있다. 리조트 내에서 은행, 여행사, 인터넷 카페도 이용 가능하다. 쇼핑을 즐기고 싶다면 푸나 시내로 나가서 인도의 갖가지 전통 제품과 세계적인 브랜드 상품들을 구입할 수 있다.

숙박 시설 리조트 내에서 세련된 분위기의 오쇼 게스트하우스에 숙박할 수 있으며, 좀 더 오래 머물기를 원한다면 명상 프로그램과 결합된 패키지 상품을 선택해도 좋다. 리조트 밖에도 다양한 종류의 호텔이 있으며 설비를 갖춘 아파트를 임대할 수 있다.

www.osho.com/meditationresort
www.osho.com/guesthouse
www.osho.com/livingin

www.OSHO.com

다국어로 서비스되는 오쇼닷컴은 오쇼 잡지, 서적, 오디오와 비디오테이프, 영어와 힌디어 도서목록, 그리고 오쇼 명상법에 대한 정보를 제공한다. 오쇼 멀티버시티의 프로그램 일정과 명상 리조트에 대한 정보도 찾아볼 수 있다.

Websites:
http://OSHO.com/AllAboutOSHO
http://OSHO.com/resort
http://OSHO.com/shop
http://www.youtube.com/OSHOinternational
http://www.Twitter.com/OSHO
http://www.facebook.com/pages/OSHO.International

Osho Internation Foundation의 연락처는 아래와 같다.
www.osho.com/oshointernational, oshointernational@oshointernational.com

류시화

시인. 대학 재학 시절 오쇼의 사상을 접하고 인도로 가서 그의 제자로 입문했다. 이후 수년에 걸쳐 인도, 네팔, 티베트 등지를 여행하는 한편 주요 명상 서적들을 번역 소개했다. 시집 〈그대가 곁에 있어도 나는 그대가 그립다〉 〈외눈박이 물고기의 사랑〉과 잠언시집 〈지금 알고 있는 걸 그때도 알았더라면〉 치유와 깨달음의 시 〈사랑하라 한번도 상처받지 않은 것처럼〉 인도 여행기 〈하늘 호수로 떠난 여행〉 〈지구별 여행자〉를 펴냈다.
www.shivaryu.co.kr

삶의 길 흰구름의 길

1판 1쇄 발행 2005년 6월 2일 | 1판 5쇄 발행 2016년 9월 1일 | 지은이 오쇼 | 옮긴이 류시화 | 펴낸이 이상용 이성훈 | 펴낸곳 청아출판사 | 등록 1979년 11월 13일 제9-84호 | 주소 경기도 파주시 회동길 363-15 | 전화 031-955-6031~5 | 팩스 031-955-6036 | ISBN 89-368-0324-7 | 이메일 chungabook@naver.com